KB057499

한국고대사의 창을 통해
민족문화 보기

● 지은이

김두진 _ 金杜珍

경상남도 진주 출생
서울대학교 문리과대학 사학과 졸업
서울대학교 대학원 사학과 석사과정 수료
전남대학교 사범대학 국사교육과 조교수
현재 국민대학교 문과대학 국사학과 교수

주요논저

『均如 華嚴思想硏究』(일조각, 1983)
『義湘, 그의 생애와 화엄사상』(민음사, 1995)
『韓國 古代의 建國神話와 祭儀』(일조각, 1999)
『신라 화엄사상사 연구』(서울대학교출판부, 2002)
『고려 전기 교종과 선종의 교섭사상사 연구』(일조각, 2006)
『백제의 정신세계』(주류성, 2006)
『신라하대 선종사상사 연구』(일조각, 2007)
『고려시대 사상사 산책』(국민대학교출판부, 2009)
『한국역사학 연구의 성찰』(서경문화사, 2010)
그밖에 역서로『原始宗敎論』(에반스 프리차드, 탐구당, 1976)과 다수의 논문이 있다.

한국고대사의 창을 통해

민족문화 보기

초판인쇄일 2010년 6월 4일
초판발행일 2010년 6월 5일
지 은 이 김두진
발 행 인 김선경
책 임 편 집 김윤희, 김소라
발 행 처 도서출판 서경문화사
　　　　　주소 : 서울 종로구 동숭동 199 - 15(105호)
　　　　　전화 : 743 - 8203, 8205 / 팩스 : 743 - 8210
　　　　　메일 : sk8203@chollian.net
인 　 　 쇄 한성인쇄
제 　 　 책 반도제책사
등 록 번 호 제 1 - 1664호

ISBN 978-89-6062-053-7　　93900

　정가　27,000원

한국고대사의 창을 통해
민족문화 보기

김 두 진 지음

서경문화사

　　한국고대사나 사상사를 전공하면서 역사학을 연구해온 지 40여 년에 이르렀다. 한 눈 팔지 않고 연구실로 출퇴근한 단순한 생활의 연속이었다. 돌아보면 한국 역사학계에는 광복 이후 요동치는 우리 사회의 파고가 그대로 휘몰아쳐 왔다. 역사학이 사회나 정치현실과 맞물려 연구되는 엇박자가 오히려 자연스럽게 들릴 정도로, 한국역사학은 이념사학으로 점철되었다. 한국사회가 민주화 이후 산업화와 세계화로 나아가면서 이념사학은 보다 맹렬한 기세로 난무하게 되었다. 이러한 사정은 한국 역사학계는 물론 사회의 분열과 혼란을 가중시켜 왔다.

　　이념은 때나 장소에 따라 바뀌기 마련이다. 각기 다른 이념으로 말미암아 벽을 쌓고, 그에 따라 소통이 막힐 수밖에 없다. 한국역사학 연구는 이념이나 정치 현실에서 물러나 역사적 진실 곧 진리를 추구해야 한다. 엄정한 실증적 방법에 의해 객관적 사실의 진실을 밝히는 것이 진리를 추구하는 길이다. 이렇듯 진리의 추구는 모든 학문에서 공통으로 바라는 것이며, 이념사학이라 해서 이를 부정할 수는 없다. 한국 역사학계가 실증적 기초를 다져야 할 이유는 바로 이런 데에서 찾아진다. 이제는 한국 역사학계가 혼란을 잠재우면서 화합과 공영을 추구해야 할 때이다.

　　그 동안 나는 역사연구에 실증적 방법을 정착하려고 노력해 왔다. 여러 곳에 흩어져 내려온 원사료(原史料)가 알려주는 역사적 사실의 진면목을 끌어내어 그 의미를 찾고자 하였다. 사론(史論)에 관해서는 지대한 관심을 가졌으나, 애써 이를 직접으로 서술하지는 않았다. 기껏해야 의뢰받은 연구사를 정리하는 회고와 전망에 관한 글을 작성하는데 그쳤다. 그런

데에도 망중한을 달래듯 동호인 잡지나 대학신문 등에 그때그때의 수상을 남겼다. 정년을 앞두고 이러한 산문을 모아보는 것도 지나간 한 세대를 정리한다는 의미에서 유용하리라 생각한다.

　나는 역사연구의 방법으로 구조기능적 접근을 강조하였고, 이는 관심을 둔 문제를 당대의 전체 사회구조나 문화역량 속에서 조밀하게 밝혀가려는 것이다. 그러면서 역사학 연구도 단순히 교훈에 집착하기보다는 민족문화의 창조와 전통의 창달에 두어야 하는 것을 주장하였다. 역사학에서 교훈의 추구가 의도와는 달리, 이념사학의 발호를 도울 수도 있기 때문이다. 이 책에 간략하게 실은 글들은 한국고대사에 관한 것도 있지만, 민족문화의 이해에 관한 것이 많다. 즉 한국고대사를 연구하는 창을 통해 비친 민족문화를 바라보고자 하였다.

　민족문화론이라 할 수 있는 이 책은 이념사학을 배격하려는 목적을 지니면서도, 역사를 바라보는 어줍은 시각을 제시함으로써 또 다른 이념사학으로 빠져들게 한 것이 아닌가 하고 자문해 보기도 한다. 많지는 않지만 대학신문에 발표한 글들이 시의(時議)를 논하는 것도 이런 생각을 갖게 한다. 그렇지만 그 의미는 민족문화 유산과 연결되리라 생각한다. 근래에 나는 역사학이 지평을 넓히면서 인문학과 함께 나아가야 한다는 생각을 가졌다. 때문에 민족문화의 특수성보다는 보편성에 보다 관심을 가졌다.

　사실 민족문화의 특수성과 보편성은 따로 떼어 생각할 수 없는 문제이다. 민족문화의 토착적인 고유한 영역은 인류의 보편적 기호 속에서 이해할 수 있다. 민족문화를 국가나 민족의 범위를 넘어서서 인류 즉 세계사의 조류 속에서 파악하면서도, 우리민족이 주체가 된 지역사로 아시아나 동북아 문화공동체론을 생각해 왔다. 이런 의미에서 나는 우리민족의 문화전통에 대한 신뢰를 갖고자 한다. 전통의 창달이라는 뜻에서 역사학이 추구해야 하는 문화의 창조와 교훈의 제시는 같은 방향에서 이루어져야 한다.

권장할 필요는 없겠지만 이념사학도 객관적으로 추구된다면 역사학연구를 선도하는데 유용한 것이다. 이에 실증사학이 튼튼한 기초를 마련하면서 이념사학은 물론 다른 여러 연구경향을 포용하면서 내일로 전진할수 있을 것이다. 그런 의미에서 이 책은 지나간 한 세대를 마무리하려는 것이지만, 청산으로 끝을 제시하기보다는 새로운 시작을 알리려는 의미를 지녔다. 앞으로는 이것저것 손댄 전문적인 분야의 세부연구에서 아직도 공백으로 남긴 부분을 보강하면서, 제법 여유를 가지고 민족문화의 여러 모습을 둘러보고자 한다. 그렇지만 방대한 민족문화에 파묻혀 헤매고 다닐 수도 없기 때문에, 주로 경전이나 원전이 알려주는 모습을 천착하여 살피려고 한다.

역사학이 여러 인접학문 즉, 인문학과 더불어 소통할 때에 보다 쉽게 대중화되리라 생각한다. 이 책이 일반 대중에게 보다 가까이 접근한다면, 나로서는 다소 위안이 되지 않을 수 없다. 새로운 시작은 이런 면에서도 유념된다. 그러나 원칙을 중시하고 이를 철저히 살핀 후에 전체를 관조하는 태도는 중요하다. 바로 이런 면은 우리민족의 문화전통으로 이어지는 것이기도 하다. 심층적인 고대사연구의 창을 통해 민족문화를 바라보듯, 역사연구의 창에 비친 여러 민족문화의 모습을 조명하고 싶다.

역사를 연구한답시고 숨 가쁘게 달려온 지난 날을 돌아보니, 많은 분들이 그리움으로 다가와 멀리 사라지기도 한다. 유명을 달리 했지만 한없는 사랑으로 이끌어주신 부모님, 엄정한 가르침으로 지도해주신 은사님들이 떠오른다. 힘들 때마다 선배나 혹은 제자들이 함께 해주어서 험난한 학문의 바다를 순항할 수 있었다. 전남대학과 국민대학의 교정도 정겨운 여정으로 나의 마음에 자리를 잡는다. 어느 곳을 둘러보아도 시선이 머물렀던 흔적은 진한 물감으로 묻어난다. 본의 아니게 무심하였던 가족들에게도 고마움을 표하면서, 애써 함께 하는 시간을 많이 갖고자 한다.

국민대학교 국사학과는 반평생을 같이한 직장이다. 거기서 유난히 평온하게 생활할 수 있었던 것은 나에게는 큰 행복이 아닐 수 없다. 무엇보다도 먼저 몸담고 있던 선배교수나 동료들의 배려 덕분으로 여기고 고마움을 전한다. 문창로(文昌魯)교수가 이 책의 출간을 주선해 주었다. 이 책의 교정과 색인 작업은 국민대학의 남무희(南武熙) 강사가 수고해 주었다. 고마움을 표하면서 그의 학문이 크게 영글기를 빈다. 전문 서적도 아닌 어중간한 이 책을 출간해 준 서경문화사의 김선경(金善景)사장과 아담한 장정으로 꾸며준 김윤희(金潤姬), 김소라를 위시한 편집부 여러 분께 감사한 마음을 전한다.

2009년 10월
정릉계곡에서 김 두 진

차 례

차 례

05장 연구생활의 주변에서

06장 역사연구의 노트

민족문화를 바라보다.

1. 동북아문화의 공통적 기반과 세계화

1) 호한(胡漢)체제와 한반도

중국의 역사와 한반도에서 전개되는 정치정세는 마치 톱니바퀴처럼 맞물려 전개되었다. 그 속에는 물론 일본의 정치정세도 영향을 주었지만, 현해탄과 같은 바다가 가로놓여 있어서 직접적으로 얽히지는 않았다. 한국사에서와는 달리 중국사에는 많은 왕조가 등장하였다. 한국사의 경우 일단 성립된 왕조는 500년 동안 지속되었고, 신라는 약 1,000년간 지속되었다. 그런데 중국의 왕조는 길어야 200년 정도 유지되었고 자주 바뀌는 모습을 보여준다. 지금 중국의 정사가 25사로 정리되어 있는데, 이 밖에도 정통 왕조에 들지 않은 무수한 변방민족이 한때 국가를 이루었다. 바로 이런 현상은 중국사 전개의 한 특성으로 이해되며, 이를 왕조순환(王朝循環, dynamic circle)이라고 부른다.

중국의 왕조순환에 대해서는 여러 요인을 들어 설명한다. 오행사상이 한 원인이라고도 한다. 화(火)·수(水)·목(木)·금(金)·토(土)가 서로 상승(相勝)하기 때문에 절대적인 승자가 없다는 사상은 분명 왕조를 바꾸려는 요인으로 작용하였다.[1] 그러나 보다 분명한 원인은 정치·사회적인 요건에서 찾아야 한다. 이러한 문제에 해답을 줄 수 있는 것이 호한체제이다. 중국 민족의 팽창정책은 만리장성을 축조하면서 일단락되어, 남북조시대를 지나면서 호한체제로 정립되었다.[2] 그런데 남방의 중국민족과 북방의 새외(塞外)민족은 어느 한쪽에 의해 다른 상대를 완전히 제거할 수 없을 정도로, 비슷한 세력으로 성장하게 된다. 자연 중원(中原)을 장악하기 위한 한족(漢族)과 새외민족이 충돌하는 그 와중에서, 한국사도 같이 움직여 가게 되었다.

대체로 보아 한국 사회는 삼국시대 이전에 새외민족과 연결되어 있었다면 고려 이후에는 한족과 연결되어 있었다. 한족은 새외민족과의 연결을 끊게 하기 위해, 반대로 새외민족은 중원을 공략하는데에 배후 세력을 없애기 위해 끊임없이 우리 민족과의 교섭을 전개하였다. 그러한 교섭은 가끔 전쟁으로 나타나기도 하였지만, 서로의 이익을 위한 교류나 교섭으로 이어졌으며, 한반도가 여러 정치세력으로 나뉘었을 때에는 더 복잡한 모습으로 전개되었다. 이는 호한체제와 한반도의 정치정세가 마치 살아 움직이는 생명체를 연상할 정도로, 긴밀하게 연결되어 있었다는 사정을 알려준다.

---

1) 五行사상은 잦은 반란세력을 일으키게 하였다. 오행 중의 하나를 표방한 정통 왕조에 대해, 그것을 이길 수 있는 덕목을 내세우면서 반란을 일으키기 때문이다. 또한 중국의 영토가 넓은 점도 빈번한 반란세력을 키울 수 있게 하였다.
2) 朴漢濟, 『中國胡漢體制研究』, 일조각, 1988.

2) 동북아문화공동체론

동북아문화는 넓게 보아 한국·중국·일본의 문화를 포괄하는 의미로 쓰이지만, 사실은 황해(黃海)를 둘러싼 지역의 문화로 정의된다. 이 지역을 문화공동체로 묶으려는 노력은 이미 오래 전에 나타났다. 중국은 서융(西戎)이나 남만(南蠻)을 포함한 변방민족에 대해 유념하면서도 북적(北狄)이나 동이(東夷)에 대해 지대한 관심을 나타내었다. 북방의 새외민족이 세운 왕조가 통치할 때의 중국은 동북지역을 시조가 흥기한 상징적인 의미로 받아들이는 경우가 많다. 특히 일본이나 한국에서는 동북아지역을 문화적 공동체로 묶으려는 주장이 구체적으로 나타났다.

그러나 동북아문화공동체론은 근대에 이르러 구체화되었다. 그것은 열강의 침입과 때를 같이하여 민족주의에 편승하여 나타났다. 일본은 서구의 자본주의 체제를 받아들이고는 명치유신(明治維新)을 단행하였으며, 대륙침략의 야욕을 드러내면서 조일동조론(朝日同祖論)이나 만선사관(滿鮮史觀)을 내세웠다. 이는 한반도를 장악하면서 만주대륙으로 진출하려는 일본의 의도를 함축하고 있는 것이다.[3] 실제로 일제가 운영하던 남만주철도회사(南滿洲鐵道會社)가 역사조사실(歷史調査室)을 설치하였으며, 1915년에 그것은 동경대학으로 이관되었다. 이때 출간된 『만선지리역사연구보고(滿鮮地理歷史硏究報告)』는 학문적으로 연구한 결과를 실었다고는 하지만,[4] 일본의 대륙정책과 연결하여 기획된 것이다.

이나바(稻葉岩吉)가 중심이 되어 주장한 만선사관도 일제의 대륙정책

---

3) 烏山喜一, 「東아시아의 歷史的 大局에서 본 朝鮮半島」, 『滿鮮文化史觀』, 1935.
   白鳥庫吉, 「滿鮮史論」, 『大鵬』 6-4, 1921.
4) 山川健次郎, 「창간사」, 『만선지리역사연구보고』 1, 1915.

과 연결되어 있었기 때문에, 1930년대에 괴뢰정권인 만주국이 건설되면서 수정될 수밖에 없었다. 이미 만주를 점령한 일본은 굳이 한반도를 중심으로 하는 대륙정책을 유지할 필요가 없었다. 이렇게 하여 한국사 속에서 고구려나 발해사를 제외시켰다. 즉 고구려나 발해사는 북방문화에 속한 것이라 함으로써, 남방문화에 속하는 한국사에서 제외시켰다.[5] 이렇듯 일본이 주장하는 동북아 문화공동체론은 민족주의적인 색채로 포장되어 있어서 스스로 허구성을 드러내었다.

일제의 논리에 대항하여 전개한 최남선의 불함문화론(不咸文化論, 1925)은 황해를 중심으로 한반도는 물론 만주나 산동(山東)반도에 이르기까지를 같은 문화권으로 묶을 수 있다는 것이다. 불함문화론은 최남선이 『계고차존(稽古箚存)』(1918)을 저술하는 가운데 나타나, 이후 단군신화를 연구하면서 꾸준히 논리를 보강하여 이루어졌다. 일제강점기에 민족주의 사학자인 신채호(申采浩)나 박은식(朴殷植) 등이 불함문화론을 환영하지는 않았다. 그러나 국수주의로 흐를 수 있는 민족주의사학의 한계를 극복하려는 의도를 가지고 등장한 신민족주의사학은 민족문화를 세계문화의 조류 속에서 이해하고자 하였다. 손진태(孫晋泰)·이인영(李仁榮)·안재홍(安在鴻) 등이 바로 그들인데, 아(我)와 비아(非我)로 나뉘어 투쟁하는 민족주의사학의 결함을 보강하기 위해 민족 내부의 공영이나 공익·질서 등을 광범하게 끌어내려는 연구를 계속하였다.

신민족주의사학에서 주장된 세계사적 국사관은 민족문화를 세계사의 조류와 연결시키려는 의도를 담았기 때문에, 자연히 민족사와 직접으로 연관된 만주사와의 관계를 집중적으로 거론하였다.[6] 이는 단순한 교류나 외교의 범위를 넘어서서 한반도와 만주의 역사를 같은 문화권 속에서 파

5) 三品彰英, 『新羅花郎の研究』, 三省堂, 東京, 1943.
6) 李仁榮, 『韓國滿洲關係史研究』, 을유문화사, 1954.

악하려는 것이었다. 정치가로 더 알려졌지만 안재홍도 자기 민족과 국가를 사랑하면서도 이웃 국가와 상호 공존하는 태도를 중시하면서, 민족과 세계가 교호(交互)하는 '민족적 국제주의' 또는 '국제적 민족주의'를 주장하였다. 이는 손진태의 '세계사적 국사관'과 맥락을 같이하면서 나타났다.

불함문화의 논리를 계승한 것은 아니지만 현실적으로 만주와 동북아지역으로 확대된 '세계사적 국사관'은 동북아 문화공동체론을 성립시키는 이론적 밑바탕이 되었다. 이는 일제강점기의 문화공동체론과는 달리 근대화나 민족이념을 넘어서려는 의도를 담았기 때문에, 최근에 주장되는 동북아 문화공동체론과 바로 이어질 수 있다고 생각한다. 그러나 신민족주의사학에서 내세운 문화공동체론의 중심은 역시 민족에 두어졌다. 따라서 동북아 문화공동체론에서 제기된 지역문화와 세계문화의 조화에 관한 문제는 보다 깊이 연구될 필요가 있다.

3) 동북아문화의 공통적 기반

동북아지역에는 여러 민족과 국가가 존속하였지만 현재는 중국과 한국 및 일본이 민족과 국가를 보존시키고 있다. 그 중 중국은 55개의 소수민족을 포함한 다민족국가(多民族國家)를 이루고 있다. 이들 국가나 민족의 기질의 차이를 설정하려는 연구는 너무나 방대한 작업이어서 쉽게 끝낼 수 있을 것 같지 않다. 또한 그러한 차이는 먼저 공통적 기반이나 성격에 대한 이해를 깔면서 전개되어야 한다. 동북아문화의 공통적인 기반이 마련되어야, 문화공동체를 이루어나갈 방향을 발견할 수 있을 것이다.

상고대에 동북아지역에는 여러 민족과 국가가 존재하였지만, 그중 주류를 이루면서 우리 민족을 형성시킨 것은 한(韓)·예(濊)·맥(貊)이다.

이들은 중국 기주(岐周)의 서쪽에서 섬서(陝西)의 한성현(韓城縣) 방면으로 이동하였고, 거기서 다시 하북(河北)의 고안현(固安縣) 방면으로 이주하였다.[7] 중국의 동북변인 고안현에 거주하던 동이족들은 두 방향으로 이동하였는데, 한 줄기는 산동반도로 내려가 우이(嵎夷)·내이(萊夷)·회이(淮夷)·서융(徐戎) 등으로 불렸고, 또 한 줄기는 동으로 나와 만주와 한반도 일대에 분포하여 살았는데 이들이 한·예·맥으로 불렸다.[8] 시간이 지남에 따라 산동반도로 이동하여 여러 성읍국가를 건설한 동이족은 한족(漢族)에게 흡수되었고, 동이라는 범칭은 만주와 한반도의 한·예·맥족에게만 사용되었다고 한다.

위에 제시한 김상기(金庠基)의 연구성과는 오래된 고전적인 가치를 지니지만, 그가 밝힌 동이족의 이동 경로는 오늘날의 고고학계에서도 비슷하게 주장된다. 동이족의 이동 경로나 거주 지역은 황해를 중심으로 산동반도에서 만주와 한반도 일대에 펼쳐져 있다. 그런데 단군신화가 한국의 개국신화이지만, 거기에 담긴 신앙은 만주는 물론 산동반도에 이르는 동북아지역 일대에 광범하게 퍼져 있는 것도 흥미를 끈다. 산동성 가상현(嘉祥縣)에 있는 무씨사당(武氏祠堂)의 화상석(畫像石)의 그림이 이를 알려준다. 후한(後漢) 건화(建和) 원년(AD. 147년)까지에는 건립되었을 것으로 생각되는 무씨사당의 벽면을 장식한 화상석의 내용은 단군신화의 줄거리와 거의 일치하고 있다. 무씨사당 화상석에서는 호랑이가 더 신성시되었는데, 호랑이 토템신앙은 동예에서도 나타나지만, 넓게는 운남성(雲南省)의 소수민족에게까지 광범하게 퍼져 있다.

동북아 문화공동체의 형성이 가능했던 것은 비단 민족의 분포나 신화 등 원시습속(原始習俗)뿐만 아니라 사회구성면에서도 찾을 수 있다. 상고

---

7) 金庠基,「韓·濊·貊 移動考」,『史海』 1, 1948 ;『東方史論叢』, 서울대 출판부, 1974.
8) 김상기,「東夷와 淮夷·徐戎에 대하여」,『東方學志』 1·2, 1955 ;『동방사논총』, 1974.

대 동북아지역에는 수많은 성읍국가가 형성되어 있었다. 그것은 대체로 오늘날의 군현(郡縣) 정도의 영역을 다스리는 소국이었다. 이들 국가가 점차 통합되어 연맹왕국과 중앙집권적 귀족국가로 성장하였다. 그럴 경우 왕실은 복속된 성읍국가나 소연맹국(小聯盟國) 내지 연맹왕국의 지배자를 귀족으로 편성하면서 중앙집권적인 통치체제를 구축하였다. 즉 중앙집권적 귀족국가의 왕실은 성읍국가나 연맹왕국의 지배자인 족장(族長)을 귀족으로 편성하여 국가체제를 정비하였다.[9] 이러한 사회편제 방법은 상고대 동북아지역의 국가 간에 거의 공통적으로 나타난 것이다.

상고대의 동북아지역에 농경문화가 공통으로 성립된 것 같지는 않다. 북쪽으로부터 이동해온 민족은 주로 말을 타고 등장하였다. 그러므로 새외민족은 물론이거니와 고구려나 신라의 건국신화에 말[馬]이 많이 등장한다.[10] 한반도에는 마편(馬鞭)이나 마구(馬具)는 물론 마형대구(馬形帶鉤)가 많이 출토되며, 경주 155호 고분에서는 천마도(天馬圖)가 발견되었다. 이 점은 동북아문화를 형성시키는데 기마민(騎馬民)문화가 크게 작용하였음을 알려준다. AD. 5세기경이 되면 일본에서도 갑자기 마구·마기(馬器)의 사용이 늘어난다. 이러한 변화는 한반도에서 대거 이주한 기마민들에 의해 이루어진 것이고,[11] 그들이 토착민을 평정해서 야마또(大和)조정을 세웠다.[12]

기마민문화가 일본으로 건너가기 전 한반도나 만주에 시베리아계의 철기문화를 급속도로 전파하는데 큰 역할을 담당했다. 특히 기마민들은 문화의 전파나 이동을 빠르게 하여 여러 요소의 문화를 통합함으로써, 그

---

9) 金哲埈,「高句麗·新羅의 官階組織의 성립과정」,『한국고대사회연구』, 지식산업사, 1975.
10) 朱蒙이 말을 길렀으며, 박혁거세 시조전승에도 말이 등장한다.
11) 천관우편,『한국상고사의 쟁점』, 일조각, 1975, p.179.
12) 江上波夫,『騎馬民族國家』, 中公新書 147, 1967, p.188.

들이 성립시킨 문화가 국제성을 띄게 하였다. 기마민문화로서 성립된 동북아문화는 중국이나 중앙아시아문화와 연결되어 국제성을 띄었고, 지역문화에 국한된 폐쇄적인 문화가 아니라 서로 연결이 가능한 것이었다.

4) 세계화 속의 복합적인 지역 문화공동체로 형성

동북아문화공동체는 복합적인 지역문화를 수립하는 방향으로 형성되어야 한다. 공동체문화로서의 의미를 살리기 위해 동북아지역에서 공동으로 추구할 안녕과 질서 · 번영이나 공동의 이익 등을 연구 영역으로 설정할 필요가 있다. 동시에 지역문화공동체와 세계화라는 상반된 문제를 해결하지 않으면 안 된다. 지금까지의 동북아 문화공동체론 속에는 강한 민족주의가 배어 있어서, 이로부터의 탈피가 시급하게 요구되는 실정이다.

요즘에 들어 포스트모더니즘이 등장하여 역사나 문화를 연구하면서 탈민족(脫民族)의 기치를 높이 내세우고 있다.[13] 동북아 문화공동체론을 내세우면서 민족의 개념을 넘어서는 지역문화를 형성시키는 작업은 바람직한 것이다. 그러나 지역 문화공동체론을 주장하는 국가의 이해와 연관될 때에, 지역주의는 민족주의의 연장선상에서 파악될 수밖에 없다. 지역 공동체의 문화유산이 전 인류가 공유하는 세계문화의 유산으로 성립되는 방향을 모색하여야 한다.

지역 문화공동체 속에 지역이나 국가 또는 민족의 특수한 정서나 성격이 들어있기 마련이다. 이러한 문화 요소를 애써 부정하거나 눈감아 버리는 것이 세계화를 추구하는 길로 착각하여서도 안된다. 오히려 세계화로

---

13) 정만조, 「총설 -한국사 회고와 전망」, 『역사학보』 179, 2003, p.11.

의 여정 속에 가장 독특한 지역적 정서나 국가 또는 민족의 문화적 특성이 강조될 때에 그 가치가 빛나게 된다. 어떠한 지역문화나 민족문화도 그 토착적인 특성을 충분히 강조할 필요가 있다. 그러나 그러한 문화적 성격이 지역이나 어느 민족의 기호에서만이 한정될 때에 세계화는 멀어지게 된다. 그것은 지역이나 국가 또는 민족의 범위를 넘어서서 인류 즉 세계의 어느 누구에게도 공감될 때에 진정한 세계화가 이루어지면서 높이 평가될 수 있다. 말하자면, 토착적인 민족문화나 지역문화도 인류의 보편적인 정서에 호감을 줄 수 있어야 한다.

토착적인 지역이나 민족문화는 과학적이면서 객관적인 방법으로 분석될 때에 모든 인류가 공감할 수 있는 새로운 문화로 다시 정립된다. 때문에 문화란 원래 보편성을 지니면서 세계화되는 것이다.[14) 아무리 독특한 지역문화라고 하더라도 이는 만든 사람들의 인간성(humanity)이 담기면서 창조되는 것이다. 비록 풍토와 역사적 전통이나 배경이 다르기 때문에 독특한 성격을 가진 지역문화가 만들어졌지만, 그 속에 공유하는 것은 인간성이다. 토착적인 독특한 문화라도 그 속에 담긴 인간성을 강조할 때에 지역문화는 세계화되면서 인류 공동의 문화유산으로 자리하게 된다. 지역문화의 세계화를 추구하면서 인문학의 영역을 강조하는 이유를 바로 이런 데에서 찾을 수 있다.

한 지역의 독특한 문화는 다른 지역에서도 형성될 수 있다. 어느 한 지역과 똑같은 문화풍토와 전통을 담은 환경을 마련해 주면, 거기에서도 같은 양상의 독특한 문화가 나타나게 된다. 따라서 지역문화의 독특한 소산은 바람직한 것이고, 이는 차원을 높여 지역을 떠나 인류의 문화 소산으로 강조되어 좋을 것이다. 동북아 문화공동체가 세계문화 속에서 호흡하게

---

14) 이기백, 「한국문화와 외래문화」, 『민족과 역사』, 일조각, 1971, p.171.

되는 것은 지역적으로 연관되는 문화풍토 속에서도 이해되어야 하겠지만, 인류의 정서 속에 공감대로 남는 데에서 찾아져야 한다. 동북아 문화공동체는 복합문화로서, 인문학적 기반 위에 정착되어야 한다.

『21세기 사회발전과 동북아문화』, 2005년 6월 12일, 중국 연변대 동북아연구소

2. 호남(湖南)의 사상과 의식의 형성

1) 민족문화 속의 향토문화

호남 지역의 향토문화를 규명하려는 연구 심포지엄이 계속해서 개최되면서 이 지역의 향토문화가 하나씩 정리되고 있는데[15] 그것은 매우 바람직한 일이다. 사실 한국문화를 풍부하게 이끌어내기 위해서는 민족사의 전개 과정에 얽힌 여러 문화유산을 밝혀야 하겠지만, 이와 아울러 각지역의 향토문화가 충실하게 정리되어야 한다. 우리나라 각 지역의 향토문화가 전반적으로 모두 정리될 때에 민족문화의 수준은 보다 높아지리라확신한다.

호남의 사상과 의식의 형성을 밝히려는 작업은 상당히 막연하다. 왜냐하면 민족문화 속에 표출된 많은 사상이나 의식 중 어느 것을 호남 정신이나 그 문화적 성격으로 연결시켜야 하는 지를 쉽게 찾을 수 없기 때문이

---

15) 1992년 12월 4일 목포에서 「전남 지방사 연구의 현황과 과제」라는 주제로 연구발표와 종합 토론이 행해졌고, 그 성과가 『全南史學』7(1993. 12)에 게재되었다. 또한 1993년 9월 21일에는 광주에서 「湖南의 자연환경과 문화적 성격」이라는 제목으로 향토문화 연구를 위한 학술 심포지엄이 행해졌고, 그 발표 논지가 『全南文化』제6호(1993)에 게재되었다. 이 글은 「호남의 자연환경과 문화적 성격」에서 발표된 내용을 보강하여 작성된 것이다.

다. 이미 선사시대에서부터 문화의 전파와 수용이 용이하였기 때문에, 호남의 지역적 특징으로 개방적이고 진취적인 기상을 갖추어 가는 모습을 제시하고자 한다. 그런 다음 백제나 고려, 조선을 거치면서 호남 지역에서 유행했던 미륵신앙이나 조계선종(曹溪禪宗) 및 유교사상의 특성을 부각하고자 한다. 그리하여 호남의 특징적인 의식으로 이상을 추구하는 개혁 정신이나 실천수행 또는 절의 정신들을 이끌어 내고자 한다. 물론 이외에도 피부로 느껴지는 정감스런 문화의식이 있을 것으로 안다. 말하자면 이상에서 들은 호남 지역의 의식적 특징 외에 더 좋은 다른 정신이 충분히 있을 것이다.

다만 호남 지역의 의식으로 이끌어 내었던 것은 또한 우리 민족문화 내지 민족의식으로 승화되어야 함을 명심해야 한다.[16] 호남의 의식이 아무리 소중한 것이라도 민족문화에 그 뿌리를 접목하지 못하고 독자적인 것으로 될 때, 사실 그것은 무의미하게 된다. 어쩌면 그런 사고는 분리사관(分離史觀)이라 할 수 있는데, 민족문화를 위해서는 물론이지만, 호남의 향토문화를 위해서도 도움이 되지 않는다. 그러고 보면 호남 지역의 의식으로 이미 지적한 것은 충분히 우리 민족의 사상이나 의식으로 성립된 것이다. 다만 그것이 호남 지역에 뿌리를 내리면서 민족의식으로 커갔음을 생각해야 한다.

2) 개방과 진취

한국의 민족문화는 삼국시대에 그 특성이 갖추어져서, 통일신라와 고

---

16) 김주성, 「전남지방 고대사연구」, 『全南史學』 7, 1993, p.65나 이수건, 「전남지방 조선시대사 연구 강평」, 『전남사학』 7, p.150에서 이런 문제를 제시하였다.

려시대를 거치면서 오늘날에 이르는 문화적 전통을 이루어갔다. 호남의
문화적 특징이나 사상 및 의식을 추구하려 할 때, 백제문화가 중요하게 되
는 이유를 바로 이러한 데에서 발견할 수 있다.[17] 그런데 삼국 이전 한반도
는 크게 3개의 문화권으로 나뉘어 있었다. 평안도 지역과 요동(遼東)반도
에 걸치는 서북문화 · 그 이동인 동북[後方]문화 · 한강에서 그 이남인 남방
문화권이 그것이다.[18] 그리고 보면 민족 형성기에 호남은 영남과 함께 남
방문화권에 속해 있었다. 그 중 가장 선진이었던 서북문화권이 중국 민족
의 팽창 과정에서 그들과 싸워 패퇴하였지만,[19] 이후 토착사회는 중국 민
족과 투쟁하거나 그들의 진출을 봉쇄하면서 민족국가를 성립시켜 갔다.

동북문화권에 속한 사회가 중국 민족과 투쟁하면서 일찍부터 정복국
가 체제를 이루어 갔다면, 남방문화권에 속한 사회는 그들의 수탈적인 제
약에서 벗어나는데 많은 시간이 필요했다.[20] 같은 남방문화권에 속한 호
남과 영남 지역을 비교함으로써 민족문화가 형성될 당시에 호남문화가 갖
는 특성을 지적하고자 한다. 우선 지리적으로 호남 지역은 강이 많고 평야
로 이루어져 있다. 반면 영남 지역은 소백(小白)산맥과 노령(蘆嶺)산맥으
로 둘러 싸여 있다. 자연히 대륙에서 휘몰아쳐 온 민족 이동의 여파가 호

---

17) 물론 백제는 한강 유역에 자리하고 있었지만, 점차로 호남 지역을 확보하였다. 특히 뒤에
   公州 지역으로 밀리면서 백제는 호남 지역을 기반으로 활동하였다. 공주로 밀리는 과정
   에서 겪게 되는 혼란을 수습하면서, 다시 국가 체제를 정비해 가는 면에서 백제문화가 정
   비된다. 아울러 그것은 한강 유역에 있을 당시 백제의 웅혼했던 모습과 어우러져, 호남
   지역의 의식을 형성시키는데 중요하게 작용하였다.
18) 李丙燾,『韓國古代社會와 그 文化』, 瑞文堂, 1973 참조.
19) 漢 武帝의 침입을 받아 衛滿朝鮮이 망함으로써, 우리 민족은 중국 민족과 싸워 패퇴한 셈
   이다. 그러나 이런 사정은 비단 우리 민족만의 문제는 아니었다. 중국 민족이 팽창하는
   과정에서 주위의 이민족이나 그들이 세운 국가가 망하는 경우는 허다하다. 위만조선은
   漢의 약 6만에 이르는 군대를 맞아 2년 가까이 투쟁하였다. 그것은 우리 민족이 세운 서
   북문화권의 국가가 강성했음을 알려준다. 또한 중국 민족과의 싸움에서 패배했을 지라
   도 주위의 다른 민족과는 달리, 다시 그들과 항쟁하면서 삼국을 형성하고 민족문화를 이
   룩하게 되는 데에 우리 민족의 저력을 느낄 수 있다.

남벌에는 그대로 영향을 줄 수 있지만, 영남 지역에는 그렇지 못하였다.[21]

강을 따라 평야 지대로 이동하는 호남 지역에서는 문화의 전파와 교류가 빠르고 빈번하게 이루어졌다. 반면 영남 지역은 험준한 산맥으로 가로막혀 있어서 대륙으로부터 새로 이입되는 선진 기술문화의 도입이 늦었다. 또한 굳이 산맥을 넘어 영남지역으로 이주해 가는 사람들도 많지 않아, 그들이 큰 세력을 이룰 수 없기 때문에 토착세력에 흡수 동화되었다. 영남 지역에 불교 등 새로 들어오는 문화에 반발하는, 보수적 성향의 의식이 성립되는 이유는 바로 이런 데에서 찾아진다.

그러나 호남 지역으로 내려오는 이주민들은 큰 세력 집단을 형성하였고 우수한 기술 문화를 가지고 등장하였기 때문에, 이들이 토착사회를 선도하고 개발시켰다. 대륙으로부터 선진문화를 빨리 받아들여서 자기 문화를 형성시키고, 그것을 또 다른 곳으로 전해주는 과정에서 호남 지역은 개방적이고 진취적 성향의 의식을 성립시켰다.

이런 면은 백제 건국신화와 신라 건국신화를 비교 검토해 보면 쉽게 이해할 수 있다. 우선 개국신화의 주인공인 온조(溫祚)와 박혁거세(朴赫居世)는 등장하는 과정이 달리 묘사되었다. 유리(瑠璃)왕자의 등장으로 지위가 불안해진 온조는 무리를 이끌고 새로운 천지를 찾아 개척하면서 백

---

20) 『三國志』魏書 東夷傳의 韓傳에는 廉斯鑡에 관한 기록이 전한다. 辰韓의 右渠首였던 염사치는 낙랑으로 귀화하기 위해 邑落을 나오던 중, 밭에서 새를 쫓던 戶來를 만났다. 그는 1,500명의 낙랑인 동료와 함께 삼한 지역으로 나무를 도벌하러 내려 왔다가 붙잡혀 노예가 되었는데, 3년을 경과하면서 그 중 500인이 죽었다는 사실을 염사치에게 말하였다. 염사치는 호래와 함께 낙랑에 이르러 이 사실을 알렸다. 낙랑은 염사치를 전권대사로 삼아 군대를 파견하여 위협하였다. 염사치는 생존자 1,000명을 회수하고, 이미 죽은 500인에 대한 보상으로 이 지역 사람 15,000인과 布 15,000疋을 받아갔다. 이 점은 삼한사회가 낙랑으로부터 경제적으로 심하게 수탈당하였음을 알려 준다.

21) 『삼국지』 위서 동이전의 한전에는 "郡縣으로부터 가까운 곳은 예절을 알았으며, 먼 곳은 죄수와 같은 생활을 했다"라고 기록되었다. 이로 보면 낙랑으로부터 먼 곳인 영남 지역이 미개했을 것으로 이해된다.

제를 건설하였다. 반면 박혁거세는 하늘에서 내려온 신인(神人)으로서, 하늘로부터 선택되어 신라를 개국하였다. 온조가 부여족의 일파로서 고구려로부터 남하하여 내려온 이주민 세력임을 분명히 표방하고 있는데 비해, 박혁거세는 하늘로부터 왔다고 하여 출신지나 그 세력 규모를 알 수 없다. 어쩌면 그는 사로(斯盧) 6촌의 촌장에 의해 수동적으로 옹립되었다는 인상을 준다.

신라 사회에 유이민 집단은 소수가 장기간에 걸쳐 조금씩 흘러들어 왔기 때문에 토착민들에 의해 흡수 동화되었으며, 토착세력이 강한 뿌리를 내리고 있었다. 그러나 백제 사회에서는 유이민인 온조가 토착 사회를 정복하고 흡수·동화하면서 국가를 건립하였다.[22] 그런 과정에서 초기 백제 국가는 패기찬 웅혼한 기상을 가지면서 일찍부터 주위를 정복하여 그 영토를 넓혔으며, 고구려와 더불어 한반도의 패권을 다투기도 하였다. 이런 면에서 백제문화의 진취적 기상을 엿볼 수 있다.

국가 체제를 정비하는 면에서 백제는 신라와 차이를 보여준다. 신라는 법흥왕대에 국가 체제를 정비하고, 그 바탕 위에서 진흥왕대에 정복국가로 등장하여 그 영토가 넓혀졌다. 반면 백제는 이미 근초고왕대에 정복국가로서의 강성함과 함께 영토가 넓혀질 대로 커졌다. 이후 침류왕대를 전후하여 국가 체제가 정비되었는데,[23] 이는 넓혀진 판도를 유지하려는 성격을 지닌 것이다. 신라나 또는 고구려에서처럼 영토의 팽창야욕을 담은

---

22) 그렇게 되는 또 다른 이유는 이미 염사치 기사에서 제시했듯이, 이 지역이 낙랑으로부터 경제적으로 심하게 착취당하여 토착세력의 성장기반이 약했기 때문이다. 또한 낙랑은 중국 세력을 배경으로, 권위를 가졌으며 부유하였다. 낙랑은 下戶라 하더라도 개인적으로 조공을 바쳤을 경우, 그들에게도 암암리에 벼슬을 내렸다. 뿐만 아니라 토착 사회의 지배자인 족장에게는 신지나 읍차 등, 차별하여 관직을 제수하였다. 그것은 토착 사회에 대한 분리 통치의 일환으로, 이들이 낙랑에 대한 이해를 달리하는 결과를 낳았다. 그리하여 그 사회가 정치적으로 분열되어 있어서, 중국 군현에 대항할 수 있게끔 통합된 세력으로 성장하는 것을 더디게 하였다.

국가의 체제 정비가 아니어서, 백제는 귀족문화가 세련되는 방향으로 그 사회를 정비하여 갔다.

유물을 통해서도 백제문화가 갖추어져 가는 모습을 이해할 수 있다. 공주 박물관 앞뜰에 전시된 석연지(石蓮池)는 조밀하고 아담하지만, 부여 박물관 앞뜰에 전시된 그것은 보다 더 정밀하면서 우아한 모습을 보여 준다. 우아하게 조성되어 가는 그 모습은 마치 백제문화가 정비되는 과정을 떠올리게 한다. 그리고 보면 백제는 고구려계 문화를 계승한 듯하지만, 그 속에 노출된 거대하거나 패기찬 모습이 세련된 귀족문화의 발달로 조밀하게 정비되면서, 우아하거나 아담하게 갖추어져 갔다.

호남 지역의 문화는 개방적이고 진취적이어서 보다 빨리 선진문화를 흡수하여 그 영역을 확대시켰다. 일단 넓혀진 문화 영역을 경험한 후 체제 정비를 단행할 때에 다시 점검하고 조직하면서, 백제는 아담하면서 세련된 문화를 창출하였다. 빠른 교류와 전파로 인한 많은 선진 문화의 유입과 확대된 문화 영역을 조직하고 체계화하면서 호남문화는 세련된 문화역량(文化力量)을 보유할 수 있었다. 신라에서는 가족묘(家族墓)에 불과할 정도인 자그마한 크기의 무령왕릉(武寧王陵)에서 무려 88종 2561여 점의 풍부한 유물이 쏟아져 나왔다. 그 아담한 왕릉에서 그렇게 알찬 유물을 간직한 모습에서 호남문화의 참모습을 떠올릴 수 있다.

그렇다고 해서 호남문화 속에 패기가 빠져나간 것은 아니다. 고구려로

---

23) 백제의 경우 古爾王代에 국가 제도가 정비되는 것으로 나타나 있고, 또한 枕流王代에는 불교가 공인되었다. 그러므로 백제의 체제 정비에 대해서는 정설이 성립되어 있지 못한 실정이다. 다만 백제는 중국 남조의 영향을 받아 제도 정비가 보다 일찍이 세련되었다. 그렇지만 고이왕대의 제도 정비는 전면적인 체제 정비라기보다는, 고구려 太祖王이나 신라 奈勿王代에 행해진 제도의 정비와 비교될 수 있는 것이다. 이와는 달리 침류왕을 전후로 행해진 체제 정비는 고구려의 小獸林王이나 신라의 法興王代에 행해진 체제 정비와 비슷한 것이다.

부터 이어진 그 문화의 특성이 패기를 갖추고 있었다. 일찍부터 정복국가 체제를 갖추면서 한반도에서의 패권을 다투고, 서해로 뻗어나갈 당시의 웅혼한 기상이 그 문화 속에 도사리고 있는 것이다. 비록 그것은 이후 특히 근대에 오면서 많이 파괴되었을 지라도, 호남지역 문화의 성격으로 음미되어야 할 것이다.

대륙으로부터 들어 온 선진의 개방된 문화가 한강 유역에서 호남벌을 타고 뻗어 내려올 때의 진취적 기상 속에, 도도한 맥박과 패기가 숨겨져 있었다. 그렇지만 고구려의 예봉을 피해 기세가 꺾인 백제가 공주 이남 지역에 다시 정착하는 과정에서, 그러한 기운찬 흐름이 희미해져 간 느낌을 준다.

3) 이상과 개혁

삼국시대에 호남 지역의 사상으로 미륵신앙을 들 수 있다. 또한 역사적으로 유명했던 미륵신앙은 모두 호남 지역과 연결되어 있다. 금산사(金山寺)의 미륵전(彌勒殿)은 물론이거니와 관촉사의 미륵이나 익산의 미륵사 등은 모두 미륵신앙으로 이름난 곳이다. 『삼국유사』에 미륵신앙을 집중적으로 다룬 것은 미륵선화 진자사(彌勒仙花 眞慈師)조인데, 진지왕대의 승 진자(眞慈)는 미륵선화를 받들기 위해 공주의 수원사(水源寺)로 나아갔다. 진지왕대는 백제의 위덕왕대(威德王代)여서 신라 승려가 경주에서 공주로 나아갈 수 있었던 시대가 아니다. 그렇지만 진자가 미륵선화를 모시고자 공주로 나아가고 있음은 공주 지역이 당시 미륵신앙을 선도하였기 때문이다.[24] 화순(和順) 운주사(雲住寺)의 천불천탑(千佛千塔)도 역시 미륵신앙이 바탕이 되어 조성되었다고 한다. 이제 미륵신앙은 우리 민속과 얽혀 전국 어디에서나 널리 퍼졌고, 오래된 마을 어귀에 서있는 돌미륵의 모습을 흔히 발견할 수 있다. 민속신앙의 저변에 깔린 미륵신앙은 역사적으로 호남 지역의 사상적 또는 신앙적 특징으로 자리하였다.

불교 경전 속에 미륵신앙은 여러 설화로 유포되어 있다. 이는 상당히 긴 기간 동안에 별개의 여러 사건에 대한 이야기인데, 오랫동안 전승되면서 전후가 계속해서 이어지는 것으로 구성되었다. 미륵은 지상에서 목숨을 다한 후에, 도솔천(兜率天)에 태어나 많은 천중(天衆)을 위해 수행하고는 다시 염부제에 내려온다. 이윽고 부처가 된 미륵은 용화수(龍華樹) 아래에서 세 번에 걸쳐 중생을 제도한다. 그러는 동안 미륵은 전륜성왕(轉輪聖王)의 통치를 불법(佛法)으로 돕고 있다. 그런데 전륜성왕이 다스릴 때에는 극도의 사회 혼란을 겪게 됨으로, 미륵은 계율을 강하게 내세워 혼란한 사회를 제도하고는 이상사회를 건설한다.

우선 백제의 미륵신앙이 호남 지역의 미륵신앙으로 연결됨은 물론이다. 백제의 미륵신앙 역시 신라의 그것과 많은 차이를 갖는다. 신라중고시대의 미륵신앙은 전륜성왕의 치세를 돕는 내용으로 채워져 있다.[25] 불교의 공인 과정에서 전륜성왕과 미륵의 조화는 국왕과 귀족이 타협하면서, 불교신앙 면에서 서로 협조할 수 있게 했다.[26] 그런데 백제 미륵신앙 속에 전륜성왕 관념이 특별히 강조된 것은 아니다. 오히려 그것은 이상 사회의 건설을 은근히 내비치고 있다.

무왕(武王)과 그의 왕비가 사자사(師子寺)로 가고자 하여, 용화산(龍華

---

24) 김두진, 「백제의 미륵신앙과 戒律」, 『百濟硏究叢書』 3, 충남대 百濟硏究所, 1993, p.67.
25) 진흥왕은 두 아들을 銅輪과 舍(鐵)輪이라 하여 轉輪聖王의 이름을 붙였다. 그런가 하면 화랑도를 改創하여 화랑을 彌勒仙花라고 했다. 그것은 이른바 전륜성왕의 출현과 그 통치를 돕는 미륵의 교화라는 면을 뚜렷하게 내세운 셈이다. 그런데 전륜성왕이 출현하고 난 후 미륵이 출현하기까지에는 사회가 어지러워지는데, 신라의 경우 전륜성왕의 출현으로 인한 사회 혼란의 모습은 보이지 않는다.
26) 李基白, 「신라 初傳 불교와 귀족세력」, 『震檀學報』 40, 1975 ; 『新羅思想史硏究』, 一潮閣, 1986, p.80.

山) 아래의 큰못에서 미륵 삼존이 현신함을 보고 미륵사를 창건하였다. 그 것은 용화수(龍華樹) 아래에서 미륵이 중생을 세 번 제도하고는 이상 세계로 이끄는 모습을 닮았다. 또한 사자사는 도솔천 내의 사자상좌(師子床座)에서 유래한 것으로, 거기에 앉아 마지막으로 천중에게 설법을 마친 미륵이 하생하여 이 땅에 정토(淨土)를 이루게 한다. 곧 사자사와 연관하여 건립되는 미륵사가 이상 세계의 건립을 의도한 것임을 알려 준다.[27]

백제 미륵신앙 속에 이상 사회를 건설하려는 욕구가 강하게 나타나 있는 것은 아니다. 우선 『삼국유사』 법왕금살조(法王禁殺條)에서와는 달리 『삼국사기』 백제본기의 무왕조에서는 그러한 내용이 빠져 있다. 그러면서 오히려 형식에 흐를 정도로 강한 계율을 강조하였다. 법왕(法王)은 고기잡이나 수렵 도구를 불사르고 사냥하는 매를 방생(放生)하도록, 엄격한 계율을 시행하게끔 하교하였다. 백제 미륵신앙이 계율과 밀접하게 연결되는 데에 그 사상적 특성을 찾을 수 있다.[28]

일반적으로 이상사회를 건설하기 직전인 전륜성왕의 치세는 왕의 윤보(輪寶)가 이동하면서 극도의 혼란으로 치닫는다.[29] 미륵의 하생은 바로 이러한 혼탁한 세상을 배경으로 이루어지며, 미륵은 엄격한 계율을 강조함으로써 백성을 제도하고는 이 세상을 살기 좋은 이상 사회로 만들어 간다. 그런 과정에서 미륵신앙은 바로 현실 사회를 개혁하려는 성향을 가졌

---

27) 師子寺라는 이름은 兜率天 내의 師子床座에서 유래한 것으로 미륵의 下生과 얽힌 신앙을 담고 있다. 아울러 도솔천에서 설법을 마치고 하생한 미륵존을 위해 건립된 절이 彌勒寺이다. 따라서 사자사와 미륵사의 관계는 미륵이 도솔천에서 하생하여 龍華山 아래에서 이상 사회를 이룬다는 신앙을 나타내는 것이다.
田村圓澄, 「百濟の彌勒信仰」, 『馬韓 · 百濟文化』 제4 · 5 합집, 1982, p.26 참조.
28) 미륵신앙 속에는 계율이 중시되었다. 轉輪聖王 治世의 混濁한 세상을 제도하기 위하여, 미륵은 매우 엄격한 계율을 내세웠다. 그러한 계율로써 사람들이 순화되어 이상 사회를 이룬다. 또한 미륵 경전 중에서 거의 대부분을 이루고 있는 내용은 계율에 관한 것이다. 그런데 신라의 경우에서와는 달리 백제 미륵신앙에서는 바로 계율을 내세우고 있다.

다. 미륵이 이 사회를 제도할 메시아적 성격을 띠는 것은 바로 이런 이유에서 찾아진다.

백제의 미륵신앙은 이상 사회의 건설을 은유적으로 나타내었으며 오히려 계율을 크게 강조하였다. 반면 이상 사회를 건설하기 이전의 혼탁한 사회나 그러한 사회를 뜯어고치려는 개혁 사상이 뚜렷하게 나타나지는 않았다. 어쩌면 백제의 미륵신앙은 이상 사회를 내세우면서도 그것은 표면에 나타나지 않은 채, 저 물 속 깊이 침잠해 있었다. 이는 물론 공주시대의 혼란을 극복하기 위해 계율을 강조한 것이지만, 그것에 앞선 현실 사회를 개혁하려는 의식은 내면에서 꿈틀거리고 있었다.[30]

현실 사회를 개혁하면서 이상 사회를 건설하려는 욕구는 백제문화 속에 응어리져 있었으며, 호남 지역의 의식 속에 살아 흐르게 되었다. 백제불교의 문화적 전통을 강하게 계승하였던 인물은 진표(眞表)이다.[31] 그는 백제 구귀족 출신으로서 백제문화의 부흥에 큰 관심을 가졌다. 어릴 때 그는 가재(올챙이)를 잡아 대꼬챙이에 끼워 냇가에 두고는, 다시 사냥을 갔다가 바로 집으로 돌아갔다. 일주일 정도 지난 후 가재 생각이 나서 냇가에 가 보았더니, 대꼬챙이에 끼워져 아직도 살아 꿈틀거리는 가재의 모습을 본 진표는 충격을 받아 출가하였다고 했다. 그가 살아 꿈틀거리는 가재를 보고 받은 충격은 바로 백제문화에 대한 부흥으로 이어졌을 법하다.[32]

---

29) 轉輪聖王의 치세는 일단 혼란으로 치닫게 된다. 사실 전륜성왕은 聖君이어서 백성들이 배고파서 도둑질하다가 잡혀 오면, 양식을 주어서 돌려보내게 하였다. 이리하여 전국에 도둑이 만연하게 되었다. 왜냐하면 도둑질을 하여도, 전륜성왕 앞에 나아가 배고프다고 바르게 말하면 양식을 주기 때문이다. 그러나 도둑이 만연되자 당황한 전륜성왕은 도둑질한 백성을 처형하자, 왕 앞에 나아가 바르게 말하여도 죽게 되기 때문에 거짓말이 난무하게 되었다. 그리하여 이후 전륜성왕의 치세에는 더욱 간교한 일이 일어나서 사기가 판을 치고 다툼이 끊이지 않아, 결국은 전쟁의 와중으로 휘말릴 정도로 사회가 혼탁해졌다.

30) 김두진, 「백제의 미륵신앙과 계율」, 앞의 책, pp.78~79.

31) 李基白, 「眞表의 彌勒信仰」, 『新羅思想史硏究』, 일조각, 1986, pp.267~268.

진표의 미륵사상은 백제의 미륵신앙을 이은 것이다. 그는 피와 살이 떨어져 나가는 고행을 수행하면서, 미륵으로부터 계율을 받기 원하였다. 물론 처음에는 지장보살이 나타나 계율을 내렸지만, 이에 만족하지 않고 망신참(亡身懺)을 수행함으로써 그는 미륵으로부터 계율을 받았다. 미륵 신앙과 계율이 밀접하게 연결된 면에서 그는 바로 백제 미륵신앙의 계승 자였다. 그의 미륵신앙 속에는 백제문화를 이상으로 그것을 부흥하려는 의식이 담겨 있다. 그는 혼탁한 사회를 고치려는 사회개혁 의식을 표면에 내세우지 않은 채, 백제의 미륵신앙에서보다 더 계율을 강조하면서 이상 사회를 건설하려는 욕구를 훨씬 현실화하였다.

미륵신앙을 내세우면서 사회 개혁을 실현시키려 한 자는 궁예(弓裔)인 데, 그런 면에서 그는 백제 내지 진표의 미륵신앙을 계승한 듯하다. 궁예 가 거세되면서 미륵신앙 내의 현실 사회를 개혁하거나 이상 사회를 건설 하려는 면은 공공연하게 용납되지 못하였다.[33] 자연히 그것은 비밀 결사 나 유사종교로 이어지면서 때때로 사회 변혁에 충격을 주기도 하였다.[34] 호남 지역의 의식 속에 잔잔하게 흐르는 미륵신앙은 사회정의의 실현을 위한 우리 사회의 청량제로서의 역할을 수행해 왔다.

4) 실천과 수행

고려시대 호남 지역의 사상 형성에는 나말여초 선종의 성립과 고려후 기 수선사(修禪社) 결사가 큰 영향을 주었다. 통일신라 이래 근대에 이르

32) 이기백,「진표의 미륵신앙」, 위의 책, pp.269~270.
33) 김두진,「궁예의 미륵세계」,『한국사시민강좌』10, 1992, p.29.
34) 김두진,「궁예의 미륵세계」, 위의 책, pp.34~35.

기까지 한국 불교의 사상적 전통으로 크게 두 가지를 지적할 수 있다. 그 하나는 원교적(圓敎的) 전통으로 융합사상을 들 수 있으며 또 하나는 실천 수행적 신앙이다. 그 중 호남 지역 불교사상의 전통과 더 가까운 것은 후자이다. 신라중대 이래 화엄종을 위시한 교학 불교가 대체로 융회적 성격을 띠면서 왕실이나 중앙 귀족과 연결되어 있었는데, 신라하대에 크게 일어난 선종은 지방에서 호족과 결탁하면서 큰 산문을 형성하였다. 선종 구산문은 이렇게 해서 성립된 종파이다.

선종 9산문 중 서당(西堂) 지장(智藏)의 법인을 받아 개창한 남원(南原) 실상사(實相寺)의 실상산문, 장흥(長興) 보림사(寶林寺)의 가지산문(迦智山門), 곡성(谷城) 태안사(泰安寺)의 동리산문(桐裏山門)은 물론 남천(南泉) 보원(普願)의 법인을 받아 개창되는 능주 쌍봉사(雙峰寺)의 사자산문(獅子山門)은 바로 호남 지역에 성립된 산문이다. 이 외에 9산문에는 들지 않았지만 하동(河東) 쌍계사(雙溪寺)는 일찍 산문을 이루면서 문경 봉암사(鳳岩寺)의 희양산문(曦陽山門)을 여는데 영향을 주었으며,[35] 보령의 성주사(聖住寺)도 호남 지역과 연결이 가능한 산문이다. 그렇게 되면 선종 9산문은 주로 호남 지역을 중심으로 개창되었다.

본래 교학 불교의 논리를 초월하고자 하여 불립문자(不立文字), 견성오도(見性悟道), 외식제연(外息諸緣)을 그 사상적 특성으로 성립시킨 선종은 경전에 의하지 않고 바깥의 모든 인연을 끊으면서, 자기 속에 내재한 불성을 발견하여 깨치고자 하였다. 그것은 개인주의적 성향을 갖지만 자기의 내면생활을 충실히 하려했다.[36] 선종 사상의 바로 이런 점이 지방에

---

35) 물론 雙溪寺의 眞鑑禪師碑나 鳳巖寺의 智證大師碑에는 진감 慧昭와 지증 道憲이 嗣子 관계임을 알려주는 내용을 발견할 수 없다. 그러나 도헌의 法孫인 兢讓大師碑에는 혜소의 嗣法이 도헌이라 하였다. 이런 점은 고려시대에 혜소의 법맥이 봉암사의 희양산파로 이어지는 분위기 속에서 기록되었을 것이다.

서 독자 세력을 형성하려는 호족의 구미에 부응될 수 있었다. 그러므로 당시의 선종은 세속과 완전 절연하여 좌선에만 집착하지 않았다. 오히려 선사들은 일상사의 평범한 생활을 중시하고 자기 수양을 더 강조하였다. 이러한 선종사상은 호남 지역의 의식 형성에 상당한 영향을 주었다.

나말여초의 선사들은 하루 일을 하지 않으면 하루를 굶게 할 정도로 실천 수행을 강조하였다.[37] 그런데 호남 지역 선종산문 중 태안사의 동리산문에서 풍수지리설이 갖추어졌다. 개조자인 혜철(慧徹)의 사상은 물론이거니와 그 제자인 도선(道詵)이 풍수지리설을 체계화하여「삼국도(三國圖)」를 작성하였다. 풍수지리설에 대해서는 아직도 학계에서 논란의 여지가 많지만, 신라말에 가장 중요시된 것은 도선의 풍수지리설이었다. 그것은 광양(光陽)을 중심으로 하는 국토재구성안이었고, 본래는 뒤에 건립되는 후백제의 지배 세력과 연관되어 있었다.[38]

산수(山水)를 관찰한 인문지리적인 지식에서 출발하였지만, 도선의 풍수지리설은 전 국토를 관찰하여「삼국도」를 작성할 수 있을 정도의 전국적인 규모를 가졌다. 그 결과 그것은 국토를 효율적으로 운영할 수 있는 비보(裨補)사상으로 발전하기까지, 극히 합리적이며 실용적인 성격을 가졌다. 다만 당시에 전국을 관찰한 가장 완전한 것이었기 때문에, 도선의 풍수지리설은 국토의 중심을 송악 지역으로 바꾸면서 왕건에게 수용되었다. 이후 그것은 도참으로 바뀌면서, 정치적으로 이용되었고 미신적으로 흘러갔다. 동리산문의 사상이 풍수지리설을 곁들이게 되는 것은 선종사

---

36) 김두진,「朗慧와 그의 禪思想」,『역사학보』57, 1973, p.45.
37) 崔致遠,「보령聖住寺 朗慧和尙白月葆光塔碑」,『朝鮮金石總覽』권상, 1919, p.80에 "彼所啜不濟我渴 彼所 不救我餒 盍努力自飮且食"이라 하였다. 이것은 百丈 懷海의 '一日不作 一日不食'이라 한 것과 같은 내용으로 이해된다.
38) 김두진,「羅末麗初 桐裏山門의 성립과 그 사상 -風水地理 사상에 대한 재검토-」,『東方學志』57, 1988, pp.23~4.

상의 실천 수행적 성격과 연관하여 합리적이고 실용적 국토관을 형성시켰기 때문이다.

다음으로 조계종(曹溪宗)으로서의 한국불교의 정맥(正脈)을 건립한 지눌(知訥)은 돈오점수(頓悟漸修)를 주장했다. 그것은 물론 선오후수(先悟後修)를 의미하는 것이지만, 수행하는 이유를 돈오에서 찾았다. 돈오는 선지식(善知識)의 가르침을 입고 일념(一念)으로 돌이켜 갑자기 본성을 봄으로써, 번뇌를 초월한 부처와 더불어 다르지 않음을 아는 것이다. 그러나 깨달은 본성은 비록 부처와 다르지 않으나, 그 동안 살아오면서 시작도 없이 계속해서 익힌 습기(習氣)를 갑자기 떨쳐 버리기 어렵기 때문에, 오랫동안 성태(聖胎)를 기르는 수행이 필요하게 된다.[39] 이른바 이것이 점수이다.

지눌의 선오후수는 초발심(初發心) 때에 문득 정각을 이룬 후 계속해서 수행하는 화엄경의 논리와 비슷한 것이지만, 깨닫기까지 이 세상을 살면서 묻은 때를 깨끗이 없애려는 극히 현실적인 실천 수행의 논리이다. 비슷한 시기에 조계종에 필적할 만한 결사가 강진의 백련사(白蓮社)에서 이루어졌다. 백련사결사는 천태사상을 잇는 것 같지만, 고려중기 대각국사 의천의 사상과는 구별되는 것으로, 선종의 입장 곧 실천 수행을 중시하면서 교종 사상을 융섭하려는 경향을 가졌다. 그것은 조계종 사상이 무신 집정자(執政者)들과 현실적으로 연결하여 전개되는데 대한 건전한 반발로서, 보다 선(禪)의 수행을 강조하였다.

고려후기 호남 지역에 우뚝 솟은 불교계의 두 봉우리가 세속적인 실천 수행 신앙을 낳게 하였다. 이러한 사상 전통은 그 후에도 이어져 조선시대 김시습(金時習)은 청양의 무량사(無量寺)에 은거하여 활선(活禪)을 주장

---

39) 知訥, 「修心訣」(『보조국사법어』)에 "漸修者 雖悟本性 與佛無殊 無始習氣 卒難頓除故 依悟而修 漸重功成 長養聖胎 久久成聖 故云漸修也"라고 하였다.

하였다.[40] 활선은 세간을 떠나 참선하는 것이 아니라, 세속에 있으면서 어묵동정(語默動靜)하는 중에 스스로의 자성을 밝히려는 것이다. 호남 지역에 형성된 선종의 실천수행 신앙은 활선으로 이어졌다. 그것은 반드시 좌선을 행해야 하는 것이라기보다는 붓글씨를 쓰거나 밭갈이를 하는 중에서도 선정(禪定)에 들 수 있으며, 말하는 중에서도 선의 경지에 이를 수 있다고 한다.

생활을 영위해 가는 가운데 얻어지는 활선은 인간으로 하여금, 일상사에 더욱 전념하게 하는 실천 윤리를 성립시켰다. 선종사상의 실천수행 신앙은 호남 지역의 의식 속에 잠재하여 흐르면서, 생활에 활력을 불어넣고 의욕을 가지면서 정진하게 만들었다.

5) 절의와 구국(救國)

조선시대 호남 지역의 사상적 특징은 유학 내지 성리학의 성격과 연관하여 추출된다. 고려시대에 호남 지역의 실천수행 신앙은 조선시대 성리학에까지 영향을 주어, 의리와 실천을 위주로 한 성리학의 도학화(道學化)가 이루어졌다. 고려말에 성리학이 들어오면서 신흥 사대부층이 성장하였다. 이들의 사상적 특성은 의리와 명분, 정통론(正統論)을 내세우는 것이었다. 이들 중 온건 개혁론자들은 두 임금을 섬기지 않는다고 하여 정치에서 물러났는가 하면, 급진 개혁론자들은 폐가입진(廢假立眞)을 내세우고 끝내는 조선왕조를 세웠다.[41]

물론 호남의 유학자들은 온건 개혁론자의 후예로서 새 왕조에 입사(入

---

40) 韓鍾萬, 「雪岑 金時習의 사상」, 『崇山朴吉眞華甲紀念 韓國佛敎思想史』, 圓光大 출판부, 1975, p.812.

仕)하였으며, 명분론이나 정통론에 치우치기보다는 오히려 의리를 앞세운 도학정치를 펴나갔다. 의리에 충실하면서 봉공(奉公)을 위해서는 목숨까지 아끼지 않은 선비정신이 바로 이러한 데서 배출되었다. 조선초기에 도학정치의 큰 횃불을 든 자는 바로 정암(靜菴) 조광조(趙光祖)이다.[42] 그는 화순(和順)에서 호남의 유학을 일으킨 장본인이다.

기묘사화(己卯士禍)가 일어나면서 정암은 실각되었으며, 이후 기묘명현(己卯名賢)들 중 죽음을 면한 사류(士類)들은 흩어졌다. 그러나 이 사건으로 무등산(無等山) 아래에 소쇄원(瀟灑園)이 조성되어 그곳이 호남 유림의 집결지가 되었으며, 호남 유학의 정신이 독특하게 꽃피워갔다. 그러면 의리를 바탕으로 꽃피운 호남 유학의 정신은 무엇인가? 그것은 한마디로 절의 정신이며, 그런 바탕 위에 나라를 걱정하고 나라가 위태로울 때에 이를 보존하려는 구국 정신이다.

호남의 유학 속에 면면히 흐르는 정신은 바로 절의요 구국 정신이다. 이는 정통과 명분을 앞세우는 것도 아니고 논리를 추구해 들어가는 사변적인 것도 아니다. 어쩌면 그것은 고려시대 이래 호남 지역의 의식으로 형성된 실천수행 정신이 성리학과 맞물려 성립되었다고 생각한다. 정암을 위시한 기묘명현들의 절의 정신은 이미 세조 당시 집현전(集賢殿) 학사와 사육신(死六臣)의 정신 속에 흐르고 있었으며, 또한 세조의 왕위 찬탈에 대한 비판이 우국(憂國) 정신으로 승화되어 애군(愛君) 내지 봉군(奉君)

---

41) 고혜령, 「고려후기 士大夫의 개념과 성격」, 『擇窩許善道先生정년기념 韓國史學論叢』, 1992, 一潮閣, pp.234~5.

42) 성리학의 도학화는 호남 지역의 실천수행 의식과 연결되어 나타났다. 그러한 대표적 인물을 든다면 靜菴이다. 그는 "선비가 이 세상에 태어나서 학문을 업으로 삼는 것은 바로 生民에게 도움이 되기 위함이니, 오직 그것을 위하여 도를 행할 뿐입니다"(『靜菴集』 권2, 兩司請改正靖國功臣啓 3)라고 하였다. 특히 그의 실천적인 義理學은 38세의 젊은 나이로, 죽음에 이른 직전에 작성된 「獄中供辭」에 잘 나타나 있다.

정신으로 나타났다.

　호남 유림의 절의·구국 정신은 임진왜란을 맞으면서 만개하였다. 고경명(高敬命)은 호남 절의의 상징적 존재이다. 담양에서 봉기한 고경명 의병은 도내의 전 지역을 대상으로 모병하여 많은 호응을 얻었다. 그는 나라를 구하고자 북상(北上)하다가 금산(錦山)에서 순절하였다. 나주에서 일어난 김천일(金千鎰)은 최경회(崔慶會)·고종후(高從厚) 등과 진주성(晉州城)을 지키다가 장렬한 최후를 맞았으며, 그 외 김덕령(金德領)이나 해전에서의 정운(鄭運) 등도 절의 정신을 빛낸 인물들이다. 『호남절의록(湖南節義錄)』은 이런 인물을 기리기 위하여 편찬되었다. 이 사실은 절의가 바로 호남유림 사이에 면면하게 흘러 내려간 정신이었음을 충분히 생각하게 한다. 정유왜란 이전에 일어난 호남 의병들은 한결같이 근왕의병적(勤王義兵的) 성격을 지녔으며, 국가를 중흥할 수 있는 곡창 지대인 호남을 방위하면서, 북상하여 한양(漢陽)을 수복하고자 하였다.[43] 그런 의병전쟁의 과정에서 순절한 호남의 의병정신은 역시 호남 유학의 절의와 구국정신을 표출한 것이다.

　임진왜란 이후 호남 유학의 절의 정신은 조선후기에 실학을 성립시키기도 하였으며, 구한말에는 척사(斥邪)정신으로 나타났다. 물론 반계(磻溪)에서 다산(茶山)으로 이어지는 호남 지역의 실학사상이 중요하지만, 그 속에서 절의 정신을 이끌어내기는 쉽지 않다. 그렇지만 근기 지역의

---

43) 호남지역 의병의 성격이 勤王的이고 救國的이었음에 대해 영남지역 의병은 자기 지방을 지키는 掃寇的 성격을 가졌다. 그런 면에서 호남 지역의 의병이 대승적이었으며 절의 정신을 발로하고 있는 셈이다. 다만 당시 호남 지역은 곡창 지대여서, 정부는 倭兵이 이 지역으로 못 들어오게 막았다. 반면 영남 지역은 왜병에 의해 유린되었다. 때문에 영남 지역의 의병이 고을에 처들어온 왜병을 소탕하려 했음에 대해, 이 지역의 의병은 北上하여 왕실을 지키려는 勤王의 성격을 가졌다. 그렇다 하더라도 호남 지역의 의병이 구국 정신을 내세워 상경하려는 정신을 가졌음은 충분히 기릴 수 있다.

북학파와 비교하여 호남 지역의 실학은 당시 사회의 내부 모순을 이끌어 내면서 그 개혁 방향을 제시하였다. 이런 면은 역시 호남 지역의 의식 속에 면면하게 흘러 내려온 정서와 연관된 것이겠지만, 절의로서 표출된 구국 정신의 또 다른 변용으로 이해된다.

구한말에 장성의 노사(蘆沙) 기정진(奇正鎭)은 호남 유학을 대표할 만한 위치에 있었는데, 화서(華西) 이항로(李恒老)와 함께 절의 정신을 바탕으로 척사위정(斥邪衛正) 사상을 선도하였다. 노사의 사상 역시 호남 유학의 맥과 실학을 이으면서, 서세(西勢)의 제국주의적 침탈을 막아내고자 각고의 노력을 아끼지 않았다.[44] 그 속에는 절의로써 나라를 지키려는 구국 정신이 강하게 배어 있으며, 그것은 호남 유학의 전통을 이어 나타났다. 호남의 의식으로 아직도 살아 숨쉬는 절의와 구국 정신은 우리 사회의 동량으로서의 역할을 다해 갈 것이다.

6) 새로운 민족문화 요소의 포용

이상에서 한국사의 각 시대에 나타난 호남의 사상이나 그 의식을 추출하였다. 그것은 개방적이고 진취적이어서 이웃 문화를 빨리 받아들이고 그 문화의 폭을 확대시켰으며, 이상 사회를 건설하기 위해 개혁 정신을 잔잔하게 추구하였다. 그런가 하면 실천성이 강하고 몸소 수행적인 것이어

---

44) 斥邪論은 闢衛論으로부터 이어진다는 점에서 실학사상과 연관된다. 벽위론은 17세기 서구의 이질 문명에 대응하기 위한 것으로 李睟光의 『芝峰類說』, 李瀷의 『天主實義跋』, 安鼎福의 「天學考」, 李獻慶의 「天學問答」 등에 나타나 있다. 벽위론은 宗社를 보존하고 吾道를 내세우려는 것으로, 서구 열강이 침탈해 들어오는 과정에서 衛正斥邪論의 정신적 기반을 제공했다. 그리하여 척사론은 바로 민족적 저항 의식으로 직결되어, 구한말의 의병 운동으로 전개되었다.

서, 유학의 의리사상을 바탕으로 절의를 숭상하고 구국 정신을 견지하였다. 그런데 이런 의식 속에 공통으로 깔려 있는 것은 다정다감한 정감의 문화였다. 이것은 빠른 교류와 문화 전파를 통해 거대하게 넓혀진 문화를 다시 조직할 때에, 그 문화가 세련되어 나가는 방향이기도 하다.

바로 이 점은 영남 지역의 의식과 차이를 이루기도 한다. 민족문화 형성기에 문화의 전파가 늦어서 후진성을 면치 못했던 신라문화는 체제 정비를 통하여, 그 조직된 힘으로 다른 문화를 체계적으로 받아들일 수 있었다. 후진적인 문화가 보수성을 띠면서 영남 지역은 논리적 사고를 키워갔다. 그리하여 일단 자기 필요에서 개방화를 추구할 경우 적극성을 보이기도 했다. 이에 비해 호남 지역은 폭넓은 문화를 받아들였고, 그러한 속에 여유로 인한 정감의 유대로 얽히는 경우가 많다. 그런 속에 불필요한 마찰을 없애면서 명랑한 사회를 지속시킬 수 있었다.

이제 호남이 보다 폭넓은 향토 문화를 재창조하기 위해서, 그 사상이나 의식 속에 한국문화의 다른 사상경향을 포괄하려는 노력을 기울여야 한다. 정감 넘치면서도 논리적 사고를 생각할 필요가 있다.[45] 그런가 하면 불교사상 속에서 의상이나 원효로부터 이어지는 융회적(融會的) 사상을 접목할 뿐만 아니라 유학사상 속에서 퇴계 성리학의 정수나 인물성(人物性)의 동질을 주장하는 낙론(洛論)의 사상적 전통에 대해 유념할 필요가 있다.

---

45) 羅景洙, 「호남의 민속과 정신문화 -민속문화를 통해 본 湖南人의 人性구조와 그에 대한 비판-」, 『전남문화』 제6호, 1993, pp.61~9에서 호남인의 인성을 비판하면서, 智와 義에 대한 반성을 들었다. 그것은 곧 논리적 사고에 대한 반성으로 이해될 수 있는 것으로 시사성을 준다.

3. 경주문화권의 역사적 특징

1) 경주문화권의 범주는 어디까지인가

경주문화권에는 신라 천년의 역사가 간직되어 있다. 경주는 성읍국가인 사로국으로 출발한 신라의 발원지였다. 사로국과 비슷한 시기에 안강·흥해·기계·영천·경산·청도 등의 지역에도 음즙벌국·비지국·다벌국·초팔국·골벌국·압독국·이서국 등의 성읍국가가 성립되어 있었다. 신라는 4세기경에 주변의 성읍국가를 복속하면서 연맹왕국으로서의 기틀을 마련하였다. 중앙집권적 귀족국가로의 발전과 함께 이들 지역은 역사와 문화의 중심지가 되었고, 신라 멸망 이후 경주와 그 주변 지역에는 공통의 생활권 내지 문화권이 형성되어 있었다.

고려시대에 경주는 삼경의 하나인 동경(東京)으로 개편되었다. 동경은 북쪽으로 지금의 포항·영천에 속하는 흥해·안강·청하·영일·신광·기계·장기·영주 지역과 서쪽으로 경산에 속하는 장산·수성·신녕·자인·하양 지역을 속군(屬郡)과 속현으로 삼았다. 울주·예주(영해)·금주(김해)·양주(양산)·밀성(밀양) 등 경주의 남쪽 지역은 동경 유수관이 지배하는 영군(領郡)으로 편입되었다.

경주는 조선시대 초기에 부로 설치되면서, 행정·문화의 중심지가 되었으나, 성리학의 발달로 대구·안동 등의 지역이 영남의 중심지로 서서히 부각하였다. 그에 따라 경주의 관할 지역은 크게 축소되었다. 1895년 을미개혁으로 전국을 23부로 개편하였는데, 이 때 경주는 부로 설정되지 못하였다.

오랫동안 경주 사람들이 사방 80리 지역에 해당하는 영해나 영천·울주와 통혼권을 형성하였다. 그것은 경주문화권의 범주를 짐작하게 한다. 경주문화권에 포함된 지역은 오늘날의 행정 구역으로 볼 때, 경주를 비롯하여 영천·포항·경산·청도·울주·울산 등의 지역에 해당한다.

2) 인문지리적으로 어떤 성격을 가졌는가

경주와 그 주변 지역에는 백두대간의 정맥인 태백산맥이 북쪽에서 서남쪽으로 가로지르고 있다. 태백산맥의 주맥은 영천의 보현산에서 포항의 도덕산, 안강의 어림산, 경주의 단석산을 거쳐 청도와 울산의 경계에 있는 운문산·가지산으로 이어진다. 태백산맥의 고산준령을 제외하면 경주문화권에 포함된 지역은 대체로 500m 이하의 낮은 산으로 둘러싸인 여러 개의 분지가 모인 형태를 이루고 있다. 분지 사이로는 형산강·금호강·태화강 등이 흐르면서 크고 작은 평야를 조성하였다. 이들 강과 연결된 청통천·기계천·북천·남천·동천강·청도천 등의 지천도 계곡 사이를 흐르며 주요한 교통로로 이용되었다.

형산강은 경주와 안강·영천·포항을 연결하는 통로였다. 낭산을 중심으로 사방이 금강산·선도산·남산·토함산 등으로 둘러싸인 분지에 북천과 남천·형산강이 동서와 남북으로 흐르며 형성된 넓은 경주평야와 안강들은 경주문화권의 직접적인 사회경제적 기반이 되었다. 태화강은 경주와 울산을 잇는 중요 통로이다. 울산 지역은 왜적의 침입을 막기 위한 군사적 요충지이자 신라 왕족이 자주 행차하였던 지역이었다. 관문성은 왜적의 경주 침입을 막기 위해 울산평야를 가로질러 축성되었다. 금호강은 경산·영천 지역을 관통하지만 정작 경주까지는 미치지 못한다. 그렇지만 금호강 하류가 낙동강에 연결되고, 금호강 유역에는 경산들·영천들과 같은 넓은 평야가 형성되면서 초기 신라의 중요한 사회경제적 기반을 이루었다.

경주문화권은 분지로 둘러싸인 신라 천년의 서울인 경주 들판이 중심무대를 이루었지만, 포항·영천 지역은 북변의 진출로로, 경산·청도 지역은 태백산맥을 타고 내린 서부의 육상 관문으로, 울주·울산 지역은 동해로 열어나간 동부의 해상 관문으로 작용하였다. 경주문화권에 속한 경주평야나 안강·경산·영천들에는 일찍부터 밭농사는 물론 논농사가 활발히 이루어졌다. 그 곳의 사회경제적 기반과 생산력은 고대 성읍국가를 성립시켰을 뿐만 아니라 신라가 중앙집권적 귀족국가 체제를 정비하면서 문화의 꽃을 피우는데 영향을 미쳤다.

신라 헌강왕 때의 경주에는 18만여 호가 살았다. 이들이 숯으로 밥을 짓고 기와집에 살았다는 사실은 경주문화권의 사회 경제력이 어떠했던가를 충분히 알려준다. 조선시대 초기의 문인인 서거정은 "경주는 경상도 일대에서 가장 큰 고을로 토지가 평탄하여 비옥하므로, 백성의 수가 많고 물자도 풍부하다. 인심이 순박하여 옛 신라의 유풍(遺風)이 남아 있으며, 번화하고 아름다운 것이 실로 남쪽 지방에서 으뜸이다"라고 격찬하였다.

신라 멸망 이후 경주는 정치적으로는 소외되어 갔지만, 그 사회경제적 기반은 고려·조선시대에도 꾸준히 유지되었다. 조선시대 이언적(李彦迪)의 친가 및 외가인 여주 이씨와 경주 손씨의 집성촌인 양동마을이나 경주 최부잣집과 같은 만석꾼의 재산가가 나올 수 있었던 것은 역시 그와 같은 사회경제적 토대 위에서 가능하였다.

3) 토착문화가 뿌리를 내리다

경주문화권은 한반도의 큰 틀에서 볼 때, 경상도의 동남쪽에 치우쳐 있다. 이러한 지정학적 위치는 한반도 북방에서 전래된 문화가 쉽게 유입되지 못하는 요인이 되었다. 다른 한편으로 이와 같은 지리적 조건은 외세의 침범을 막는데 유리한 점으로 작용하였다. 산으로 둘러싸인 분지 형태의 지세는 다른 지역의 세력과 문화가 서서히 들어오게 하였다. 이러한 지정학적 위치로 말미암아 경주문화권은 토착문화 속에 새로운 문화를 흡수할 수 있었다. 그렇지만 이 지역의 산과 계곡 사이를 돌아 흐르는 강줄기는 외부와 교류하는 통로가 되었다.

일찍이 경주에는 6촌이 형성되어, 촌장들이 일대를 지배하였다. 고조선이 멸망하자 그 주민들이 한반도의 여러 곳으로 흩어지면서, 경주에도 이들 유이민이 들어왔다. 천신족을 표방한 박혁거세와 계룡(鷄龍)의 옆구리에서 태어난 알영(閼英), 배를 타고 바다를 건너온 석탈해 등은 다른 지역에서 경주로 유입된 새로운 부족세력이었다. 박혁거세와 알영 세력은 6촌장 부족을 아우르며 사로국을 세웠고, 동해안으로 들어온 탈해 세력은 박씨 왕실을 제치고 석씨 왕실을 구축하였다. 유이민의 경주 유입은 이후에도 계속되었다. 알지의 후예인 김씨 왕실의 시대가 열렸으며, 후에 나라 이름을 '사로'에서 신라로 고쳤다. 왕실은 유이민 세력에 의해 장악되었지만, 이들도 이미 토착화한 세력과 다를 바가 없다.

청동기시대에 한반도의 선주 토착민은 한·예·맥족이었다. 북방으로부터 이들보다 우세한 물질문명을 가진 부족이 들어오면서, 먼저 거주한 토착민을 흡수·동화하면서 새로운 지배 질서를 확립하였다. 다만 민족 이동의 물결은 중국 대륙으로부터 큰 정치적 파동을 겪으면서 그 여파가 한반도로 들어오기 마련이다. 한반도로 들어온 유이민 부족은 대동강이나 한강 유역 또는 넓은 벌판에 강이 많아 교류가 잦은 호남 지역으로 내려오기까지 강한 세력을 유지하였다.

그러나 경주 분지로 들어오는 유이민은 주류가 한강 유역에 주저앉거나 소백산맥을 넘지 못하였기 때문에, 그 세력이 미약하여 오히려 토착 부족에게 흡수·동화되었다. 고구려나 백제의 주몽과 온조 부족이 부여족의 일파로서 북쪽에서 내려왔음에 비해, 신라의 박혁거세나 탈해·알지 부족 등이 어디로부터 온 것인지가 분명하지 않는 것은 대조된다. 신라의

6촌장도 막연하게 하늘에서 내려온 것으로 되어 있다. 유이민 부족이 어디로부터 온 것인지를 분명히 할 수 없을 정도로 미약하여, 토착부족 세력에게 흡수·동화되었다. 자연히 신라 사회는 토착문화의 전통을 강하게 유지하였다.

사로 6촌장도 본래는 성읍국가의 지배자였고, 그들의 후예인 이씨·정씨·손씨·최씨·배씨·설씨 부족은 신라의 귀족으로 성장하였다. 경주의 인근 지역에도 성읍국가가 형성되어 있었는데, 철기를 사용하는 사로국에게 복속되었다. 복속된 국가는 사로국의 지배를 인정하면서도, 어느 정도의 독자적 지배 질서를 유지하였다.

중앙집권적 귀족국가 체제를 정립하면서, 이들 국가의 지배자들은 신라의 중앙귀족으로 편성되었다. 이 과정에서 사로국의 지배층으로 왕족이나 왕비족인 김씨와 박씨 부족은 골족으로, 6촌장의 후예와 성읍국가의 지배층은 두품층으로 편제되었다. 또한 성읍국가의 지배자들도 비교적 큰 국가를 이루었을 경우 6두품으로, 작은 국가의 경우 5두품으로 편제되었고, 개중에 아주 큰 연맹국가를 이룬 가야국의 지배자는 진골로 편성되기도 하였다. 이렇게 하여 신라 사회에 엄격한 신분제인 골품제가 완성되었다. 신라 사회에는 골품에 따라 올라갈 수 있는 관직은 물론, 집이나 복색 또는 사용하는 기물에 이르기까지 분명한 구분이 존재하였다.

골품제는 신라 사회의 모든 방면에 크게 영향을 미쳤다. 백제나 고구려 사회에도 신분제가 운영되었지만, 신라의 골품제는 가장 엄격하게 유지되었다. 그 이유는 진골을 비롯해서 신라의 귀족들이 강한 토착적 전통을 가진 데에서 찾아진다. 신라는 삼국통일 이후 확대된 영토를 다스리면서도 국토의 동남부에 치우친 경주를 끝까지 수도로 고수하였다.

4) 정제미 속에 패기를 담다

경주문화권은 대륙으로부터 새로운 문화를 받아들이는데 어려움을 겪음으로써, 문화적으로 삼국 중 가장 후진을 면치 못하였다. 삼한시대에 낙랑군으로부터 가까운 마한 지역의 국가들은 예속(禮俗)을 알았지만, 멀리 떨어진 진한 등의 국가는 마치 죄수처럼 생활하였다고 한다. 이렇듯 후진이었던 신라 사회는 대신 자기 문화의 전통을 강하게 지닐 수 있었다.

신라는 삼국 중 가장 늦게 국가체제를 정비하였다. 성읍국가로서의 출발은 빨랐을 지라도, 연맹왕국에서 중앙집권적 귀족국가 체제로의 정비는 고구려에 비해 3세기, 또는 백제에 비해 약 2세기 정도 늦게 이루어졌다. 신라가 국가체제를 정비하는 과정은 백제의 그것과는 다르지만, 고구려의 모습을 답습하였다. 백제는 근초고왕 때의 정복사업에 의해 넓혀진 판도나 새로 유입된 풍부한 문화를 그 다음 대인 침류왕 때에 가서 정비하였다. 넓혀진 영토를 유지하려는 면에서 백제는 귀족문화가 세련되는 방향으로 제도를 정비하였다. 이에 비해 고구려는 소수림왕 때에 국가체제를 정비하고, 그러한 바탕 위에서 광개토왕 때의 정복사업이 이루어졌다.

신라에는 법흥왕 때에 국가체제가 정비되고 다음 대인 진흥왕 때에 정복사업이 진척되었다. 고구려와 마찬가지로 신라는 국가체제를 정비하면서, 그 속에 영토의 팽창 야욕을 담았다. 고구려문화는 거칠면서 거대할 뿐만 아니라 민족문화의 박동치는 고동 소리를 들게끔 한다. 신라문화는 추대했던 고구려문화가 우아하게 정비된 백제문화를 거치면서 정비되었기 때문에, 화려하면서도 균형이 잡힌 정제미를 갖추면서 아울러 웅혼한 패기를 담았다. 신라 고분 속의 천마도는 바로 이런 모습을 보여준다. 그것은 잘 정제된 아름다움을 보여주면서도, 하늘로 오르려는 날갯짓 속에 힘찬 패기를 느끼게 한다.

국가체제를 정비하면서 삼국은 모두 불교를 공인하여 국가불교로 발전시켰다. 신라는 고구려와 백제에 비해 불교를 공인하는 시기가 늦을 뿐만 아니라 귀족세력의 반발을 받아 심한 진통을 겪었다. 법흥왕이 불교를 공인하려 했으나, 귀족들의 반대는 왕실의 측근인 이차돈이 처형됨으로 말미암아 무마되었다. 이처럼 불교를 받아들이는데 후진성을 면치 못하였던 신라 사회가 일단 수용하여 공인한 후에는, 불교문화의 꽃을 빠르게 피웠다.

신라 사회가 외래문화를 받아들이는데 늦거나 거부감을 보이는 것은 토착적인 자기문화가 충실하게 축적된 데에서 그 원인을 찾아야 한다. 자기문화가 쌓여 자신감을 갖거나 토착문화의 전통이 강잉하면, 새로 들어오는 문화에 대해 둔감할 수 있다. 새로운 문화에 대한 거부는 일시적으로 문화의 후진성을 보여준다. 그러나 수용할 필요를 느껴 호감을 갖게 되면서, 신라 토착문화는 새로운 문화를 급속도로 받아들이는 추진력을 가졌다. 신라에 불교문화나 사상이 만발하였을 뿐만 아니라 전국 어디에서보다도 경주 지역에 풍족한 청동기나 철기 유물이 출토되고 있는 사실은 이를 짐작하게 한다.

신라문화는 중국이나 고구려·백제를 통해 토착문화에 필요한 새로운 문화를 늦었지만 꾸준하게 받아들여, 화려하면서도 균형을 갖춘 아름다움을 지녔다. 그러면서 밖으로 뻗으려는 패기를 지녔는가 하면 새로운 문화를 받아들여 독창적인 것으로 만드는 추진력을 갖추었다. 신라가 끝내 삼국을 통일하였던 것은 그 문화 속에 함축된 패기나 추진력에서도 찾을 수 있다.

5) 민족문화가 조화와 균형을 추구하다

고구려와 백제문화를 흡수하여 민족문화를 성립시켰다는 점에서, 신라의 삼국통일은 큰 의미를 지닌다. 개중에는 신라의 통일보다는 고려의 후삼국통일에 더 비중을 두는 주장이 있는데, 그것은 옳지 않다. 삼국이 통일되지 않은 채로 내려온 기간이 길면 길수록, 민족문화 속의 이질성은 더 깊어지는 법이다. 신라 토착문화는 물론 고구려나 백제문화가 아무리 다양하게 전개되었다고 하더라도, 그것들은 뒤에 모두 통합되어 민족문화로 이루어졌다. 특히 신라의 통일 이후 삼국문화의 특성을 그대로 받아들이면서 형성된 민족문화는 다양성을 가졌다.

경주문화권은 신라문화가 핵심이 되어 이루어졌다. 경주문화권의 석탑과 불상은 신라 문화의 독창성과 다양성을 반영하고 있다. 국가불교가 성립되면서 신라는 현세에 불국토를 구현하고자 하였다. 신라 불교문화의 특징은 남산의 유적에서 보다 확연하게 드러난다. 남산에는 골짜기마다 수많은 불상과 탑이 세워졌다. 이는 신라 사회에 불국토를 구현하려는 의지를 보여준다. 경주 사람들은 현세불인 석가불은 물론 미래불인 미륵불, 부처를 모시는 협시보살, 부처·보살을 받드는 여러 신중을 남산의 바위마다 새겨 놓았다. 불상·보살상의 얼굴이나 옷주름, 팔과 다리의 신체 등은 똑같은 수법이나 양식으로 조성되지 않고 다양한 모습으로 표현되었다.

신라 왕실은 불교사상을 국가 통치이념으로 받아들이면서, 왕성인 월성 부근에 대규모의 사찰을 건립하였다. 6세기경의 경주는 흥륜사·황룡사·분황사·영묘사·실제사 등 왕실에 의해 세워진 사찰로 가득 찼다. 경주문화권 전역에도 포항의 법광사, 영천의 은해사, 울산의 동축사, 청도의 가슬갑사 등 여러 사찰들이 건립되었다. 경주 주변 지역에 불교문화가 차츰 전파되어 경주의 석탑과 불상 양식을 모방한 조형물이 세워졌다.

신라중대에 이르러 석탑 양식은 커다란 변화가 나타났다. 석가탑 형태가 주류를 이루었던 종래의 석탑 양식과 달리 새로운 양식의 다보탑이 건립되었다. 다보탑의 건립은 신라인들이 마치 돌을 떡 주무르듯 의도한대로 조각하였음을 알려준다. 석가탑과 다보탑은 이형탑(異形塔)을 조성하는 계기가 되었고, 이후 신라사회에는 다양한 모양의 이형탑이 건립되었다. 통일과 함께 형성된 민족문화가 신라하대에 지방으로 확산되면서, 둔탁하면서도 괴기한 모습의 불상이나 탑이 도처에 건립되었다.

다양한 모습의 민족문화가 형성되어 신라문화는 새롭게 변하면서 만개하였다. 삼국이 쟁패를 다투는 시기에 신라문화는 세속오계에서 강조한 덕목, 곧 충이나 효 또는 교우 사이의 믿음이나 싸움에 임하여 무용(武勇)을 강조하였다. 이것은 바로 화랑도 정신으로 이어진다. 삼국통일 이후 신라 사회에는 칼 대신에 붓, 곧 글을 숭상하는 귀족문화가 농축되었다. 신라중대의 의상과 원효는 물론 신라하대에 최치원이나 체관(諦觀)·의통(義通) 등은 우리나라뿐만 아니라 중국에까지 명성을 떨친 인물이다. 실제로 최치원은 중국에서 황소의 난을 진압하기 위한 「토황소격문(討黃巢檄文)」을 지었으며, 체관과 의통은 중국에 들어가 각각 천태종의 교본인 『천태사교의(天台四敎儀)』를 짓거나 천태종의 교주가 되었다.

신라불교는 원효와 의상을 거치면서 철학 체계를 수립하였다. 특히 원효는 대부분의 불교 경전에 대해 주석을 붙임으로써, 신라불교가 모든 교파의 교리를 이해할 수 있게 하였다. 그 외 표원(表員)·태현(太賢)·의적(義寂)·경흥(憬興) 등의 여러 고승은 많은 저술을 남겨서, 중국과는 다른 독창성을 가진 불교사상을 다양하게 전개하였다. 신라 불교의 주류를 이룬 것은 의상계의 화엄종이었다. 화엄사상은 전체적으로 조화와 균형을 지니면서, 하나 속에 서로 다른 교리나 사상을 통합한 것이다. 불교사상에 바탕을 둔 신라문화는 통일신라시대에 이르러 통합과 융화를 추구하는 방향으로 전개되었고, 그것은 민족문화의 사상적인 전통으로 자리하였다.

6) 다양한 논리를 전개하면서 원칙을 중시하다

신라 교학불교는 화엄사상과 법상종의 유식사상으로 대별된다. 의상의 문도는 신라 화엄종의 주류를 형성했다면, 원효의 문도는 그 방계를 이루었다. 신라 화엄사상은 중국 법장의 그것과는 달리 근본적인 하나를 중시하여 그것의 이해로써 전체를 관조하였다. 의상은 절대 진리인 하나 속에 시방세계의 모든 법상을 융섭(融攝)하였고, 원효는 일심 속에 진여는 물론 생멸(生滅)인 색계를 융섭하였다. 이러한 불교 논리는 원칙적인 하나를 중시하는 것이다.

한편 원효는 일심 속에서 여러 법상의 차별을 설정하였고, 아울러 불교의 모든 경전을 이해하였다. 비슷한 시기에 신라에는 법상종이 대두하여 유식불교가 성행하였다. 원측이나 원광은 물론 태현·경흥·진표(眞表) 등의 여러 학승이 활동하였고, 이들은 일체의 법상에 대한 존재 양태를 다양하게 설명하였다. 그렇지만 이들은 중국의 유식사상가들과는 달리, 그것이 서로 융섭할 수 있음을 주장함으로써 원효와 비슷한 사상경향을 가졌다.

신라하대 이후 절대적인 부처에 귀의하려는 교종 불교보다는 불성을 자기의 마음속에서 찾으려는 선종 불교가 성행하였다. 고려시대에 경주의 주변 지역에도 9산선문 중 가지산문에 속한 은해사나 운문사·인각사 등의 선종 사원이 번창하였다. 고려시대 불교사상은 교종과 선종사상을 융합하는 방향으로 전개되었다. 경주 지역에는 다양한 이론을 전개시킨 교학 불교의 전통이 강하게 유지되었기 때문에, 가지산문의 사상은 선종사상 속에 교학 불교의 여러 논리를 수용하였다. 경주문화권 속에 자리한 이론 불교의 전통은 조선시대에 이 지역 유학사상의 논리를 전개시키는데 일익을 담당하였다.

조선시대 경주문화권은 새로운 사상인 성리학을 받아들이면서 유교문화를 발달시켰다. 조선중기에 회재(晦齋) 이언적으로 대표되는 유학의 학맥이 형성되었다. 안동문화권에 비해 학맥이 크게 떨치지는 못하였지만, 경주문화권에는 '회퇴(晦退)'라는 용어를 만들어 낼 정도로 유교문화가 성숙하였다. 회재를 모신 옥산서원이 안동의 도산서원, 진주의 덕천서원과 함께 영남 3대 서원으로 손꼽히는 것은 그러한 경주문화권의 사림문화를 말해준다.

경주문화권의 사림문화는 여러 면에서 다양한 모습을 보인다. 경주에는 안동에 버금갈 정도로 많은 서원과 사우가 세워졌다. 퇴계의 문하인 지산(芝山) 조호익(曺好益), 그 손제자인 여헌(旅軒) 장현광(張顯光) 등이 이곳에서 문인을 육성하여 회퇴학맥을 이어 나갔는가 하면, 18세기 이후에는 남인의 터전이던 이곳에 노론이 침투하여 향전(鄕戰)이 벌어지기도 했다.

경주 지역에는 문중서원이 크게 발달하였다. 경주 일대에 세워진 40여 개가 넘는 서원중에 상당수가 문중서원이었다. 18세기에 최진립(崔震立)을 제향한 용산서원, 손중돈(孫仲暾)을 모신 동강서원, 권덕린(權德麟)을 제향한 운곡서원, 정몽주를 제향한 오천서원 등이 그 대표적 존재이다. 문중서원의 건립과 함께 집성촌도 꾸준하게 유지되었다. 그것은 경주 지역의 향권(鄕權)에 관여하는 기반이 되었다.

회퇴학파는 영남 유학의 대명사로 되었지만, 그중 회재 이언적(李彦迪)과 장현광은 경주문화권의 유학사상의 전통을 형성시키는데 직접으로 영향을 주었다. 퇴계의 스승인 이언적은 수기(修己)와 치인(治人)의 방도를 다양하게 구하지만, 그 요령이 심학에 있음을 표명하였다. 그는 심학에 근거하여 아래로부터 배워 위에 이르게 하는 바인, 심성을 닦고 기르는 주체적인 태극관을 제시하였다. 퇴계도 심학을 중시하여 인간 존재의 이성과 감성을 추론하고, 그것을 우주 자연에게로 관조하는 주리철학의 체계를 세웠다. 퇴계의 학맥을 이은 장현광은 도덕적인 태극을 주체적으로 내세웠다. 그것은 일리(一理)와 만리(萬理)의 관계를 풀이하면서, 하나가 즉

일체이며 일체가 즉 하나라는 논리로 우주만물의 모든 현상을 융화 회통하였다.

태극을 대상이 초월된 무극의 회통 논리와 일치시킨 장현광의 유학사상은 신라불교의 융섭적인 사상 전통을 계승한 것이다. 무수한 현상에 대해 다양하게 논리를 전개하면서도, 그것을 원칙적인 하나 속에 파악하였다. 경주문화권 속에 이어져 내려온 불교는 물론 유학사상의 전통은 근본적인 하나의 이해로써 전체를 통관하면서, 아울러 일체의 현상을 사실적으로 파악하였다. 그러면서 다양한 논리의 전개에 몰입하지 않음으로써, 실천 수행적인 사고를 낳았다.

7) 이상을 꿈꾸면서 현실을 직시하다

신라하대에 지방에서 호족세력이 등장할 때, 경주문화권 내에서도 신라 왕실과 독립적인 호족세력이 생겨났다. 영천의 황보능장(皇甫能長), 울산의 박윤웅(朴允雄) 등이 그들이었다. 이들은 스스로 성주나 장군을 칭하면서 독자 세력을 구축하였다. 후삼국시대에 이르러 경주문화권은 신라왕실과 연결을 시도했던 견훤과 왕건 세력의 각축장으로 변해 갔다.

당시 왕실은 실질적으로 경주 일원을 다스리는데 그쳤고, 국토의 대부분은 지방호족에 의해 잠식되었다. 그렇지만 아직도 신라 왕실은 천년 사직의 권위를 그대로 가졌고, 견훤과 왕건은 서로 신라 왕실과 확실하게 연결하기 위해 경쟁하고 있었다. 팔공산 전투에서 견훤은 왕건군을 크게 물리쳤고, 청도의 견성 전투에서 왕건은 견훤군을 제압하였다. 고창군(지금의 안동)전투는 후삼국 사회의 향배를 결정하는 견훤과 왕건의 처절한 싸움이었다.

후삼국을 통일한 왕건이 경주 지역을 경순왕에게 식읍으로 하사하고 경주가 삼경의 하나인 동경으로 편제되면서, 경주문화권은 신라문화의 전통을 그대로 유지하였다. 다양한 민족문화를 형성시키면서 신라문화는 화려한 균형미와 함께, 지방호족 세력의 등장으로 말미암아 투박하면서도 둔탁한 조형미를 함께 갖추었다. 이것은 이후 고려문화가 세련되면서도 섬세한 중앙의 귀족문화와 함께 괴기하고 신비한 지방의 서민문화를 이루게 하는 원동력이 되었다.

고려전기에 경주 출신 인사들은 조정에 깊숙이 관여하였다. 왕건을 추대한 배현경(裵玄慶), 문한관을 역임한 최언위(崔彦撝), 국가의 기틀을 마련한 최승로(崔承老) 등이 그들이었다. 이들은 고려 국가의 체제 확립에 기여하면서 중앙 정계를 장악해 나갔다. 당시 중앙 정계는 대체로 서경 세력과 신라계 세력으로 나뉘었으며, 경주 출신 인사들은 신라계 세력을 대표하였다. 이들은 설총과 최치원을 문묘에 배향하면서 신라문화의 우월성을 강조하였다. 특히 서북 세력이 일으킨 묘청의 난이 진압된 뒤에, 김부식과 일연은 『삼국사기』와 『삼국유사』를 찬술하면서 고려의 신라 계승 의식을 내세웠다.

무신란 이후 문신 문벌귀족이 탄압을 받으면서, 경주 출신의 귀족세력들도 크게 약화되었다. 그런 가운데 무인정권을 장악한 경주 출신 이의민은 이 지역의 인심을 동원하여, '신라부흥운동'을 배후에서 조종하였다. 최충헌(崔忠獻)에 의해 이의민이 살해된 뒤에도 경주를 중심으로 주변 지역이 연합하여 대규모의 신라부흥운동을 일으켰으나, 결국 최씨정권에 의해 진압되었다. 그 결과 경주 지역의 속군·속현이 안동과 상주 지역에 편입되었다. 이후 경주는 삼경의 위치에서 지방 군현으로 강등되었고, 조선 초기에는 겨우 4개의 속현을 거느릴 정도로 경주문화권의 범위도 축소되었다.

경주 출신 인사들은 중앙 정계로의 진출이 어려워지면서 토호화되어 갔다. 고려말 경주 출신 인사는 더 이상 중앙 정계에서 명성을 날리지 못했다. 충숙왕 때에 경주 출신 최해가 중앙에 진출하지 못하고 경주에서 옛 신라의 영화를 그리던 모습은 이 시기, 경주문화권 출신 인물이 현실을 직시하면서 겪어야 했던 사회상을 말해준다. 신라가 멸망한 지 5백년이 지나도록 신라문화는 경주 사람들의 영원한 고향으로 남아 있었다. 이렇듯 고려시대 경주의 역사문화는 신라문화의 전승에서 벗어나지 못하였다.

조선시대에 들어와 성리학을 지배이념으로 확립하면서 한국의 역사와 문화는 크게 변화되었다. 성리학의 수용은 중앙집권적 지배체제를 강화시켰고, 지방 사회도 군현제에 의해 정돈되었다. 경주는 고려시대 말에 한때 군으로 강등되지만, 조선시대 초에 이르러 경주부로 승격하여 위상을 어느 정도 회복하였다. 그러나 조선 왕조의 '숭유억불' 정책에 의해 불교문화의 본산인 경주문화권은 어느 지역보다 크게 타격을 받았다.

근대에 이르러 경주에서 동학이 발생하였다. 동학은 서세동점의 물결이 크게 파도치던 19세기 후반 최제우에 의해 창시된 민중 종교이다. 동학은 서구문명인 '서학(西學)'에 대항하는 의미에서 지어진 명칭으로, 고유한 토착사상을 정립하려는 것이다.

한때 유교지식인의 길을 걸었던 최제우는 조선시대 말에 성리학적 지배체제의 부패를 몸소 경험하면서 새로운 사상을 지향하였다. 그 결과 최제우는 토착사상을 집대성하여 사람이 곧 하늘이라는 '인내천(人乃天)' 사상을 제창하였다. 그것은 자기 내에서 불성을 찾는 불교의 깨달음과도 상통한다. '인내천' 사상은 토착문화와 불교문화 전통이 짙었던 경주문화권의 역사문화적 배경 속에서 배태하였다. 동학은 최제우 사후 경주 출신 최시형에 의해 전국적 종교로 발전되었다. 그런 점에서 경주는 동학의 성지이다.

경주문화권의 문화재는 일제강점기를 거치면서 원형을 상실하고 파괴되는 비운을 겪었다. 남산에서는 불상의 목과 팔이 잘려지고, 석탑이 무너져 내렸으며, 주위에 있던 사찰이 훼손되는 등, 경주문화권의 불교문화는 크게 훼손되었다. 일제는 경주문화권 내의 유적을 복원·발굴한다는 명분 아래, 오랫동안 간직되어 왔던 문화재를 마구 약탈·반출해 갔다. 이때 석굴암이 크게 훼손되었고, 1천여년 이상 보존해 왔던 고분들이 마구잡이 발굴로 망가졌다.

광복 이후 산업화의 물결에 밀려 한때 경주의 문화유산이 또 한번 위기를 맞기도 했지만, 그 어려움 속에서도 경주는 세계문화유산으로 지정되면서 민족문화의 이상향으로서 찬란했던 옛 영화를 조금씩 되찾아 가고 있다.

8) 새로운 민족문화의 창달을 바라다.

경주문화권의 성격을 역사적 흐름 속에서 추출하였다. 경주문화권은 주로 신라문화를 중심으로 이루어졌고, 고려시대 이후에 그것의 전통이 계승되는 면을 밝혔다. 그 결과 경주문화권은 일찍 토착문화가 뿌리를 내렸으며, 추대(麤大)한 고구려문화와 우아한 백제문화를 이어 정제미를 갖추면서 패기를 담았다. 아울러 그 속에는 다양한 논리를 수용하면서 그것을 통관하는 원칙을 중시하였을 뿐만 아니라 민족문화의 이상이나 향수가 깃들면서 새로운 사회를 꿈꾸기도 하였다.

북쪽과 서쪽이 산맥으로 가로 막혀서 대륙으로부터 들어오는 새로운 문화를 받아들이는데 비록 느리고 거부감을 표출하기도 했지만, 경주문화권은 내부에 흐르는 강줄기를 따라 바깥 지역으로 뻗어가려는 패기나 추진력을 갖추었다. 그 외에도 경주문화권이 갖는 특징을 더 많이 지적할 수 있다. 곧 원칙을 내세우는 속에 의리와 실천을 앞세우는 모습이 떠올려진다. 그렇지만 이상에서 제시한 경주문화권의 특징은 아무리 소중한 것이라 하더라도 민족문화의 성격으로 흡수된 데에서 그 의미를 찾아야 한다.

아울러 경주문화권의 특징이 민족문화 속에서 포용되어 그 창달을 위해 유용하게 되기 위해서는, 직관을 초월하는 포근한 정감을 느낄 수 있어야 할 것이다.

4. 한국인의 주체의식

1) 일제 식민사관

한국사는 일제강점기를 거치면서 심히 왜곡되었다. 당파성(黨派性)이라든가 사대주의 · 반도적(半島的) 운명론 · 정체성론(停滯性論) 등을 강조하였고, 그리하여 한국사는 돌아보기조차 싫은 구차한 사건의 연속으로 얼룩졌다. 이러한 일본인의 식민사관은 교육에도 영향을 끼쳤고, 식민지 교육을 받은 한국인의 의식구조까지를 변개시켰던 것이다. 일제 식민사관이나 식민지 교육의 잔재는 지금까지도 남아, 국산품은 무조건 나쁘다고 하거나 한국적인 것은 무엇이나 고루하게 생각하는 예가 허다히 발견된다.

광복 후 한 세대가 흐른 지금, 식민지 교육의 잔재를 없애고 올바른 역사의식의 정립을 위해 식민사관을 돌이켜 볼 필요가 있다. 식민사관의 만행은 아무리 기록해도 다 할 수 없을 정도로 많다. 단군신화를 부정하여 한국사를 머리 없는 몽달귀신으로 만드는 것도 그 한 예이다. 그리하여 건국이념의 부정은 일제강점기에 민족독립운동의 정신적 기반을 없애려는 것이다.

한국사 중 어둡고 좋지 않는 면을 강조하여 한국인의 민족성으로 돌리고, 혹시나 밝고 훌륭한 면을 찾아내면 일본문화의 영향으로 돌리는 것도 그 한 수법이다. 그러나 그 중에서도 가장 강조된 것은 사대주의이며 당파성이다. 한국인은 본래 당파로 나뉘어 잘 싸우며 또한 다른 큰 세력에 의존했으므로, 일본에 의지하여 생활해 가는 것이 새삼스럽지 않다고 하였다. 결국 식민사관의 정체는 한국사의 지리멸렬한 면을 강조하여 일본인의 식민통치를 당연시하여 합리화한 것이다.

2) 사대주의

사대주의는 일제의 침략을 정당화하려는 면에서 나온 것이다. 일본인 학자들은 한국이 중국으로부터 책력(冊曆)이나 연호(年號)를 받아온 사실은 물론이거니와, 삼일독립운동을 일으킨 것도 미국에 대한 한국인의 사대주의가 원인이었다고 한다. 그들에게는 한국인이 윌슨의 민족자결주의에 자극을 받고, 미국 정부에 독립을 후원해 줄 것을 호소하면서 미국 선교사가 선교하는 기독교를 믿는 것이 모두 사대주의로 보였다.

그러나 일본인은 명치유신(明治維新) 때에 서양문물을 숭상하고 다투어 받아들인 사실을 사대주의로 보지는 않는다. 결국 사대주의 이론이란 침략자가 침략을 당하는 자에게 강제로 뒤집어씌우는 억지였음을 짐작하게 한다. 근대 미국인의 유럽 문화에 대한 동경심이나 몽고나 만주에서 일어난 북방민족의 중국문화에 대한 흠모를 사대주의로 부르는지 의심스럽다.

여기서 잠시 사대주의라는 용어 자체를 음미해 볼 필요가 있다. 예를 들어 문학에서의 낭만주의는 문예나 창작에 종사하는 일군의 집단이 모두 낭만이라는 사조를 표방하고는, 마치 물이 흐르듯이 전해주면서 계속해서 이어져 내려가는 의미에서 사용되는 것이다. '주의'라는 말은 정해진 집단의 전체를 대상으로 하여 붙여지는 것이다. 사대주의라고 했을 경우 그 대상은 한국민족인 것이다. 이는 한국민족 전체가 사대 관념을 가지고 자손 대대로 물러주는 것을 뜻한다.

　물론 조선시대의 국왕을 비롯한 일부의 정치인들은 중국과 사대외교를 행했다. 중국으로부터 정삭(正朔)과 책명을 받아왔으며, 중국 황제의 등극이나 생일은 물론 신년 · 동지 · 제사 등에는 사절을 보내어 표문(表文)을 올렸다. 이는 한국민족뿐만 아니라 대개 중국의 변방 민족에게서 공통적으로 나타난 것이었다. 그러나 조선시대의 평범한 일반 백성, 즉 산에서 나무를 채취하여 생활하는 초동(樵童)이나 바다에서 고기를 잡아 삶을 꾸려가는 늙은 어부들이 사대관념을 가졌겠는가?

　지금도 중국인을 땟놈이라고 경멸에 찬 어조로 말하는 경우를 얼마든지 볼 수 있다. 중국에 대한 사대주의 속에 어떻게 이러한 정신자세가 자리할 수 있겠는가? 한국민족 중 일부의 정치인들이 중국과 사대외교를 행했을망정, 대부분의 일반 백성들은 사대주의가 무엇인지도 모르고 생활하였다. 그런 경우 한국민족을 대상으로 사대주의를 사용하는 것은 잘못이다. 따라서 한국사에서 사대주의라는 용어는 삭제되어야 한다. 정치인들의 사대외교는 사대관계라고는 할 수 있겠지만 사대주의라고 부를 수는 없는 것이다. '주의'를 생략한 채 꼭 사대를 써야만 할 경우라도, 의타나 의존 등으로 바꿀 필요가 있다.

3) 사대관계

　정치인들의 사대외교는 일본인들이 주장하듯이 그렇게 나쁜 것인가? 꼭 그렇지만은 않다. 역사상에 나타난 중국의 변방 민족을 생각해 보기로 하자. 몽고(蒙古) · 여진(女眞) · 흉노(匈奴) · 선비(鮮卑) · 거란(契丹) · 만주족(滿洲族) 등이 한때 그 세력을 크게 떨쳐 중국 대륙을 지배하기도 했지만, 지금 민족과 국가를 보존하면서 민족문화를 계승시키고 있는가? 현재 국가와 민족문화를 보존시키고 있는 변방 민족은 한국과 월남(越南) 및 일본 정도에 지나지 않는다.

그 중 중국과 월남 사이에는 높고 험한 산맥이 가로 놓였고, 일본과도 역시 현해탄의 험한 물길이 막고 있다. 반면 한국민족은 중국과 빈번하게 교류하면서도 민족문화와 국가를 보존시킨 유일한 예가 될 것이다. 이는 즉 사대외교의 결과에 의한 것이다. 사대란 한국민족이 거대한 중국문화권 속에서 국가를 존속시키고 민족문화를 계승시키는 수단으로 작용하였다. 사대외교를 펼치면서도 한국민족은 중국이나 북방민족의 침입에 대해 화해와 함께 항쟁을 반복해 왔다.

몽고 침입 때에 강화도로 천도하면서까지 항거한 고려 정부는 거의 40년간에 걸친 투쟁 끝에, 몽고군에 짓밟힌 백성들의 각고(刻苦)를 더 이상 볼 수 없어 항복한 것이다. 그러나 끝까지 항거한 삼별초(三別抄)는 최후의 한 사람까지도 산화하였다. 항복한 고려 정부의 지배자들은 민족의 수난을 더 이상 좌시할 수 없어서, 자신의 안전이 보장되었던 강화도에서 나와 항복하였다. 조선후기 북학파(北學派)들의 중국문화를 바라보는 의식도 마찬가지로 파악될 수 있다. 민족과 국가를 좀 더 부강하게 만들기 위해 그들은 중국문화를 모방하고 동경하였다.

조선시대의 정치인들은 민족과 국가를 위해 사대외교를 병행하였기 때문에 그 정신 자세가 굳건함을 보여 준다. 비록 정치적으로는 사대외교를 행하지만, 그들이 마음으로 사대를 흠모하지는 않았다. 오히려 그 반대여서 뚜렷한 주체성을 갖고 있었던 사실을 보여 주기도 한다. 다만 지금도 위성(衛星)국가의 백성들이 자기 나라를 실질적으로 뒷받침하고 있는 국가의 정책에 대해, 적대적인 글을 공공연하게 기록으로 남길 수 없는 것이 실정이다.

조선시대의 정치인도 중국에 대한 사대외교를 공공연히 비판하면서 자기의 주체성을 글로 남기기는 어려웠을 것이다. 선인(先人)들이 글로 남긴 사대외교 관계의 문서는 남았고, 마음속에 가졌던 뚜렷한 주체성은 그들의 죽음과 동시에 애석하게도 역사에서 사라져버린 것이다. 우리 후인들은 이러한 선인들의 저항적인 마음의 자세를 편린이나마 찾아냄으로써 마음의 위안을 삼아야 한다. 이제 정도전(鄭道傳)과 권근(權近)을 비교함으로써 이러한 굳건한 마음의 자세를 찾아보기로 하자.

정도전과 권근은 모두 조선을 세운 개국공신(開國功臣)이다. 원(元)·명(明)교체기에 명나라는 조선에 대해 외교상 종종 무리한 요구를 제시해 왔고, 표전(表箋)문제도 바로 그런 것이었다. 즉 명나라는 조선이 보낸 표전 속에 황실을 모독하는 내용이 있기 때문에, 작성자인 정도전을 압송(押送)하라고 하였다. 이에 대한 두 사람의 반응은 상당히 다르게 나타났다. 정도전은 군사를 길러 명을 치려는 요동정벌 계획을 실제로 추진하였다.

그러나 권근은 중국에 들어가 사대외교의 극치라고 할 수 있는 문구로 명나라 황제를 칭송한 「응제시(應製詩)」를 지어 바침으로써, 이 문제를 해결하려고 하였다. 정도전이 뚜렷한 주체성을 보여주었다면, 권근은 극도의 사대외교로써 대처한 셈이다. 이러한 태도의 차이는 두 사람 사이의 대립 및 그 뒤 왕자의 난으로 이어지는 정치 상황과도 관계되었다. 결국 정도전은 거세되고 이방원(李芳遠)이 즉위하면서 권근은 재상이 되었다. 이후 조선의 사대외교는 보다 분명하게 확립되어 갔다.

다만 권근은 사찬(私撰) 역사서인 『동국사략(東國史略)』을 지었는데, 그 내용 중에는 백제가 왕자를 일본에 질자(質子)로 보내는데 대해 "우리나라가 비록 작으나 중국 같은 대국에 인질을 보내어도 부끄러워야 할 텐데, 하물며 일본에 질자를 보낼 수 있겠는가"라고 하였다. 사대외교의 정상에서 재상이 된 권근이 중국에 질자를 보내는 것을 은근히 부끄러워하고 있었다. 이는 비록 정치적으로는 어쩔 수 없이 사대외교를 행하지만, 정신적으로는 주체성을 보여주는 것이라 하겠다.

4) 사대주의 당파론

일본인 학자들은 한국 민족에게 당파성을 지나칠 정도로 강조하고, 마치 사대주의와 무슨 큰 연관이 있는 것처럼 설명하였다. 그들은 한국민족이 국외 세력의 권위를 빌어서 국가를 유지하는 것으로 보았다. 그리하여 국외의 세력이 병존하거나 교체될 때에는, 한국민족이 신구 두 세력에 각기 의존하려는 경향의 정책적 대립이나 분쟁을 일으킴으로써, 그 내의 당파는 숙명적으로 일어나는 것이라고 하였다.

그러나 어떠한 민족의 당파도 당대 사회 내부의 여러 요인과 연결시켜 이해해야 하겠거니와 또한 그것을 그렇게 강조할 필요는 없다. 어느 민족의 역사를 보건대 당파가 없던 적이 있었는가? 중국 송나라 때의 신법당(新法黨)과 구법당(舊法黨)의 파쟁은 조선의 당쟁보다도 더 혹심하였고, 영국 장미전쟁 당시의 흑장미가(黑薔薇家)와 백장미가(白薔薇家)의 전쟁은 더 처절한 것이었다. 그렇지만 중국과 영국 사람들은 그것을 당파로 생각하지 않는다. 왜냐하면 그들은 자기 민족의 역사를 스스로 연구해 왔기 때문이다.

우리 민족의 역사를 일제강점기에 우리 스스로 주체가 되어 연구하지 못한 데에 비극의 씨앗이 뿌려졌다. 일본인이 연구해 놓은 당파성의 문제는 너무 방대하고 치밀하기 때문에 이를 부정할 수도 없고, 그렇다고 긍정할 수도 없는 입장에 빠졌다. 또한 한국민족의 당파는 일본인 학자가 주장하듯이, 명분을 위해 붓끝으로 싸웠고 무력투쟁이 아니었기 때문에 더 치명적일 수도 있다는 것이다.

예를 들어 보기로 하자. 아들인 임금이 죽었을 경우, 그 어머니가 상복을 삼년으로 입을 것인지 아니면 일년으로 입을 것인가를 두고, 신하들이 서로 대립하여 이긴 파가 진 파를 귀양보내거나 죽일 필요가 있느냐는 것이다. 그렇지만 당대의 유학자들이 주장하는 명분은 안정을 추구하는 사회 정의의 실현이다. 위의 사례에서 이런 면을 보다 분명히 이해해 보기로 하자. 큰 아들이 왕으로 등극하였다가 돌아가게 되면, 그의 어머니는 당연히 삼년상을 입는 것이다. 그런데 태자인 장자가 일찍 죽었는데, 다시 다음 왕으로 등극한 둘째 아들이 돌아갔을 경우, 그 어머니의 상복 문제는 그리 간단하게 생각될 수 없다. 이는 다음 대의 왕위가 지금 죽은 왕의 아들에게로 내려가느냐, 아니면 태자의 아들에게로 내려가느냐의 문제로 연결될 수 있기 때문이다.

　장자인 소현세자가 죽었을 때에 이미 삼년상을 입은 조대비(莊烈王后, 인조의 계비)가 둘째 아들인 효종의 상을 어떻게 입느냐는 문제는 왕위계승 문제로 이어질 수 있다. 삼년상을 입으면 지금 죽은 임금의 아들이 왕위를 계승하게 되는 반면, 일년상을 입으면 경우에 따라서 소현세자의 아들이 왕위를 잇게 될 수도 있다. 이는 달리 말하면 왕실의 혈통을 정당하게 계승하였는지 혹은 그렇지 못하였는지와 관계된 것이다. 따라서 삼년상과 일년상의 차이는 결국 정통이냐 또는 반역이냐의 문제로 연결될 수 있다.

　한국민족의 당파성을 다루면서 그 기층 사회를 이해함이 없이, 파쟁으로 나타난 현상만을 떼어서 설명할 때에, 그것이 얼마나 부당하게 해석될 수 있느냐를 보여준다. 가령 아프리카 미개발 사회의 인력거와 뉴욕 시가지의 자동차를 비교할 때, 아프리카의 인력거는 아무런 가치가 없어 보인다. 그러나 아프리카 미개발 사회에서 인력거가 갖는 기능과 뉴욕 시가지에서 자동차가 갖는 기능은 충분히 비교될 수 있음을 유의해야 한다.

5) 전통문화의 인식

　문화풍토나 지리적 운명 등에 의해 한국사에서 숙명론적으로 갖추어질 수 밖에 없는 것으로 연구된 일제의 식민사관은 한국인 지식층에게도 상당한 영향을 주었다. 아리랑의 애절한 곡조에 엇갈린 연약한 민족 정서를 한탄하기도 하고, 반도에 위치한 약소민족으로서의 운명에 체념하기도 하고, 단군이 강포(强暴)한 호랑이에게서 태어나지 못하고 유순한 곰에게서 태어났느냐고 푸념하기도 한다.

그러나 그보다 더 걱정스러운 것은 서구 학문에 접하였다고 자부하면서 어줍잖은 영어 단어나 주섬주섬 오르내리며, 마치 한국에는 문화가 존재하지도 않는 듯이 착각하는 부류가 있다는 사실이다. 이런 자들의 의식이 생명력을 가지면서 오래 갈 수는 없다. 문화는 그것이 영위되는 지역 내에 거주하는 인간에게 문화적 기대를 강요한다. 문화적 기대는 인간을 일정한 틀 속에서 커나가게 한다. 한국문화 속에서 자란 사람은 한국인이 될 수밖에 없다. 반면 한국인이라도 낳아서부터 미국 사회에서 길러지면 미국인이 된다.

문화적 기대는 강제적이라서 그것을 거스를 수는 없는 것이다. 이와 연관하여 한국의 전통문화를 인식하고 이해하려는 것은 자신의 발전을 위해서도 유익하다. 이렇게 말하고 보면 한국의 전통문화를 고수하라는 국수론(國粹論)으로 오인받기 쉽다. 그러나 그런 의미는 아니다. 국수주의는 외래문화나 사상 자체를 배격하고 부정한다. 이는 사대주의를 고집하는 이상으로 민족문화의 창달에 해로운 것이다. 민족문화란 고정된 것으로 생각할 수 없다. 자기의 전통문화를 이해하고 올바르게 이끌면서 풍부하게 재창조하기 위해 외래문화를 받아들이는 것은 당연히 고려되어야 한다.

『한영』 12, 1973년

5. 식민사관의 비판적 극복

1) 식민사관의 성립

한국사가 성리학의 전통사관에서 벗어나 근대적인 역사학으로 연구되는 것은 일본인들에 의해서였다. 19세기말 서양 근대사학의 방법론을 습득한 일본인 학자들이 한국사를 연구하였다. 1890년대 이후 일본의 한국 침략이 본격화되면서, 그들의 한국사 연구는 열기를 더해 갔다. 당시 한국사 연구에 절대적인 영향을 준 사람은 시라도리(白鳥庫吉)이다. 그의 문하에서 이케우치(池內宏)·마츠이(松井等)·이나바(稻葉岩吉)·쓰다(津田左右吉) 등이 배출되었는데, 이들이 일본 근대학문을 일구는 관학(官學)아카데미즘의 학풍을 형성시키고는, 한국사에 대해서는 식민사관을 수립하였다.

일제의 식민사학은 주로 동경대학(東京大學)·조선사편수회(朝鮮史編修會)·경성대학(京城大學) 등을 중심으로 연구되었다. 본래 만선(滿鮮)철도주식회사에서 동경대학으로 흡수된 역사조사실의『만선지리역사연구보고(滿鮮地理歷史硏究報告)』는 물론, 이 대학 출신의 학자들이 중심이 되어 만든 학술지인『사학잡지(史學雜誌)』는 당시 일제의 대륙 침략정책과 수반하여 발간되었다. 조선사편수회는 식민사관에 의해『조선사』를 편찬하여, 한국사를 일본사의 체계 속에 통합시키려고 하였다. 경성대학에서는 청구학회(靑丘學會)가 창설되어 식민지정책을 펴려는 목적에서『청구학총(靑丘學叢)』을 간행하였다.

식민사학은 제국주의(帝國主義) 일본이 한국 및 만주로 진출하려는 대륙침략의 야망에 편승하여 나타났다. 만선사관(滿鮮史觀)은 조선을 교두보로 하여 만주로 뻗어나가려는 일본의 침략 야욕을 바로 드러낸 것이다. 일제가 한국사를 바라보는 식민사관은 이를 합리화하고 한국의 식민통치를 정당화하는 것이었다. 『청구학총』의 종간사(終刊辭)에는 대륙 발전기지(發展基地)로서의 새로운 사명 앞에 선 한반도에 대한 인식을 강조하고, 이러한 방향에서 참신한 연구가 강하게 요청된다고 하였다.

한국민족이 일본의 통치를 받아 마땅하다는 결론을 이끌어내기 위해, 식민사관은 한국사의 어두운 면이나 나쁜 점을 필요 이상으로 강조하는가 하면 심지어 한국사의 역사적 사실을 왜곡시키기도 하였다. 그리하여 한국사에서 사대주의나 당파성을 지나치게 들추어내는가 하면, 반도적 운명론이나 문화의 정체성론(停滯性論)을 크게 부각시켰다. 말하자면 한국민족은 반도인 지리적 조건으로 말미암아 외세에 시달려야 했고, 문화의 창조나 발달을 결여한 채 약소민족으로서의 운명을 타고 났으며, 그 결과 외국의 큰 세력에 의존해서 생활해야 한다는 것이다.

식민사관의 만행은 거기에 그치지 않고 한국사 자체를 왜곡시켜 체계화하였다. 개국신화를 기록하고 있는 단군고기를 부정하고 그로 인한 고조선의 실체를 산화시킴으로써, 한국사는 한사군(漢四郡)과 임나부(任那府)를 중심으로 하는 식민지 체제에서 출발하여 일제의 식민지로 이어지게 한 것이다. 괴뢰국인 만주국(滿洲國)을 건국한 후에는 반드시 한반도를 중심으로 대륙침략의 설계를 세울 필요가 없게 되자, 일제는 만선사관을 수정하면서 한국사에서 고구려나 만주의 역사를 분리하였다.

일본인 학자들은 한국사에서 북방문화로 이어지는 강잉한 면을 떼어내는 한편, 그러고도 남는 민족문화의 긍정적인 면을 야마또(大和)정신에서 온 것으로 연결시키기도 하였다. 그 외에도 그들은 한민족의 토착적인 전통문화를 비합리적이고 야만적인 것으로 보아, 백성들을 현혹시키고 그들의 생활을 핍박하게 만드는 요소라고 하여 말살시키기에 이르렀다. 이렇게 해서 체계화된 한국사를 일제는 소위 식민지교육을 통해 한국민족에게 그대로 주입시켰을 뿐만 아니라, 지금까지도 고치지 않고 계승시키면서 일본 역사교과서에까지 싣는 결과를 초래하였다.

2) 문헌비판을 통한 사료의 복원

식민사관을 성립시킨 학풍은 문헌고등비판(文獻高等批判)에 의한 실증적인 연구 방법을 확립한 것이었다. 이는 역사적 사실에 근거하여 연구하려는 경향이다. 이러한 학풍은 근대 역사학의 원조라 할 수 있는 Ranke 사학의 특징으로, 역사학 연구의 가장 기본적인 방법으로 정착되었다. 1886년에 Ranke의 문하인 Ludwig Riess가 동경대학에 초빙되어, 그 밑에서 공부한 제자가 시라도리(白鳥庫吉)이다. 그후 일본 역사학계에는 Ranke사학의 방법론이 풍미하였고, 식민사관도 역시 이러한 학풍에 의해 성립되었다. 즉 문헌에 대한 중후한 고증이 식민사학을 성립시키는 일관된 작업이었다. 광복후 식민사학의 영향에서 탈피하려고 몸부림치던 한국 역사학계에서는, 문헌고증을 불신하려는 풍조가 일어났다.

일제의 식민사관에 대항해서 민족독립의 수단으로 역사를 연구해온 민족주의 사학자들이 주로 이에 대한 비판적인 입장을 강하게 견지하였다. 그리하여 그들은 민족정신을 내세우고는 얼마 되지 않은 한국사 관계의 문헌을 가치 없는 것으로 도외시하려까지 하였다. 요사이 크게 문제된 일본 역사교과서의 왜곡은 국사학계가 식민사학을 성립시킨 문헌사학에서 벗어나지 못한 데에서 오는 것이라 하여, 그 책임의 일부를 전가시키는 인상을 주기까지 한다.

그러나 문헌고등비판과 실증은 역사학에서 갖추어야 할 가장 기초적이고 근본적인 문제로써, 이를 부인하면 역사학의 존립을 위태롭게 한다. 또한 이러한 Ranke사학의 방법론이 정립되면서, 단순히 고전의 해독에서 벗어나 기록 이면의 역사적 진실을 찾으려고 함으로써 근대 역사학이 태동하였다. 기록자가 역사적 사실을 잘못 서술할 수 있기 때문에 기록자 자신이 어떤 인물이었는지를 분석하여, 왜곡될 수 있는 부분을 가려 진실을 찾아냄으로써 상대적으로 역사학의 수준은 높아졌다.

실증을 소홀히 한 연구는 역사학에 속한다고 하기보다는 창작의 범주에 드는 것이다. 존재하지 않았던 사실을 가정하고 역사를 기록할 수는 없으며, 더욱이 잘못 설정된 사실의 바탕 위에 기술된 역사는 허구에 지나지 않기 때문이다. 그러면 문헌고등비판에 의한 실증사학이 역사연구에 있어서 필수적인 것임에도, 어떻게 해서 식민사관을 형성시키게 되었는지에 대해 이해할 필요가 있다. 결론부터 말하면 일본인 식민사학자들은 한국사에 대해서 문헌고증을 잘못 적용시켰다.

문헌고증은 사료(史料)를 비판하여 잘못 기록되었다고 판단되는 부분을 버리려는 것이 아니라, 그 본래의 모습을 찾으려는 것이다. 오히려 사료가 가리켜주는 참 모습을 부각시킴으로써 역사를 보다 객관적으로 연구하게 한다. 그런데 일본인 사학자들은 한국 측 기록을 믿을 수 없는 것이라고 하여 버리고는, 식민사관에 부합될 수 있는 것만을 선택하여 한국사를 기술하였다. 그러기 위해 한국 측 자료에 대해 철저하게 문헌비판을 행하여, 그 사료적 가치를 의심스럽게 만들었다.

일례를 들면 『삼국사기』도 식민사관이나 사료비판에 의해 대단히 나쁜 사서로 부각된 것 중의 하나가 되었다. 대체로 『삼국사기』 중 전반부의 내용은 신화나 설화가 많아 황탄(荒誕)한 기록으로 채워지고, 후반부의 내용은 고려중기 기록자들의 의식을 담고 있어 삼국시대의 본 모습과는 다소 다른 기록이라고 하였다. 그러므로 『삼국사기』의 기록은 믿을 수 없는 것이 되었다. 이리하여 『삼국사기』의 기사가 문헌비판에 의해 하나하나 믿을 수 없는 것으로 버려지게 되고, 그럴 때마다 삼국시대의 한국문화 요소가 말살되어 갔다.

그러나 문헌비판의 진정한 의도는 『삼국사기』 중 고려시대 사람들의 의식구조를 제거한 본래의 모습으로 돌이키는, 이른바 문헌 사료의 복원작업이다. 또한 황탄한 신화는 믿을 수 없다고 하더라도, 그러한 신화를 생성시킨 사회기반은 존재했던 것이다. 즉 기원전 어느 시기에 곰이 여자가 되어 애기를 낳는다는 신앙을 가진 부족집단이 있었던 것은 역사적 사실이다. 이렇게 생각해 보면 보다 오래된 사서를 발견할 수 없는 한 『삼국사기』는 문헌비판과 실증을 통해, 한국 고대사회를 연구하는데 대표적인 자료로서의 구실을 다할 것이다.

3) 식민사관을 넘어서는 연구시야의 확대

식민사관이 한국민족에게 준 영향이 대단하다고 하여, 역사학계는 그것을 극복하는데 많은 노력을 기울여 왔다. 한편 그러한 노력이 너무 과대하게 나타났기 때문에 일제강점기가 없었더라면 광복후 역사학계에 과연 어떠한 연구가 이루어졌을까라고 반문하는 경우도 있다. 이는 지금까지 한국 역사학계가 많은 시간을 들여 식민사관을 극복하려는 방향의 연구를 모색해 왔음을 시사해 준다. 반면 이러한 경향은 역사학계의 연구 폭을 좁히는 결과로 작용하였다.

사실 얼마든지 다양하게 연구될 수 있는 한국사학이 식민사학의 극복이라는 면으로 제약을 받을 수밖에 없다. 그 동안 식민사관에 대한 비판은 상당한 수준에서 이루어졌고, 또한 광복 37년이 지난 지금 다시 이를 비판하는 것은 무의미할 지도 모른다. 따라서 필자는 한국과 일본 간의 문화의 재정립을 위한 역사학계의 현안에 대해 한두 가지만 언급하고자 한다.

첫째 사료를 실증적으로 분석함으로써 문헌 위주의 사학이 재조명되어야 한다. 식민사관을 극복하려는 과정에서 문헌사료 자체를 불신하는 풍조가 만연하였다. 정사류(正史類)나 사찬(私撰) 사서 또는 문집보다는 비기(秘記)나 구비담(口碑譚) 등에 더 비중을 두거나, 아예 문헌을 무시한 채 이론이나 의식을 앞세워 역사를 연구하기도 한다. 그러나 사료에 근거하지 않고 역사를 연구할 수 없으며, 그 중 문헌은 가장 중요하게 취급되어야 한다. 그런데 식민사학의 방법으로 잘못 사용되었다고 해서 역사연구에서 기본이 되는 문헌 연구를 소홀히 해서는 안 되는 것이다.

한국사의 연구에 문헌이 아닌 다른 사료의 개발이 중요하지 않는 것은 아니다. 다만 그것은 문헌 연구가 충분히 행해진 상태에서 고려되어야 하며, 사료로서의 타당도가 먼저 해명되어야 한다. 문헌사학의 재조명은 그동안 식민사학의 굴레에서 벗어난 역사학계가 자유분방하게 연구하는 풍토를 조성할 것이다. 사실 식민사학에서 벗어나려는 노력은 역사학 연구의 대상을 상당히 제한시키기도 하였다.

특히 역사지리에 관한 연구가 거의 나올 수 없었다. 『만선지리역사연구보고』가 일제의 대륙정책 및 식민지 수탈과 직결된 점이 그러한 결과를 가져 왔다. 그 외 조선시대 유교문화에 대해 부정적으로 연구하는 경향이 유행하였으나, 지금은 그 가치를 재음미하려는 연구가 나오고 있어서 퍽 다행스럽게 느껴진다. 문헌사료 위주의 연구풍토가 확립되면 이는 식민사관을 전혀 의식하지 않는 상태에서 한국사가 다양하면서도 활발하게 연구되는 것으로 생각할 수 있다.

둘째 한일관계사가 객관적으로 인식되어야 한다. 한국과 일본과의 관계에 대한 시비는 국민감정이 앞서 흥분을 일으키게 한다. 또한 현재 한국과 일본의 역학(力學) 관계로 말미암아 그 역사적 관계를 일그러지게 해서도 안 된다. 이에 덧붙여 우리나라에서도 일본사에 대한 연구가 활발하게 이루어졌으면 한다. 지금까지 한국 내에서 일본문화에 대한 연구는 거의 행해지지 못한 편이다. 뿐만 아니라 현재 국내에서 일본사를 전공하고 있는 학자의 수가 두세 명에 지나지 않는다. 반면 일본에서 한국사를 전공하고 있는 학자는 대단히 많은데, 일부 통계에 의하면 약 600명에 이른다고 한다.

한국 내에 일본사의 연구열이 적은 이유는 역사적으로 한일관계가 일본에서 보다는, 한국의 입장에서 그렇게 중요하지 않기 때문이라 한다. 일본에서는 한국을 통해 대륙문화를 받아들였으므로 한일관계사의 인식이 중요하지만, 한국에서는 한일관계사보다는 한중(韓中)관계사의 인식이 더 중요하게 되었다. 그 만큼 한국 내에서는 중국사보다는 일본사에 대한 연구가 소홀히 될 수밖에 없었다. 그러나 현재 일본문화의 위치는 결코 과소평가할 수 없는 실정이다. 한국 내에서 일본문화의 연구가 등한시된 점 속에는 식민사관으로 인한 반일(反日)감정이 더 크게 작용하였다고 볼 수 있다. 차제에 일본사 내지 일본문화를 연구하는 전문적인 기관이나 연구소가 많이 세워지기를 바란다.

4) 객관적 인식에 의한 민족문화 전통의 창달

요즘 일본 역사교과서의 내용이 왜곡되었다고 해서, 이것이 한국이나 중국 등 국제적으로 문제화되고 있다. 그 중에 한국사에 관한 기록도 마찬가지여서 우리를 분개하게 만들었으며, 국내에서 일본 역사교과서의 왜곡 사실을 규탄하는 소리가 높아 가고 있다. 그런데 그러한 규탄과 국제적인 비난의 초점은 일본이 군국주의(軍國主義)를 미화하는 것과 그렇게 하는 저의가 무엇인가에 모아지고 있다.

지금 일본에서는 군국주의로 이어지는 극도의 민족주의가 일어나고 있다. 이는 어쩌면 국수주의와 같은 것이어서, 국제문화를 수용하는 과정에서 고립될 수밖에 없는 운명에 놓이게 된다. 필자는 현대 일본문화가 극우적인 성격을 가지면서 나타나는 이런 점을 염려스러운 눈으로 보지 않을 수 없다. 왜냐하면 일본은 자기 문화를 강요하기 위해 국제문화의 균형을 파괴하려 들기 때문이다.

한국문화에 있어서도 과도한 민족주의가 노출되는 것은 바람직하지 않다. 이는 식민사관이 제약을 가한 것과 같은 강도로 한국문화의 폭넓은 발전을 저해시킨다. 우리는 당대 사회의 개별 사실을 객관적이고 엄정(嚴正)·냉엄(冷嚴)한 눈으로 바라보면서 역사를 연구해야 한다. 따지고 보면 일본 역사교과서도 객관적으로 서술되지 않았기 때문에 비난을 면할수 없었다.

그런데 역사학계의 일각에서는 조그만 사실을 확대시켜 해석함으로써, 민족문화의 영광을 내세우려는 경향이 있었다. 과거 문화의 영광을 고집하는 것이 민족문화를 창달하는 길은 아니다. 언뜻 보아 이는 민족문화를 위해 공헌하는 것 같지만 실상은 그 반대이다. 한 때의 영광된 문화에 대한 향수는 그 다음 대의 문화와 연결되지 않을 때에 문화의 정체성론으로 빠지게 된다.

한국사에서 중요한 것은 민족문화의 창조과정이다. 이는 민족문화 전통의 창달을 가능하게 한다. 극도의 민족주의나 국수주의는 외래문화를 적군의 침입과 같이 보아 배격함으로써, 새로운 민족문화를 창조할 수 없게 하거나 그 폭을 다양하게 확대시킬 수 없게 한다. 혹 일본 역사교과서의 규탄을 계기로 우리 사회에 폐쇄적인 국수주의가 되살아나지 않기를 바란다. 이는 그대로 다른 민족이나 국가가 한국문화를 비난하는 대상으로 될 수도 있다.

국민대학보, 1982. 9. 23

6. 한국사회가 요구하는 인간성의 구현

1) 민족성은 시대의 소산

나는 『삼국사기』나 『고려사』의 열전(列傳)을 읽는 버릇이 있다. 나의 이런 버릇이 왜 생겼는지는 정확하게 한마디로 이야기할 수는 없다. 가장 큰 이유를 든다면 그 속에 선인(先人)들의 적나라한 인간성이 반영되어 있고, 이러한 인간성의 이해는 앞으로 나의 행동지침에 도움을 주기 때문이다. 그러나 나는 선인들이 가졌던 바람직한 인간성에 대해 구체적으로 알고 있지 못하다. 또 내가 부탁받은 글 제목은 '인간성에의 구현'이었다. 이런 제목의 글을 쓰기에는 나의 역량이 부족하다. 이것은 오히려 심리학이나 논리학 및 철학하는 사람에게 어울릴 제목이다.

여기서는 한국사나 민족문화 속에 요구된 인간성의 문제로 좁혀서 이야기하고자 한다. 그러므로 내가 주어진 제목에서 임의로 '한국사회가 요구하는'이라는 말을 덧붙인 무례를 이해해 주기 바란다. 민족문화 속의 인간성을 논할 때 이는 왕왕 민족성을 논하는 것으로 귀결되었다. 따라서 내가 논하고자 하는 내용도 크게 민족성과 연결될 수 있을 것이다. 그렇지만 굳이 민족성과 구별해서 논했다면, 현재 한국인의 바람직한 인간성을 구현시키기 위해, 과거의 선인 중 특정한 개인을 문제로 삼은 점이다.

한국인의 인간성을 말할 때, 종종 비관적인 이야기를 듣게 된다. 주로 나쁜 근성(根性)은 한국인과 연관시켜 생각되어졌다. 그러나 이것은 일제 강점기 식민지교육의 산물임을 알아야 한다. 일본인들은 한국의 식민통치를 정당화하는 수단으로 한국인의 나쁜 면을 강조하였고, 이를 이른바 식민지교육으로 주입시켰던 것이다. 이광수(李光洙)가 「민족개조론」을 주장하게 된 것은 당시 일제의 식민지교육이 철저했고, 그로 인한 한국인의 열등의식이 얼마나 만연되었는가를 알려주기에 충분하다.

다만 영문학자인 송욱(宋穆)은 이광수의 「민족개조론」에 대해 "당시 한국인에게 희망을 주는 글 같지만 사실상 패배적인 민족주의였고, 민족에 대한 배신을 도덕적으로 위장한 글에 지나지 않는 것"이라고 혹평하였다. 왜냐하면 이는 일제가 지적한 나쁜 민족성을 그대로 인정하고는 좋은 민족성으로 고치자는 패배적인 민족주의에 기초한 것이기 때문이다. 또한 어느 민족에게도 고정되어 불변하는 민족성은 존재할 수가 없기 때문이기도 하다. 인간성의 우열을 논할 수는 없다. 이는 침략자들이 침략을 정당화하는 수단에서 비롯된 것이다.

인간성의 가치는 시대와 사회에 따라 달리 나타난다. 즉 사회에 따라 요구되는 인간성이 달라지고, 같은 사회라 하더라도 시대에 따라 요구되는 인간성이 달라진다. 따라서 인간성에 절대적인 가치를 부여할 수 없는 것인데, 하물며 그 가치의 우열을 논할 수는 없다. 그러므로 한국사의 각 시대가 요구한 인간성을 이해하기 위해서, 그러한 인간성을 요구하게 된 역사적 조건을 구체적으로 파악하는 것이 중요하다. 아울러 현재 한국사회가 필요로 하는 인간성을 제시하기 위해서 한국사회의 문화적 전통을 먼저 거론해야 한다.

2) 한국사의 각 시대가 요구한 인간성

삼국시대의 한국인이 바라던 덕목(德目)은 원광(圓光)법사가 귀산(貴山)과 추항(箒項) 두 청년에게 준 세속오계(世俗五戒)로 대표될 수 있다. 그러나 그 이전에도 한국사회가 요구한 인간성이 없었던 것은 아니다. 가령 성읍국가(城邑國家)시대의 한국인은 공동체적 관념에 투철한 인간을 요구하였을 것이다. 이 시대에는 부족사회의 공동체적 전통이 많이 남아 있었기 때문에, 그들은 자기가 속한 공동체와 그 자신을 구별하지 않고, 공동체를 위해서는 생명을 돌보지 않았다.

삼국시대가 되면서 공동체적 유제(遺制)는 더욱 무너졌으며, 전제왕권이 확립되고 왕을 중심으로 귀족계급이 생기어 엄격한 신분제가 확립되었다. 사회적으로는 가부장적 가족제도가 성립하였다. 그리고 밖으로는 영토의 확장을 위한 끊임없는 정복전쟁이 계속되었다. 이러한 상황에서 신라의 화랑도와 같은 조직이 나타났다. 또한 고구려에서도 화랑도와 비슷한 조직인 경당(扃堂)이 있었던 것을 생각한다면, 삼국은 모두 이러한 조직을 갖추었을 것이다. 미성년 집단인 화랑도는 교육을 통해 인재를 등용하려면서도, 국가 유사시에 준동원체제의 일환으로 조직되어 있었다.

세속오계에서 나타난 청년들이 지켜야 할 덕목은 비단 신라에 국한된 것이 아니라 삼국사회가 공통으로 요구한 인간성이었으며, 삼국시대의 새로운 사회 질서에 적합한 것이었다. 그것은 충(忠)·효(孝)·신(信)의 덕목 및 싸움에 나가서 물러서지 말 것 등을 강조하였다. 충과 효는 상하를 묶는 새로운 질서인 신분사회를 유지하기 위해 필요한 것이었고, 신은 옆으로 동료를 묶는 화랑도에서 가장 중요시되었던 덕목이다. 특히 삼국이 패권을 다투는 과정에서 전장(戰場)에서의 용감성이 강조되었다. 이와 같이 해서 삼국시대에 요구된 인간성은 충과 효 및 신을 갖춘 굳건하고 용감한 무사적(武士的) 정신이었다.

삼국시대에 전투적이고 진취적이었던 귀족들은 신라통일 이후 점점 명리를 위하고 보수적 경향을 추구하였다. 그들은 골품제에 의한 특권을 유지하고자 급급하였기 때문에, 점차 하급귀족이나 평민들과는 유리되어 갔다. 이와 같은 상황 하에서 새로 대두하기 시작한 지방호족(地方豪族) 세력은 왕실이나 중앙귀족의 권위를 인정하지 않았다. 또한 공동체적 유제(遺制)도 급속도로 무너져 갔다. 당시 지방호족이 주동이 되어 받아들인 선종(禪宗)은 보편적 권위를 부정하고, 불성(佛性)과 극락정토를 개인의 마음에서 구하였다. 이는 곧 당시의 사람들이 개인주의적 경향을 가졌던 것을 알려 준다. 따라서 이 시대에 요구된 인간성은 전통적 권위와 인습적 신분제도에서 벗어나서, 개인의 실력이 위주가 된 새로운 세계를 건립할 수 있어야 했다.

고려는 신라말 전국 각지에 웅거하였던 지방호족의 연합에 의하여 이룩되었다. 지방호족이 고려의 귀족으로 등장하는 과정에서 그들은 일단 부정했던 신라의 골품제도를 배경으로 전통적 권위와도 타협하는 길을 열어 놓았다. 고려인들은 문화민족으로 자처하면서, 그 사회는 점차 신라말 유학자들과 맥을 잇는 문신귀족이 지배해 가게 되었다. 최치원은 유학(儒學)의 대종(大宗)을 이루고, 그 명성을 중국에까지 떨쳤다. 불교계에서도 체관(諦觀)이나 의통(義通)이 중국에서 천태종을 크게 일으켰다. 즉 의통은 중국 천태종 13대 교주가 되었고, 체관은『천태사교의(天台四敎儀)』를 저술하였는데 이는 이후 천태종의 교본이 되었다. 또한 신라인 무상(無相)은 중국에서 정중종(淨衆宗)의 창시자가 되었다.

통일신라 이후 고려의 문화는 중국에 다시 역수출하였던 것임을 알려준다. 한편 무신(武臣)들의 사회경제적 처지가 점차로 높아지는 속에 북방민족과의 끊임없는 투쟁은 고려사회에 무신정권의 수립을 가져왔다. 그러나 북방민족과의 투쟁은 문화적 우월주의를 내세우면서 한편으로 무력적 대응을 병행하는 이중성을 띠었다. 이러한 고려사회에 요구된 인간성은 문화적 전통을 인식함으로써 국난을 극복하는 정신자세의 확립이었다. 국난을 극복하기 위해 대장경이 조판되었고, 그러한 정신자세를 확립하기 위해『삼국유사』가 저술되었다. 김부식(金富軾)의『삼국사기』도 문화전통에 대한 인식을 위한 것임은 말할 필요가 없다.

무신정권이 몰락하자 고려의 구귀족과는 성격을 달리하는 새로운 계층이 대두하였다. 이른바 이들이 성리학(性理學)을 받아들인 신흥 사대부 계층으로, 조선왕조의 양반(兩班)귀족이 된 자들이다. 이들은 향락을 배격하고 근엄했으며, 성현의 가르침을 따라 도덕적으로 생활할 것을 바랐다. 그럼으로 그들은 관념에 치우쳐서 진실보다는 허식에 기울 염려가 있었다. 사회적으로 고려왕조를 뒤엎고 조선왕조를 세운 양반관료는 조선왕조가 어떤 형식이든 천명을 받은 정당한 왕조라는 사실을 강조하였다.

그리하여 이성계(李成桂)는 폐가입진(廢假立眞) 즉 우왕과 창왕을 신돈(辛旽)의 아들이라 하여 폐하고는, 공양왕을 옹립하면서 정통론을 내세웠다. 이와는 대조적으로 이성계에 동조하지 않은 온건 개혁론자들은 불사이군(不事二君)을 주장하고는 결코 새왕조에 나아가지 않았다. 이러한 시대에서는 명분과 정통론(正統論)을 갖춘 인간성이 요구되었다. 사회의 당위(當爲)를 끝까지 이끌 수 있고, 만일 그것이 정당하다고 생각했을 경우 죽음으로써 명분을 버리지 않았다. 이 시대의 당파도 명분과 당위성을 주장하여 올바른 사회를 유지시키기 위해 나타났던 것이다.

개항(開港) 이후 열강(列强)의 침략이 시작되어 일본의 식민지가 되는 과정에서 조선왕조의 양반귀족은 몰락하였다. 그 대신 오랫동안 지배층인 귀족의 억압 밑에 있었던 민중으로, 사실상 역사를 진전시키기 위해 사회의 밑거름이 되었던 평민 세력이 대두하였다. 이들은 실학(實學)을 통해 서민의식을 길러왔고, 서학(西學)에 접근하면서 서구의 새로운 사조를 받아들였다. 이와 같은 시대에서는 새로운 개척자와 같은 정신과 현실적 생활 능력을 갖춘 인간이 요구되었다. 그들은 제도의 모순에 대해 항거할 수 있고, 인간의 존엄을 인식하고 침략자에 대해 용감하게 항쟁할 수 있는 인간성을 갖추었다.

3) 광복 후 한국사회의 과제

일제의 식민지에서 광복을 맞은 한국사회는 시급한 기본적인 과제를 우리들에게 안겨 주었다. 즉 우리 스스로 어떻게 새로운 국가를 건설해 나가야 할 것인가에 관한 문제이다. 나는 사실 광복의 기쁨이나 감격을 잘 모른다. 그러나 광복이 의미해 주는 것에 대해 이상스러울 정도로 알고 싶어 한다. 그 이유는 역사를 공부하고 있다는 데에도 한 원인을 찾을 수 있겠지만, 내가 해방둥이였다는 데에도 다른 한 원인을 발견하게 한다. 그래서 학창시절에 은사님께 우연히 광복을 맞은 기분을 물은 적이 있었다. 그런데 그 은사님은 광복을 맞고 제일 먼저 느낀 것이 이제부터 국가와 민족을 우리 손으로 건설하고 설계해야겠다는 포부와 신념이라고 하셨다. 이런 말씀을 듣고부터는 나도 민족과 국가에 대해 생각하는 여유를 갖게 되었다.

광복을 맞은 한국사회에는 여러 가지 어려운 문제들이 산적해 있었다. 당장 일본인이 물러간 후 국내외의 혼란에 직면하게 되었다. 2차 세계대전을 끝낸 다음 전후 처리를 둘러싼 국제외교의 와중 속에서, 신탁통치 반대운동이나 국토의 양분 및 한국전쟁의 비극 등이 계속해서 일어난 사실만으로도 이러한 어려움을 말해 주기에 충분하다. 그런 속에서 우리가 해결해야 할 몇 가지 문제를 제시해 보기로 하자.

첫째 일제 식민통치의 잔재 즉 식민사관을 일소하는 일이었다. 일제강점기를 거치면서 우리 민족은 사대주의에 젖은 혹은, 당파성이 강한 나쁜 민족으로 부각되었다. 그러나 당파성이나 사대주의는 침략자가 침략을 받는 자에게 둘러씌우는 굴레에 지나지 않는다. 침략자들은 그들의 침략을 정당화하기 위해 피침자(被侵者)들이 본래부터 열등한 민족이었고, 그러므로 그들의 지배를 받아 마땅하다는 것을 강조하였다. 이런 목적에 가장 잘 어울리는 것이 사대주의라든가 당파성이다.

그 외에 한국문화의 정체성론이나 반도적 운명론이 강조되었다. 반면 한국민족이나 전통문화의 우수한 면은 외국 특히 일본문화의 영향으로 돌려졌다. 그리하여 일제 식민통치를 받는 동안 한국민족의 문화나 역사는 심히 왜곡되었다. 몇몇 뜻있는 역사학자들은 이러한 식민사관에 의해 왜곡된 한국의 역사나 문화의 시정을 위해 노력해 왔고, 광복 후 한 세대가 지난 지금 이러한 노력은 상당한 효과를 얻었다고 생각된다.

둘째 국토가 양단됨으로 말미암아 우리들의 행동범위나 사고영역이 축소된 점을 극복하는 길이다. 한반도 전체를 통치해 본 경험을 가졌고 그것을 생활무대로 활동하던 때보다, 지금 우리들의 활동무대는 좁을 뿐만 아니라 그에 따른 행동이나 사고 또는 생활양식에 이르기까지 여러 면에서 제약을 받고 있다. 말하자면 조선후기의 실학자들은 민족문화의 전통을 이해하고 자기 나름대로의 세계관을 가졌는데, 그들과 같은 노력을 행한 우리들이 가진 사고의 영역은 그 폭이나 깊이에서 그들을 능가하기 어려울 수 있다.

남북이 적대관계 하에서 상호 도발을 예상하고, 이에 대한 조치로서 언론 등 국민의 자유가 유보(留保)되기에 이르렀다. 이는 조선후기의 실학자들에게는 상상도 할 수 없는 일이며, 당시 지방의 유림(儒林)에게까지 언로(言路)가 개방되어 있던 상황과 비교하여 민족문화를 반드시 심화시키는 것이라고는 생각할 수 없다. 따라서 우리는 국토의 양분으로 인하여 민족문화가 양분되는 것을 두렵게 생각하지 않을 수 없다. 이를 타개하기 위해서는 목전의 이익에서 벗어나 보다 고차적인 차원에서, 양분된 민족문화가 다 같이 접근될 수 있는 새로운 길을 모색해야 할 것이다.

셋째 새로 들어오는 문화의 홍수 속에 살고 있는 우리는 이러한 외래문화의 수용을 어떤 형식으로든지 정리해야 한다. 대화 속에 영어 단어를 주섬주섬 지껄이면 유식하게 되는 줄 착각하는 부류가 있는가 하면, 의식적인지 무의식적인지는 모르겠으나 한국적 전통을 너무 고집하고 그것만이 민족문화인줄로 아는 옹고집도 있다. 이러한 문화풍토의 혼란 속에서 우리들은 외래문화에 대해 모호한 태도를 취하면서 생활해 왔다. 새로운 민족문화 전통의 창달이라는 면에서 이런 문제에 대해 주관을 가질 필요가 있다.

4) 한국사회가 바라는 인간성

현재의 한국사회도 단순하지가 않아 사회계층이나 정치적 · 사회적 입장에 따라 그 요구하는 인간성이 다르기 때문에, 한 마디로 이렇다 할 인간성을 추출해 내기는 어려울 것이다. 다만 여기서는 민족이나 그 문화를 이끈다는 면에서 대체로 다음의 두 가지만을 제시하는 데 만족하고자 한다.

첫째는 우리들 자신이 한국인이라는 인식을 가져야 한다. 이 말은 한국의 전통문화를 주체적으로 인식하자는 뜻이 될 것이다. 이렇게 되면 우리 모두가 역사나 문화의 전문가가 되라는 의미로 오인을 받을지 모른다. 그러나 결코 그런 의미는 아니다. 자기가 무엇에 종사하든지 관에 한국사회에서 생활하는 한, 한국의 문화적 전통을 이해하고 관심을 가지라는 것이다. 이는 자기가 종사하는 일에 도움을 주게 된다. 왜냐하면 한국문화는 그 사회 내에 거주하는 인간에 대해, 일정한 틀에 맞게 커나가기를 강요하기 때문이다. 이를 인류학에서는 문화기대(文化期待)라 부른다.

미국인이라 할지라도 태어날 때부터 한국사회에서 자라 성인이 되면, 그는 미국인으로 되는 것이 아니라 한국인이 되는 것이다. 그런데 문화기대는 강제적이라서 이를 거슬릴 수는 없다. 문화기대는 그것을 거슬러 행동하려는 자를 그냥 버려두지 않고 거세시킨다. 누구든지 한국사회에서 생활하면서 자기는 미국인이 되겠다고 아무리 발버둥쳐도 소용없이 한국인이 되어 버린다. 그렇다면 한국사회에 사는 우리들이 취할 길은 자명하게 나타난다. 한국사회의 문화기대에 순응해야 한다. 그렇게 하기 위해서는 한국의 문화 전통을 이해하는 길이 첩경이 될 것이다.

한국의 전통문화를 인식한다는 것은 상당히 막연하게 들릴지 모른다. 또한 이런 요구는 고도의 전문적 지식을 흡수해야 된다고 생각하여 부담감을 가지기 쉽다. 그러나 그럴 필요는 없다. 우리들은 이미 한국의 문화에 젖어 있다. 다만 물고기가 물의 고마움을 인식하지 못하는 것과 같이, 우리들은 몸에 배어 있는 한국문화의 체취를 인식하지 못하고 있을 뿐이다. 가령 우리가 다음과 같은 글을 읽었다고 하자. "…해가 서산 너머로 사라진 으스름한 저녁 어느 산골에 둥그스름한 능선의 초가삼간이 있고,

그 집에는 뚝배기에 된장국을 보글보글 끓이며 밭갈이 간 남편이 돌아오기를 기다리면서 뜨개질을 하는 아낙네…" 이런 유의 글은 어딘가 우리들의 마음을 끄는 데가 있다.

생각컨대 외국인이 이와 같은 글을 읽고 감상에 젖을 수는 없을 것이다. 이것은 우리가 이미 한국인이 되어 있음을 알려주기에 충분하다. 우리들이 생활하는 영역은 모두 한국문화가 영위되었기 때문에, 한국의 전통문화에 대한 인식은 즉 나 자신과 주위의 환경에 대해 새롭게 눈여겨보는 데에 지나지 않는다. 마을 어귀에 외롭게 서 있는 성황당이나 오랜 세월을 비바람 맞아가며 아무도 돌보지 않는 묘비명 혹은 이름 모를 어느 사당의 퇴색한 단청이나 추녀 끝 조각난 기왓장에 이르기까지, 한국의 전통문화가 묻어나지 않는 것이 없고 선인들의 마음이 쓰이지 않는 것이 없지만 이에 대해 주의를 기울이기는 쉽지 않다. 한국의 전통문화에 대한 이해는 이와 같이 선인들이 남겨 준 유산, 하다못해 그들이 무심히 던진 돌멩이 하나에까지 주의해 보는 생활태도 속에 길러지는 것이다.

실제로 어려운 것은 이러한 전통문화를 주체적으로 인식하는 데 있다. 일제 식민통치의 왜곡된 문화풍토 속에서 또는 광복 이후 서구에서 체계화된 학문이나 그 이론을 아무런 비판 없이 받아들임으로써, 한국사회에는 마치 문화가 없었거나 혹은 존재하였다 하더라도 미개한 것으로 착각하는 부류들이 있다. 문화의 우열을 논하는 것은 어리석은 일이다. 왜냐하면 문화요소는 그것이 속한 사회 내에서 독특한 기능을 갖기 때문이다. 따라서 전통문화에 대한 주체적 인식이란 그 독자성을 이해하는 것이다. 우리는 아프리카 농촌사회의 인력거와 뉴욕 시가를 달리는 자동차만을 비교하는 식으로, 문화의 우열을 저울질해서는 안 된다. 인력거와 자동차만을 비교할 때 그 우열을 논할 수 있을 것이다.

그러나 아프리카의 농촌사회에서 인력거가 갖는 기능과 뉴욕 시가에서 자동차가 갖는 기능의 우열을 논할 수는 없다. 결국 한국사회 내에서

문화가 갖는 기능을 파악하려고 할 때에 한국문화의 독자성이 드러나게 되는 것이다. 이는 문화에 대한 가치판단을 배제함으로써 가능해진다. 우리들은 서구에서 체계화된 학문을 도입하는 경우가 많다. 이때 우리는 그들의 학문만 받아들이지 않고, 은연중에 그들의 사고방식이나 생활양식 등 가치의식까지 받아들였던 것이다. 그리하여 우리들은 한 대접의 따끈한 숭늉보다는 한 잔의 커피를 좋아하게 되었다. 서구식 가치관을 가지고 한국문화를 볼 때 그것이 바로 보일 리가 없다. 우리는 한국문화의 새로운 창조를 위해 서양학문에 접근해야 하겠지만, 그들의 학문만 받아들이지 결코 그들의 가치관까지 받아들여서는 안 된다. 그리고 한국문화와 외국문화 사이에서 가치의 우열을 논하는 어리석음을 버려야 한다. 이는 바로 문화를 대하는 객관적 태도라 할 수 있다.

둘째로 우리들은 민족문화의 평범한 창조자가 되어야 할 것이다. 민족의 전통문화는 시대나 사회적 여건에 의해 새로 창조되기 때문에 사회현실과 밀접하게 연결되어 있다. 요즘 유행어처럼 나도는 '한국적'이란 말이나 전통문화에 대한 고조된 관심은 결국 현재의 정치적·사회적 여건을 떠나서 생각할 수는 없다. 국전의 수상작품이 대개 한국적인 소재로 되어 있고, 민속극이나 무형문화재에 대한 관심이 커져가고 있다. 그러나 이러한 일련의 기운은 우선 반가우면서도, 민족문화의 전승과 창조라는 면에서 반드시 긍정적일 수만은 없다. 왜냐하면, '한국적'이란 민족의 고유한 문화로 오인될 수 있기 때문이다. 이것은 외국에서 들어오는 새로운 사조에 대해 눈감아 버리는 위험성을 내포(內包)하고 있다.

민족문화 요소가 민족의 고유한 것인지 아닌지는 그렇게 중요하지 않다. 사실 우리의 민족문화 중 불교와 유교를 외래문화 요소라 하여 떼어내고는 민족의 고유한 것을 찾으려고 할 때, 이는 원시 무속(巫俗) 신앙 이전으로 소급될 것이며 결국은 없다는 결론으로 기울고 말 것이다. 그러나 삼국시대 이전의 무교(巫敎) 신앙이 불교를 받아들이면서 새로운 민족문화를 형성시켰고, 조선의 유교는 민족문화의 새로운 가치관을 창출(創出)하였다. 민족문화는 새로운 사조를 받아들이면서 계승되고 발전하는 것이지, 고정불변한 상태로 존재할 수는 없는 것이다. 따라서 우리는 외래의 새로운 문화를 받아들이면서 이 시대의 민족문화를 창조하는 대열에 서 있다는 것을 알아야 한다.

그러면 평범한 창조자란 무엇을 의미하는 것인가? 이의 이해를 위해 나는 역사상의 인물을 들어 살펴보기로 하겠다. 김흠운(金歆運)은 신라 왕족이다. 무열왕 2년(655년)에 백제와 고구려의 연합군이 신라의 변경을 침범하므로, 그는 이를 토벌하기 위하여 출전하였다. 마침 백제군이 밤을 이용하여 공격하므로 전세가 불리하여져서 신라의 진중이 어지럽게 되었다. 이때 대사(大舍)인 전지(詮知)가 말하기를 "지금 적들은 어둠 속에서 갑자기 나타나서 지척을 가를 수 없으므로, 비록 공(公)이 싸우다 죽는다 해도 사람들은 이를 알지 못할 것입니다. 항차 공은 높은 신분으로 왕의 사위이니 만약 적병의 손에 죽는다면, 백제는 이를 자랑으로 여길 것이므로 우리로서는 부끄러운 일이 될 것입니다"라고 하였다. 그러나 김흠운은 말하기를 "대장부가 이미 몸을 나라에 맡겼거늘 사람들이 이를 알든 혹은 알지 못하든, 이는 한 가지다. 어찌 감히 명예를 구하리오!"라고 하였다. 그리고는 그는 칼을 빼어 적과 어울려 싸워 몇 명을 쳐 죽이고 자기도 전사하였다.

역사상에는 자기 일신의 명예나 권세를 위하여, 그 외의 수많은 선량한 사람을 희생시키면서 여러 사람 위에 군림한 자가 많이 있었다. 멀리로는 연개소문(淵蓋蘇文)이 그러 하였고, 가까이는 독재정치를 행한 연산군이 이에 속할 것이다. 그러나 실제로 역사를 이끌고 민족문화를 창조하는데 밑거름이 된 것은 이런 유의 사람들에 의해서가 아니라, 그 밑에서 이름도 없이 희생되어진 많은 선량한 사람들의 노고였다. 따라서 자신의 명예나 부귀를 구하지 않고 스스로 전쟁의 임무를 다하다 죽은 김흠운은 민족문화에 평범하게 이바지한 자이다.

우리들이 종사하는 일은 무엇이나 민족문화의 발전에 일익을 담당하고 있다. 명예를 구하려 들지 않고 맡은 바 일을 착실히 행해갈 때 우리는 민족문화의 평범한 창조자가 되는 것이다. 결코 인위(人爲)로서 억지로 행하지 않고, 순리대로 맡은 바 소임을 다해야 할 것이다.

5) 숙명론적 민족성의 극복

지금까지 한국사회가 요구하는 인간성에 대해 생각해 보았는데, 이를 너무 소극적으로만 보았다면 잘못 이해한 것이다. 역사무대 속에서 우리의 선인들은 마치 휴화산(休火山)처럼 침묵 속에서 묵묵히 자기가 행할 바를 수행해 가지만, 그 속에는 이글이글 끓어오르는 용암을 간직한 채 의욕과 창작에 충만 되어 있었다. 그리고는 때때로 휴화산은 분출되어 흘러넘치기도 하는 것이다. 실제로 북방의 대륙으로 뻗으려는 의지가 용트림할 때에는, 민족의 맥박과 고동소리는 요란하게 울려 퍼지기도 하였다.

그런 면에서 우리는 숙명론적으로 민족문화를 대하는 자들에 대해 의구심을 가진다. 그들은 우리 민족이 지리적으로 약소민족으로서의 운명을 타고 났음을 강조하여, 애수 띤 민족의 정서를 불러일으키기도 하고, 하얀 옷에 한숨짓는 백성을 노래하기도 한다. 또는 민족의 조상인 단군이 왜 강포(強暴)한 호랑이에게서가 아니라 유순한 곰에게서 태어났느냐고 푸념하기도 한다. 그러나 과연 이러한 논의가 민족문화를 어떤 방향으로 이끌고 있는가는 한번 쯤 반성해야 할 것이다.

『師大』 창간호, 1975년 6월

7. 역사학은 냉엄 · 정확하고 과학적이어야 한다

1) 이병도의 학문과 교육

두계(斗溪) 이병도(李丙燾)선생과 나의 첫 인연은 대학 입학 이후 교양 국사 강의를 수강한 것에서 비롯되었다. 그 때 나는 솔직히 말해서 두계선생의 강의에 별로 감동을 받하 못하였다. 수강생들이 거의 200명에 달하는 대단위 강의인데다가, 당시 70대의 고령이셨던 두계선생은 두툼한 안경을 끼셨으며, 다시 손에는 돋보기를 드시고 계속해서 직접 쓰신 논문을 불러주셨다. 학생들은 강의시간이 끝날 때까지 받아쓰는 일이 한 학기 내내 계속되었다. 두계선생이 불러 주신 강의의 내용은 『국사와 지도이념』(일조각) 속에 거의 고스란히 들어 있었다. 한 학기를 거치는 동안 두계선생에 대한 기대감은 무너져버린 셈이다.

학부(學部) 시절과는 달리 대학원 강의를 수강하면서, 나는 두계선생에 대한 존경심으로 스스로 머리가 숙여지고 말았다. 우선 두계선생의 해박한 지식에 감복하였다. 한 주일 내내 옥편(玉篇)을 붙들고 씨름하여도 풀리지 않던 한문 구절들이 그냥 쉽게 해석되어 가는 데에, 일종의 경이감을 맛보게 되었다. 다음으로 그렇게 열심히 가르칠 수 없을 정도로, 두계선생은 저희들을 열의로 대해 주셨다. 사실 두계선생은 나에게 스승이지만, 할아버지뻘이어서 무언가 어렵기도 하였다. 그런 감정은 당시 수강생 모두에게 공통된 것이었다. 그렇지만 두계선생은 어린 저희들을 하나같이 조그만 일에까지 소홀히 대하는 것이 없었다.

저희들에 대한 열의와 성의가 처음에는 노스승의 한가함에서 오는 것으로 여겼다. 그러나 두계선생은 아직도 왕성한 연구의욕을 가졌고 사회활동으로 바쁘게 생활하면서, 그런 와중에도 시간을 쪼개어 강의에 임하고 계셨다. 특히 강의시간을 꼭 지켰으며 부득이 한 경우, 시작 시간 직전에 반드시 들러 저희들을 둘러보고 휴강하셨다. 즉 선생은 인재를 얻어 교육하는 것을 낙(樂)으로 삼는 군자(君子)의 도(道)를 은연중에 실천하고 계셨다. 이런 것을 느끼면서부터 선생의 학문이나 인품에 대해 더욱 존경하게 되었다.

2) 식민사학의 극복과 문헌복원

수업시간을 통해 두계선생은 역사학연구가 냉엄(冷嚴)해야 하고 정확하며 과학적으로 이루어져야 함을 말씀해 주셨다. 학부 때까지만 하더라도 한국고대사 연구에서 빈곤한 사료상의 제약을 벗어나기 위해 보조과학이나 인접학문의 이론 공부를 중시하는 분위기 속에서 자랐기 때문에, 두계선생이 알려준 연구 방법에 대해 큰 관심을 쏟지 못하였다. 공부를 계속해 가는 동안 이론을 앞세운, 그 결과 역사상에서 존재하지도 않는 허상(虛像)을 설정하는 것이 위험한 일이며, 역사연구에서 개별 사실의 정확한 인식이 대단히 중요하다는 것을 느꼈다. 역사공부의 연륜이 쌓일수록 냉엄ㆍ정확하고 과학적이어야 한다는 역사학의 방법을 되새기게 되었으며, 이제 그것은 나에게 역사학연구를 위한 좌우명으로 자리하였다.

처음에 나는 한국고대사에 관심을 두면서 우리 역사에 대한 따스한 정감을 느껴왔다. 사실 역사연구에 감정을 개재하지 말고 냉엄한 자세를 견지해야 한다는 것이 조금은 불만스러웠다. 우리 역사에 대해 무언가 화려하게 펼쳐질 수 있는 자랑스러운 영역이 있을 것이라는 기대감과 그것을 스스로 파헤쳐 보려는 욕구를 주체할 수 없을 때가 많았다. 그리하여 한때 민족주의 사가(史家)들의 논설을 열심히 독파하기도 하였다.

역사연구에 객관적 인식이 대단히 중요하다는 사실을 깨닫게 되는 계기는 두계선생의 대학원 수업을 받으면서, 일제 때 일본인 학자들의 연구

업적을 정리하는 것에서 비롯되었다. 처음에는 그런 작업 자체가 무의미해 보였다. 일제강점기에 식민사학으로 쓰인 논문들을 하나하나 읽는다는 것이 마치 죽은 말에 채찍질하는 듯이 보였기 때문이다. 작업을 진행해 가면서 일본인 학자들의 자의적인 해석에 울분을 삼키면서부터, 나는 오히려 식민사학의 정체를 진솔하게 알려는 호기심을 가졌고, 그런 호기심이 커가는 만큼 일본인 학자들이 행한 한국사의 날조에 대한 울분은 더 쌓여 갔다.

그런 울분은 『만선지리역사연구보고(滿鮮地理歷史硏究報告)』에 게재된 논문을 정리할 때에는 폭발하기 직전으로 치솟아서, 어떤 것은 책장을 찢어버리고 싶은 충동을 느끼게 하였다. 지금 생각해 보니 책장을 찢지 않고 넘긴 것이 대견하고 다행스럽게 느껴진다. 그 당시로서는 뒤에 다시 누군가 이 논문을 읽고, 같은 분노를 느낄 것이라는 데서 충동을 참았다. 한편으로 역시 냉엄한 자세로 역사연구에 임할 때에 결코 책장을 찢어서 소득이 될 것은 없다.

일본인들의 실증적 연구가 식민사학으로 흐르는 데에는 그들의 감정이 노출되어 있었다. 문헌고등비판으로 사료를 비판하여 날조된 부분을 지적한 일본인 학자들은 그 다음 단계로, 일본측 사료와는 달리 한국측 사료의 복원작업을 시도하지 않았다. 한국측 사료가 비평되고 온당하지 못한 것으로 취급되어 버려질 때마다 우리 문화는 말살되어 갔다. 그런 다음 침략적 야욕에 의한 그릇된 감정을 노출시키면서, 그러한 목적에 부합되는 사료만을 골라 한국사를 연구하였다. 여기에 두계선생이 역사연구는 냉엄해야 한다는 것을 강조한 이유를 발견할 수 있다.

일본인 학자의 한국사 연구 성과를 직시하여 실증적인 문헌고증과 그 다음의 침략적인 감정이 깃든 윤색된 부분을 정확하게 가려내기 위해서, 식민사학의 만행에 대한 울분을 폭발시키는 것으로는 소용이 없다. 역사연구에서 객관적인 태도를 넘어서서 냉엄을 강조한 두계선생은 실증적인 방법으로 한국측 문헌을 비평하여, 그 윤색되어진 부분을 바르게 복원하는 작업에 심혈을 기울였다. 이런 면에서 두계선생은 결코 일본인 학자들과는 역사연구의 방법을 달리 하였다.

아직도 나는 우리 문화를 사랑하고 한국역사에 대한 따스한 정을 가지고 있다. 그러나 그것을 사랑하는 마음과 객관적으로 연구하는 태도는 구별되어야 한다. 한국역사에 대한 정감 때문에 그것을 침소봉대하여 존재하지도 않는 사실을 과장되게 기록하는 것은 한국문화의 창조적 계승을 위해 바람직하지 않다. 이는 오히려 한국사를 세계사의 흐름 속에서 고립시키면서, 민족 문화전통의 창달에 나쁜 영향을 끼칠 수 있음을 명심해야 한다.

3) 한국고대사의 체계화

두계선생은 역사를 정확한 사실에 기초해서 연구해야 하는 것을 강조하였다. 정확한 개별 사실의 설정은 역사 연구에 선행해야 할 대단히 중요한 작업이다. 그래서인지 선생은 매사에 정확하셨다. 강의 시작 5분 전에 지팡이 소리를 또닥또닥 내면서 동숭동 서울대학의 동부 연구실로 들어오시는 시간이 언제나 정확하였으며, 학기가 끝나면서 학생들에게 엄하게 매겨주신 성적이 편파에 흐르지 않고 정확하였으며, 특히 수업시간에 제시하는 역사적 사실이나 문헌의 근거가 정확하였다. 선생이 수업시간이나 대화 도중에 자주 쓰시던 '나의 오랜 고찰에 의하면' 또는 '나의 스승 ○○○○에 의하면' 등의 표현도 처음에는 어색하게 들렸지만, 시간이 지나면서부터 이는 얼마나 정확한 사실을 제시하고 있는가를 알려주기에 충분했다.

흔히 두계선생의 역사학은 정확한 사실을 강조한다고 해서, 개별 사실의 규명에 그친 것으로 오해하고 있는 사람들이 많다. 선생은 정확한 사실에 기초해서 역사를 연구할 것을 강조하였으나, 오히려 이를 통해 문화적 전통이나 사회적 환경, 특히 그 속에서 활동한 선인들의 행적 등을 중시하였다. 다시 말해 두계선생은 지리적 환경이나 사회체제 속에서 인간이 당시까지 내려온 문화전통을 계승하거나 변형하면서 새로운 민족문화를 만든다고 하였다.

두계선생의 학문이 역사적 개별 사실을 통해 문화적 전체, 즉 민족문화의 전승과 그 역량(力量)을 규명하려 하였다. 때문에 개별 사실 사이의 인과관계와 그 내의 합리적인 연관성을 추구하였다. 그러므로 다른 모든 학문과 마찬가지로 역사학도 과학적이어야 했다. 정확한 사실에 근거하여 그 사이의 인과관계에 대한 합리적 해석을 내리기 위해, 두계선생은 한국 사회의 변화에 대한 대세를 파악하도록 종용하였으며, 중국이나 우리나라의 고전은 물론 동양사나 세계사의 보편적 흐름에 대해 눈을 돌리게 하였다.

두계선생이 연구한 한국고대사의 큰 구조는 오늘날까지 그대로 받아들여지고 있다는 사실을 아는 사람은 그리 많지 않다. 한국상고사를 크게 서북행렬(西北行列) · 동북행렬 · 남방행렬(南方行列)사회로 구분하였다. 가장 선진인 서북행렬사회는 중국민족과의 대결 과정에서 패배하였으며, 그 후 동북행렬사회는 중국민족과 투쟁하면서 성장하였다. 대조적으로 한족(漢族)의 간섭을 많이 받은 남방행렬사회가 가장 후진이었다. 또한 삼국의 국가체제를 처음으로 정비하여 가는 시기는 고구려의 태조왕 · 백제의 고이왕 · 신라의 내물왕대이었으며, 국가체제를 완비하면서 강성했던 시기는 고구려의 소수림왕과 광개토왕대, 백제의 침류왕과 근초고왕, 신라의 법흥왕과 진흥왕대라고 하였다.

한국고대 사회는 위에 제시한 것과 같은 큰 발전단계와 그에 따른 국가체제 정비 과정을 거치면서 신라의 통일과 함께 민족문화가 정립되어 갔다. 이러한 두계선생의 학설은 대체로 한국고대사 연구의 틀로 갖추어져 현재까지 내려오고 있으며, 앞으로도 계속해서 생명력을 지녀 가리라고 생각한다. 두계선생의 학설이 이렇듯 긴 생명력을 지닐 수 있었던 것은 역시 정확하고 과학적으로 접근한 역사학 연구 방법에서 찾아야 한다. 한국 고대사의 흔들리지 않는 사회구조나 발전의 뼈대를 제시하면서, 두계선생은 이에 만족하지 않고 민족의 내면적 생활사인 사상이나 신앙, 특히 풍수지리도참(風水地理圖讖) 등의 규명에 전념하였다. 그 결과 민족문화가 고대에서부터 어떻게 갖추어져 왔으며 지금까지도 이어질 수 있는 한국의 정신이 무엇인가를 추구하였다.

4) 현대 한국사학의 정립

타계하시기 전까지 정초(正初)에는 매년 두계선생께 세배를 드리러 가곤 했는데, 그때마다 미수(米壽)를 지났음에도 불구하고 새로운 논문을 쓰신 이야기와 이전에 작성한 불만스러웠던 논문에 대한 수정과 보완 작업을 꾸준히 진행하고 계신 것을 보여주셨다. 그 왕성한 탐구욕은 평생 동안 쓴 약 90편에 달하는 정치한 학술논문을 제외하더라도, 저서가 11종, 역주본(譯註本)이 3종, 수필집이 5종에 이르는 방대한 저술을 남기셨다.

두계선생의 방대한 학문적 업적은 전혀 이를 읽어보지 못한 사람들에 의해 감각적으로 평가되는 경우가 많다. 일전 어느 일간지(日刊紙)에 기고한 고조선에 대한 논술이 사회학적 방법으로 작성된 것을 들어서, 두계선생의 연구논문 결론이나 학풍이 바뀐 것으로 보도된 적이 있다. 이는 분명 오해에 기인한 것이다. 단군신화나 고조선에 대한 두계선생의 연구는 이미 그런 방향에서 분명하게 논술되어 있다는 사실을 유념하여야 한다.

두계선생의 학문적 업적은 현재 한국사학계의 밑거름이 되었음을 주목하여야 할 것이다. 그 속에는 민족정신의 전승과 자성(自性)을 찾으려는 노력이 깃들어 있는가 하면, 치밀한 문헌고증에 의한 실증적 학풍이 들어 있으며, 아울러 사회과학적 방법론을 도입하여 역사연구의 영역을 풍부하게 하려는 의도가 숨어 있다. 우리문화의 풍토를 중요시한 나머지 실제로 한국문화가 영위되는 지리적 환경에 대한 이해를 심화시켰다. 역사지리의 연구는 일제 식민사학에서 중시되었기 때문에 광복 후 한국사학계에서는 상대적으로 소홀히 취급되었다. 그러나 이는 역시 현재 한국사의 연구를 보다 풍부히 하려는 뜻에서 앞으로 권장되어야 할 분야이다.

『歷史家의 遺香』, 진단학회, 1991

8. 신라의 삼국통일 과정에 나타난 화랑도 정신

1) 화랑도의 개창(開創)

진흥왕대 한강 유역의 점거는 삼국 통일에 대한 신라인들이 가졌던 웅지의 첫 발로이다. 한강 유역은 신라가 당나라와 직접 통하는 외교상 또는 백제와 고구려를 남북으로 차단하는 지리상으로 중요한 전략적 요충지이다. 그러나 이로 인해 백제는 돌궐(突厥)과 연결된 고구려 및 남으로 왜(倭)와 연합하여, 신라에 대한 공격을 늦추지 않았다. 신라가 이와 같은 국난의 시기에 화랑도를 개창한 것은 의미 깊은 일이다.

화랑도의 개창에 대한 기록은 『삼국사기』와 『삼국유사』에 모두 나온다. 진흥왕 37년(576년)에 신라 조정은 많은 사람을 무리 지어 놀게 하고, 행실을 관찰하여 그들을 등용하려 하였다. 이들의 우두머리로서 남모(南毛)와 준정(俊貞)이라는 두 미모의 여성을 두었다. 그들은 무리를 3백여 명이나 모았는데, 차츰 그 미모로 인하여 서로 질투하였다. 준정은 남모를 자기 집으로 유인하여, 독한 술을 먹이고 취하게 한 다음 강물에 던져 죽였다. 그러나 사건이 발각되어 준정은 사형당하고, 그 무리들은 흩어졌다. 그 후에 다시 아름다운 남자를 뽑아 화랑이라 부르고 이를 받들게 하였는데, 그 무리들이 구름같이 모여들었다. 이렇게 개창된 화랑도는 본래 원화(源花)라는 여성을 우두머리로 하는 청소년 집단이었고, 그 원류는 원시 미성년집회에서 구해야 하는 것이다.

진흥왕 때에는 신라가 왕실 중심의 귀족국가 체제를 완비하였다. 정복사업을 진전하거나 중앙집권적 귀족국가로의 체제를 정비하는 과정에서, 국가나 전제왕권을 위해 미성년집회는 군사훈련 기관으로 개편될 필요가 있었다. 원래 미성년집회는 가문별로 존재했으며, 귀족의 자제들이 모여 유오(遊娛)하면서 제의(祭儀)를 행하는 교육적 기능을 가졌다. 화랑도는 원시 미성년집회에서 유래된 것이기 때문에 본래 가졌던 종교적 기능이 완전히 없어진 것은 아니나, 오히려 군사적 기능을 강화하고 교육적 기능을 다소 가졌다.

화랑도는 귀족들의 각 가문별로 몇 개의 단체로 존재했으며, 같은 시대에 여러 문호가 도중(徒衆)을 거느리고 있었다. 이에 화랑 단체를 다시 통제하는 기관이 있었다. 그것이 『삼국유사』 죽지랑(竹旨郎)조에 보이는 조정화주(朝廷花主)이다. 화주는 일명 국선(國仙)·원화(源花)라고도 불린다. 전국에 한 사람의 화주가 있고, 그 밑에 여러 명의 화랑이 각기 낭도를 거느리고 있었다. 화랑은 귀족의 자제로서 선임되며, 화랑과 낭도는 함께 사우(死友)를 약속하였다. 이와 같은 화랑의 조직은 신라의 군사 조직 속에 편입되면, 유사시에는 언제든지 전쟁에 동원될 수 있었던 것이다. 바로 이러한 목적에서 진흥왕 때에 미성년집회인 원화가 화랑으로 개창되었다.

김대문(金大問)의 『화랑세기(花郎世記)』에는 3대의 화랑이 무려 2백여 명이라 하여, 신라 사회에 화랑이 많이 배출되었음을 알려준다. 그러나 불행하게도 『화랑세기』가 오늘날에 전하지 않아, 그 인물에 대한 전기를 알 수 없음은 안타까운 일이다.

2) 삼국통일 과정에서 화랑도의 역할

화랑이 국가 사회에 봉공하는 길에는 사회 정의를 실현하는 등 여러 가지가 있겠지만, 삼국통일 이전에는 전장에서의 활동이 가장 주된 것이다. 이사부(異斯夫)가 가야국을 토벌할 때에 화랑인 사다함(斯多含)이 종군하였다. 그는 적의 전단문(栴檀門)에 백기를 꽂아 적의 성중을 놀라게끔 하였고, 이로 인해 이사부의 군대가 이르자 적은 당황하여 항복하였다. 왕이 이를 듣고 포로 2백 명과 토지를 상으로 내리자, 사다함은 이를 받아 포로는 양민으로 놓아주고 토지는 전사들에게 나누어주었다. 이와 같이 화랑은 전쟁에 있어서 중요한 역할을 담당하였으며, 그들의 행동은 사회의 귀감이 되었다.

나당(羅唐) 연합군이 백제를 토벌할 때에 관창(官昌)은 16세의 소년으로 출전하였다. 백제 장군인 계백은 이미 국가를 보존할 수 없다는 것을 알고는, 아내와 자식을 적의 노예로 만들 수 없다고 하여 모두 죽이는 비장한 결의를 보였다. 신라군은 황산벌에서 계백의 결사대와 수차에 걸쳐 접전했으나 모두 실패하고, 사기가 저하되어 있었다. 이를 타개한 것이 관창이었다. 그는 단기로 적중에 들어가 백제 군졸 여러 사람을 죽이고 사로잡혔다. 계백은 관창의 나이가 너무 어리므로 살려서 돌려보냈다. 그러나 관창은 다시 적진에 들어가 또 사로잡히니, 계백은 그 목을 베어 말안장에 실어 신라군 진영으로 돌려보냈다. 과연 신라군의 사기가 충천하고, 결국 계백은 패전하여 백제는 망하고 말았다.

또한 같은 싸움에서 화랑 흠춘(欽春)은 형세가 불리해 지자, 그의 아들 반굴(盤屈)을 불러놓고 말하기를 "신하로서는 충성을 다해야 하고 아들로

서는 효도를 다해야 하는데, 위급한 일을 보고 목숨을 내어놓는 것은 충성
과 효도를 함께 다하는 일이다"라고 하였다. 반굴이 그 말을 듣고 곧 적진
으로 들어가 힘써 싸워 죽었다. 반굴의 아들 김영윤도 신문왕 때에 고구려
의 잔적 실복(悉伏)이 보덕성(報德城)에 잠복하여 반란을 일으키므로, 이
를 토벌하기 위해 출전했다.

그는 출전하기에 앞서 "내가 이번에 출정하면 종족(宗族)과 벗들에게
나쁜 소리를 듣지 않게 싸우겠다"라고 말하였고, 그 전쟁에서 전사했다.
화랑도는 국가와 개인을 같은 차원에서 생각하기 때문에 충효를 내세웠
고, 위급한 일을 당해서는 죽음으로써 국가를 보전하고 가문의 이름을 더
럽히지 않았다. 화랑도는 전쟁에 나아가 국가를 위해 죽는 것을 가장 큰
영광으로 생각했다. 김흠운(金歆運)이 어려서 화랑 문노(文弩)의 낭도로
있을 때, 도중이 "누구는 전사하여 지금까지 이름을 남겼다"고 말하는 것
을 들으면 감개하여 눈물을 흘리면서 스스로 그런 사람이 되려고 결심하
였다.

화랑 김흠운도 신라의 왕손으로서 무열왕 2년(655년)에 백제군이 변방
을 침입하자, 낭당대감(郎幢大監)이 되어 이를 토벌하러 출전하였다. 백
제군은 밤을 이용하여 달려와 동트기 전에 갑자기 공격하므로, 신라군의
진영이 심히 어지러웠다. 김흠운은 말 위에 앉아 창을 거머쥐고 적을 기다
렸는데, 이 때 대사(大舍) 전지(詮知)가 말하기를 "공(公)이 어둠 속에서
싸우다가 죽는다 하더라도 사람들은 이를 알지 못할 것입니다. 또한 공은
신라 귀족으로서 왕의 사위이니 만약 적병에게 죽는다면, 백제는 이를 자
랑으로 여길 것이나 우리에게는 수치가 될 것입니다"라고 하였다. 그러나
김흠운은 "대장부가 이미 몸을 나라에 맡겼으니, 사람들이 알든 모르든
이는 한 가지다. 어찌 명예를 구하겠는가"라고 말하고, 이어 적과 어울려
싸우다가 전사했다. 이에 대감(大監) 예파(穢破)와 소감(少監) 적득(狄得)
도 함께 싸우다가 전사하였다.

국가를 위해 죽음을 무릅쓰지 않는 정신은 비단 화랑도에게만 국한된 것이 아니요, 신라 청년들의 정신 속에 깊이 침투되어 있었다. 백제가 침 공해 오자 목숨을 초개같이 버림으로써 국난을 극복한 해론이나 소나(素 那)가 있었는가 하면, 취도(驟徒)는 실제사(實際寺)의 승려로서 국난을 당 하자 승복을 벗고 종군하여 전사하였다. 눌최(訥催)는 진평왕 때에 백제 가 침공해 오자 "따뜻한 봄날의 화기 속에는 초목이 모두 꽃을 피우나, 엄 동설한이 되면 오로지 송백(松柏)만이 푸르러지는 법이다"라고 말하면서 끝까지 싸워 전사했다.

또한 진덕왕 때에 백제의 침공이 있자 비녕자(조寧子)는 종 합절(合節) 에게 아들 거진(舉眞)을 맡기고 단독으로 적진에 나아가 전사하니, 그 아 들 거진은 "아버지의 전사함을 보고 구차히 살아 있음을 어찌 효자라 하 겠는가"라고 말하고는 나가 싸우다가 죽었다. 합절도 두 주인의 죽음을 보 고는 "하늘이 무너졌으니 낸들 어찌 죽지 않고 무엇 하겠는가"라는 말을 남기고 적진으로 나아가 전사하였다. 해론이나 소나 및 취도와 비녕자 등 이 화랑이었는지는 알 수 없지만, 당시 신라 청년들은 목숨을 버려 보국하 는 정신을 가졌고, 이러한 정신이 삼국을 통일하는 밑거름이 되었다.

삼국통일 전쟁에서 관창이나 반굴의 활동은 이미 언급하였거니와, 삼 국 통일의 주역을 담당한 김유신도 용화낭도(龍華郎徒)를 거느린 화랑 출 신이었고, 흠춘이나 죽지도 모두 화랑 출신이었다. 백제를 멸망시킨 후 당 나라가 고구려를 토벌할 때, 당나라 군사에게 식량을 공급하기 위하여 고 구려 영토 깊숙이 싣고 들어간 김유신을 위시한 신라 군사들의 행동도 역 시 몸을 버려 나라에 보답하려는 화랑도 정신에서 나온 것이다. 단기(單 騎)로써 적진 깊숙이 들어가 김유신의 편지를 당의 소정방(蘇定方)에게 전 한 열기(裂起)도 국가의 위급을 맞아 죽음을 아끼지 않는 정신을 가졌다.

3) 화랑도 정신

김대문의 『화랑세기』에 의하면, 화랑도로 인해서 어진 재상과 충성된 신하가 나오고, 뛰어난 장사와 용감한 군사가 배출되었다고 하였다. 본래 화랑도의 창시 목적이 인재 등용에 있었고, 상무(尙武)의 기상을 더 높여 삼국 통일을 수행하려는데 있었다. 신라 사회에는 많은 화랑이 나타났고 이들의 손에 의하여 국가가 유지 발전되어 갔다. 그러면 이러한 화랑도의 정신은 무엇인가? 원광법사가 귀산(貴山)과 추항(箒項)의 두 청년에게 내린 다음 내용의 세속오계는 화랑도의 정신과 대개 일치한다고 하겠다.

① 임금을 충성으로 섬긴다.
② 부모는 효도로써 모신다.
③ 친구는 믿음으로써 사귄다.
④ 전쟁에 나아가서는 물러서지 않는다.
⑤ 살생은 가려서 한다.

이와 같은 덕목은 충과 효를 강조하여 국가 사회에 봉공할 수 있는 기본적인 인간을 길러내는 것이요, 아울러 삼국 통일에 필요한 상무적인 정신을 함양하려는 것이다. 세속오계의 정신은 원광이 비록 귀산과 취항이라는 두 청년에게 실천 사항으로서 준 것이겠지만, 당시 사회에 있어서 청년들의 실천 규범으로 되었다. 그것은 화랑도 정신에 지대한 영향을 주었다. 원광은 진평왕 30년(608년)에 승려로서 고구려를 치기 위하여 수나라에 걸사표(乞師表)를 올렸다. 또한 귀산이 세속오계의 정신에 의하여 백제와의 싸움에서 전사하였다. 이러한 사실은 세속오계의 정신이 국가 사회에 봉공하는 인간을 양성하며, 화랑도 정신과 바로 연결되는 것을 알려 준다.

그들의 유오지(遊娛地)는 통천 총석정이나 고성 삼일포·강릉 한송정

등 강원도의 해변가였고, 사령지(四靈地)도 일반적으로 화랑의 유오지와 관련되었다. 화랑도는 이러한 생활 과정에서 아름다운 자연과 건강한 심신을 조화시키고, 단체 생활을 통하여 국가 공동체 사회와 개인을 일치시켰다. 전쟁에 나아가 목숨을 버림으로써 나라에 보답한 정신은 이러한 데서 길러진 것이다. 사다함은 함께 죽음을 맹세한 무관랑(武官郎)이 먼저 죽자, 슬퍼 통곡하다가 7일만에 죽었다. 즉 이는 화랑도 정신의 표현이라 할 수 있다.

최치원이 찬술한 「난랑비(鸞郎碑)」 서문에서 말하기를 "나라에 현묘한 도가 있는데, 이를 풍류라 한다. 이 교(敎)를 설치한 근원은 선사(仙史)에 자세히 실려 있는데, 실로 3교를 포함한 것으로 모든 민중을 교화하기 위한 것이다. 또한 그들은 집에 들어가서는 부모에게 효도하고 나와서는 나라에 충성하니 이는 노나라 공자의 가르침이다. 모든 일을 거리낌 없이 처리하고 말없이 실행하는 것은 주나라 노자의 가르침이다. 모든 악한 일을 하지 않고 착한 행실만 신봉하여 행하는 것은 천축(天竺) 석가의 가르침이다"라고 하였다. 이로 보면 화랑도는 그 정신적 기저를 신라 토착문화의 전통에서 찾았으며, 이것이 곧 현묘한 도이다. 화랑도 정신은 이러한 전통 문화 위에서 유교나 불교 내지 도교의 덕목을 받아들여 조화시키면서 이룩된 것이다.

4) 삼국통일 후 화랑도 정신의 변천

상무적인 화랑도 정신은 삼국 통일과 함께 해이하기 시작했다. 물론 화랑도는 신라말까지 지속되지만, 화랑도 정신이 가장 번창한 시기는 진흥왕 때에서부터 문무왕 때에 이르는 약 1세기 간이다. 『삼국사기』에는 진흥왕 때에 사다함이나 무관랑을 비롯하여, 진평왕 때에 근랑(近郎)·검군(劍君), 김유신·흠순(欽純)이나 태종왕 때에 문노·관창(官昌)·김흠 운 등의 화랑이 끊임없이 배출되어 국가 사회에 봉공하는 모습이 나와 있 다. 그러나 문무왕 이후에는 헌안왕 때의 응렴(膺廉)과 진성왕 때의 효종 랑 정도가 활동하였다.

『삼국유사』에서 문무왕 이후의 화랑을 살펴보면, 효소왕 때의 구참공 (瞿旵公)이나 호세랑(好世郎)·승혜숙(僧惠宿), 헌안왕 때의 응렴·범교사 (範敎師), 경문왕 때의 격원랑(邀原郎)·예흔랑(譽昕郎)·계원(桂元)·숙 종랑(叔宗郎), 진성왕 때의 효종랑 등 비교적 많은 인물이 나타난다. 다만 그 명칭은 화랑이 아니라, 선랑(仙郎)이나 국선(國仙)으로 표현되었다. 이 는 삼국통일 후에는 화랑의 성격이 변화되고 있음을 알려주는 것이다. 신 라말이나 고려초에 선랑이란 팔관회(八關會) 시중을 따라다니며 춤추는 동자를 의미했다. 그 이후 화랑이란 남자 무당을 표현하는 말로 그 격이 떨 어졌다.

용어의 변천과 함께 화랑도 정신도 변천되었던 것이다. 신라중대 이후 에 그들은 무기를 든 대신에 문필을 들고 국사를 논했으며, 문화 창조에 힘써 화려한 문화의 꽃을 피웠다. 석굴암이나 불국사의 축조(築造)가 그 것이었고, 신라말 최치원 등 한학(漢學)의 대가가 나올 수 있었던 문화 기 반도 화랑도 정신과 연관해서 생각해야 한다. 전장에서의 용감성을 강조 하는 신라의 화랑도 정신은 삼국 통일과 함께 사실상 점점 쇠퇴하였다. 그 러나 그것은 우리 민족의 혈관 속으로 스며들었다. 때때로 어려운 시기를 겪을 때마다 그러한 정신이 나타나서, 국난을 극복하고 민족과 국가를 보 존시킬 수 있었다.

『공군』 142, 1974년 8월

9. 국사교육의 새로운 방향

1) 민족주의의 비판적 극복

근년에 이르러 국사교육의 중요성이 크게 인식되어, 이를 강화하려는 노력이 경주되어 왔다. 그 결과가 이른바 대학에서 국사학과의 독립과 중고등학교 국정 국사교과서의 제정으로 나타나기도 했다. 그 외에도 국사는 모든 대학에서 교양 필수과목으로 이수하게 되었으며, 해외 유학이나 공무원 임용 등의 시험 과목으로 채택되기에 이르렀다. 이러한 경향은 국어 교육과 함께 국적 있는 교육을 위해 바람직하지만, 사회 일각에서는 현실 문제와 연결시켜 그렇게 탐탁하지 않게 받아들여졌다.

그래서인지는 모르나 국사교육 자체에 대한 회의적인 견해가 대학생들 사이에 퍼져 나갔다. 그러한 견해는 강한 민족주의적 색채에 대한 반발이지만, 표면상으로는 과거 사실에 대한 이해가 현재의 우리 생활과 직결될 수 있느냐는 반문으로 나타나기 일쑤였다. 이와 같이 국사교육을 강화하려는 노력과 그에 대한 불신이 팽배한 가운데, 그것의 좌표를 설정해 보려는 목적에서 이 글을 작성하였다.

광복후 국사학은 대체로 식민사학에 의해 왜곡된 한국사를 바로잡는 방향의 연구를 계속해 왔고, 국사교육 역시 이와 궤도를 같이 하였다. 주로 일본인 학자의 문헌고증적인 실증사학을 비판하면서, 일제에 대항하며 민족독립의 수단으로 연구한 민족주의 사학의 정신을 그대로 계승하려는 경향이 강하게 나타났다. 현재의 국사학 연구에는 반드시 이러한 경향만 있는 것은 아니지만, 1974년 국정 국사교과서는 적어도 민족주의 사학의 연구 성과가 집약된 정신사 위주로 서술되었으며, 당시의 시대 조류나 사회 체제와도 밀접하게 연관되어 편찬되었다.

한반도를 스스로 통치해 보지 못한 일제강점기에 우리 민족의 문화 경험은 자연히 그 폭이 축소될 수밖에 없었고, 광복 후라 할지라도 한반도 전체를 경영해 보지 못한 문화 경험 역시 많은 문제점을 안고 있다. 중고 등학교 국정 국사교과서에 비쳐진 과도한 민족주의는 민족문화의 창조 과정이나 그 발전 방향에 내포된 이러한 결함을 극복해야 되겠다는 충정에서 나온 것이다. 그렇지만 민족문화의 보다 참된 모습을 직시하면서 그것의 건전한 발전을 의도해 온 또 다른 국사학자들에 의해 따끔한 비판을 받았다. 뒷날 국정 국사교과서의 집필자 중의 한 사람인 김철준(金哲埈)은 "국정 국사교과서에 대한 평은 모름지기 식민사학에서 벗어난 한국문화 전체에 대한 이해 체계를 구축하려는 건설적인 방향에 관한 비평을 기대하였다"고 하면서, 그렇게 되지 못한데 대한 서운함을 솔직하게 털어 놓았다.

주지하다시피 일제강점기의 한국사는 크게 보아 실증사학·민족주의 사학·사회경제 사학의 세 방향에서 연구되었다. 그러나 이러한 구분은 엄밀한 의미에서 타당성을 결한 것이다. 한국사의 연구에 실증사학이 그 방법을 제시하였다면, 민족주의 사학은 그 인식을, 사회경제 사학은 그 대상을 독특하게 추구하였다. 그러므로 한국사 연구의 세 조류는 대립적이라기보다는 상호 보완적인 것일 수 있다. 손진태(孫晉泰)는 이 세 가지 방법을 종합하면서 신민족주의 사학을 제창하였다. 말하자면 그의 사학은 한(韓)민족의 생활이나 문화를 밝히자는 것이지만, 그러기 위해 한민족의 구체적인 사회경제적 사실을 실증적인 방법으로 추구하였다. 따라서 이기백(李基白)은 신민족주의 사학을 높이 평가하면서 한국의 현대 사학은 이에서부터 비판적으로 계승 발전시켜야 함을 주장하였다.

신민족주의 사학은 국제적으로 민족 간의 평등과 친화(親和)를 주장하고, 국내적으로 모든 국민의 균등과 단결을 요구함으로써, 불평등의 요소를 제거하려는 '민주주의적 민족주의'를 표방하였다. 이는 '아(我)'와 비아(非我)의 투쟁'과 같은 종래의 민족주의 사관과는 분명히 다른 것이다. 단재(丹齋) 신채호의 민족주의 사학은 일제로부터 민족의 독립을 쟁취하기 위하여 나타났으며, 따라서 제국주의의 존재를 일단 인정하는 것에서 비롯되었다. 국내적으로 그것은 아(我)를 중심한 계급사관을 형성시킬 가능성을 가져서, 자본주의 사회에서는 자본가를 중심한 계급사관이 성립될 수도 있다. 결국 민족주의 사학은 아를 중심으로 배타적 · 독선적 · 맹종적으로 되기 쉽기 때문에, 민족에 활기를 불어넣으면서 새로운 민족문화의 창조를 위해서는 장애 요인이 될 수도 있다.

계급투쟁을 거부할 뿐만 아니라 자유주의적인 방관과 방임을 부인하는 신민족주의 사학은 민족이 공생하는 공동 이익을 추구하며, 그러한 민족의 행복이 인류 전체의 평화와 번영에 기여하자는 것이다. 민족사가 세계사의 일환으로 편입되고, 민족이 세계 속에서 호흡하게 되는 현재의 국제사회 속에서, 국수주의의 극복 과정이 이른바 신민족주의 사학으로 배태되었다. 오늘날 단재를 그대로 계승한 민족주의 사학이 없는 것은 아니지만, 그것은 현대적 소임에 부응한다고 생각되지는 않는다. 투쟁에 기초한 민족주의는 인류의 이상이 파괴에 있지 않는 한, 언젠가 극복되어야 한다. 단재 자신도 일제와 독립투쟁을 계속하면서 이러한 문제로 고민해 왔고, 그래서인지는 모르나 민족주의와는 어울리지 않은 무정부주의(아나키즘)를 주장하였다.

단재는 민족주의의 한계를 극복하면서 이를 더 승화시키려고 노력하는 중에 무정부주의를 모색했을 것으로 생각된다. 아마 그는 이러한 노력을 더 세련된 사상으로 심화시키지 못한 채 감옥에서 죽었지만, 당시 민족주의가 영원한 민족적 이념으로 꽃피우는 방법을 모색하기 위해 스스로 몸부림치면서 고민하고 있었다. 손진태는 민족주의의 한계를 피부로 체험하면서 신민족주의를 주장하였을 것이다. 왜냐하면 그는 민족주의를 내세우면서 국학 연구의 명문인 연전(延專)에 몸담고 있으면서 정인보(鄭寅普) · 안재홍(安在鴻) · 문일평(文一平) 등과 밀접한 관계를 맺었고, 특히 안재홍의 사상에서 많은 영향을 받았기 때문이다.

손진태의 신민족주의 국사 교육은 1948년을 전후하여 나타났다. 아마 그가 서울대학교 사범대학의 학장에 재직하면서 국사 교육의 방향을 모색하였고, 그러한 결실이 '민주주의적 민족주의' 국사 교육으로 영글어졌다. 이는 왕실 중심·국수주의·귀족 사상 등을 부정한 것이다. 그에 의하면 대체로 이러한 것은 봉건사상으로 규정되었다. 민주주의가 선양되기 위해 봉건사상을 타파하면서, 국민 자신의 힘으로 민족국가를 건설하려는 기쁨과 분발심을 국사 교육에 강조했다. 자연히 국사 교육은 민족의 장단점에 대한 정확한 이해와 그 원인을 규명하여 민족문화의 특수성을 인식하는, 이른바 '민족의 입지'에 대한 올바른 인식을 갖는 내용을 가져야 한다. 그러기 위해 역사상의 사실은 총괄적·유기적·비판적으로 파악되어야 한다.

2) 객관적 구조적 인식

현대 사회가 너무 다양하고 개방적이어서 그 문화 또한 복잡한 양상을 띠게 되었다. 그런 가운데 외국에서 들어오는 것은 무엇이든 간에 근대화의 물결을 타고 의젓하게 선진문화로서 행세하기 일쑤였다. 사실 외국에서 들어오는 사조는 그 사회의 정수가 있는가 하면, 그 비리를 발산시키는 것도 있다. 그 중 후자는 문화라 불릴 수 없는 퇴폐적인 것일 뿐만 아니라, 민족문화의 새로운 창조를 위해 바람직하지 않다. 한 때 유행했던 '청년문화'는 그 비근한 예에 속할 것이다. 그러면 이러한 복잡한 현대 문화의 와중 속에서 민족문화의 창조 과정에 유익한 것은 받아들이고 그렇지 못한 것은 버리는, 다시 말해 이를 취사선택할 수 있는 능력은 민족문화의 전통이나 그 방향을 이해함으로써 길러진다. 바로 이런 점에 국사 교육의

중요성이 있다. 국사 교육은 민족문화의 전통을 이해하는 면을 강조해야
한다.

다만 20세기 후반에 철학이나 사회학 분야에서 전통적인 역사학에 대
한 심한 도전이 있었다. 과거 사실의 경험에 비추어 현대 사회를 운영한다
거나 민족문화의 전통을 이해함으로써 외래문화를 취사선택한다는 것은
그만큼 현대 문화의 다양한 발전을 제약시킨다고 한다. 말하자면 역사학
이 현대 문화의 폭을 축소시키는 결과를 가져왔다고 하여, 그것의 무용론
까지 대두하였다.

그러나 현대 문화를 이해하기 위해서는 역사적 사고를 필요로 한다.
예를 들어 자연과학의 경우에 까지도 그 이론을 알기 위해서는 그것이 성
립되기까지의 과정을 살펴야 한다. 이러한 과정에 대한 이해 자체가 곧 역
사적 사고인 셈이다. 현대 문화는 단독으로 생긴 것이 아니라, 반드시 역
사적 배경 속에서 태어나게 된다. 역사적 배경에 대한 고찰은 문화를 산출
시킨 사회·문화적 기반을 이해하자는 것이고, 결국은 문화를 배태시킬
수 있는 문화역량을 규명하자는 것이다. 전통문화의 이해도 역시 이와 같
아서 그것을 산출시킨 민족의 문화역량을 밝힘으로써 다음 문화를 창조하
는 과정을 이해하게 되고, 마찬가지로 현대의 문화역량을 이해함으로써
민족문화의 새로운 창조가 가능해진다.

민족의 문화역량을 이해하기 위해 역사상의 개별 사실은 객관적으로
인식되어야겠지만, 다른 사회적 관계와 유기적으로 파악되어야 한다. 구
조기능사학의 등장은 이런 문제의 해결을 위해 바람직하게 생각된다. 그
런데 지금까지 객관은 주관과 대립 개념이기 때문에 보편성으로 이어진다
고 생각하였다. 따라서 객관은 특수성을 무시하는 인상을 주었다. 그러나
객관은 주관을 배제하지 않는다. 왜냐하면 객관적 사고를 행하는 자의 입
장이 있고, 그것은 주관에 기초하기 때문이다. 오히려 객관적 사고는 특수
한 사실을 인지함으로, 그것의 특수성을 그대로 나타낸다.

역사상의 사실을 구조적으로 파악하기 위해, 그것이 처한 당대 사회의 여러 사실과의 관계를 하나하나 객관적으로 살펴가야 한다. 말하자면 그러한 사실이 배태된 문화역량을 인식하자는 것이다. 어떤 특정한 사실이 훌륭하게 보인다고 하여, 그것을 돋보이게 규명했다면 민족문화를 잘 선양시킨 것으로 착각하기 쉽다. 그러나 이러한 규명은 그 사실을 돋보이게 한 반면, 그것을 낳게 한 문화역량의 수준을 상대적으로 낮게 설정한 결과가 되었고, 그리하여 민족문화의 미숙성을 들추어내게 된 셈이다. 사실은 어떤 사실이 아무리 훌륭하다 할지라도 그 내용의 대부분은 당시 문화 수준에서 알려졌던 것들이고, 거기에만 독특하게 나타나는 것은 극히 작은 부분에 불과하다.

민족의 문화역량에 대한 규명이 민족문화의 선양을 위해서도 바람직하지만, 그러기 위해 당시의 여러 사실을 가능한 많이 부각시켜야 한다. 이러한 작업은 어쩌면 끝없이 지속될 수 있는 무한한 노력을 필요로 한다. 왜냐하면 그러한 사실이 많이 밝혀질수록 당시의 문화역량의 이해에 접근할 수 있기 때문이다. 이러한 작업을 무시하면서 특정한 사실의 이상적인 면을 추구한 나머지, 그것을 당시의 문화역량 속에서 이해하지 않고 역사가의 현재적 관심 속으로 옮겨와서 해석을 내릴 경우, 역시 민족의 문화역량을 무시하는 결과를 빚게 되어 민족문화를 오도하게 될 지도 모른다.

역사상의 사실을 구조적·유기적으로 파악한 연후에 그것을 종합하여 이해해야 한다. 현대의 역사학이 분류사나 지방사에 관심을 나타내고 있음은 구조기능사학과 연관하여 바람직하게 생각된다. 다만 모든 지방사가 연구되었을 경우, 그것의 종합이 민족사와 일치해야 되는데 그렇지 못한 경우를 충분히 상정할 수 있다. 각 지방사에 조금씩 누출된 애향심이 민족사의 민족주의적 성격을 강하게 노출시킬 수 있다. 마찬가지로 특정 사실을 구조기능적으로 파악했을 경우, 거기에 조금씩 특별한 의미가 붙혀질 수 있다. 이것이 모여 민족사로 구성될 경우, 거기에는 필요 이상의 긍정적 의미가 담길 가능성이 없지 않다.

역사적 사실의 의미는 비판적으로 종합하여 이해되어야 하고, 그래야만 민족의 문화역량의 실체가 드러나게 된다. 그렇지 않고 그것을 사실 이상으로 미화했을 경우, 그것이 만들어내는 다음 문화는 기대보다 어긋나 초라해 보이지 않을 수 없고, 그렇게 되면 민족문화가 정체성을 띤 것 같은 인상을 주게 된다. 민족의 문화역량에 대한 인식은 다음 문화를 창조하는 민족문화의 능력을 이해하려는 것이다. 따라서 과거의 역사적 사실을 필요 이상으로 가장하여 그 실체의 이해에서 멀어지면 질수록, 민족문화의 창조 능력은 그만큼 더 이해할 수 없는 것으로 된다. 국사교육은 과거의 영광을 되새기자는 데에 두어져야 할 것이 아니라 새로운 민족문화를 창조하는데 두어져야 한다.

3) 현대문화의 이해

국사교육은 민족의 전통문화를 인식하고 다양한 현대 문화를 포용하면서 민족문화를 새롭게 창조하는 방향으로 나가야 할 것이다. 민족사에 노출되기 쉬운 과도한 민족주의는 비판적으로 극복되어야 한다. 역사상의 여러 사실은 아무런 선입견 없이 객관적으로 인지되어야 하며, 그것과 여러 사회적 사실과의 관련이 하나하나 객관적으로 정립되어야 한다. 이를 모음으로써 역사적 사실을 배태시킨 문화역량을 밝히자는 것이다. 민족문화의 창조는 민족의 문화역량을 인식함으로써 용이해진다. 특정 사실의 이상적인 측면을 너무 강조하다 보면, 그것을 가능하게 한 당시의 문화역량을 상대적으로 낮게 평가하는 결과가 되고, 문화 창조의 잠재력보다는 우연성을 강요하게 된다.

민족문화의 새로운 창조를 위해 현대문화의 이해를 심화시켜야 한다.

전통문화에 대한 이해는 현대문화의 발달과 비례하여 넓혀진다. 예를 들면 첨성대(瞻星臺)를 건축공학의 측면에서 밝히려고 할 때, 건축공학의 기술이 더 발달한 후대에는 지금보다 그것을 더 잘 밝힐 수 있으며, 그만큼 더 전통문화에 대한 이해의 폭을 넓힐 수 있는 셈이다. 때문에 국사교육은 각자의 전문 분야에 전념함으로써, 현대문화의 폭넓은 발달을 가져오게 하는 방향으로 이끌어져야 한다.

역사적 사실은 어떠한 형태로든지 현대 문화와 연결된다. 그것은 민족문화의 요소로써 그 다음 문화에 영향을 주면서 현대 문화로 이어지기 때문이다. 역사학은 현재를 중시하는 학문이며, 현실을 떠난 역사학은 존재할 수 없고, 역사가는 투철한 현실 감각을 가져야 한다. 그러나 역사학이 중시하는 현재성은 과거의 사실보다는 현재의 사실을 더 중요하게 생각하는 것이 아니다. 그것은 과거의 사실이 오늘날에까지 이어지는 고리를 이해함으로써 현재를 잘 아는 첩경이 된다는 뜻이다. 역사학에서 현재성의 강조는 곧 역사의 체계화를 의미한다. 역사가는 궁극적으로 과거 사실을 연구 대상으로 삼는다. 말하자면 그는 투철한 현실 감각을 가진 눈으로 과거의 사실을 보게 된다. 현재적 의미를 너무 강하게 추구한 나머지, 역사상의 사실을 그것이 처한 사회 상황 속에서 분석하여 오늘에 이르는 과정을 이해하지 않고, 현재의 분위기 속으로 옮겨와서 해석을 내릴 경우, 이는 역시 민족의 문화역량을 무시하는 결과를 초래하게 된다.

『師林』 창간호, 1980년 2월

10. 한국고대사 교수법

1) 국사연구와 국사교육

국사교육은 국사연구와 맞물려 있다. 왜냐하면 국사상의 개별 사실을 정확하게 부각하여 그 인과관계를 통한 의미를 추구하고 보면, 이는 바로 국사교육의 내용으로 보태질 수 있기 때문이다. 그러나 국사교육에서 다루려는 내용은 국사연구에서 다루려는 그것과 분명히 구별되어야 한다.

국사연구는 역사의 진실을 추구하기 위해 객관적 사고를 중시하고, 당대 사회의 진면목을 끄집어내기 위해 거기에 담긴 비리를 구체적으로 밝힐 수 있지만, 그 비리의 내용을 국사교육의 소재로 반드시 채택하여 가르쳐야 할 필요성은 줄어들게 된다. 말하자면 국사연구가 객관적 인식을 강조한다면, 국사교육은 이를 바탕으로 하되 민족문화에 대한 애정을 배제할 수 없게 된다. 여기에 국사교육이 객관적 역사인식과 민족문화에 대한 사랑이라는 이율적인 문제를 해결해야 하는 어려움을 안고 있다.

2) 고조선의 개국에 대한 이해

한국고대사에 관한 가장 중요한 기록인 『삼국사기(三國史記)』나 『삼국유사(三國遺事)』는 당대 사람들에 의한 일차 사료가 아니라, 적어도 5백 년에서 길게는 천년 동안 전승되다가, 고려중기 이후에 문자로 정착되었다. 그런 과정에서 고대사 관계 자료는 상당 부분이 누락되었으며, 현재 전하는 내용은 대부분 신이한 관념적인 설화 형태로 기록되었다. 그 결과 한국고대사에서 확실한 절대 연대를 설정하는 작업이 쉽지 않게 되었다.

고조선(古朝鮮)이나 그 외 주변의 국가들이 언제 개국하였는가를 분명히 해야 하고, 아울러 그 국가들의 활동 영역을 제시해야 한다. 그런데 이미 이에 대해서는 무수히 다양한 견해가 제시되었고, 그것들은 한두 개의 학구적인 연구를 제외하면 대부분 추측의 범위를 벗어나지 못하고 있다. 그리하여 고조선은 BC. 2333년에 개국하였으며, 대동강 유역에서 요하(遼河)에 이르는 대제국을 건설한 것으로 주장되기도 한다. 고조선 개국에 관한 이러한 추측은 물론 반드시 틀렸다고 단정할 수는 없다. 그렇지만 그것이 민족의 자긍심을 만족시키는 내용이라 해서 바로 국사교육으로 연결되어서는 안 된다.

고조선의 개국은 우리나라 청동기시대의 상한을 벗어날 수 없다. 국가가 성립되기 위해서 그 사회는 적어도 청동기시대에 들어있어야 하는 것은 세계사의 보편적인 흐름이다. 때문에 고조선의 개국을 BC. 10세기 이상으로 올려 잡는 것은 무의미하다. 사실 고조선의 확실한 실존 인물로서 단군 이후 처음 등장하는 부왕(否王)은 BC. 4~5세기경에 활동하였다.

고조선이 아무리 일찍 개국하였다고 하더라도 BC. 4~5세기까지 공백으로 내려오는 그 역사는 크게 의미가 있어 보이지 않으며, 또한 그렇게 강대한 제국을 형성한 우리 민족이 그 다음 대에 세운 국가, 특히 삼한 지역에서의 국가체제의 정비를 늦게 하는 모습은 합리적으로 설명되기 어렵다.

3) 한국고대사의 의의

국사교육의 내용이 국사상의 어두웠던 면을 애써 들추어내어 가르칠 필요는 없지만, 없었던 사실을 조작하거나 있었던 사실이라 하더라도 가장해서 민족사의 영광을 강조할 필요는 없다. 국사교육은 역시 객관적인 사실의 인식 위에서 그 의미를 추구하는 방향으로 정착되어야 한다.

다만 국사교육은 객관적 사실을 통해 역사를 인식하려는 바탕 위에 서야 하겠지만, 그 속에 민족사에 대한 자긍심을 길러낼 수 있는 내용을 담아야 한다. 말하자면 국사교육을 통해 올바른 역사의식을 갖고, 민족문화의 전통을 중시하는 가치관을 정립시켜 가야 한다. 한국고대사에서 민족의 역량을 이해해야 할 부분은 다음과 같다.

첫째, 우리민족은 중국민족과의 투쟁과정에서 이미 고대에 민족과 그 문화를 보전시키고는, 오늘날에 이르기까지 전해줄 수 있었다. 진(秦)과 한(漢)나라 때에 중국민족이 팽창하는 과정에서 변방의 여러 민족이 모두 정복되어 흡수·동화되어 갔고, 그런 과정에서 한반도에서도 한(漢)의 군현(郡縣)이 설치되었다. 그러나 유독 우리 민족은 다른 민족과는 달리 일단 패퇴했던 경험을 딛고 일어서면서, 다시 중국민족과의 투쟁을 통해서 삼국을 정립시키고 그 통일을 이루어 민족문화를 형성시켜 갔다. 그러한 민족의 저력이 무엇인지를 고대사의 교수에서 이해시켜야 할 것이다. 때문에 삼국의 상호 항쟁이나 고구려의 수(隋)·당(唐)과의 투쟁 등은 중시하여 가르쳐야 한다.

둘째, 한국고대사에서 사회가 발전해 가는 모습을 제시해야 한다. 이미 거기에는 여러 가지의 발전단계를 설정할 수 있다. 이를테면 신석기에서 청동기·철기를 사용하는 시대로의 발전, 또는 샤머니즘을 믿던 원시무교(巫敎)신앙에서 불교신앙을 받아들이고, 다시 그것의 철학체계 수립에 따른 논리적 발전 등을 들 수 있다. 그리하여 우리민족은 상고에서부터 하나의 문화단계에서 그 다음 문화단계로, 사회를 발전시켜 갔던 경험을 가지고 있었던 사실을 가르쳐야 한다.

이와 같이 고대사에서 우리민족이 문화를 영위한 역량을 제시하여 가르치다 보면, 자연히 국사교육은 민족문화에 대한 따뜻한 사랑을 배제하고는 만족하게 이루어질 수 없다는 것을 생각하게 한다.

4) 민족문화의 성립

한국고대사는 다루어야 할 시기도 길고, 고조선에서 부여(夫餘)와 삼한(三韓)에 이르는 연맹왕국은 물론 삼국·가야(加耶)·통일신라·발해(渤海) 등 추구해야 될 영역이 넓다. 그 중에도 특별히 부각하여 가르쳐야 할 분야가 있다.

삼국 중 신라나 고구려에 비해 사료의 제약으로 말미암아 많은 연구가 이루어지지 못했기 때문에, 백제사는 앞으로 애써 강조되어야 한다. 백제문화는 뒷날 통일신라나 고려시대에 민족문화를 정리하는 과정에서 많은 부분이 탈락되거나 배제되었다. 그런데 추대(麤大)한 고구려문화에서 화려한 신라문화에로의 교량적 역할을 담당하던 백제문화가 복원되지 않고는, 민족문화의 정확한 모습을 이끌어내기는 어렵게 된다.

발해사 또한 우리민족의 영토문제와 연결되어 있어서 관심을 기우려야 한다. 한국사 중에서 발해사에 대한 인식이 강하게 나타났던 시기는 대체로 고려초기나 조선후기였다. 고려초기에는 북진정책에 의한 고구려의 옛 땅을 회복하려는 기운이 팽배해 있었고, 조선후기에는 백두산정계비(白頭山定界碑) 문제로 야기된 청(淸)나라와의 사이에 국경분쟁이 일어났다. 한국 민족사에서 발해사에 대한 비중이 높아질수록, 만주는 한민족(韓民族)의 활동 무대로 우리들의 마음속에 자리해 갈 것이다.

이렇듯 한국고대사에서 강조해서 가르쳐야 할 부분이 적지 않다. 또한 신라나 고구려·백제·가야·발해사 등은 각각 특성을 지니고 있다. 그러나 그러한 특성은 아무리 독특한 것이라고 할지라도, 민족문화의 일환으로서 파악될 때에 의미가 있다는 것을 분명히 해야 한다. 흔히 삼국문화에 대해서는 그 사이의 차이를 가르치는 경우가 많다. 삼국문화는 그 각각의 독특한 성격을 가졌을 지라도, 역시 모두 모여 민족문화로 이루어져 하나가 되었다. 그렇다면 고구려·신라·백제문화는 물론 한국고대사의 각 영역이 갖는 문화는 이질적인 성격보다는 동질적인 성격을 더 많이 가졌다는 것을 강조해서 가르쳐야 한다.

全敎學新聞, 1990년 10월 24일

한국고대사론

1. 단군, 역사적 인물인가 신화의 주인공인가

1) 단군고기의 줄거리

단군은 대종교에서 받들어지기 때문에, 일전에는 그 성전의 건립시비를 둘러싸고 종교계가 심하게 대립하기도 하였다. 1960년대 말에는 단군 동상을 건립하자는 주장과 이에 반대하는 주장이 팽팽히 맞섰다. 동상건립은 국가의 공식적인 사업으로 추진되지는 않았지만, 언제든지 그것을 건립하자는 주장은 다시 나타날 가능성을 가진 셈이다. 단군은 국조로 추앙되기 때문에 단군조선의 실체를 역사적으로 규명하기란 여간 어렵지 않다. 왜냐하면 그 연구에는 왕왕 민족감정이 개입되어 있기 때문이다. 역사적으로 단군신앙은 민족문화의 탐구에 대한 갈구가 절실한 시기에 대체로 크게 대두하였으며, 그 때마다 이를 숭상하는 의미가 첨가되어 갔다.

조선시대 도가(道家)사학의 영향으로 단군의 세계(世系)가 작성되었으며, 이후 단군조선의 역사를 기록한 『단기고사(檀奇古史)』나 『환단고기(桓檀古記)』와 같은 종류의 책이 서술되었다. 근래에는 이러한 책을 근거로 단군시대의 역사를 황당하게 서술하는 경향도 없지 않다. 단군의 세계에 대한 기록은 실증적 근거가 박약한 것이어서, 이로써 단군조선의 역사를 복원하려는 작업은 의미가 없어 보인다. 오히려 그것은 기록될 당시의 단군신앙을 이해하려는 역사의식을 밝히려는 작업으로 분석되는 것이 바람직하다.

필자는 비교적 학문적 토대 위에 행해진 연구업적을 종합적으로 흡수하여, 그 연구 경향을 가늠하고자 한다. 그러한 바탕 위에 「단군고기(檀君古記)」 속에 내포되어 있는 민족문화 요소를 들추어냄으로써, 그것이 뿌리박고 있었던 사회상에 대해 접근하고자 한다. 그리하면 단군조선의 역사적 실체를 조금 더 분명히 할 수 있을 것이다. 다만 「단군고기」의 내용은 실제로 간략한 것이지만 민족문화 요소를 많이 내포하고 있기 때문에, 역사학은 물론 인류학 · 민속학 · 종교학 등의 많은 학문 영역에서 함께 검토되어야, 그 가치가 더욱 빛날 것이다.

단군신화는 『삼국유사』 · 『제왕운기(帝王韻紀)』 · 『세종실록 지리지(世宗實錄 地理志)』 · 『응제시주(應製詩註)』 등에 전한다. 이 중 가장 오래된 기록은 『삼국유사』 기이편(紀異篇)의 고조선조이다. 그것은 『위서(魏書)』 및 「고기」 · 「당배구전(唐裵矩傳)」의 인용으로 구성되어 있고, 그 내용은 다음과 같다.

① 옛적에 桓因(帝釋을 이름이다)의 서자 桓雄이 자주 천하에 뜻을 두어 인간 세상을 다스리고자 했다. 아버지가 그 뜻을 알고 아래로 三危太伯을 내려다보니 인간을 弘益할만한 지라, 이에 天符印 세 개를 주어서 다스리게 하였다. 환웅이 무리 삼천을 이끌고 태백산(즉 太伯이니 지금의 妙香山이다) 꼭대기의 신단수 아래 내려오니 이곳을 神市라고 하였다. 그가 환웅천왕이니 풍백 · 우사 · 운사를 거느리고, 곡식과 생명 · 질병 · 형벌 · 선악 등 무려 인간의 360여 가지의 일을 주관하여 인간세계를 다스리고 교화시켰다.
이때에 곰 한 마리와 범 한 마리가 같은 굴에 살며 항상 神熊에게 빌어 사람이 되기를 원하였다. 이에 신이 신령스런 쑥 한 줌과 마늘 20개를 주면서 말하기를

"너희들이 먹고 백일 동안 햇빛을 보지 않는다면 사람의 형상을 얻으리라"라고 하였다. 곰과 범이 이것을 얻어먹고 금기한 지 세이레(21일) 만에, 곰은 여자의 몸이 되었으나 범은 금기하지 못하여 사람의 몸을 얻지 못하였다. 熊女는 더불어 혼인할 상대가 없었으므로 매번 檀樹 아래에서 잉태하기를 빌었다. 이에 환웅이 잠깐 (사람으로) 변하여 웅녀와 혼인해서 잉태하여 아들을 낳았다. 이가 바로 단군왕검이라 일컬었다.

② (단군왕검은) 堯임금 즉위 50년 평양성에 도읍을 정하고 비로소 조선이라 칭하였다. 이후 白岳山 阿斯達로 도읍을 옮겼는데, 弓忽山 혹은 今彌達이라고도 하니, 나라를 다스리기 1,500년이었다. 周 武王이 즉위한 己卯年에 箕子를 조선에 봉하니, 단군은 藏唐京으로 옮겼다. 뒤에 아사달에 돌아와 숨어서 산신이 되었는데 나이가 1,908세였다고 한다.

③ 고려는 본래가 孤竹國(지금의 해주)인데, 주가 기자를 봉하여 조선이라 하였으며, 漢이 다시 3군을 나누어 설치하니 樂浪·玄菟·帶方이다.

위의 기록 중 「고기」의 인용인 ①과 ②가 단군신화의 주된 내용이고, 「당배구전」의 인용인 ③은 중국 민족의 세력을 배경으로 생겨난 기자전설과 뒤섞인 내용이다.

단군신화 속에는 여러 가지의 민족문화 요소가 함입되어 있는데, 그것은 일시에 구성되었다기보다는 시기를 달리 하면서 하나씩 첨입되어 갔다. 때문에 단군신화의 원초적 요소와 후래적(後來的)인 요소를 가르는 작업이 먼저 이루어져야 한다. 「당배구전」의 기자전설은 후래적인 것이어서, 주 무왕이 기자를 조선에 봉하는 기사는 단군신화에 실린 본래의 모습이 아니다.

또한 고구려가 수도를 평양으로 옮김으로 해서 단군신화는 주몽신화와 서로 엉켰기 때문에, 『세종실록 지리지』나 『응제시주』에 실린 부여왕족과 단군의 연결은 그 본래의 모습이 아니다. 이외에 「단군고기」의 내용은 대체로 고조선의 시조전설을 알려주는 것으로 생각된다.

「단군고기」는 서술상 크게 두 부분으로 나뉜다. 먼저 환인이 그 아들 환웅을 인간세상으로 내려 보내는 데에서부터 단군의 탄생까지(①부분)

는 순수한 신화의 내용을 기록한 것이라 할 수 있다. 다음으로 단군이 평양성에 도읍을 정하였다가 장당경으로 옮기고, 뒤에 산신이 되기까지(②부분)는 조촐한 역사기술이라 할 수 있다. 적어도 「단군고기」는 이러한 두 방향에서 이해되어야 할 것이다. 신화로서 「단군고기」는 그 전대로부터 전승되어 온 선인들의 생활습속이나 신앙 면을 이해하는데 중요하다. 이러한 문화요소는 실제 연대를 확정시키기 곤란한 것이어서 역사적 사실로 받아들여질 수 없는 성격을 가졌지만, 민족문화의 전승 면에서는 큰 의미를 지닌다. 다만 조촐한 역사 기술로서의 「단군고기」는 단군조선의 사회상을 바로 전해주기 때문에, 이에 대해서는 뒤에 자세하게 언급하고자 한다.

2) 고조선에 대한 여러 주장들

「단군고기」의 내용은 현재 전하는 『삼국유사』 이전의 어느 문헌에도 보이지 않기 때문에 주로 광복이전 일본인 학자들에 의해 부정적으로 연구되었다. 그들이 단군신화를 부정하는 의도는 식민사관에 의해 한국사의 체계를 수립하려는 저의에서 나온 것이다. 단군조선을 부정하여 민족문화의 시원을 없앰으로써, 한국사는 기자나 위만조선 · 한사군 및 임나부(任那府)인 식민정부로부터 시작해서 일제의 식민지로 끝나게 되었다.

한편 그들은 일제에 대항하는 민족 독립운동의 정신적 기저를 없애려는 목적에서, 단군신화를 부정적으로 연구하였다. 왜냐하면 그것은 한(韓)민족을 다 같이 단군의 자손으로 생각하여 한 핏줄 한 운명을 지닌 단일한 배달민족이라는 의식을 고취함으로써, 일제강점기에 항일 민족투쟁을 전개시키는 정신적 기반이 되었기 때문이다. 그리하여 일본인 학자들은 고려말 몽고의 침입을 받아 피압박의 서러움을 받고 있을 때에, 불교도인 일연(一然)이 백성들에게 희망을 심어주기 위해 단군신화를 조작하여 만들었다고 주장하였다.

　일본인 학자에 대항하여 최남선은 단군신화를 긍정적으로 연구하였으며, 일간신문이나 월간 잡지에 발표한 그의 연구는 상당히 분량이 많았는데, 뒷날 『육당 최남선전집』 제2권(현암사, 1973)에 수록되었다. 이렇듯 최남선이 애썼지만 사실 단군신화에 관한 일본인 학자들의 부정적인 연구에 대해서는 하나하나 논박할 필요가 없게 되었다. 중국 산동성(山東省) 가상현(嘉祥縣) 무씨사당(武氏祠堂)의 석실에 붙인 화상석(畵像石)의 내용이 「단군고기」의 그것과 비슷하다는 김재원의 연구가 나왔기 때문이다.

　그런데 무씨사당이 건립된 것은 서기 147년을 전후한 때라고 하니,[1] 『삼국유사』가 쓰인 고려후기보다 무려 천여 년 전에 「단군고기」와 비슷한 신화가 산동반도를 포함한 동북아시아 일대에 널리 퍼져 있었던 셈이다. 다만 이 화상석의 내용은 단군신화가 아닌 황제(黃帝)와 치우(蚩尤)의 전투도(戰鬪圖)라는 견해가 중국이나 일본에서 제기되었다. 또한 김원용도 화상석의 내용을 호흘여발도(虎吃女魃圖)와 비교하여, 호랑이가 여발을 잡아먹는 것으로 이해하였다.[2]

　이러한 주장의 근저에는 무씨사당 후석실(後石室) 제3층의 그림을 호랑이가 인간을 잡아먹는 것으로 해석하려는 의도가 깔려 있다. 그러나 머리가 아닌 발을 물고 있는 호랑이는 인간을 잡아먹는 것이 아니라 토해내고 있으며, 그리하여 그 다음 제4층의 그림 중 마상의 인물과 토해낸 인간을 일치시켜 해석할 수 있다.

　김재원의 연구는 방법 면에서도 주목을 끌었다. 이후 단군신화에 대한 문헌 연구의 한계성을 고고학의 유물을 중심으로 극복하고자 하였다. 고고학과 고대사의 접근을 시도한 김정배는 단군조선이 신석기문화를 영위

---

1) 金載元, 『단군신화의 신연구』, 정음사, 1947.
2) 金元龍, 「무량사 화상석과 단군신화에 대한 재고」, 『고고미술』 146·147합집, 1980.

하는 즐문토기인의 등장으로 성립되었으며, 기자조선에 이르러 무문토기인이 대두하여 청동기문화를 이루었다고 하였다. 그리하여 민족구성에서 전자를 고아시아족, 후자를 알타이어계의 예맥족(濊貊族)이라 하였다.[3] 일반적으로 국가의 성립은 청동기시대에 가서야 가능한 것으로, 신석기시대인 채집경제가 영위되는 사회에 국가가 형성되었다는 그의 학설은 방법론에서 시사성을 주면서도 비판적으로 수용되었다.

언론인이며 역사학자인 천관우는 고고학의 업적을 흡수하여 단군조선의 성립을 신석기에서 청동기로의 문화변혁을 의미한다고 하였다. 즉 유이민인 환웅족을 무문토기인으로, 토착민인 웅족(熊族)이나 호족(虎族)을 즐문토기인으로 설정하여, 전자는 시베리아인종으로 숙신이 이에 포함되며 후자는 북몽골인종·알타이어족으로 보았다.[4] 고고학의 성과를 기초로 단군조선이 청동기시대에 개국하였다는 견해는 일단 수긍이 간다.

중국의 문헌뿐만 아니라 낙랑시대의 고고학적 유물을 토대로 윤내현은 고조선의 강역이 평양 부근에 한정되지 않고 하북성(河北省) 동북부·요령성(遼寧省) 전부·길림성(吉林省) 서부·한반도 서북부에 이르렀다고 하였다. 그런데 기자국은 일종의 망명정권과 같으며, 그 후에 위만이 정권을 탈취하면서 요하 서쪽에 위만조선이 성립하자, 고조선은 지금의 청천강 북쪽에 잔여 세력으로 남게 되었다고 한다.[5]

김재원의 연구가 나온 이후에도 단군신화는 순수 문헌 사가(史家)에 의해 연구되었다. 김정학이나 이홍직은 단군신화의 성립 시기를 논하면서, 은근히 그것을 통하여 민족이념을 강조하려는 경향을 가졌다. 그러다가 그 연구가 사회사적 측면을 규명하면서 비교적 학문적 토대를 튼튼히

3) 金貞培, 「고조선의 민족구성과 그 문화적 복합」, 『백산학보』 12, 1972.
4) 千寬宇, 「환웅족의 등장」, 『신동아』, 1972, 6월호.
5) 윤내현, 「고조선의 위치와 강역」, 『軍史』 8, 1984.

갖게 만든 것은 이병도에 의해서였다. 그는 천신족인 환웅족과 지신족인 웅족이 결합하여 성립시킨 지배씨족이 세운 나라를 단군조선으로 파악하고, 이어 새로운 지배씨족이 등장하여 전자를 대신해서 기자조선을 성립시켰으며, 구지배씨족은 남쪽의 안악(安岳) 방면으로 옮기게 되었다고 하였다.[6]

사실 이미 지적한 천관우의 견해는 이러한 결론의 기반 위에 이루어진 셈이다. 이병도의 연구는 단군조선 및 기자·위만조선의 사회나 문화를 정립하려는 방향으로 전개되면서, 고조선을 다루려는 역사학자에게 많은 영향력을 주었다. 그리하여 단군조선이 개국할 당시에는 청동기시대의 성읍국가였다는 결론을 이끌어 낸 이기백은 고조선의 실재 연대를 학문적 근거에 입각하여 추정하고자 하였다.[7] 그런가 하면 기자나 위만은 역시 고조선 내에 일어난 지배세력의 변천으로 파악하였다. 이러한 작업은 「단군고기」의 역사성을 끌어내리려는 것으로, 단군조선의 기년(紀年)을 분명히 함으로써 이와 연관시켜 고조선의 사회상을 보다 구체화할 수 있게 하였다.

3) 역사적 측면과 신화적 측면

고조선 개국 당시 지배씨족의 관념형태로 파악할 때, 「단군고기」는 유이민인 환웅족이 북쪽으로부터 보다 우수한 기술문화를 가지고 들어오면서 먼저 이주한 토착민 중 웅족을 동화·흡수하면서, 그 사회의 통치자로 군림해 가는 과정을 반영하고 있다. 단군조선의 사회상을 밝히기 위해 이들 토착민과 유이민의 기술문화 단계가 어떠했느냐를 밝히는 작업이 중요

6) 李丙燾, 「아사달조선」, 『서울대논문집』 2, 인문사회과학편, 1955.
7) 李基白, 「고조선의 제문제」, 『월간중앙』 1973, 5월호.

하게 된다. 즉 환웅족이 가지고 들어온 기술문화의 성격을 해명할 필요가 있다. 이에 대해서는 상당히 다른 이견이 있었음을 제시했지만, 대체로 환웅족은 청동기문화를 가지고 이동해 들어왔던 것으로 생각한다. 그렇지만 청동기문화 단계를 일률적으로 파악할 수 없기 때문에 고조선의 청동기문화 요소를 구체적으로 지적하면서, 그것을 후대 사회에서 형성되어진 다른 건국신화와 비교 검토하고자 한다.

첫째 단군조선 사회에서는 토템신앙의 혈연의식이 강하게 유지되고 있었다. 토템신앙의 혈연의식은 신석기시대 이래 친족공동체의 산물이다. 단군신화에서는 곰이 바로 웅녀가 되지만, 주몽신화에서 개구리의 의미인 금와(金蛙)는 인명에 불과하고, 신라 건국신화에서 말과 닭은 각각 박씨족과 김씨족의 토템이지만 분명히 사람과는 구분되어 등장하였다. 토템신앙은 단군신화에서는 뚜렷하게 나타나 있으나 주몽신화나 신라 건국신화 속에서는 점점 약하게 나타났다. 그렇다면 단군조선에는 신석기시대 이래 친족공동체적 혈연의식이 강하게 유지되었으며, 고구려나 신라 사회로 내려가면서 점점 약해져 갔다.

둘째 단군신화에는 농업신(農業神)의 성격이 두드러지게 나타나 있지 않다. 고구려 건국신화의 유화(柳花)나 신라 건국신화의 알영(閼英)과 같은 지모신적 존재를 단군신화에서 찾는다면 웅녀이다. 그러나 웅녀는 농업신으로서의 성격을 강하게 지니고 있지 않다. 반면 유화는 금와의 왕자들에게 쫓겨 도망가는 주몽에게 신의 사자인 비둘기를 통해 보리 종자를 전해주고 있다. 농업신의 성격이 잘 나타나 있지 않는 단군신화는 확실한 농경사회를 기반으로 형성되지 않았기 때문에, 적어도 단군조선은 초기 농경 이상의 농업기술을 가진 사회를 이루고 있지는 않았을 것이다.

셋째 단군신화는 선민(選民)사상을 기반으로 형성되었고, 주몽이나 탈해신화에서와 같은 영웅전설적 성격을 갖지 않았다. 주몽이나 탈해는 무사단을 이끌고 여러 지역을 정복하면서, 새로운 국가를 건설하여 그 통치

자로 등장하고 있다. 이러한 영웅전설은 철제무기를 가진 정복국가 체제에 수반하여 성립된 것이다. 영웅전설적 성격이 나타나 있지 않으므로 단군조선 사회에서는 철기가 보편적으로 사용되지 않았을 것이다. 초기 농경에 머물렀던 당시의 사회에서는 역시 철제 농기구가 광범하게 사용되지 못했을 것으로 추측된다.

비록 철기의 보급이 미흡해서 철제 무기는 물론 철제 농기구의 사용이 일반화되지 못했다 하더라도, 단군조선 사회는 청동기로서의 우수한 기술문화를 가지고 있어서 그 다음 단계로 순조롭게 발전하였다. 『위략(魏略)』에 의하면

> 옛날 기자의 후손인 朝鮮侯가 周왕실이 쇠약해져 燕이 스스로 높여 왕이라 칭하고 동쪽 땅을 공략하려는 것을 보았다. 조선후도 역시 스스로 칭하여 왕이라 하고 군사를 일으켜 역으로 연을 공격함으로써 주왕실을 받들고자 하였다. 그러자 그 나라 대부인 禮가 간하니 (조선후는) 이에 중단하고, 예를 서쪽으로 사신을 보내어 연을 설득하게 하였다. 연도 이를 그치고 공격하지 않았다. 후에 자손이 점점 교만하게 되니, 연이 장군 秦開를 보내어 그 나라 서방 2천 여리의 땅을 취하고 滿潘汗으로 경계를 삼으니, 조선이 드디어 약해졌다(『삼국지』 위서 동이전 한조).

라고 하였다. 중국 전국시대 7웅 중의 하나인 연과 대립할 정도로 고조선의 국력이 신장되어 있었으며, 이때가 기원전 4세기경이었다.

단군조선이 뒤에 연과 대항할 수 있을 정도로 국력을 기르게 되기까지 그 사회 내에는 지배세력의 교체가 있었다. 아마 이러한 지배세력의 교체를 통하여 단군조선 사회는 성장 속도를 가속시켜 갔다. 도읍을 평양에서 아사달로 옮기거나 거기서 다시 장당경으로 옮기면서 지배세력의 교체가 이루어졌고, 이를 통해 커다란 문화의 변혁을 수반하였을 것이다. 그리하여 단군조선 사회는 연맹왕국으로 성립하였고, 철기문화를 보급시키면서 중국민족과 공공연하게 대항하는 세력으로 커나갈 수 있었다.

4) 단군의 두 가지 의미

「단군고기」의 내용은 크게 신화와 역사 기술의 두 부분으로 나눌 수 있다. 역사기술로서의 그것은 고조선 건국 당시의 사회상을 알려 준다. 그런데 현재 사용되는 고등학교 국사교과서에는 단군왕검이 고조선을 건국하였는데, 그 연대가 BC. 2333년임을 밝히고 있다. 『삼국유사』에 기록된 이 연대는 사실로 믿기 어려운 부분이다. 국가가 성립되기 위해서 그 사회는 적어도 청동기시대에 들어 있어야 한다. 이는 우리나라뿐만 아니라 세계 역사의 보편적인 추세이다. 우리나라의 청동기시대는 BC. 6 · 7세기경에 성립되었으며, 현재 발굴된 유물로써는 아무리 올려 잡아도 BC. 10세기 이상으로 올라갈 수는 없다. 따라서 단군이 나라를 세우는 시기도 대략 이때이어야 한다.

세계사 속에는 BC. 5천년대에 국가를 건설한 경우도 있다. 그럴 경우라도 BC. 5천년대에 당대 사회가 청동기문화 단계에 들어 있었음을 유의해야 한다. 고고학의 유물이 더 발견되어 우리나라의 청동기문화가 BC. 2300년대까지 올라갈 수 있게 되면, 단군조선의 건국도 그렇게 올려 설정해도 무방할 것이다. 다만 단군의 개국 연대를 올림으로써 민족문화의 연원이 오래되었다는 주장은 꼭 바람직한 일일 수는 없다. 그것은 그 다음 대의 문화와 연결되어야 의미를 가지는데, 개국 이후 고조선의 실존 인물로 생각되는 부(否)왕은 BC. 4세기경에 활동하였다. 그렇다면 단군조선의 개국 이후 근 2천년 동안 공백상태로 역사가 흘러가게 된 셈이다.

단군신화는 비록 청동기시대에 성립되었을 지라도, 이를 구성하는 문화요소는 이전 시대에서부터 계속해서 전승되어 온 것이다. 그 속에는 신석기시대는 물론 그 이전 시대에서부터 오랫동안 선인들이 경험한 습속이나 신앙 · 제도 등이 포함되어 있다. 말하자면 단군신화의 연원은 오래된 것이다. 그런 면에서 「단군고기」를 단군의 행적으로서만의 역사 기술로 볼 것이 아니라, 그 속에 신화의 영역을 남겨두어야 할 필요가 있게 된다. 왜냐하면 국조 단군은 고조선을 개국한 실존 인물일 수 있으나, 그 이전부터 전승한 무한한 민족문화 요소를 체계화하는데 등장한 단군은 민족정신의 이상을 실현시키는 신화 속의 인물일 수 있기 때문이다. 이 두 인물로서의 단군이 가지는 의미는 모두 민족의 마음속에 심어야 할 필요가 있다. 현재 단군성전의 건립 시비나 단군동상 건립 문제가 이러한 단군의 두 가지 의미를 모두 만족시키려는 방향에서 진행된 것인지, 아니면 그 어느 한쪽의 입장에 서 있는 것인지를 돌이켜 반성하였으면 한다.

『전통문화』, 1985년 10월호

2. 민족사의 여명, 고조선의 개국

1) 단군신화, 어떻게 접근할 것인가

단군신화는 우리민족의 개국신화인 동시에 국조(國祖)신앙을 곁들이고 있어서, 민족사의 시발로서 중요하게 취급되었다. 일찍부터 빈번한 연구가 행해져서, 단군신화에 대한 연구 업적은 상당한 분량에 이른다. 그 중에는 일제 때에 일본인학자들에 의해 민족의 시조신화로서의 위치를 부정하는 연구가 있었는가 하면, 근래에 문헌 연구의 한계를 앞세운 나머지 엉뚱한 해석을 시도하는 경우도 왕왕 있어왔다.

조선조 도가(道家)사학의 영향을 받아 단군의 세계(世系)가 작성되면서 이른바 『환단고기(桓檀古記)』와 같은 종류의 책이 서술되었다. 이러한 저술을 근간으로 고조선의 역사를 황당하게 서술하려는 경향은 무의미해 보인다. 오히려 이는 그러한 서술이 행해졌던 시대에서, 단군신화를 이해하려는 역사의식을 밝히려는 작업으로 분석되어야 한다.

필자는 비교적 학문적 토대 위에 행해진 연구업적을 중심으로 단군신화의 내용을 해석하고자 하며, 그 속에 내포되어 있는 민족문화의 요소를 들추어냄으로써, 그것이 뿌리박고 있었던 사회 상황에 접근하고자 한다. 그리하였을 경우 고조선의 역사적 실체를 조금 더 분명히 이해할 수 있게 된다. 단군고기의 내용은 실제로 간단하면서도 간략한 것이지만 민족문화 요소를 많이 내포하고 있기 때문에, 역사학은 물론 인류학·민속학·종교학 등 많은 학문 영역에서 학제적(學制的)으로 검토되어야 그 분명한 모습을 드러낼 것이다.

2) 단군신화 내용의 두 모습

단군신화는 『삼국유사(三國遺事)』·『제왕운기(帝王韻紀)』·『세종실록지리지(世宗實錄地理志)』·『응제시주(應製詩註)』 등에 전해져 있다. 이 중 가장 오래된 기록은 『삼국유사』 기이편(紀異編)의 고조선(古朝鮮) 조인데, 그것은 『위서(魏書)』·「고기(古記)」·「당배구전(唐裴矩傳)」에서 인용한 내용으로 구성되어 있으며, 그 가장 중요한 부분은 「고기」에서 인용한 내용이다. 단군고기는 서술 내용상 크게 두 부분으로 나뉜다.

먼저 환인(桓因)이 아들인 환웅(桓雄)을 인간세상으로 내려 보내는 데에서부터 곰과 호랑이가 사람으로 되기를 빌고, 여자가 된 웅녀(熊女)와 환웅이 결혼하여 단군이 탄생하기까지는 순수한 신화의 기록이라 할 수 있다. 다음으로 단군이 평양성(平壤城)에 도읍하였다가 뒤에 구월산(九月山)의 산신이 되기까지는 조촐한 역사기술이라 할 수 있다. 적어도 단군고기는 신화와 역사기록이라는 이러한 두 방향에서 이해되어야 한다.

「당배구전」에는 주(周)나라가 기자(箕子)를 조선의 왕으로 책봉하는 기사가 실려 있다. 이는 중국민족의 세력을 배경으로 생겨난 기자전설과 뒤섞인 모습을 보여준다. 단군신화 속에는 여러 가지의 민족문화 요소가 포함되어 있는데, 그것은 일시에 구성되었다기보다는 시기를 달리하면서 하나씩 첨가하여 오랜 기간을 거치면서 서서히 성립되어 갔다.

그러므로 단군신화의 원초적 문화요소와 후래적(後來的) 민족문화 요소를 가르는 작업이 먼저 이루어져야 한다. 「당배구전」의 기자전설은 후래적인 것이어서, 주나라 무왕(武王)이 기자를 조선에 책봉하는 기사는 단군신화에 실린 본래의 모습이 아니다. 또 고구려가 서울을 평양으로 옮김으로 해서 단군신화는 주몽(朱蒙)신화와 서로 연결되었기 때문에. 『세종실록지리지』나 『응제시주』에 실린 부여(夫餘)왕족과 단군의 연결은 단군신화의 본래 모습이 아니게 된다.

3) 민족문화의 전승

단군신화의 원초적 모습은 고조선 개국 당시의 사회상뿐만 아니라 그 이전 사회에서부터 전승되어 온 선인(先人)들의 생활 습속이나 신앙 등을 함께 기록한 것이다. 단군신화의 밑바탕을 이루고 있는 신앙은 샤머니즘이며, 이는 신석기시대 씨족사회의 산물로서 B.C. 3,000년 이상으로 올려잡을 수 있는 문화요소이다. 그러면 전승되어온 이러한 민족문화 요소가 단군고기 속에 어떤 모습으로 고착되어 있는가에 대해 잠깐 살펴보기로 하자.

단군고기 중에 나타난 날짜를 찾아 명기하면 다음과 같다.

① 三七日
② 百日
③ 三百六十餘(日常)事

이러한 날짜는 우리 민속에서 아기의 탄생 후 성장 과정과 관계되는 기념 의례일로 이해된다. 애기를 낳고 삼칠일이 지나면 산모의 건강이 거의 완전히 회복되고 애기의 젖살이 오르게 된다. 백일과 돌은 기념일로 중요하게 생각되어 왔다.

단군고기에 나타난 세 개의 날짜가 유아의 성장에 따른 기념일과 일치하는 것은 결코 우연으로 돌려서는 안 된다. 이는 태초에 우리 선인들이 경험하여 온 영혼관념 내지 생명이 태어나는 산속(産俗)이나 유아의 성장에 대한 예민한 관찰 등이 복합적으로 종합하여 응결(凝結)된 형태로 정착된 것이다. 같이 하여 단군신화 속에는 다른 여러 민족문화 요소가 응축된 모습으로 흡수되어 있다.

이러한 신앙이나 민족문화 요소는 고조선 건국 당시의 것이라기보다는 그 이전부터 경험하여온 생활 습속 속에서 얻어진 것으로써, 오랜 세월을 전승하여 오는 동안 가변적인 요소가 탈락하여, 변하지 않고 전해질 수 있는 전통문화의 맥(脈)으로 구성되었다. 이럴 경우 단군이라는 인격신(人格神)이 등장하고, 그를 중심으로 이러한 민족문화 요소가 체계화되면서 신화로 성립되었다.

단군신화에 나타난 민족문화의 요소는 멀리는 선사시대에서부터 현재에까지 그 전승의 맥이 이어질 수 있는 것이다. 그것은 현재 민족문화의 전승과 연결시켜 구체적으로 고찰되어야 한다. 말하자면 단군고기 내에는 박달나무[檀樹]와 연결시켜 우리 민족의 수목신앙이나 또는 하늘 관념·동물숭배 등 다양하게 추구하여야 할 민속이나 신앙상의 많은 소재를 담고 있다.

4) 고조선의 개국

단군고기는 조졸한 역사 기술로서 이해하려 할 때에, 민족문화의 전승 면보다는 고조선 개국 당시 지배세력의 관념 형태라는 면이 훨씬 중요시된다. 이미 단군고기의 구조는 주몽신화의 그것과 비교하여 선주(先住)한 토착민 사회에 유이민이 이주하여 오는 모습을 보여주는 것으로 파악되었다.

환웅(桓雄)과 해모수(解慕漱)는 다 같이 유이해 들어오는 천신족(天神族)인 부계 부족집단이며, 곰이나 호랑이토템을 가진 부족집단 및 하백녀(河伯女, 유화)로 표현된 부족집단은 지신족(地神族)으로 토착민(土着民)이다. 환웅의 하강은 토착사회에 보다 우세한 물질문화를 가진 유이민 집단이 들어오는 것으로 파악된다. 이를 환웅족의 등장이라 한다. 이들이 선주한 부족집단을 동화하거나 흡수·정복해 갔다. 즉 환웅족이 선주한 토착부족 중 곰토템 부족과 결합하여, 그 사회의 지배자로 군림하면서 고조선이 개국되었다.

고조선의 개국 당시에 환웅족은 청동기문화를 가지고 들어온 것은 틀림없지만, 그것이 어느 단계에 속하였는가를 보다 더 구체적으로 이해할 필요가 있다. 단군고기 속에는 신석기시대 이래의 공동체적 혈연의식인 토템신앙이 강하게 나타나 있는 반면, 농경사회를 알려주는 대우혼(對偶婚)이나 농업신적 성격은 뚜렷하게 나타나 있지 않으며 영웅전승적 성격은 보이지 않는다. 즉 개국 당시의 고조선은 청동기시대의 초기에 해당하는 문화단계에 처해 있었으며, 아직까지 그 사회에는 철기가 널리 보급되지 않아 철제 농기구를 사용하는 농경이 완전히 정착되지 않았다. 오히려 그 사회 내에는 신석기시대의 문화요소가 강하게 잔존해 있었다.

다만 환웅족이 가지고 들어온 청동기문화가 기술적으로는 우수한 것이어서 그 다음 단계로의 사회적·문화적 발전을 용이하게 하였다. BC. 4세기경이 되면 고조선은 성읍국가의 단계를 벗어나 연맹왕국을 형성하고

있었으며, 중국 전국시대 칠웅(七雄) 중의 하나인 연(燕)나라와 대항할 정
도로 국력을 신장시켰다. 이렇게 성장하기까지 고조선 사회는 지배세력
의 교체를 통하여, 그에 따른 문화적 변혁을 경험하였다.

고조선은 평양성에서 처음은 아사달(阿斯達)로, 다시 거기에서 장당경
(藏唐京)으로 도읍을 옮겼다. 이는 그 사회 내에 지배세력의 교체가 있었
던 것을 알려준다. 소위 기자나 위만(衛滿)은 환웅족의 등장처럼 고조선
사회에 보다 우세한 기술문화를 전달한 지배세력이며, 이들 세력의 교체
를 통하여 고조선 사회는 성장의 속도를 가속화시켰다.

5) 현실과 이상향이 어우러지다

단군고기의 내용은 크게 신화와 역사 기술의 두 부분으로 나뉘어 기록
되어 있다. 역사기술로서의 그것은 고조선 건국 당시의 사회상을 알려준
다. 그런데 현재 사용되는 고등학교 국사교과서는 단군왕검(檀君王儉)이
고조선을 건국하였는데 그 연대가 BC. 2333년임을 밝히고 있다. 『삼국유
사』에 기록된 이 연대는 사실로 믿기 어려운 부분이다.

국가가 성립되기 위해서는 그 사회가 적어도 청동기시대에 들어있어
야 한다. 이는 우리나라뿐만 아니라 세계 역사전개의 통설로 받아들여지
고 있다. 우리나라의 청동기시대는 BC. 6·7세기경에 성립되었으며, 현재
발굴된 유물로써는 아무리 올려 잡아도 BC. 10세기 이상이 될 수 없다. 따
라서 단군이 나라를 세운 시기도 대략 이 때이어야 한다.

세계사 속에는 BC. 5000년대에 국가가 건설되기도 하였다. 그러한 경
우라도 BC. 5000년대의 당시 사회가 청동기문화 단계에 들어있었음을 유
의해야 한다. 앞으로 고고학의 유물이 더 발굴되어 우리나라의 청동기시
대가 BC. 2300년대까지 올라가게 되면, 고조선의 건국도 그렇게 올려 설

정해도 무방할 것이다.

　다만 고조선의 개국 연대를 올림으로써 민족문화의 염원이 오래되었다는 주장은 꼭 바람직한 것은 아니다. 이는 그 다음 대의 문화와 연결되어야 의미를 가지는데, 개국 이후 고조선의 실존 인물로 생각되는 부왕(否王)은 B.C. 4세기경에 활동하였다. 그렇다면 고조선의 개국 이후 근 2,000년 동안 공백 상태로 역사가 흘러가게 된 셈이다.

　단군신화는 비록 청동기시대에 성립되었을 지라도, 이를 구성하는 문화요소는 그 전대에서부터 선인들이 경험한 습속이나 신앙·제도 등을 포함하고 있다. 이리되면 단군신화의 연원은 오래된 셈이 된다. 그런 면에서 단군고기를 단군의 행적으로서 만의 역사기술로 볼 것이 아니라, 그 속에 신화로서의 영역을 남겨두어야 한다.

　국조 단군은 고조선을 개국한 실존 인물이다. 그러나 그 이전부터 전승한 무수한 민족문화의 요소를 체계화하는 과정에 등장한 단군은 민족문화의 이상을 실현시키는 신화 속의 인물일 수 있다. 이 두 인물로서의 단군이 갖는 의미는 모두 민족의 마음속에 심어야 할 필요가 있다.

東大新聞, 1985년 10월 22일

3. 일제의 단군신화 연구와 그 비판

1) 단군신화에 관한 기록들

　일본인 학자의 단군 연구론을 다루는 것은 어쩌면 무의미하게 보일지 모른다. 단군신화에 대한 연구가 민속학·신화학·국문학은 물론 고고학·종교학·역사학 등에서 폭넓게 행해졌고, 그 연구의 수준이 상당히 심화된 요즈음 그것을 다시 부각시킬 필요가 있겠느냐는 회의가 든다. 광복 이후 김재원(金載元)의 단군신화에 대한 연구는[8] 고고학의 유물을 중심으로 문헌 기록의 한계성을 극복하려 했기 때문에 주목될 수 있고, 그 후 단군신화에 관한 연구 방법론에 지대한 영향을 끼쳤다. 이후 단군신화의 연구는 고조선의 역사를 밝히려는 작업과 병행하여 이루어졌고, 최근에는 고조선사(古朝鮮史)에 대한 정치한 연구가 나왔다.[9] 그럼에도 굳이 일본인 학자의 단군 연구론을 살피려는 뜻은 그 연구가 잘못되어진 근원을 바로 보고자 하는데 있다.

단군신화의 연구에는 민족 감정이 노출되기 쉽다. 일본인 학자들이 그것을 의도적으로 왜곡하고 부정하였다고 하여, 그 연구에 민족 감정을 과다하게 노출시키는 것은 바람직하지 않다. 현재 단군신화는 너무 허황하게 연구되는 경향이 있다. 심화된 실증적 연구에 의하지 않으면, 고조선이 만주는 물론 중앙아시아 방면에까지 세력을 뻗쳐 대제국을 건설했다는 황당한 주장이 되풀이 될 수 있다. 여기에 일제의 단군신화 연구경향을 살펴보고, 일본인 학자들이 단군을 부인하는 연구의 방법상 결함이 무엇인가를 부각시키고자 한다. 그 동안 국내 학자들이 비교적 학문적 토대 위에서 단군신화를 연구하는 방법과 그것이 어떻게 다른가를 분명히 할 필요가 있다. 그 결과 앞으로 단군신화를 연구하기 위한 객관적이고 과학적인 방법을 정립시키는데 보탬이 되기를 바라는 마음에서 이 글을 쓰고자 한다.

지금까지 전해진 단군신화에 관한 가장 오래된 기록은『삼국유사』에 나타나며, 그 외에 믿을 만한 것으로『제왕운기(帝王韻紀)』·『응제시주(應製詩註)』및『세종실록 지리지(世宗實錄 地理志)』에도 보인다.『삼국유사』기이편(紀異篇)의 고조선조에 나타난 단군신화는『위서(魏書)』및

---

8) 金載元,『檀君神話의 新硏究』, 正音社, 1947 ; 探求堂, 1976.
9) 李鍾旭,『古朝鮮史硏究』, 一潮閣, 1993.

고기(古記)·당배구전(唐裵矩傳)에서 인용된 내용으로 구성되어 있다. 『삼국유사』에는 환웅이 웅녀와 결혼하여 단군을 낳았지만, 『제왕운기』에 나타난 단군신화는 위의 내용과 조금 달리 나타나 있는데 다음과 같다.

① 上帝 환인의 서자 환웅이 천부인 3개와 귀신 3,000명을 거느리고 태백산정의 신 단수 아래에 내려왔다. 환웅은 손녀에게 약을 먹여 사람의 몸이 되게 하고, 단 수신과 결혼시켜 단군을 낳게 했다.
② 단군은 조선의 왕이 되었는데, 그 영역은 尸羅·高禮·南沃沮·北沃沮·東夫 餘·北夫餘·穢·貊 등이다.

『삼국유사』에서와는 달리 『제왕운기』 속에는 단군이 통치한 영역이 명기되어 있는 점이 특징으로 생각되며, 그것은 만주와 한반도 전체를 그 영역 내에 설정하였다. 이외에 『응제시주』나 『세종실록지리지』의 내용은 각각 『삼국유사』와 『제왕운기』의 그것을 대체로 따르고 있지만, 단군을 부여와 연관시킨 점이 특이하다. 『세종실록지리지』에는 "단군이 비서갑 (非西岬) 하백(河伯)의 딸을 아내로 맞아, 아들을 낳고 부루(夫婁)라 했는 데 이가 동부여왕이다. 부루가 아들을 못 낳자 금색(金色) 개구리 모양의 아이를 얻어 기르니, 이름을 금와(金蛙)라 하고 태자로 세웠다"라고 기록 되었다. 이와 비슷한 내용은 『응제시주』에도 나타나 있다.

2) 일본인 학자의 단군신화 연구

단군신화의 가장 주된 내용은 고기에서 인용한 것이다. 그런데 고기가 어느 것을 가리키는지 분명하지 않다. 『삼국유사』 이전의 어느 문헌에도 고기의 내용을 담고 있는 기록이 전하지 않는다. 뿐만 아니라 『위서』에도 단군신화에 관한 내용이 전해져 있지 않다.[10] 『삼국유사』에 실린 단군신화의 내용이 그 이전 문헌의 인용으로 구성되어 있으면서도 이전의 기록에서 찾아지지 않기 때문에, 믿을 수 없는 것으로 간주되었다. 일본인 학자들이 단군신화를 부인하려는 것은 바로 이런 점에서 출발하였다. 그러나 배구전은 『수서(隋書)』나 『신당서(新唐書)』·『구당서』에 모두 나오며 인용이 잘못되지 않았음을 보여준다. 더욱이 『삼국유사』에는 허다한 인용문이 나오는데, 물론 때로는 기억의 잘못으로 착오가 없지 않으나 전체적으로 정확성을 보여 주고 있다.[11] 그러므로 단군신화를 일연(一然)의 조작으로 간단히 돌려버릴 수는 없는데, 일본인 학자들은 이에 그치지 않고 그것을 부정하는 논리를 더 치밀하게 전개시켰다.

1894년에 시라도리(白鳥庫吉)·나카미(那珂通世) 등은 단군신화를 부정하는 연구를 본격적으로 행하였다. 우선 그들은 단군신화가 불교도에 의해 조작되었다고 주장한다. 그리하여 "단군전설은 불법(佛法)이 동쪽으로 전해진 후에 승도(僧徒)의 날조로 생겨난 망설(妄說)이며 옛날부터 조선에 전하여 내려온 것이 아님은 한번 보아 알 수 있다"[12]라고 하였다. 그 근거로 다음 두 가지를 지적하였다. 먼저 환웅이 태백산 내지 묘향산에 강림함으로써 태어나는 단군은 단향목의 정령으로서, 이는 화엄경·『지도론(智度論)』·『정법념경(正法念經)』 등에 나타나는 인도의 마라야산(摩羅耶山)과 그 곳에 있는 전단목(栴檀木)의 분위기를 그대로 옮긴 것이라 한다.

다음으로 단군의 조부인 환인은 제석신(帝釋神)으로 그는 석가제환인타라(釋迦提桓因陀羅)·제석환인(帝釋桓因) 또는 간단하게 인타라라고 불리며, 수미산정(須彌山頂)에 거주하면서 33천(天)을 다스리는 불법의

---

10) 물론 『魏書』가 어느 책을 가리키는 지는 분명하지 않다. 꼭 지금 전하는 『위서』를 가리키지 않는다. 또한 현재 전하는 『위서』도 당시의 저술이 그대로 전해진 것이 아니라, 후대의 필요에 의해 다시 편집·改作되었을 가능성을 가졌다.

수호자이다. 즉 단군신화의 최고신은 불교에서 따온 셈이다. 이리하여 단군신화는 중 일연에 의해 고려후기에 조작되었으며, 그 중에 천지창조에 관한 기술이 없는 것도 그러한 부인론을 도우는 결과를 초래했다. 왜냐하면 단군신화가 원시사회에서부터 전승되지 않고, 문명된 사회에서 만들어진 것이라고 생각하였기 때문이다.

단군신화에 관한 이러한 부인론을 보다 논리적으로 확립한 자는 이마니시(今西龍)이다. 『응제시주』나 『세종실록지리지』의 기록을 중시한 그는 이전 일본인 학자의 학설을 종합하면서, 단군신화에 대해 대체로 다음 두 가지의 입장에서 이해하고자 하였다. 첫째 단군신화는 우리 민족 전체가 아닌 고구려 계통의 것이라 하였다. 이러한 논지는 이미 오다(小田省吾)에 의해 발표된 결론을 보다 부연한 것이다.[13] 이마니시는 단군왕검이 본래 평양 지방의 성황신(城皇神)인 왕검선인(王儉仙人)이며, 바로 그가 해모수(解慕漱)라고 부회함으로써 단군신화가 만들어진 것이라고 주장하였다. 즉 천신을 아버지로 곰을 어머니로 하여 태어난 왕검선인(단군)은 부여의 시조인 부루 및 고구려의 시조 주몽(朱蒙)의 아버지인 해모수여서, 현재 우리 민족의 주체인 한민족(韓民族)과는 관계가 없다고 하였다.[14]

둘째 단군신화는 불교도나 특히 도가 또는 선가(仙家)에 의해 윤색·조작된 것이라고 주장하였다. 단군이란 칭호뿐만이 아니라 천부인을 받은 것이나 풍백(風伯)·우사(雨師)·운사(雲師)를 거느리고, 곡식·생명·질병·벌·선악을 다스리면서 인간의 360여 가지 일상사를 주관한

---

11) 이기백, 「고조선의 제문제」, 『월간중앙』 1973년 5월 ; 『한국고대사론』, 탐구당, 1975, p.22.

12) 那珂通世, 「朝鮮古史考」, 『史學雜志』 5~4, 1894.

13) 小田省吾, 「壇君傳說에 就하여」, 『文敎의 朝鮮』 ; 『朝鮮史大系』 上世史, 朝鮮史學會編, 1927, pp.101~103.

14) 今西龍, 「檀君考」, 『靑丘說籤』 1, 1929 ; 『朝鮮古史의 硏究』, 1937, p.49.

것 등은 모두 도교의 영향이라 하였다. 즉 평양 지역의 유력한 선인이 고려 인종에서 고종 연간에 승려·무당·참위가 등에 의해 단군의 칭호를 부여받으면서 단군 전설을 구성하고, 그것이 일연에 의해 고기의 인용으로 『삼국유사』의 머리말에 전제된 것이라는 결론을 내렸다.[15] 고려 인종 이후 묘청(妙淸) 등 도참가의 등장이나 계속되는 이민족의 침입 등은 단군신화를 조작하는 사회적 분위기를 성숙시켰다고 한다. 이리하여 일제강점기에 근대 역사학의 방법에 익숙한 일본인 학자들에 의해 단군신화는 부정되었고, 적어도 단군은 한민족 전체의 조선(祖先)으로 추앙될 수 없게 되었다.

3) 단군신화를 부인하는 의도

일본인 학자들이 단군신화를 부정하는 의도는 다음의 몇 가지 방향에서 추구되었다. 우선 그들은 한국사를 식민사관의 체계에 맞추면서, 그것을 부정할 필요를 느꼈다. 단군신화가 부인되면 한국사의 출발점인 고조선의 실체가 부정된다.[16] 그리하여 한국사는 기자조선 내지 위만조선으로 시작되며 그 뒤를 이어 낙랑·대방 등 한군현이 설치되었다. 즉 한국사는 그 여명이 중국의 식민지로부터 시작하여, 결국 일본인의 통치를 받는 식민지로 끝맺게 된다. 일본인의 식민사관이 체계화한 한국사는 바로 이런 것이었다. 식민사관에 의해 한국사는 오명으로 얼룩질 수밖에 없고, 한국문화는 열등하며 한국 사람은 당파로 분열함으로써 국외의 강대국에 의지하려는 나쁜 민족성을 지닌 것으로 낙착되었다.

---

15) 今西龍, 「檀君考」, 『朝鮮古史の硏究』, p.61.
16) 金台俊, 「壇君神話硏究」, 『歷史科學』 5-3, 1936, p.108.

다음으로 특히 이마니시(今西龍)가 단군신화를 고구려계로 연결시키면서 남쪽의 한족(韓族)과는 관계가 없다고 함으로써, 우리민족 전체의 개국신화가 아니라는 주장은 당시 일본 군국주의의 침략정책과 연관되어 나타났다. 그의 논리 속에는 북쪽의 고구려와 남쪽의 신라 · 백제를 민족적으로 은근히 구별하려는 의도가 들어 있음을 간과해서는 안 된다. 일본 군국주의가 한반도를 장악했던 20세기 초기에는 만선사관(滿鮮史觀)이 주장되었다. 말하자면 만주와 조선의 역사를 동일하게 다룸으로써, 한반도를 확보한 일제는 만주로 진출하려 하였다. 그러나 일단 만주를 손아귀에 넣은 일제는 1932년에 괴뢰정부인 만주국을 건설하기에 이르렀다. 이때부터 그들은 만주를 발판으로 해서 중앙아시아나 중국 대륙 쪽으로 침략의 손을 뻗쳤다. 그러기 위해 만주의 역사 속에 중앙아시아나 중국사를 포함시켜 서술할 필요를 느끼면서, 자연히 한국사를 만주의 역사와 서서히 구별하였다.

만주국 건국이후 만선사관을 부인하면서 한국사 중 특히 고구려사를 떼어내 만주의 역사 속에 포함시키려는 경향이 나타났다. 미시나(三品彰英)의 화랑도에 관한 연구는 그러한 경향을 뚜렷하게 가졌다. 말하자면 원시사회의 미성년집단에서 유래한 화랑도는 남방문화적 요소를 가져서, 화랑도 조직을 갖고 있지 않은 고구려와 신라는 북방과 남방의 다른 두 문화권으로 크게 갈라진다는 것이다.[17] 물론 이기백이 고구려에서도 화랑도와 비슷한 청년 조직인 경당이 있다고 밝힘으로써, 이러한 논리는 일고의 가치도 없게 되었다.[18] 만주국이 건설되는 비슷한 시기에 전개된 이마니시의 단군론은 만주를 중심으로 새로 대륙으로 진출하려는 일본 군국주의와 편승된 역사 연구의 경향과 맥락을 같이 한 것이다.

---

17) 三品彰英, 『新羅花郎の研究』, 1943, pp.44~46.
18) 李基白, 「高句麗의 경당」, 『歷史學報』 35 · 36 합집, 1967, pp.53~54.

끝으로 일본인 학자들은 일제에 대항하는 민족 독립운동의 정신적 기저(基底)를 없애려는 목적에서 단군신화를 부정적으로 연구하였다. 왜냐하면 당시 민족 독립운동에 강하게 영향을 주었던 이념은 1909년 나철(羅喆)에 의해 개창된 대종교 계통의 단군신앙이었기 때문이다. 그것은 한민족을 다 같이 단군왕검의 자손이라 생각하여 한 핏줄 한 운명을 지닌 단일한 배달민족이라는 의식을 고취함으로써, 일제 통치 아래에 일련의 항일민족투쟁을 전개시키는 정신적 기반이 되었다. 일본인 학자들은 단군신화의 날조를 주장하면서, 특히 우리 민족이 몽고의 침입을 받아 피압박의 서러움을 받고 있을 당시에 그것이 조작되었음을 강조하였다. 말하자면 중 일연은 몽고 지배 아래의 우리 민족에게 희망을 불어넣기 위해 단군신화를 임의로 만들었다고 한다. 그들의 이러한 주장에는 우리 민족이 원(元)의 지배와 비슷한 상황에 처한 일제통치 아래에 다시 단군 숭배가 크게 일어나고, 그로 인한 항일 민족독립운동이 만연되는 것을 근본적으로 봉쇄하려는 정치적 의도가 명백하게 깔려 있다.

4) 연구방법론에 대한 검토

일본인 학자들은 식민사관으로 한국사 연구에 접근했고, 이러한 방법으로 단군신화를 분석하였다. 그들이 식민사관을 성립시킨 방법은 실증사학이라 할 수 있는 문헌 고등비판(高等批判)이다. 이러한 사학은 독일의 랑케(Ranke)로부터 시작되었다. 랑케 사학은 일본인 학자들에게 바로 이식되었다. 랑케의 제자인 리스(Ludwig Riess)는 1886년 동경대학에 초빙되었고, 시라도리(白鳥庫吉)는 바로 그의 제자였다. 한국사의 식민사관을 수립한 장본인은 시라도리와 그의 제자들이었다. 그들은 랑케의 사학을 수용하여 한국사에 식민사관을 수립한 셈이다.

사실 랑케 사학이 나타나면서 근대 역사학이 성립되었고, 문헌 고등비판은 역사학 자체의 수준을 높여주는 원동력이 되었다. 정치적 입장이나 사회 경제적 위치에 따라 기록자는 같은 사실을 달리 파악할 수 있기 때문에, 그가 어떤 상황 속에서 역사적 사실을 기록하였느냐를 분석하는 작업은 역사학의 필수 과정이다. 그리하여 틀림없는 객관적인 개별 사실 위에서 역사를 서술해야 한다. 이러한 역사적 개별 사실이 실제와는 달리 잘못되었거나 허위일 경우, 그 논술은 역사학이 될 수 없으며 창작이나 소설에 불과한 것이다. 그러므로 역사가가 실증적 방법으로 역사를 기술하려는 태도는 반드시 필요한 것이며, 이러한 점이 결여되었을 경우 역사가로서의 자격이 없게 된다.

그러면 왜 일본인 학자들이 실증적 방법으로 단군신화를 연구한 것이 이를 부인하는 결과를 가져왔는가? 이것은 역시 식민사관의 체계에서 벗어나지 못한 그들이 단군신화의 연구에 실증적 방법을 잘못 적용했기 때문이다. 문헌 고등비판은 문헌을 비판하여 잘못 기록되었을 경우, 믿을 수 없는 것으로 취급하여 버리는데 목적을 두고 있지 않다. 오히려 문헌 고등비판은 문헌이 왜 잘못 기록되었는가를 추구하여, 종국에는 그 본래의 모습으로 복원하려는 것이다. 일본인 학자들은 단군신화를 연구하면서 이점을 명심했어야 한다. 단군신화가 불교도나 도가 및 참위가들에 의해 윤색 조작되었다면, 그들이 윤색한 부분을 삭제한 그 본래의 모습을 부각시켜서, 그것이 갖는 역사적 의미를 추구해야 한다.

광복 이후 역사학자들이 단군신화를 규명하려는 근본적인 태도는 바로 이런 면이었다. 그것은 실증적인 방법으로 추구되었으나 일본인들의 연구방법과는 기본적인 입장의 차이를 가졌다. 사실 단군 전승은 우리 민족의 시조신앙을 포함하고 있지만, 정확하게는 고조선의 개국신화이다. 따라서 그것은 고조선이 개국할 당시의 사회상을 알려준다. 한편으로 그 속에는 그 이전 시대에서부터 전승되어 온 선인들의 신앙이나 습속·제도 등이 포함되었고, 고조선 이후 어느 시기에 개작 내지 윤색되는 모습이 첨가되었을 수 있다. 곰이나 호랑이와 얽힌 토템신앙은 신석기시대 이래의 혈연공동체적 유제(遺制)이지만, 기자전설 등은 고조선 개국 이후 중국민족 세력을 배경으로 하여 생겨난 것이다.[19] 마땅히 원초적인 모습과 후래적(後來的)인 모습을 구별하여 단군신화를 연구하여야 할 것이다.

5) 올바른 연구의 정립

단군신화 속에는 민족문화의 무한한 요소가 포함되어 있다.[20] 그러한 예를 들면 수목신앙을 비롯하여 결혼 풍속은 물론 천신 및 동물숭배 신앙 등을 들 수 있다. 단군신화에서 소재를 찾아 그것의 풍부한 모습을 이끌어 낼 수 있다. 민족문화의 무한한 요소를 추출해 내는 과정이나 또는 후래적인 민족문화 요소의 그 본래 모습을 부각시키는 작업은 모두 객관적이고 과학적인 실증적 연구로 이루어져야 한다. 국조신앙과 연관되었다고 해서 단군신화의 연구가 객관성을 잃어서는 안 될 것이다. 요즈음 고조선의 실재 연대를 터무니없이 올리려는 경향이 있다. 엄정한 학문적 양심으로 돌아가 보다 냉정하게 연구할 필요가 있다.

단군신화는 고조선의 개국신화로서 성립된 것이지만, 그 속에는 고조선을 세우기 이전에 우리 선인들이 살아오면서 체험한 신앙이나 습속 등이 포함되어 있다. 그런 것은 고조선의 개국보다 훨씬 오래 전부터 전승되었고, 아울러 지금까지 민족문화의 전통 속에 연연이 이어져 오고 있다. 그러한 오래된 신앙이나 습속은 민족문화의 전승 면이나 또는 앞으로 민

---

19) 이기백, 「檀君朝鮮의 諸問題」, 서강타임스, 1963 ;『韓國古代史論』, 探求堂, 1975, p.12.
20) 김두진, 「檀君古記의 이해 방향」, 『韓國學論叢』 5, 1982, pp.16~17.

족문화의 내용을 풍부하게 창달할 수 있다는 점에서 매우 중요하다.

고조선의 개국신화로서의 단군신화는 고조선의 사회상과 떼어 생각될 수 없다. 그런 만큼 단군신화를 연구하면서 고조선 사회의 실체를 부각하려는 노력이 필요하다. 다만 국가의 성립은 청동기시대에서부터 가능한 것이고, 이는 세계사의 보편적인 추세이다. 따라서 현재 기원전 10세기 이상으로 올라가는 유물이 잘 발견되지 않는 우리나라의 청동기시대에 관한 연구 자료를 충분히 검토하면서, 고조선의 개국연대를 설정해야 할 것이다. 물론 청동기 유물이 더 발견되어 우리나라 청동기시대의 상한선이 올라갈 경우 고조선의 실재 연대도 따라 올라갈 수는 있다. 그러나 그러한 자료가 없는 상황 속에서 실증적 연구를 거치지 않고, 그 연대를 무턱대고 올리는 작업은 삼가해야 한다.

고조선의 실존 인물로 비교적 연대가 확실하면서 가장 오래된 자는 부왕(否王)으로 기원전 4세기경에 활동하였다. 그외 고조선이 한(漢)나라 무제(武帝)에 의해 멸망하기 직전의 인물들이 상당히 알려져 있는 셈이다. 그런데 근래에 『환단고기(桓檀古記)』나 『삼일신화(三一神話)』·『신단실기(神檀實記)』·『단전(檀典)』·『단경(檀經)』·『단기고사(檀奇古史)』·『단군세기(檀君世紀)』·『규원사화(揆園史話)』 등의 책을 이용하여 고조선의 역사를 장황하게 부연하고 그 판도를 방만하게 구성하려고 한다. 이상의 책들은 대체로 대종교 계통에서 저술되어 그 사료적 가치가 떨어지며, 그 중 비교적 연대가 올라가는 저술은 『단기고사』나 『규원사화』이다. 단기고사는 대조영(大祚榮)의 아우인 대야발(大野勃)이 지은 것으로 전하지만 믿기 어려운 위서(僞書)임은 이미 알려진 사실이다. 『규원사화』는 조선 숙종 초에 북애노인(北崖老人)에 의해 저술되었다고 하나, 그 속에 당시로서는 사용되기 불가능한 '강국지요(强國之要)'의 내용이나 민기(民氣)·선민(先民)·천주(天主) 등의 용어가 나타나 있다. 또 말갈·여진 등을 우리 민족의 분파로 보고 만주의 고토 회복을 주장하는 등의 내용은 후

세의 대종교 내지 소위 민족사학의 주장과 너무나 유사한 것이다. 따라서 그것은 일제 때 대종교 계통에서 저술한 위서로 알려져 있다.[21]

대종교 계통에서 특히 후대의 위서로써 단군신화를 연구하여 고조선의 세계(世系)나 그 역사를 복원하려는 작업은 무의미해 보인다. 오히려 그러한 저술은 당시 대종교의 사상적 분위기나 그 전통을 이해하려는 방향으로 분석되어야 한다. 사실 조선시대 성리학이 합리적인 사고를 강조하는 분위기 속에서, 단군신화 속의 비합리적인 논술에 대한 수정이 가해졌다. 그러한 것이 단군의 아들로 부루(夫婁)나 주몽 등을 설정하는 면으로 나타났다고 할 수 있다. 적어도 숙종 연간의 허목(許穆)이나 조선후기 이익(李瀷)·안정복(安鼎福) 등의 단군신화 내지 고조선을 바라보는 시각은 대체로 이런 것이었다.

조선시대를 통하여 단군의 세계가 갖추어져 갔는데, 단군을 해모수와 연결시키거나 그 아들을 주몽이라고 하였다. 이는 고조선을 부여로 연결시키고 혹은 고구려(백제·신라)로 이어진다는 이상으로, 단군신화에 대해 가필하여 서술하지 않았던 것이다. 바로 이런 점을 유의할 필요가 있다. 고조선의 역사를 보다 화려하게 복원하려는 것보다는, 한국사의 발전과정에서 그 사회를 이전인 신석기시대나 청동기시대의 초기 사회 내지 그 이후의 고구려 및 삼국사회와 연관시켜 이해하려는 것이 중요하다. 그러기 위해 단군신화에 나타나는 문화 요소는 주몽신화나 신라 건국신화 속에 나타나는 그것과 면밀히 비교 검토하면서, 이러한 문화요소가 성립될 수 있는 사회상이 어떤 것이었느냐를 밝히는 방향으로 분석되어야 할 것이다.

---

21) 宋贊植, 「僞書辨」, 『月刊中央』 1977년 9월호, p.76.

6) 무씨사당 화상석의 의미

단군신화를 부인하려는 일본인 학자의 학설에 대해서는 일일이 논박할 필요를 느끼지 않는다. 분명히 그들은 단군신화를 연구하는 방법론상에 결함을 안고 있었다. 한편 1947년에 중국 산동성(山東省) 가상현(嘉祥縣)에 있는 무씨사당(武氏祠堂)의 석실에 붙인 화상석(畵像石)의 그림이 단군신화의 내용과 유사하다는 연구가 나왔다.[22] 그것은 『삼국유사』가 쓰인 고려후기보다 무려 1,000여 년이나 앞선 시기에 우리나라는 물론 산동반도를 비롯하여 동북아시아 일대에 단군신화가 널리 퍼져 있었음을 알려준다. 왜냐하면 무씨사당은 147년을 전후한 시기에 건립되었기 때문이다.

물론 중국에서는 무씨사당 화상석의 그림 내용을 황제(黃帝)와 치우(蚩尤)의 전투도로 보려는 견해도 없지 않다. 그렇게 되었을 경우 후석실(後石室) 제3석(石) 제3층의 그림에서 호랑이는 사람을 잡아먹는 것으로 되며, 또 제3석 제3층까지의 그림과 제4층의 그림은 전혀 관계없는 것으로 된다. 머리가 아닌 다리를 물고 있는 모양의 그림은 호랑이의 입으로부터 단군이 태어나는 것으로 생각될 수 있다. 그리하여 제4층 그림의 마상(馬上)에 앉아있는 인물을 바로 단군으로 해석하는 것이 타당하다.

현재 일본에서 단군신화에 관한 연구는 이미 열기가 식어있는 셈이다. 그러나 아직도 그것을 부인하려는 저의는 완전히 버리지 못한 듯하다. 이를테면 확실한 근거 없이 무씨사당 화상석의 내용을 단군신화와는 관계없는, 이른바 중국인들의 학설인 황제와 치우의 전투도로 보려는 것이 바로 그런 의도를 드러내 준다.[23] 이 외에 종전(1945년) 이후 단군신화를 다룬

---

22) 金載元, 『檀君神話의 新研究』, pp.47~82.
23) 水野淸一, 「漢의 蚩尤伎에 대하여」, 『創立二十五周年 紀念論文集』, 京都大 人文科學研究所, 1954.

그들의 연구는 아직 없는 셈이다. 그 이유는 단군신화가 문헌 기록만으로 연구될 수 없기 때문이다. 적어도 단군신화에 나타난 민족문화 요소는 여명기의 한국사회 내지 문화에 대해 포괄적으로 이해하면서, 아울러 현재 다방면에 걸친 민족문화의 다양한 전개 과정을 가늠하고 종합할 수 있는 역량을 가진 연후에 분석되어야, 그 의미를 새롭게 추구할 수 있다. 일본 학계가 이런 측면에서 단군신화를 연구하기는 어려우며 사실 앞으로도 힘들 것이다. 그런 의미에서 단군신화에 대한 견실한 학문적 입장을 견지하는 연구를 정립시켜야 하는 것은 우리들이 짊어지고 가야할 역사적 소임이다.

『전통문화』, 1986년 2월

4. 고조선의 인식과 단군에 관한 연구

1) 착실한 자료의 검토

현존하는 기록상으로 고조선은 우리 민족이 세운 최초의 국가이며, 단군은 민족의 시조신앙과 얽혀 있다. 그것을 어떻게 이해하느냐의 문제는 흔히 객관적이라기보다는 감성적으로 흐르기 쉽다. 일제 36년을 통하여 일본인 학자들에 의해 고조선과 단군의 실체는 부정되었는가하면, 일제에 대항하는 정신적 기반이 단군 숭배와 이어지면서, 주로 민족주의 사학자들이 고조선의 유구한 역사를 강조하였다. 또한 『환단고기(桓檀古記)』와 같은 위서(僞書)가 나타나면서, 고조선의 역사를 필요 이상으로 화려하고 영광스럽게 윤색하기에 이르렀다.

현재 고조선에 대한 연구는 여러 분야에서 행해지고 있으며, 매우 다양한 업적이 쏟아져 나왔다. 이러한 현상은 고조선의 사회와 문화를 정리하기 위해 다행스럽기는 하지만, 필자는 이것을 회의적인 눈으로 바라보지 않을 수 없다. 왜냐하면 그 속에는 착실한 실증적 연구가 있기도 하지만, 대부분은 학문적인 연구의 범주에 들 수 없는 허황하고 황당한 내용을 담고 있기 때문이다. 그러므로 고조선에 관한 연구는 견실한 자료 검토를 앞세우면서, 실증적인 연구 성과를 정확히 이해한 바탕 위에, 그 사회체제나 문화영역을 조금씩 새롭게 밝혀가는 방법을 모색해야 한다.

고조선에 관한 기본 사료는 『삼국유사』의 고조선조와 『사기(史記)』 조선전이다. 이 두 자료는 사실 고조선에 관한 가장 풍부한 내용을 담고 있으므로, 이에 관한 검토가 충분히 이루어져야 할 것이다. 그외에 중국 고대 문헌인 『관자(管子)』나 『산해경(山海經)』 등에 '조선'이라는 명칭이 단편적으로 나타나고 있다. 그런데 이러한 단편적인 기록이 갖는 의미가 정확하게 추구되지 못한 상황에서, 고조선의 영역이나 문화를 무한정 확대시키려는 노력은 어쩌면 무의미할 수밖에 없다.

2) 구체적 사실의 추구

중국 고대 문헌의 단편적인 기록에 근거하여 고조선의 개국을 추구하다 보니, 자연히 여러 상이한 학설이 나타날 수밖에 없었다. 먼저 그것은 우리 민족의 기원과 얽히는 고조선의 민족 구성 면에서 연구되었다. 한국 민족의 근간은 한(韓)이나 예맥족(濊貊族)인데, 그들이 어느 종족에 속하느냐를 밝히고자 하였다. 그리하여 예맥족은 고아시아족에 속했다고 하며, 미우에(三上次男)나 러시아학자인 시로꼬고로프(Shirokogoroff)가 이런 주장을 했다.

당시 일본인 학자들은 고조선을 인정하지 않았으므로, 미우에는 예족이 바로 고조선을 세웠다고 논하지는 않았다. 그러나 그는 바로 그들이 평양 부근의 대동강변에 살았던 토착세력임을 말함으로써, 위만조선 내지 이전의 고조선 사회가 고아시아족에 의해 건립된 것이라고 하였다. 다만 시로꼬고로프는 한민족의 조상을 고아시아족이라 하면서도, 퉁구스설을 배제하지 않았다.

다음으로 예맥족이 퉁구스족과는 다르며 오히려 알타이족에 속한다고 주장하였는데, 김정학·김정배의 연구가 바로 그런 것이다. 특히 김정배는 단군조선과 기자조선을 구별하여, 전자를 신석기시대의 즐문토기를 사용하는 고아시아족이 세운 국가로, 후자를 청동기시대의 무문토기를 사용한 알타이족이 세운 국가로 파악하였다.

고조선을 건국한 민족 구성의 문제는 실제로 잘 풀릴 수 있는 것은 아니다. 왜냐하면 그것은 민족의 기원을 밝히려는 문제로 직결됨으로써, 그 실체를 흐리게 할 수 있는 소지를 지녔기 때문이다. 그런 면에서 개국에 따른 구체적 사실을 추구하여 고조선 사회를 구체적으로 끌어내려는 작업이 중요하다.

3) 고조선의 중심 도읍지

고조선의 중심인 도읍 지역이나 그 강역을 밝히려는 작업은 대단히 중요하지만, 이에 관해 연구하는 자들 사이에 상당한 견해의 차이가 있다. 대체로 그것은 고조선의 중심을 재요동설(在遼東說)·재평양설(在平壤說)·이동설(移動說)로 나누어 설명되었다.

우선 고조선의 중심이 요동에 있었다는 설은 당 이전의 중국 문헌에 극히 소략하게 나타난 조선에 대한 기록으로써, 그 영역을 설정한 것이다. 그럴 경우 열양과 패수의 위치를 밝히는 작업이 고조선의 위치를 결정짓는데 대단히 중요한데, 패수를 대릉하(大凌河) 내지 요하로 비정하였다.

이 설은 일제강점기에 주로 민족주의 역사학자들에 의해 주장되었으며, 현재 북한의 역사학자는 물론 국내의 역사학자들에게도 다소 받아들여지고 있다.

고조선이 요동에 있었다는 주장의 숨겨진 의도는 낙랑 및 한사군이 대동강 유역에 설치되지 않았다는, 가설을 뒷받침하려는 것이다. 그렇지만 한국 고대사회의 생생한 모습을 알려주는 『삼국지』 위서 동이전의 기사는, 낙랑군과 대방군이 한반도 북부 지역에 있었음을 인정하지 않고는 해석될 수 없다. 무엇보다도 중요한 것은 과연 이 지역에 낙랑군이나 대방군이 존재하지 않았다면, 동시대의 그 곳에 있었던 정치 세력을 밝히는 작업이다.

다음으로 고조선의 중심이 평양에 있었다는 설은 이미 한백겸(韓百謙)·정약용(丁若鏞) 등에 의해 주장되었다. 그들은 각각 패수를 청천강과 압록강으로 보았다. 다만 고조선의 중심지를 평양으로 비정하려는 주장도 그 영역이 만주나 요동에까지 이르렀음을 부인하지는 않는다. 그런가 하면 평양은 고조선의 마지막 중심지로 이해되기도 한다. 즉 평양은 위씨조선의 수도인 왕검성이 된 셈이다.

진개가 침공하기 이전의 고조선은 연에 대항할 정도로 막강하였다. 이때 고조선의 중심지가 평양일 수 없다는 가설에서, 평양이 고조선의 마지막 중심지라는 학설은 고조선의 중심지가 이동했을 것임을 시사했다. 고조선의 중심지가 요하 유역에서 평양으로 이동했다는 학설은 고대 한국민족의 근간이 중국 서북부에서 하북 지역을 거쳐, 산동반도 및 한반도로 이동했다는 김상기의 학설과 곁들여 유념할 만하다.

4) 고조선의 사회체제

일제강점기에 민족주의 사학자들이 고조선의 영역을 확실히 하려는 노력의 뒤에는, 그 사회상을 밝히려는 의도가 깔려 있었다. 신채호의 학설은 비록 차분한 실증적인 연구 위에서 제시된 것은 아니지만, 고조선을 수두시대로 규정하였다. 즉 진조선인 수두에 단군이 있었고 신수두의 단군을 대단군이라 함으로써, 고조선 사회를 소도와 연결시켜 이해하였다.

광복후 이병도는 고조선 내의 지배씨족의 성장과 변천이라는 면에서 단군조선과 기자·위만조선을 설명함으로써, 그 사회체제를 부각시키려 하였다. 그리하여 고조선의 정치·경제조직은 대개 전국시대의 제도에서 영향을 받아, 왕 밑에 경·대부와 장군직을 두고 지방에는 원시 봉건제의 잔재가 농후하게 남았으며, 한편으로 농경과 군사를 결부시킨 병농일치제가 행해진 것이라고 하였다.

그 뒤 한국고대사의 연구에 국가형성 문제를 중요시하였고, 고조선과 같은 초기국가를 설명하면서 영역국가 내지 도시국가라는 용어가 정착되었다. 그런데 읍제국가나 군장사회라는 용어도 같은 시기를 설명하기 위해 등장되었다. 그리하여 윤내현은 고조선을 읍제국가로 정의하였다. 즉 그 국가 구조의 기층을 형성하였던 것은 소읍이고, 소읍은 일정한 지역의 정치적 중심이었던 진번·임둔 등과 같은 대읍(大邑)에 종속되고, 이러한 지방의 대읍은 중앙의 대읍인 평양 즉 왕검성에 종속된다고 하였다.

고조선은 소읍들이 마치 중국의 봉건제를 연상하듯이 잘 조직화된 읍제국가였는지는 의문의 여지를 가진다 하더라도, 이러한 접근법은 일단 긍정적으로 이해된다. 이와는 별도로 고고학적 연구 성과를 토대로 고조선이 군장사회였다고 주장되었다.

이와 함께 고조선 사회 내부의 발전에 주목하여 그 문화 단계를 밝히려는 노력이 중요한데, 이는 이기백에 의해 연구되었다. 그는 고조선이 처음에는 성읍국가로 시작하지만, BC. 4세기경에는 인근 여러 국가들과 연결을 가지면서 연맹왕국으로 성장한다고 하였다. 고조선이 국가로 출발하는 초기에는 거수가 정치적 지배자였고, 그는 자기를 위해 많은 인원을 동

원해 지석묘와 같은 거대한 무덤을 만들 수 있는 존재였다. 이 같은 사회
분화과정은 연맹왕국 시대로 들어서면서 더욱 촉진되어 법조목이 세분화
되었다. 그렇지만 아직까지도 그 사회에서는 공동체적 유대가 강하게 남
아 있었다.

5) 내부 사회의 발전

고조선 사회가 내부에서부터 발전하여 가는 모습을 추적하는 작업은
매우 유익하다. 고조선은 그 지배 세력이 소위 기자에서 위만 집단으로 바
뀌어 가면서, 성숙된 자기 문화를 발전시킬 수 있었다. 개국 당시의 고조
선은 역시 현재의 군단위 정도의 영역을 지배한 성읍국가였으며, 처음부
터 광대한 영역을 가진 국가로 출발한 것은 아니다. 오히려 고구려 · 백
제 · 신라의 건국초기의 형태와 마찬가지였다고 봄이 타당하다. 건국 초
에는 삼국 외에도 송양국 · 미추국 · 압독국 · 이서국 등 많은 국가들이 주
위에 자리 잡고 있으면서 서로 세력을 다투었다.

고조선이 건국될 당시의 만주나 대동강 유역의 모습도 대략 이러한 상
태였던 것이다. 삼한 지역에 70여 개의 국가가 있었듯이 아마도 이 지역에
수많은 국가들이 존재했으며, 그들은 같은 문화를 누리었고 고조선은 그
중의 한 국가였다. 만주와 한반도에 수많은 성읍국가가 있었지만 유독 고
조선이 우리나라 최초의 국가로 기록된 것은 처음 거대한 왕국으로 건설된
국가로서 중국에까지 알려졌기 때문이다.

고조선이 막강한 연맹왕국으로 확실하게 형성되어 있었던 시기는 연
의 전성기였던 B.C. 4세기 이전이었다. 당시 고조선은 연과 대적할 정도의
국력을 갖고 있었다. 연은 조선 서부를 점령하려 함으로써, 서쪽으로 세력
을 뻗쳐나가고 있었던 고조선은 연과 충돌하지 않을 수 없었다. 연의 침입

으로 고조선은 2천여 리의 땅을 잃고 만번한(滿番汗)으로 경계를 삼았다. 그 뒤 고조선은 다소 서쪽 영역을 회복하였다. 위만이 지배할 당시의 고조선은 약 6만에 이르는 한의 대군을 맞아, 2년에 이르는 기간 동안 항전할 정도로 국력이 신장되어 있었다.

고조선이 도읍을 평양에서 아사달로, 다시 거기서 장당경으로 옮기고 있던 것은 당시의 지배세력 변천과 연관시켜 파악될 수 있다. 기자나 위만은 본래 고조선의 연맹왕국 속에 포함된 한 성읍국가를 지배하고 있었는데, 그들의 세력이 커지면서 순차적으로 연맹권을 장악하였다. 위만의 무리 천여 명이 거주할 수 있는 고조선의 서쪽 경계는 분명 성읍국가의 기반을 가진 영역이었으며, 또 위만은 그곳에서 준왕의 지배 체제와는 별도의 통치 체제를 가지고 있었다. 왜냐하면 중국인들이 침입해 온다는 거짓 보도를 쉽게 믿을 정도로, 준왕은 위만의 국내사정에 대해 모르고 있었기 때문이다.

개국 이래 위만의 통치 체제가 무너지기까지 고조선은 연맹왕국 내의 여러 국가들의 결속력을 점차로 공고하게 만들었다. 그런데 처음에 각 국가들은 공동체적 기반을 강하게 유지하면서 종교적으로는 완전히 독립된 신앙을 가졌고 정치적으로도 거의 독립적이어서, 상황에 따라 연맹체로부터 이반(離反)하는 것이 쉬웠다. 그러다가 무역이나 상업 활동으로 공동체적 기반이 많이 와해되면서, 연맹왕국의 결속력은 점차 공고히 되어갔다.

6) 단군에 대한 인식

단군은 고조선의 개국시조인데, 그에 관한 기록이 신화로 전해졌기 때문에 신화 속의 인물일 수도 있다. 말하자면 단군은 고조선을 건국한 시조로 이해되지만, 또한 신화적 인물로 파악될 수도 있다.

먼저 건국시조로서의 단군은 국가가 비로소 성립되어지는, 청동기시대 이전의 인물일 수는 없다. 적어도 국가 조직은 청동기시대에 나타나게 된다. 따라서 단군이 살아간 시대, 곧 고조선이 개국되는 연대는 우리나라의 청동기시대의 상한인 BC. 10세기 이상으로 올라갈 수 없게 된다. 그러므로 단군이 BC. 2333년에 고조선을 개국했다는 『삼국유사』의 기록은 신빙성이 없다.

다음으로 신화적 인물로서의 단군은 민족문화의 전승과 연관시켜 파악되어야 한다. 단군신화는 비록 청동기시대에 고조선이 개국되는 사실을 주제로 기록된 것이지만, 그 속에는 이전부터 우리의 선인들이 경험하면서 얻은 종교 신앙이나 생활 습속 · 제도 등에 관한 내용이 마치 도장처럼 압축하여 포함되었다.

단군신화는 단군이란 인격신을 등장시켜, 우리 민족의 수목신앙이나 동물숭배 영혼관념 등 민족문화를 체계화한 것이다. 그리하여 단군신화 속에 포함된 문화 요소는 뒷날 민족문화의 전승 과정에서 무한한 의미를 가지면서, 얼마든지 새롭게 전개될 수 있었다. 그런 면에서 단군은 실재 인물인 동시에 신화 속의 인물로써 존재해야 될 필요가 있다.

단군은 고조선을 건설한 역사적 실존 인물이며, 그를 통해 고조선 개국의 역사적 사실을 구체적으로 부각시킬 수 있다. 반면 그는 민족문화의 전승이라는 측면에서 민족문화를 풍부하게 창달할 수 있는 신화 속의 인물이며, 민족정신의 이상을 실현시켜 주는 역할을 영원히 담당해 가야 할 것이다.

홍대신문, 1988년 10월 6일

5. 신화에서 찾은 가야사

1) 가야건국신화의 내용

가야의 역사는 『삼국유사』 소재 「가락국기(駕洛國記)」 속에 가장 잘 나타나 있다. 「가락국기」의 내용은 대부분 신화나 설화로 채워져 있어서 이를 통해 가야사를 복원하는데 어려움을 느껴왔다. 그렇지만 신화나 설화도 일정한 역사적 사실을 배경으로 성립된 것이기 때문에 영세한 가야사 연구를 위해 우선 「가락국기」가 밀도 있게 분석되어야 한다. 건국신화를 통해 가야사를 밝히려는 이유는 바로 이런 점에서 찾아진다.

천지가 개벽한 이래 가야 지역은 9간이 다스리고 있었다. 이들이 구지(龜旨) 봉우리 밑에 모여 제의를 드릴 때에, 하늘로부터 이 땅을 다스릴 임금을 맞이하기 위해 산의 정상을 파라고 하는 소리가 들렸다. 이들이 노래를 부르면서 땅을 파니 6개의 알을 얻었는데, 이튿날 알이 모두 동자로 변하였다. 그 중 수로왕은 가락국(금관가야)의 왕이 되고 나머지는 각각 5가야국의 왕이 되었다. 수로왕은 배필이 없었는데, 인도의 아유타(阿踰陁) 왕국의 공주인 허황옥(許黃玉)이 상제의 명을 받아 배를 타고는 가야국으로 와서 왕비가 되었다. 수로왕과 허왕후 시조전승이 합쳐 금관가야국의 개국(開國)신화가 되었다.

가야 연맹이 강력한 연맹왕국을 성립시키지 못한 상태에서 그 내에는 성읍국가나 부족의 시조전승이 독자적으로 전승되었다. 자연 가야연맹국의 건국신화가 복잡한 양상을 띠게 되었다. 그것은 천신(天神)과 지신(地神)으로 이루어진 성읍국가의 개국신화가 서로 합쳐지면서 다시 결합하는 구조를 지녔다. 즉 천신인 이비가(夷毘訶)와 산신인 정견모주(正見母主)가 결혼하여 두 아들을 낳았는데, 그 중 뇌질주일(惱窒朱日)은 대가야국왕이 되고 뇌질청예(惱窒青裔)는 금관가야국왕이 되었다.

가야연맹국의 건국신화는 대가야와 금관가야의 시조전승을 연결하는 데 그친 것이 아니다. 금관가야의 건국신화는 수로 시조전승과 허왕후 시조전승을 중심으로 구성되었지만, 그 속에는 9간(干)의 시조전승과 다른 5가야 개국신화를 비롯해서 탈해(脫解), 연오랑(延烏郎)·세오녀(細烏女), 천일창(天日槍)·아라사(阿羅斯) 등의 시조전승이 복잡하게 얽혀 있었다.

탈해는 완하국(琓夏國)의 왕자였는데 배를 타고 무리를 이끌며 가야지역을 다스리고자 들어왔다. 이때에 수로왕과 재주내기를 하여 이기지 못한 탈해는 다시 무리를 거느리고 신라의 토함산 지역으로 들어갔다. 또한 영일지역에 살던 연오랑과 세오녀는 해변의 바위를 타고 일본으로 건너가 그곳의 왕과 왕비가 되었다. 신라왕자인 천일창과 가야왕자인 아라사는 떠난 아내를 찾아 일본국으로 들어가 신사(神社)에 모셔지는 신이 되었다. 이들 시조전승은 가야에서 일본 등 지역으로 부족이 유이(流移)해 간 모습을 알려주지만, 한 때에는 가야연맹에 포함되어 있어서 가야연맹국의 건국신화를 광범위하게 구성하고 있었다.

2) 금관가야 건국신화의 신성화(神聖化)

초기 가야연맹 내에서 금관가야가 주도 세력으로 등장하는 과정에서 복잡하게 구조된 가야연맹국의 건국신화 중 금관가야의 시조전승을 특별히 신성화하는 작업이 이루어졌다. 금관가야의 건국신화 중 천신족으로 자처한 수로 시조전승은 본래 거북 신앙과 연고된 지신계 신앙을 포용하고 있었다. 그러다가 천신족 관념으로 변화하게 된 것은 수로 부족이 금관가야의 왕실 세력으로 그 위치를 굳건히 한 데에서 비롯되었다. 또한 허왕후 시조전승은 지신계 신앙을 농후하게 지녔다. 허왕후가 바다에서 육지로 오르면서 여성의 생육(生育)을 상징할 수 있는 치마를 벗어 산신에게 제사하는 모습이 이를 알려 준다.

금관가야의 수로왕과 허왕후 시조전승은 가야연맹국의 건국신화 속에 흡수되어 있는 다른 시조전승과는 달리 그 후에 계속 신성화하는 관념을 추가해 갔다. 신성족 관념을 도입하려는 방향은 중국 유교문화나 또는 불교문화와 합쳐져서 그 권위를 빌리려는 것이다. 두 시조전승은 모두 유교와 불교문화 요소를 흡수하였다. 그 중 특히 유교문화와 연관되어 수로왕을 청예(青裔)라고 부름으로써 소호(小昊) 금천씨(金天氏)의 후예로 자처하였다. 곧 수로 시조전승은 중국 황제의 권위를 빌림으로써 신성화하는 관념을 성립시켰다. 이와는 대조적으로 허왕후 시조전승은 허황옥을 인도 아유타국(阿踰陀國)의 공주라 하였으며, 그 곳에서부터 파사(婆娑)석탑을 싣고 와 안치하는 등 불교의 권위를 빌림으로써 신성화하는 관념을 모색하였다.

다만 가야 건국신화는 신라 건국신화와 비교하여 신성족 관념을 모색해 가는 양상이 달리 나타났다. 복잡하게 전개된 건국신화의 여러 시조전승 중, 뒤에 어느 한 부족이 주도 세력으로 등장하면서 그 부족의 시조전승을 신성시하는 작업이 집중적으로 이루어진다. 신라의 경우 김씨 부족의 시조전승이 주로 신성화하는 관념을 모색하였다. 그러나 금관가야의 경우 수로왕과 허왕후의 두 부족이 모두 신성화하는 관념을 포용하고 있다. 금관가야의 왕실은 수로왕과 허왕후 부족으로 구성되었고, 그러한 연합은 금관가야의 중기에까지 줄곧 계속되었다.

3) 건국신화가 보여주는 가야사

가야 연맹왕국이 성립하기 이전에는 많은 성읍국가가 성립되어 있었다. 6가야국은 물론이거니와 그 이전의 9간이 다스리던 지역도 성읍국가를 이루었다. 연맹왕국이 성립되는 과정에서 많은 성읍국가의 지배자들이 복속하였지만, 개중에는 떨어져 나와 바다를 건너 일본지역으로 들어가기도 하였다. 여러 성읍국가 중 금관가야국이 가야연맹을 처음으로 이끌어 갔다.

초기 금관가야 왕실은 수로왕과 허왕후 부족이 서로 교혼(交婚)하는 체제로 유지되었다. 즉 왕실과 허왕후가 데리고 온 신보(申輔)·조광(趙匡) 부족의 자손들이 서로 혼인하면서, 금관가야는 귀족연합 체제를 이루었다. 금관가야는 제6대 좌지왕대(坐知王代)에 중앙집권적 귀족국가 체제로의 개혁을 도모하였다. 또한 일찍부터 신라나 주변 국가의 침입에 대항하기 위해 연맹왕국 내에 연합해 들어온 성읍국가에 대한 지배를 강화하려 하였다. 그렇지만 금관가야는 좌지왕대 이후에도 강력한 중앙집권적 귀족국가를 성립시키는 데에는 한계를 가졌다.

수로왕과 허왕후 시조전승이 함께 신성족 관념을 모색하면서도 제8대 질지왕대(銍知王代)에는 왕후사(王后寺)를 세워 시조의 명복을 빌고 있다. 질지왕대에 들어서면서까지 오히려 허왕후부족 세력이 수로왕부족 세력과 왕실을 공유하는 모습을 보여준다. 즉 귀족연합정권이 그대로 지속된 것이다. 좌지왕대 이후 국가체제의 정비는 중앙왕실이 군대를 파견하여, 연맹권 내에 들어온 성읍국가를 확실하게 복종시키는 중앙집권적 귀족국가 체제를 성립시킨 것은 아니다.

가야연맹국의 건국신화는 여러 시조전승을 포함하면서 성립되었는데, 그 중 금관가야의 건국신화가 비교적 자세하게 알려져 있다. 아마 대가야의 건국신화도 성립되었을 것인데, 현재 그 완전한 모습이 전해지지 않는다. 그러나 천신인 이비가(夷毗訶)와 산신인 정견모주(正見母主) 사이에 태어난 아들이 국가를 건설하는 개국신화는 본래 대가야의 건국신화여서 대가야 연맹왕국 중심으로 기록되었다. 이러한 건국신화의 존재는 대가야국 중심의 가야연맹이 성립되었던 것을 알려준다. 4세기경까지 금관가야 중심의 전기가야연맹이 성립되었으나, 이를 대신하여 5세기경에는 대가야 중심의 후기가야연맹이 성립되어 있었다. 6세기까지 지속된 가야연맹왕국은 중앙집권적 귀족국가체제를 성립시키지 못한 상태에서 신라에 편입되었다.

『Koreana』, 2006년, 봄호

6. 소연맹국시대의 소도신앙

1) 천군(天君)

삼한(三韓)시대의 제사장인 천군은 국읍(國邑)에 있으면서 천신(天神)에게 제사를 드렸다. 『삼국지(三國志)』 한전(韓傳)에는 "귀신(鬼神)을 믿었으며, 국읍에서는 각기 한 사람을 세워 천신을 주제(主祭)하게 했는데 이를 천군이라 부른다"라고 하였다. 이 기록과 이어져 바로 소도(蘇塗)가 설명되고 있기 때문에, 천군은 소도제의의 주제자로 파악되기도 한다. 그는 소도에 있으면서 큰 나무를 세우고 거기에 방울과 북을 달고 천신과 여러 귀신을 함께 섬겼다고 한다. 이러한 주장에 대한 이설도 있다. 천군은 소도가 아닌 국읍에 거주하였으며, 제천의례를 행한 것이 아니라 오로지 천신만을 제사했다고 한다.

제천의례는 연맹왕국 시대에 왕실이 자기 부족의 조상신인 천신과 연맹왕국 속에 병합되어 들어온 다른 부족의 조상신인 지신(地神)을 함께 제사하는 것이다. 제천의례를 행하기 이전에는 소연맹국(小聯盟國) 사회가 성립되어 있었고 소도신앙이 행해졌다. 소연맹국 시대의 왕실과 그 내에 복속되어 들어온 다른 읍락이나 성읍국가의 지배자는 정치적으로 어느 정도의 지배와 종속관계를 성립시켰지만, 종교적으로는 완전히 독자의 제의를 행하였다. 소연맹국 속에 복속된 성읍국가의 지배자들이 별읍(別邑)을 성립시켜 자기 부족의 조상신인 지신(地神)을 제사하였다면, 왕실은 국읍에서 천군을 임명하여 그들의 조상신인 천신에게 제사를 드렸다.

2) 소도

삼한시대의 제의 장소인 소도에 관한 기록은 『후한서(後漢書)』·『삼국지』·『진서(晉書)』·『통전(通典)』 등에 전한다. 그 중 우리나라의 사정을 가장 자세하게 기록한 『삼국지』 위서(魏書) 한전에는 소도에 대해 "또 이들 여러 나라에는 각각 별읍이 있는데 이것을 소도라 한다. 큰 나무를 세우고 거기에 방울과 북을 매달아놓고 귀신을 섬긴다. 도망자가 그 속에 들어가면 모두 돌려보내지 않아 도둑질하기를 좋아한다. 그들이 소도를 세운 뜻은 마치 부도(浮屠)를 세운 것과 같으나 그 행해진 바 선악은 달랐다"라고 하였다. 이 기사는 소략하지만 신앙이나 의례 및 삼한시대의 정치·사회상을 알려주는 중요한 자료로서 일찍부터 그것에 대한 많은 연구가 행해졌다.

우선 민속학적 측면에서의 일련의 연구가 있다. 소도는 제의가 행해지는 신성지역이며 별읍이 바로 성역이다. 그런가 하면 그것은 읍락의 원시 경계표라고도 한다. 그리하여 소도는 신단(神壇)의 의미인 '수두'나 높은 지대의 의미인 '솟터'에서 유래하였다고 한다. 성역으로서의 소도는 대마도(對馬島) 등에 일부 전하기는 하나 우리 민족의 현존 민속에서는 전하지 않는다. 이와는 달리 소도를 신간(神竿)으로 해석한다. 소도란 '솟대'·'솔대'·'소줏대' 등에서 온 말로, 여기서의 '소'는 '길게 또는 곧게 뻗는다'라는 의미이고 대는 '간(竿)'을 뜻한다. 때문에 소도는 입간(立竿)의 의

미라고 한다. 혹은 소도는 고간(高竿)의 몽고어 발음에서 유래하였다고 한다.

소도는 현재 우리 민족의 민속에 나타나는 세 종류의 장간(長竿)을 의미한다. 첫째는 개인의 가정에서 경사나 기도를 드릴 때에 임시로 세우는 신간이요, 둘째는 마을의 동구에 건립하는 '솟대'·'거릿대'··'수살목(木)' 등이고, 셋째는 등과자(登科者)가 자기 집의 문전이나 산소 또는 마을 입구에 세우는 화주(華柱)이다. 또한 이러한 의미의 소도는 만주의 신간이나 몽고의 오보(鄂博), 인도의 찰주(刹柱)나 인타라주(因陀羅柱)와 같은 성격을 가진다. 즉 소도는 종교적인 일정한 성역으로, 그 안에 긴 장대를 세워 이를 중심으로 제의를 행하던 곳이다.

소도에 대해서는 역사학적 측면에서도 연구되었다. 소도신앙이 청동기시대의 산물이라면 그 정치적 지배권을 장악한 성읍국가의 지배자들은 철기문화를 가졌다. 특히 도망자를 잡아내지 못한다는 점에서 이를 "철기문화가 성립시키고 있는 새로운 사회질서에 대항하는 반동적인 성격을 가진 것이다"라고 파악하였다. 이와는 달리 소도는 성읍국가 이전 단계인 군장(君長)사회에서 천군이 임무를 수행한 장소라고 한다. 즉 소도는 신전과 같은 위엄을 가지면서 당시 사회의 중심지가 되었고, 거기에서 제사장으로서의 천군은 통치자와는 별도로 농경의식과 종교의례를 주관하였다. 그 뒤 천군에서 왕이 통치하는 사회로 발전하면서 종교적 입장의 소도는 정치적 중심지로 그 위치가 변하여 갔다.

한편 별읍이 바로 소도였다고 하였으므로 소도는 소연맹국시대의 사회에서 행해졌던 제의였던 것으로 보려고 한다. 소연맹국의 왕실이 정치적 실권을 가지자 그 안에 들어온 다른 읍락이나 소국은 별읍을 이루고 있었으며, 그 지배자는 정치적으로 소연맹국왕에게 종속되었으나 종교적으로는 독립된 제의를 주관하고 있었다. 천군이 소도에서 행한 의례를 주재한다는 주장은 통설로 되었지만, 이와는 다른 주장도 있다. 소연맹국 안의 별읍이 소도여서 그곳에서는 지신(地神)이나 토템신(totem神) 등 귀신이 숭배되었던 반면, 천군은 국읍에 있으면서 천신을 제사하였다. 즉 별읍의 지배자는 소도에서 지신인 그들의 조상신에게 제사를 드렸다.

소도는 『삼국사기』나 『삼국유사』에는 나오지 않고 『삼국지』 한전에만 나오기 때문에 삼한사회에만 존재한 것으로 생각되었다. 그러나 성읍국가나 읍락이 받드는 조상신이 소도신앙으로 흡수되었지만, 실제로는 국읍의 천신과 여러 별읍의 지신으로 각각 신앙되었다. 그러다가 연맹왕국이 확립되면서 천신과 여러 부족의 지신을 함께 묶어 제의를 행하는 제천의례로 바뀌어갔다. 그럴 경우 소도신앙은 반드시 삼한사회에서만이 아니라 연맹왕국이 확립되기 이전 사회에 보편적으로 존재한 것이 된다.

3) 별읍

3세기경 삼한의 촌락인 별읍은 규모가 큰 촌락을 지칭하는 국읍과 대조하여 기록되었다. 삼한사회의 가장 보편적인 사회단위는 읍락(邑落)이다. 그것은 책화(責禍)를 행하고 종교적 제의를 통해 동질성을 추구해 가는 부락공동체이다. 삼한의 여러 나라에는 별읍이 있어서 그것을 소도라 불렀으며, 변한과 진한에는 역시 12국이 있고 또한 여러 작은 별읍이 있는데 각각 거수(渠首)가 거주한다고 했다. 전쟁이나 사민(徙民) 등으로 읍락은 분화 발전하여 갔으며, 개중의 어떤 것은 성읍국가로까지 성장하였다. 반면 어떤 읍락은 다른 성읍국가에 병합되기도 했다.

읍락이 다른 읍락이나 성읍국가에 병합되어 존재하는 상태가 별읍이다. 삼한에는 78개의 성읍국가가 있었다. 그 중 대국은 일만여 가(家)를 거느렸는가 하면 소국은 6백여 가를 가진 데에 불과하다. 일만 가에 이르는 대국은 같은 시기 고구려의 인구 3만 호(戶)나 동옥저(東沃沮)의 5천 호등과 비교하여 결코 작은 것이 아니다. 삼한의 대국은 이웃 읍락이나 성읍국가를 병합하여 성립되었으며, 소연맹국을 형성하였다. 별읍은 소연맹국 내에 존재하였다. 별읍은 삼한 78개의 성읍국가와는 별개의 독립된 영역을 가진 것은 아니며, 큰 국가 속에 편입되어 있었다.

다만 성읍국가와 그 내에 병합된 별읍은 거의 독자적인 지배체제를 가졌다. 별읍의 지배자는 거수였는데 당시 성읍국가의 지배자도 거수 또는 장수(長帥)로 불렸다. 삼한은 고구려나 부여에서처럼 강력한 연맹왕권을 성립시킨 것이 아니어서 성읍국가의 지배자들은 연맹왕의 신하인 귀족으로 성립되지 못했다. 자연 그들은 읍락에 거주하였고 소연맹국 체제가 영위되었다. 소연맹국의 왕실은 그 내에 편입된 별읍을 확고하게 지배한 것이 아니었다. 우선 별읍은 종교나 제의에 관한 독자적 신앙을 가졌는데, 그것이 소도신앙이다. 아울러 정치적으로도 반 독립적인 통치체제를 가져 그곳으로 도망해 온 범죄자를 잡아가지 못하였다.

7. 중국의 고구려사 왜곡, 어떻게 대응할 것인가

1) 중국의 동북공정

중국은 사회과학원 직속의 변강사연구소[邊疆史地硏究中心]에 2002년 2월부터 범국가적 차원에서 5년간 3조원이라는 예산을 들여, 동북공정[東北辺疆史與現狀系列硏究工程] 프로젝트를 출범시켰다. 중국 동북지방의 역사·지리·민족 문제 등을 학구적으로 다루면서, 이 프로젝트는 고구려사를 비롯해서 고조선·발해사를 자의적으로 왜곡하여 중국의 역사 속에 편입시키려는 것이다.

동북공정 프로젝트가 알려지면서 한국 정부와 학계 및 국민들이 고구려사에 대해 큰 관심을 불러 일으켰다. 중국의 고구려사 왜곡 노력은 오래전에 시작되었다. 1992년 한국과 중국이 수교한 이후 입국한 조선족 학생이나 학자들은 이미 고구려를 중국사 속에 존재한 지방정부라고 배워왔다. 이 글은 중국의 고구려사 왜곡 실정을 살펴서, 그 대응 방안을 모색할 것이다.

2) 중국의 고구려사 왜곡과 그 배경

1980년대에 개혁과 개방정책을 추진하면서, 중국은 '통일적 다민족국가론(多民族國家論)'을 내세워 소수민족에 대한 정책을 수립하였다. '통일적 다민족국가'라는 지금의 상황을 과거 역사에 그대로 투영함으로써, 중국은 고구려사를 자국의 역사로 귀속시키려 하였다. 그렇게 되면 현재는 물론 과거의 중국 영토 내에 존재했던 국가의 역사는 모두 중국사에 속하게 된다. 그것은 역사 연구를 정치적 목적에 봉사하도록 강요하는 결과를 낳았다. 이후 중국 학계는 고구려사를 한국사에서 억지로 떼어내는 작업을 서둘렀다. 중국이 고구려사를 왜곡하는 주된 내용은 대략 다음과 같다.

첫째 한민족은 만주와 한반도에서 농경을 영위하던 한·예·맥족을 근간으로 형성되었는데, 고구려 족속은 이들과 다른 중국민족의 한 갈래로 파악하였다. 그리하여 한국사의 체계는 진국과 삼한으로 이어지고, 고조선과 고구려는 중국사로 이해되었다. 둘째 고구려는 현토군 내의 고구려현에서 출발한 국가로, 뒤에 왕국으로 승격하였지만 역시 현토군이나 요동군에 소속되었고 시종일관 중국으로부터 책봉을 받았다는 것이다. 셋째 신라의 삼국통일을 부정하고, 당이 고구려와 백제를 정벌하였다고 한다. 실제로 당 이후의 중국 사서에서 신라가 삼국을 통일했다는 기록은 삭제되었다. 넷째 고구려 멸망 이후 주민의 상당수가 중국 민족으로 흡수되었다. 따라서 고구려와 고려의 계승 관계를 부정하면서, 그 족속도 다르다고 한다.

이렇듯 중국이 고구려사를 왜곡하려는 배경에는 우선 '통일적 다민족국가'를 유지하려는 정치적 의도가 짙게 깔려있다. 중국은 한족 외에 56개의 소수민족으로 이루어졌기 때문에 그들이 모여 사는 신장 위구르자치주와 운남성 등 국경 지방에 대해 많은 관심을 가졌다. 이들이 모두 독립하였을 경우 분해될 수밖에 없기 때문에, 중국은 티베트의 독립운동을 무력으로 진압한 바 있다. 한ㆍ중 수교 이후 한국인들이 대규모로 몰려가 고구려와 발해의 유적을 답사하는가 하면, 조선족들이 코리언 드림을 꿈꾸며 한국으로 들어왔다. 2001년 한국 국회에서 상정된 「재중동포에 대한 특별법」은 중국의 동북 지역에 대한 관심을 더욱 자극하였다.

다음으로 조선족 문제와 연관하여, 중국은 한반도 통일 이후의 사태를 대비해 왔다. 즉 장기적으로 볼 때 남북통일 이후의 국경 문제를 비롯해서 영토 문제를 해결하기 위한 방도를 강구하였다. 인간의 본성은 자유분방하고 개인적인 소유를 갖고자 원하기 때문에, 그것과 배치되는 공산체제는 시간상의 문제일 뿐 언젠가는 변화하던가 아니면 무너지게 된다. 북한의 체제가 합의에 의해 남한과 통합되지 않고 붕괴되었을 경우, 중국은 어떤 형태로든 이 지역에 대한 연고권을 주장할 것이다. 고구려사 왜곡의 한 원인을 바로 이런 점에서도 찾을 수 있다.

3) 민족문화 속의 고구려

고구려는 만주와 한반도 중북부를 활동 무대로 삼아, 고조선에서 삼국을 거쳐 통일신라ㆍ발해로 이어지는 한국사의 거대한 물줄기를 형성하였다. 그것은 마치 금와왕의 아들인 대소 형제들에게 쫓긴 주몽이 마리·협부 등의 신하를 거느리고 만주벌의 새로운 천지를 찾아 국가를 건설하는 모습을 떠올리듯, 민족사의 고동치는 맥박 소리를 듣게 한다. 거칠면서 거대한 고구려문화는 한민족의 뻗어 가는 기상과 패기를 느끼게 한다. 그래서인지 발해사와 함께 고구려사는 고려초기나 몽고항쟁기 등, 우리 민족이 북방으로 진출하려는 팽창 의욕이 팽배한 시기에 강조되었다.

국권이 상실되어간 일제시대 초기에 만주와 조선을 같은 문화권으로 보려는 만선사관이 주장되었다. 그것은 일본이 한반도를 확보한 후 만주로 진출하려는 대륙정책을 위해 마련되었다. 그러나 괴뢰정권인 만주국을 건국하자, 일제는 고구려나 만주의 역사를 한국사에서 분리하였다. 오히려 만주의 역사 속에 중앙아시아의 역사를 포함시켰다. 만주를 확보한 일제가 아시아대륙으로 진출하려는 야욕을 드러낸 셈이다. 광복 이후 남북으로 갈라진 상황에서, 남한의 만주나 고구려사에 대한 관심이 소극적으로 나타났다. 통일을 대비해서 이 지역의 역사에 대한 연구는 제고되어야 한다.

고구려문화의 특성은 비록 패기에 찬 것이라 하더라도, 한국사 속에 흡수되어 민족문화를 정립하는데 기여하였다. 고구려나 백제 또는 신라문화의 특성을 너무 강조하는 연구는 바람직하지 않다. 그것은 소위 분리사관으로 이어지며, 고구려나 백제문화를 한국사에서 떼어내는 결과를 초래할 수 있다. 더군다나 지역 감정과 연결된다면 오히려 부작용만을 남긴다. 고구려문화가 아무리 독특한 것이라 할지라도 민족문화로 정립되었다는 데에서 의미를 갖는다. 즉 고구려문화는 삼국문화와 공통적 기반을 많이 가졌으며, 한편으로 민족문화의 성격을 형성하는데 보탬이 되었다.

4) 고구려사 왜곡에 대한 대응 방안

한국사회는 고구려사의 왜곡 문제로 너무 들떠있다. 감정을 자제하면서 고구려사에 대한 연구를 차분히 진행해야 한다. 이미 김부식은『삼국사기』에 고구려사를 잘 정리하여 편찬하였다. 유교의 합리주의적 사관을 가졌지만, 그는 신라 · 고구려 · 백제의 역사를 중국 왕조와 대등하게 본기로 서술하였다. 반면 중국 정사 속에서 고구려사는 본기가 아닌 동이전 속에 포함되었다. 스스로 고구려사가 중국의 자국사가 아님을 나타낸 셈이다. 이 점은 중국의 고구려사 왜곡에 대해 상대하거나 일일이 논박할 필요를 없게 한다. 사실 중국이 내세운 고구려사 왜곡 내용은 논리적으로 설득력이 약한 것이다.

다만 이번 기회에 민족문화 속에 고구려사를 정립해 가는 방도를 설정할 필요가 있다. 첫째 고구려를 포함한 고대 동북아시아의 역사를 체계적으로 연구해야 한다. 한 · 예 · 맥족으로 이루어진 한국고대의 민족 문제를 조명해야 한다. 특히 남포항을 개척하여 해상 진출과 함께 남북조를 견제 · 조정했다는 면에서, 고구려의 평양천도 문제 등은 새롭게 접근되어야 한다. 둘째 고구려사는 신라나 백제사와 비교 검토되어야 한다. 이럴 경우 삼국사회가 족장으로 편제되었다는 공통기반을 발견하고, 고구려사는 민족사 속에 융해되어 정립될 것이다. 셋째 신라의 삼국통일과 민족문화의 형성문제 등을 중시하여 연구하여야 한다. 그리하여 고구려문화가 민족문화로 정립되는 요소를 사실적으로 밝혀야 한다. 그동안 국내 학계에 신라의 통일을 부정적으로 보려는 견해가 있었는데, 이는 심히 유감스러운 일이다.

5) 고구려사에 대한 관심의 지속

한국사회에 중국의 고구려사 왜곡 문제가 회오리바람을 일으켰다. 그것에 대처하는 우리들의 자세는 감정을 너무 앞세우지 않았는지 반성이 앞선다. 이제는 소란을 잠재우면서 차분히 연구에 전념해야 한다. 연구된 업적이 축적되지 않은 상황에서 홍분으로 우왕좌왕하는 것은 오히려 고구려사 왜곡을 기정사실로 만들 위험을 가졌다. 다만 솥처럼 달았다가 식어지면, 고구려사에 대한 연구도 흐지부지되는 과오를 되풀이해서는 안 된다.

2001년 유네스코총회에서 평양의 고구려 고분군을 세계문화유산으로 등재하려던 북한의 노력이 중국의 반대에 부딪혀 실패로 끝났다. 2004년 6월 중국에서 열린 유네스코총회에서 집안현 일대의 고구려 유적을 중국의 세계문화유산으로 등록하면서, 평양 일대의 고구려 고분군도 북한의 세계문화유산으로 등록되었다. 우리 정부의 노력이 있었던 것으로 안다. 고구려사에 대한 학계뿐만 아니라 국민이나 정부의 지속적인 관심이 중국의 고구려사 왜곡 문제를 보다 쉽게 푸는데 도움을 줄 것이다. 고구려연구재단의 설립은 늦었지만 다행한 일이다. 아울러 영토문제를 풀기 위한 외교적인 노력을 경주해야 할 것이다.

국민대신문, 2004년 1월 1일

8. 삼국문화의 동질성론

1) 삼국문화 특성의 강조

고구려와 백제 및 신라의 삼국은 지리적인 위치나 국가의 체제를 정비하면서 성장하는 시기가 달랐던 때문에서인지, 일찍부터 삼국문화의 특성을 강조하면서 그 차이를 설정하려는 연구 성과는 비교적 많이 축적되어 있다. 그리하여 삼국문화의 차이는 여러 면에서 다양하게 이끌어 낼 수 있다. 우선 삼국이 국가체제를 정비하여가는 영주(英主)들을 대비해 보면, 그 문화의 성격을 이해할 수 있다. 다음 〈표 1〉은 이런 면을 편리하게 알려 준다.

〈표 1〉 삼국 영주 대조표

	高句麗	百濟	新羅
1	南閭 BC. 128년 朱蒙 BC. 37년	馬韓王 (辰王) 溫祚 BC. 18년	南韓王 朴赫居世 BC. 57년
2	⑥ 太祖王 (53~146년)	⑧ 古爾王 (234~286년)	⑰ 奈勿王 (356~402년)
3	⑰ 小獸林王 (371~383년)	⑮ 枕流王 (384년)	㉓ 法興王 (514~540년)
4	⑲ 廣開土王 (391~412년)	⑬ 近肖古王 (346~375년)	㉔ 眞興王 (540~576년)

북쪽에 남려(南閭)나 남쪽에 백제(伯濟)나 사로국(斯盧國)을 포함해서 주위에 무수히 존재하는 성읍국가로 출발한 고구려와 백제 및 신라는 각각 태조왕과 고이왕 및 내물왕이 실질적 시조로 등장하면서, 연맹왕국 체제를 성립시켰다. 그러다가 소수림왕과 침류왕 및 법흥왕 때에 불교를 공인하면서 중앙집권적 귀족국가로의 체제정비를 단행하였다. 대체로 가장 일찍 국가 체제를 정비한 고구려보다 약 100년 정도 늦게 백제가, 또한 이보다 약 100년 뒤늦게 신라가 국가 체제를 정비하면서 등장한 셈이다.

삼국이 각각 정복국가 체제를 갖추고 영토를 넓히면서 강성했던 시기는 고구려의 광개토왕과 백제의 근초고왕 및 신라의 법흥왕 때이다. 그런데 국가 체제를 정비하는 면에서 고구려와 백제가 다른 모습을 보여준다. 즉 고구려는 소수림왕 때의 체제 정비를 거치고, 이를 바탕으로 하여 광개토왕 때에 웅략적인 발전을 이루어갔다. 반면 백제는 이미 근초고왕 때에 주위를 정복하면서 영토를 광대하게 넓혔고, 그 다음 대인 침류왕 때에 국가 체제를 정비하고 있다. 이러한 차이는 고구려와 백제문화를 분명히 다르게 발전시켰다.

고구려의 체제정비는 영토 팽창야욕을 담았기 때문에, 그 문화가 거칠면서 거대하고 패기와 함께 고동치는 맥박 소리를 느끼게 한다. 반면 백제는 이미 넓혀진 판도를 유지하기 위해 체제를 정비하였다. 때문에 백제문화는 귀족문화가 세련되는 방향으로 나아갔다. 즉 패기가 다소 빠져나갔을 지라도 백제문화는 우아한 정제미를 표출하였다. 그런데 신라의 국가 체제 정비 과정은 고구려의 모습을 거의 그대로 따르면서 그보다 후에 추진되었다. 신라는 법흥왕 때의 체제 정비를 바탕으로 진흥왕 때에 비약적으로 발전하였다. 이는 신라문화가 화려하면서도 패기찬 성격을 간직하면서, 최종적으로 삼국을 통일해 가는 저력을 갖게 하였다.

또한 삼국은 지정학적인 위치로 말미암아 그 문화의 성격을 달리하였다. 고구려의 주민은 한반도 북부와 만주에 걸쳐 산간에 흩어져 생활하였고, 토착족인 예맥족과 새로운 기술문물을 가지고 내려온 부여족이 비슷한 문화적 경험을 가졌다. 즉 그들은 북방 새외민(塞外民)의 유목문화와 중국의 농경문화를 모두 경험하였다. 이렇듯 비슷한 문화경험을 가진 토착민과 유이민의 결합은 쉽게 이루어졌고 큰 마찰을 일으키지 않았다. 고구려사회는 비교적 단조롭게 체제 정비를 단행할 수 있었다. 그러나 유이민 세력이 강한 백제와 토착 세력이 강한 신라는 이와 다른 양상을 보여준다.

백제는 한강유역에서 호남벌을 타고 뻗어 내려오면서 평야와 강이 어우러진 지역에 건립되었다면, 신라는 차령산맥과 노령산맥으로 가로 막힌 지역에 낙동강 줄기가 동남의 해안으로 이어지는 지역을 기반으로 건국되었다. 백제 지역에는 문화의 전파와 교류가 빈번하여 토착부족이 뿌리를 내렸다기보다는 유이민 세력이 강하게 유지되었다. 반면 신라지역은 이와 사정이 달랐다. 대동강과 한강을 거치면서 거기에 잔류함으로써, 약해진 유이민 세력은 소백산맥을 넘어 들어오더라도 토착민에게 흡수·동화되기에 이르렀다. 그리하여 백제문화가 개방적이고 진취적 성격을 갖는데 비해 신라문화는 토착문화를 간수하면서 보수적 성격을 가졌다.

지정학적 위치에 따라 삼국이 대륙으로부터 받아들이는 문화의 양상이 달랐다. 이미 지적했듯이 고구려는 중국민족은 물론 북방의 새외민족과도 교류하였다. 중국이 남북조로 성립되었을 당시에 고구려는 북조는 물론 남조와도 자유롭게 교류하면서, 남북조를 상호 견제시키는 속에 강력한 국력을 키울 수 있었다. 그러나 백제는 북방의 새외민족은 물론 북조와의 교류도 사실상 어려웠다. 오히려 중국 남조문화를 풍부하게 받아들이는 방향으로 외교의 폭이 축소되었다. 이에 비해 한반도의 동남방에 치우친 신라의 외교는 보다 더 축소되었다. 뒤에 한강유역을 정복하여 중국과 직접으로 교류하는 길을 트기까지, 신라는 고구려를 통해서, 또는 백제를 통해서 각각 중국의 북조 및 남조와 교류하였다.

이러한 차이로 말미암아 삼국문화의 특성에 대해서는 계속해서 지적할수 있을 것이다. 지금까지의 연구는 모두 삼국문화의 차이나 특성을 밝히는 면에서 추진되었고, 그 연구의 성과도 제법 축적된 셈이다. 그러나 삼국문화의 특성을 지적하는 것은 옳다고 생각되지는 않는다. 이는 엄밀히 말해 분리사관에 속하는 것이라고 할 수 있다. 삼국문화는 아무리 독특하고 또한 훌륭한 것이라 하더라도, 그 자체로서 분리해서 파악하는 것은 무의미하다. 즉 그것은 민족문화로 형성되어진 데에서 의미를 찾아야 한다. 삼국문화의 특성은 민족문화의 조류 속에서 이해하려는 것이 중요하다.

2) 민족문화의 성립

거칠면서 거대한 고구려문화는 아담하면서도 세련된 백제문화를 이루는데 영향을 주었고, 다시 신라문화로 이어지면서 화려하면서도 패기찬 성격을 지니게 하였다. 이렇듯 삼국문화는 각각 독특한 특성을 가지면서 신라의 통일과 함께 모두 민족문화를 이루는데 능동적으로 작용하였다. 삼국문화를 모아 민족문화를 이루었다는 데에 신라의 통일은 중요한 의미를 지닌다. 민족문화의 성립에 절대적으로 기여한 것은 신라의 삼국통일이다. 때문에 통일신라의 문화에 대해서는 민족문화의 성립문제를 이해하기 위해 앞으로도 중요하게 다루어야 할 분야이다.

수많은 성읍국가 중의 하나로 출발한 고구려 및 백제와 신라가 각각 주위의 읍락이나 소국을 복속하면서 서로 영역을 맞대게 된 것은 6세기경이었다. 이후 7세기 후반에 삼국이 통일되기까지 약 1세기가 경과한 셈이다. 삼국이 각각 독자의 문화를 발전시키는 기간이 길면 길수록, 통일 이후 민족문화를 성립시키는 과정에서의 불협화음은 크게 나타날 수밖에 없다. 그것이 이른바 오늘날의 지역 갈등을 조장하는 요인으로 작용하기도 한다. 그런 면에서 삼국통일은 가능한 빨리 이루어졌어야 한다. 삼국통일이 7세기가 아니라 8세기나 그보다 더 뒤에 이루어졌다면, 이에 따른 우리 사회의 후유증은 더 심각한 모습으로 잠복하였을 것이다.

요즘 신라 삼국통일의 의의를 부정하는 주장이 있는데, 이는 매우 바람직하지 못한 것이다. 하물며 고려의 후삼국 통일에 더 의미를 두려고도 한다. 신라의 통일을 전제로 하지 않는 이러한 주장은 무책임하기 짝이 없다. 더욱이 신라가 당나라를 끌어들여 동족인 백제와 고구려를 멸망시켰다거나, 한반도의 북방에서 만주 대륙에 이르기까지 강잉하였던 고구려가 중심이 되어 통일을 이루지 못하였기 때문에 신라의 통일을 비판적 시각으로 바라보기도 한다. 이 또한 정곡을 잃은 것이다. 특히 신라의 통일이 외적을 끌어들여 동족을 친 '반민족행위'라는 논리는 이념사학에 물든 비뚤어진 시각의 산물이며, 차분한 학문적 접근에 의해 이루어진 것이 아니다.

고구려 · 백제 · 신라가 동질성을 가졌다고 하지만, 서로가 오늘날과 같은 배달민족이라는 동족관념을 갖지 않은 상태에서 통합을 위한 싸움은 더욱 처절하게 전개될 뿐이었다. 6세기 말에 수(隋) 또는 당(唐)나라와 신라로 이어지는 국제 블록과 돌궐에서 고구려 · 백제 · 왜(倭)로 이어지는 국제 블록 사이의 냉혹한 역학(力學) 관계에서, 신라가 삼국 통일을 이루는 과정을 객관적으로 바라보아야 한다. 고구려가 중심이 되어 삼국의 통일을 이루었더라면 더 좋은 결실을 거두었을 것인지는 장담할 수 없는 문제이지만, 이는 본질을 이끌어내는 작업이 아니다.

민족문화의 성립에 절대적으로 중요한 것은 가능한 빨리 최초의 통일국가를 이루는 작업이었다. 고구려의 영역을 많이 상실하였기 때문에 비록 불완전한 것이기는 하지만, 통일이후 신라는 삼국문화를 통합하여 새로운 민족문화를 창조하면서 그 전승과 창달에 힘을 기울였다. 그리하여 통일신라의 주민이 뒤에 한민족을 이루는 근간이 되었고, 그들이 이루어 놓은 사회와 문화가 한국사의 주류가 되어 민족문화 전통 속에 전승되었다. 통일후 실제로 신라는 삼국문화를 통합하는데 힘을 쏟았다.

이런 면은 우선 정책적으로 추진되었다. 고구려와 백제의 귀족들에게 신분에 따라 각기 알맞은 관직을 주어 통일된 신라의 지배 체제 안으로 받아들였다. 또한 넓어진 영토를 효과적으로 다스리기 위해 주(州) · 군(郡) · 현(縣)의 지방제도를 정비하여 전국을 9주(州)로 나누었는데, 옛 신라와 고구려 및 백제 땅에 각각 3주씩을 두었다. 신문왕 때에 완성된 신라 국방군의 중추인 9서당(誓幢)은 신라인뿐만 아니라 고구려 · 백제 · 말갈족까지를 모두 포함하여 조직되었다. 삼국통일 이후 만개된 신라문화가 주도적인 역할을 담당하면서, 고구려와 백제문화에 대해서도 충분히 흡수하여 민족문화를 성립시켰다.

통일신라 문화가 통합적 성격을 갖는 것도 민족문화의 성립과 전통의 창달에 기여하였다. 당시 민족문화에서 중요한 위치를 담당하였던 불교사상이 융섭적인 경향을 가졌다. 화엄사상이 원융(圓融)한 성격을 가졌고, 특히 의상(義湘)은 원칙적인 하나 속에 전체를 통합하려는 성기론적(性起論的) 화엄사상을 가졌다. 즉 원칙적인 하나를 중시하여 그에 유추하여 전체를 이해하려고 한다. 이는 경험에 기초하여 사실적인 이해를 중시하려는 중국문화의 모습과는 다른 것이다. 또한 실상론적(實相論的)인 유식(唯識) 즉 법상종(法相宗)사상도 중국에서와는 달리 원융한 모습을 보여준다. 융섭적인 통일신라의 문화는 고구려나 백제문화를 통합하여 민족문화를 성립시키는데 유리하게 작용하였으며, 이후 새로 들어오는 문화를 통합하려는 것이 민족문화 전통으로 전승되었다.

3) 삼국문화의 공통적 기반

삼국문화는 아무리 독특한 것이라 하더라도 모두 합쳐져서 한국의 민족문화로 이루어졌다는 면에서, 그 사이의 이질성을 강조하려는 것은 옳지 않다. 오히려 동질성을 애써 내세우면서 삼국문화의 공통적 기반을 넓히려는 작업이 중요하다. 흔히 7세기 중반에 삼국이 한반도 내에서 쟁패를 다투는 전쟁을 수행하면서, 서로에 대한 적개심 또한 격렬하게 나타났다. 그리하여 삼국은 상호 거칠게 싸우면서도, 중국민족이나 북방의 새외민족 또는 왜와 우호관계를 유지하려고 애썼다. 이렇듯 처절한 투쟁을 전개하던 삼국과 그 문화를 과연 동질성으로 이해하려는 것이 가능한가와 같은 자가당착에 부딪힌다.

다만 삼국 간의 과격했던 투쟁으로 말미암아 서로의 이질성을 강조하는 것도 역시 정곡을 잃은 것이다. 주위의 소국을 통합하면서 영역국가로 발전한 삼국이 영토를 맞부딪히면서, 상대방을 통합하려는 전쟁을 수행해 갔다. 영역국가로 성장하기까지 정복적인 통합전쟁을 주관하던 삼국은 7세기를 맞으면서 당연히 상대를 통합하려는 야심을 갖기에 이르렀다. 그런데 통합을 위한 전쟁을 치루는 것 자체는 삼국사회가 동질성을 더 많이 가졌다는 것과 함께 격렬한 적개심을 표출하게 된다는 사실을 생각하게 한다. 이는 정확한 비유가 되지는 않겠지만, 냉전체제 아래에 있을 당시에 남한과 북한이 서로에 대한 적개심을 강하게 나타내었던 사실만으로도 충분히 이해될 수 있는 것이다.

신라는 선덕여왕 때에 이웃나라의 침공을 진압하기 위해 황룡사(皇龍寺)에 구층탑을 세웠다. 그리하여 진압하려는 국가를 1층에서부터 9층까지 차례로 명시하였다. 즉 정복군주인 전륜성왕(轉輪聖王)이나 찰리종왕(刹利種王)으로 칭하던 신라 왕실이 진압하려는 대상으로 일본(日本)·중화(中華)·오월(吳越)·탁라(托羅)·응유(鷹遊)·말갈(靺鞨)·단국(丹國)·여적(女狄)·예맥(濊貊)을 선정하였다. 그중에 예맥을 설정하였다고는 하지만 실제로 위협의 대상인 고구려와 백제가 빠져 있는 셈이다. 이는 신라가 고구려와 백제를 진압이 아닌 통합의 대상으로 파악하고 있다는 것을 생각하게 한다.

중국이나 북방의 새외민족 또는 일본과는 달리 고구려·백제·신라의 삼국은 통합되어야 할 동질성을 비교적 많이 가졌다. 그리고 보면 삼국사회에는 언어가 크게 다르지 않아 소통이 가능했던 듯하다. 중국 군현이던 낙랑과 한강유역의 여러 국가 사이에는 언어가 통하지 않아 외교문제가 발생하면 통역을 통해 해결하려고 하였다. 그리하여 통역을 잘못 전해줌으로써 전쟁이 일어나기도 하였다. 반면 삼국 간에 언어의 장애로 인한 문제가 발생했던 것 같지는 않다. 오히려 백제에서 박해를 받았던 백성이 고구려로 도주하여 편히 살거나, 파견된 간첩이 성공적으로 임무를 수행하고 있다.

그러나 삼국이 완전히 같은 언어를 사용한 것 같지는 않다. 예를 들면 지역을 뜻하는 말을 고구려는 '홀(忽)'로, 백제는 '부리(夫里)' 또한 신라는 '화(火, 불)'라고 하였다. 이는 삼국이 지역을 조금씩 달리 불렀던 사실을 알려주지만, 그 각각이 가리키는 '고을' 또는 '마을' 및 '들'은 현재 우리 말 속에 모두 들어와 있는 것이다. 이런 모습은 삼국문화의 이질성과 동질성을 이해하는데 시사성을 준다. 고을과 마을과 들 정도로 구별되던 당대 삼국문화의 차이는 지역을 가리키는 공통적 기반을 보다 많이 가졌기 때문에, 모두 우리 말로 갖추어져 민족문화 속에 포용되었다.

그러면 각각 특성을 가졌을 지라도 모두 민족문화로 흡수될 수 있는 삼국문화의 공통적 기반을 구체적으로 지적할 필요가 있다. 첫째 삼국은 국가체제를 정비하는 과정에서 사회를 편제하는 방법을 공유하고 있다. 즉 족장(族長)을 편제하는 방법이 같다는 것이다. 또한 이 점은 중국이 왕자나 귀족을 소국의 제후로 봉하는 봉건제와도 뚜렷하게 구별되는 부분이다. 상고대에 한반도에는 지금의 군 정도의 영역을 단위로 읍락이나 성읍국가가 성립되어 있었다. 이들 국가가 통합되어 연맹왕국을 이루고, 영역국가를 성립시키면서 율령을 반포하여 중앙집권적 귀족국가를 성립시켰다.

이러한 국가체제의 정비과정은 삼국사회에 공통으로 나타난 것이다. 그리하여 삼국의 왕실은 정복하거나 흡수한 성읍국가의 지배자를 귀족으로 편제하였는데, 이 때 그들이 본래 관할하던 국가의 규모가 크면 클수록 더 높은 귀족으로 편입되었다. 정도의 차이는 있을지언정 삼국은 모두 흡수한 성읍국가의 지배자 즉, 족장을 중앙의 귀족으로 편제하면서 신분제 사회를 이루었다. 이렇듯 바로 삼국의 사회체제를 이루는 기본이 동질적으로 구성되었기 때문에, 삼국문화가 순조롭게 민족문화로 성립되게 하였다.

둘째 삼국문화는 기마족(騎馬族) 문화를 바탕으로 농경문화를 흡수하였기 때문에 고립된 지역문화를 낳지 않았다. 이러한 점 역시 남방의 농경문화를 기반으로 성립한 중국 사회와는 엄연하게 구별되는 부분이기도 하다. 중국은 언어가 8개 이상의 방언군(方言群)으로 구성되어, 그들 사이에 말이 통하지 않을 정도로 고립된 지역을 성립시키고 있다. 그래서인지 현재 대만의 TV방송에는 방언군의 언어소통을 위해 항상 한자 자막을 붙이고 있다. 우리나라의 경우 함경도나 제주도 방언이 특이하기는 하나, 의사가 소통되지 않는 경우는 없다.

한반도에서는 문화의 전파와 교류가 비교적 빠르게 진행되었다. 해양을 낀 서남해안 지역은 말할 것도 없거니와 내륙으로 들어간 고구려나 그 외 신라의 경우도 문화의 전파가 활발하게 이루어졌다. 그 이유는 처음에 내륙으로 들어오는 문화가 기마족 문화로서 갖추어졌기 때문이다. 유목 기마족 문화는 1960년대에 일본문화를 밝히려는 목적에서 주장되었다. 이론상으로 기마민족이 중앙아시아를 횡단하여 이동하는 데에 소요되는 기간은 한 달 정도면 충분하다고 한다. 그럴 경우 폐쇄된 고립 문화를 낳기 어렵게 된다. 기마족 문화를 기반으로 성립된 삼국문화가 공통적 기반을 훨씬 많이 가졌던 것은 분명하다.

한국 고대문화가 정립되는 과정에서 청동기문화를 성립시키는 기마족 문화를 밝히는 것은 민족문화가 형성되는 공통적 기반을 이해하는 작업으로 연결된다. 때문에 앞으로 기마족 문화를 사실적으로 추구하는 작업은 매우 중요하게 생각된다. 한반도의 전 영역에서 출토되는 풍부한 마구(馬具) 유물이나 대규모의 말 토우(土偶) 등은 기마족 문화가 광범하게 퍼져 있었던 사실을 알려주기에 충분하다. 기마족 문화 외에도 삼국문화 속에 존재하는 공통적 기반을 밝히려는 노력은 장려되어야 한다. 삼국이 이웃의 읍락이나 성읍국가 또는 소연맹국을 흡수·통합하여, 복합 문화를 정립하는 과정에서 설정된 공통된 문화기반은 얼마든지 끌어낼 수 있을 것이다.

9. 남북국시대론

1989년에 고등학교 국정 국사교과서(제5차 교과과정)의 집필의뢰를 받았다. 그 때에 나는 고대사 분야를 담당했는데, 그 이전 교과서와 비교하여 발해사 부분을 특별히 보강하였으며, 그 분량을 두 배 이상으로 늘여 서술하였다. 그럼에도 불구하고 발해사의 서술은 통일신라에 대한 서술 분량의 반 정도에 머물고 말았다. 실제로 발해사의 연구에서 밝혀진 사실들은 통일신라의 그것에 훨씬 못 미치고 있다.

집필이 끝나고 교과서를 편찬하는 과정에서, '통일신라와 발해'라는 소단원을 '남북국시대'로 정의하게 되었으니 양해해 달라는 문교부측의 요청이 있었다. 탐탁하게 생각하지는 않았지만, 그렇다고 나는 평소 꼭 그것을 반대해야 한다는 신념을 가지고 있지도 않았다. 1990년도 개정판 국사교과서에서 남북국시대라는 소단원이 설정되었다. 이제 남북국시대는 우리 주위에서 제법 귀에 익어 서먹하지 않게 되었으며, 그렇게 파악하는 것이 국사를 주체적으로 연구하는 것이고 애국하는 길로 여기게 되었다.

발해사를 한국사로 파악해서 그 문화를 이끌어 내어야 하는 것은 당연한 일이다. 우리 민족의 누구도 발해를 민족사로 파악하려는데 반대하는 자는 없다. 그런데 왜 지금 우리가 그러한 당연한 주장을 되풀이하고 있는가? 그것은 우리가 발해사를 연구해 놓은 업적이 이웃 나라에서 연구해 놓은 성과에 비해 보잘 것 없기 때문이다.

러시아에서도 발해사의 연구 성과는 괄목할만하게 이루어졌으며, 특히 중국에서 이에 대한 연구는 방대하게 정리되어 있다. 김육불(金毓黻)의 『발해국지장편(渤海國志長編)』은 발해사에 대한 문헌 자료를 총정리한 것으로, 이 방면 연구의 기본 자료로 활용되고 있다. 그 결과 발해사는 중국사의 일부로서 그들의 지방정부에 지나지 않는 것으로 연구되었고, 국제적으로는 이러한 주장이 설득력을 얻어 가는 추세이다.

한국사를 연구하는 학자 중 발해사를 전공하는 사람은 극히 일부인 두세 명에 불과한 실정이다. 우선 시급한 문제는 발해사에 대한 전공자가 많이 나와야 한다. 그러려면 발해사가 중요시되는 이유를 부각하면서, 관심을 기울이는 노력이 지속되어야 한다. 발해사는 우리의 영토 문제와 연관하여 마땅히 중요하게 다루어질 분야이다.

한국사에서 남북국시대라는 표현은 발해를 통일신라와 대등하게 보려는 시각이 담긴 것으로 바람직하지만, 이로써 발해사가 제자리를 찾게 되었다는 자만에 빠진 결과를 초래하지나 않았는지? '남북국시대'라는 용어가 사용되면서 발해사 정립을 위해 의당히 연구 · 노력해야 하는 자세를 망각하는 것은 아닌지 염려된다.

국민대학보, 1993년 9월 20일

10. 한국고대 사상사의 연구방법을 위한 제언

1) 연구방법론의 모색

한동안 국사학에 대한 열의와 관심이 고조되었는가 하면, 반대로 비판의 소리가 날로 높아 왔던 것도 사실이다. 그러한 비판은 주로 학문외적인 것이라 하여, 국사학자들은 이로부터 애써 초연하려 했다. 사실 사회체제와 영합하였다는 등 국사학이 엉뚱하게 비난을 받는 경우도 분명히 있었다. 그러나 일반인들이 국사학에 대해 갖는 기대에 만족감을 못 주는 경우, 국사학자들이 책임을 전가할 수만은 없다. 이를 해결하기 위해 국사학 자체의 수준이 높아져야 할 것이다.

국사학은 충분한 자기 영역을 가진 폭넓은 학문으로 정립되면서 연구

방법이 세련될 필요가 있다. 세분된 연구의 심화(深化) 작업 또한 계속해서 추구되어야 한다. 그런 의미에서 이 글은 한국고대의 사상사에 한정된 것이기는 하나 연구 방법론의 문제를 생각해 봄으로써, 앞으로의 연구에 조그만 보탬이 되기를 바라는 마음에서 작성될 것이다.

2) 고대사상사 연구방법의 현황

한국고대사에 관해 현존하는 자료는 대부분 고려중기 이후에 기록으로 남겨졌다. 물론 그것은 이전의 기록을 토대로 작성되었겠지만, 상당히 긴 기간 동안 전승되어 온 셈이다. 그 결과 거기에는 기록자인 고려시대 사람들의 의식구조가 강하게 반영되었는가 하면, 고대사회의 구체적 개별 사실보다는 신이한 관념적인 자료가 남아 대종을 이루게 되었다. 고대사 연구의 경향은 이러한 자료의 특성과 연관하여, 한국사의 다른 시대에 비하여 사학사(史學史) 내지 사상사 방면을 더 주목하였다.

『삼국사기』나 『삼국유사』의 자료적 검토는 사료 본래의 모습을 복원하려는 의도에서 행해졌다. 이러한 작업은 고대사 연구를 위해 선행되어야 바람직하지만, 그에 따른 어려움 또한 적지 않다. 기록될 당시의 고려사회 전반이나 문화조류는 물론 이전 사회의 문화전통에 대한 이해 없이, 이들 사료를 훌륭하게 복원하는 것은 거의 불가능하다. 그런 만큼 한국고대사의 연구가 좋은 성과를 내기 위해, 사료의 성격을 파악하는데 더 많은 노력을 기울여야 할 것이다.

한국고대사 중에서 사상사의 연구는 대단히 중요하다. 왜냐하면 이에 관한 자료는 다른 분야와 비교하여 비교적 많이 남아서, 역으로 사상사 연구를 통하여 고대사회에 대한 이해를 심화할 수 있는 이점을 가졌기 때문이다. 근래에 종교인류학·민속학·불교학·사회학 등 인접학문의 이론에 도움을 받으려는 경향은 한국고대 사상사에 대해 보다 폭 넓은 접근을 가능하게 한다. 한편 고대사의 연구에 사상사의 비중이 크다고 하여 강조하다 보면, 고대의 사상 자체를 밝히는 것으로 만족하게 된다. 이렇게 되면 사상사의 연구가 훌륭하게 이루어졌다고만 할 수 없다. 사실 중요한 것은 사상 자체가 아니라 당시의 사회와 어떤 관련을 가졌느냐는 점이다. 즉 사회사상으로서 고대의 신화나 불교·유교 등을 분석하여야 할 것이다.

한국고대의 사상이 당시 사회와 어떤 관련을 가졌느냐를 분석하는 데에는 다음과 같은 방법이 있을 수 있다. 첫째 정치나 제도 등의 구체적 개별 사실의 이해를 통해 고대사회의 변혁을 살피고, 그에 따른 사상의 변화를 추적하는 것이다. 둘째 먼저 사상의 변화를 살펴서 그에 상응한 사회의 변혁을 설정하는 것이다. 그 중 전자는 보편적으로 사용되는 방법이며 사상 자체를 어느 쪽에 치우치지 않도록 이해하게 한다. 그러나 사료의 결핍으로 인해 사회의 구체적 개별 사실을 만족할 정도로 추구하기 어려운 한국고대사 연구에서, 이와 같은 방법의 사상사 접근만으로 좋은 결과를 기대하기 어렵다.

반면 후자는 이론적으로는 가능하나 실제 연구에서 활발하게 사용되지는 않았으나, 한국고대 사상사의 정립을 위해 마땅히 시도되어 좋을 것이다. 그러나 이러한 방법이 성공적으로 수행되기 위해서는 사상 자체에 대해 깊이 이해하고 있어야 한다. 전자가 사회의 이해에서 출발하여 그 속에서 배태된 사상을 밝히는데 초점을 맞추고 있다면, 후자는 사상의 이해에서 시작하여 그것이 뿌리박고 있는 사회·문화적 배경을 밝히는데 비중을 두고 있다. 이리하여 양자는 엄밀한 의미에서 구분되지만 사실은 서로 보완적인 것이어야 한다.

요즘은 후자의 방법으로 사상사를 연구하면서도, 논리를 전개시키거나 사료의 결핍을 보강하는 작업으로서 전자의 방법을 원용하기도 한다. 이를테면 A사상이 B사상을 거쳐 C사상으로 전개된다는 논제 중에 B사상이 구체적으로 나타나지 않을 지라도, 연관성을 갖는 사회제도나 정책의 이해를 통해서 B사상의 실재를 추구해 나갈 수 있을 것이다.

3) 고대사상사 연구방법의 현황

한국고대의 신화에 대해 대체로 국문학자나 사회학자가 의욕적으로 연구하고 있다. 그 중 국문학자는 신화의 설화적 요소를 더 중요시하여, 거기에 내재된 어원적(語源的) 의미를 찾으려는 경향을 지녔다. 그런데 똑같은 단어라 하더라도 신화 속에서 사용할 때에는 새로운 종교적 의미가 가미될 수 있다. 그러므로 그것을 국문학 상의 평범한 단어로 돌이켜 생각할 경우 신화 속에 포함된 신비한 사고의 영역이 사라지게 된다.

다만 사회학자는 신화의 내용이나 신앙을 사회와 연결시켜 이해하고자 노력하였다. 이러한 작업은 유용한 것이지만 앞으로 더 발전시켜야 한다. 왜냐하면 신(神) 곧 무한자의 관념을 사회구조 속에서 추출하기보다는, 대자연에 대한 경외감(敬畏感)이나 경이감(驚異感)과 같은 심리적인 요인에서 찾으려 하기 때문이다. 그러나 신의 관념은 사회구성원 사이의 관계에서 살펴야 하고, 조상숭배는 혈연조직과 연관하여 분석될 수 있을 것이다.

한국고대사에 있어서 불교사상은 중요하게 다루어야 한다. 불교는 전래된 이후 당시 사람들의 신앙이나 의식구조를 성립시키는데 능동적으로 작용하였다. 때문에 불교를 모르고는 삼국시대의 문화를 이해하는데 곤란을 겪게 된다. 이렇듯 중요함으로 해서 일찍부터 역사학자들이 불교의 수용에 대한 연구를 계속해 왔다면, 불교학자들도 신앙이나 사상에 대해 관심을 갖고 연구하였다. 그러나 이들 양자의 연구는 방법론상으로 약간의 차이를 가졌다. 역사학자들이 불교사상을 분석하여 사회와의 관련을 추구한데 비해, 불교학자들은 사상의 교리적 혹은 신앙적인 면을 밝히고자 하였다.

역사학자가 불교의 전래과정이나 선종의 등장에 따른 정치·사회의 변화에 관심을 가졌다. 반면 불교학자는 교리가 발달한 통일신라시대의 불교사상을 주로 연구하였고, 오히려 논리를 초월했다고 생각하는 신라하대의 선종에 대해서는 그렇게 주목하지 않았다. 사회사상으로서의 불교를 문제 삼고자 할 때, 당연히 역사학자들의 연구 성과를 주목하지 않을 수 없다. 그러나 불교학자들은 의당히 역사학자들 보다 불교사상 자체에 대해 깊이 이해하고 있어서, 고대 불교사상의 논리를 추구하는데 유리한 입장을 가졌다. 따라서 이들의 연구 또한 한국불교사상사를 체계화하는 데 기대되는 바가 크다.

역사학자들의 분석적 연구는 바람직하지만, 불교사상의 종교적 신앙을 간과해 버리는 경향을 지닐 수 있다. 종교사상 내에는 세밀한 분석적인 작업으로서는 접근하기 힘든, 이른 바 전체로서의 영적(靈的)인 사고가 존재한다. 이는 마치 장님이 색깔을 논하기 힘들듯이 당해 종교의 신앙인(信仰人)이 아니면 감지(感知)하기 어려운 부분이기도 하다. 그러므로 불교사상은 종교사회학적인 측면에서도 연구되어야 바람직하다. 역사학자들은 이런 점을 염두에 두면서 작업하여야 한다. 그렇지만 불교사상을 연구하기 위해 불교 신도가 되라는 것은 아니다. 고대 불교사상의 연구라 할지라도 사실은 현대 불교계의 입장과 전혀 무관하게 수행될 수는 없으나, 교단적인 입장에서 크게 벗어나지 못해서는 안 될 것이다.

한국고대 불교사상의 흐름을 제시하기 위하여 당시 승려들의 교파별(敎派別) 계통을 파악하는가 하면, 사상의 내용이 유사하거나 서로 영향을 주고받는 면을 살피기도 한다. 전자는 전통적인 방법이며 비교적 무리 없는 결론을 이끌어 내어 설득력을 지니게 한다. 그러나 한 승려의 사상은 교파적인 입장에서 반드시 일률적으로 결정되지는 않는다. 왜냐하면 스승과는 전혀 반대의 사상경향을 형성하는 경우도 있기 때문이다. 이런 면을 감안하지 않고 전자의 방법으로 고찰해 나갈 때, 봉건적 역사인식의 테두리를 벗어나지 못하게 될 것이다. 반면 후자는 보다 확실한 방법이지만 사상 자체를 충분히 이해해야 하는 어려움을 안고 있다. 오히려 양자의 방법은 서로 보완해서 제휴하여야 마땅하다.

한국고대의 유교는 중요도에 비해 그리 활발하게 연구되지 못한 분야이다. 고대사회에 있어서 불교가 중요하다고는 하지만, 경전이 한자로 적혀있으므로 유교문화의 영향을 받았던 것이 분명하다. 그럼에도 불구하고 고대의 유교에 대해 주목하지 못한 데에는 다음과 같은 이유를 찾을 수 있다. 첫째 『삼국사기』를 고려시대의 유교사관에 의해 이루어진 것이라고 비판함으로써, 고대 유교문화의 수준을 필요 이상으로 낮게 평가하려는 경향이 있었기 때문이다. 둘째 한국 유학의 대종(大宗)을 조선조의 성리학에서부터 잡고 있어서, 고대의 유교가 조선의 성리학으로 맥락이 이어지지 않기 때문이다.

유학의 연구는 주로 성리학 쪽으로 집중되어 왔다. 고대의 유교는 유학자에 의해서라기보다는 역사학자의 관심을 끄는데 불과하였다. 역사학자의 연구 또한 두 방향에서 진행되었다. 하나는 유교의 덕목이나 사상 내용을 추출하여 분석하려는 것이고, 또 하나는 삼국시대 유교적 인식을 가능하게 한 사회·문화적 배경을 추적하려는 것이다. 그렇지만 한국고대의 유교사상 자체에 대한 이해를 심화하는 작업이 선행되기 전에는 소기의 목적을 달성하기 어려울 것이다.

4) 구조기능적(構造機能的) 방법

　현존하는 고대사 관계 자료는 비록 사상사에 관한 것이 대부분이지만, 어디까지나 그 이유는 고려시대에 기록되기까지 전승되는 과정에서 변질되었기 때문이다. 사실은 당대 사람들이 기록한 구체적인 사회사에 관한 자료도 많았다. 신라 촌락문서는 이러한 사정을 충분히 짐작하게 한다. 그러나 현실적으로 풍부한 사상사관계 자료를 분석하여 사회사에 접근하려는 목적에서 지식사회학적인 연구 방법을 제안하고자 한다.

　다만 이러한 연구에는 다음과 같은 어려움이 따름을 미리 주의할 필요가 있다. 첫째 사실적인 접근의 어려움을 극복해야 한다. 어떤 사상이 구체적인 사회사실과 반드시 연결된다고 확실히 논증할 수 없는 경우가 허다하다. 사회제도는 구체적이기 때문에 변천을 가늠할 수 있으나, 사상은 가시적인 것이 아니어서 그 변화가 선을 긋듯이 예견되지 않는다. 이럴 경우 가능성을 넘어서 보다 확실하게 접근하는 방법이 모색되어야 할 것이다.

　둘째 사학사(史學史)는 문화조류나 역사의식을 밝히는 작업이어서 역사 연구의 최종 목적으로 생각되는 가장 어려운 분야인데, 한국고대사 연구에서는 초보적인 기초 작업으로 선행되어야 한다. 왜냐하면 전승되어 고려시대의 사고가 베어든 사료를 비판하여 고대의 원래 모습을 간직한 사료로 복원해야 하기 때문이다. 셋째 고대의 어떤 사상을 지금까지 전승된 오늘날의 사상과 동일시하여 분석해서는 안 된다. 당시의 사상은 지금까지 전승되는 동안에 주소(註疏)를 붙이면서 내용을 풍부하게 보완하였기 때문이다. 그러므로 경전의 주석사(註釋史)에 대한 연구가 필수적으로 뒤따라야 한다.

　한국고대 사상사 연구의 지식사회학적 방법은 구조기능 사학이나 비교사학을 성립시키는 방향으로 진전되어야 한다. 구조기능 사학은 어떤 사상과 연관되는 모든 사회적 사실과의 관계에 대해 분석하는 연구 경향이다. 이를테면 사상을 당대의 문화 체계나 사회 구조 속에서 파악하려는 방법이다. 실제로 구조기능적 연구는 모든 사회사실과의 관계를 하나씩 분석하여 정립하는 방향으로 나아가야 한다. 그리하여 사상을 포용하는 계층을 분석하면 신분사가 될 것이고 개인의 사상을 밝히면 인물사가 될 뿐만 아니라, 이를 정책 면에서 파악하고자 할 때에는 정치사가 될 수 있다.

비교사학은 신라와 고려의 사상을 비교하거나 혹은 어떤 사상을 비슷한 시기의 일본이나 중국의 사상과 비교하는 것이다. 그러나 비교사학은 구조기능 사학의 기반 위에서 행해져야 수준을 높일 수 있다. 왜냐하면 단순한 동이의 나열에 그쳐서는 안 되며, 적어도 사상이 뿌리 내리고 있는 사회에서 갖는 기능 면에서 까지를 비교해야 한다. 말하자면 비교하려는 각각의 사상이 구조기능적인 방법의 연구를 통하여 사회와의 관련을 분석한 후에, 그 결과를 다시 비교 검토하여야 한다. 이렇게 되면 사상사의 폭을 확대시키면서 특성을 보다 분명하게 드러낼 수 있는 것은 비교연구이기 때문에 앞으로 이 분야에 기대를 걸어보고자 한다.

현재 한국고대 사상사 연구에 보다 관심을 두어야 할 분야는 한 사상과 다른 사상과의 관계에 대한 분석이다. 구조기능 사학의 방법으로 한 사상과 다른 사상과의 대립·절충·통합을 밝힌다면, 이와 연관되는 사회구조의 대립·절충·통합을 밝히는 결과가 될 것이다. 따라서 무불관계사(巫佛關係史)나 유불관계사(儒佛關係史)의 연구는 사상의 변화에 따른 사회의 변혁이나 발전을 밝히는 중요한 작업이 될 것이다.

5) 민족사 속에서의 이해

한국고대사 중 사상사 연구의 방법을 모색하면서, 사회사상사로의 정립을 위한 지식사회학적 접근은 고대의 사상 자체는 물론 사회에 대한 깊은 이해를 필요로 한다. 다만 구조기능적 연구나 비교사학의 방법은 한국고대 사상사 연구에 한정될 성격을 지닌 것은 아니다. 또한 한국고대 사상사가 한국사 내에서 분리하여 고찰될 수 있는 것도 아니다. 한국사회 내지 민족문화 속에서 논해질 때 의미를 가지기 때문에, 한국고대 사상사는 고려 이후의 사회나 문화전통에 대한 이해의 폭을 넓힘으로써 보다 잘 연구될 수 있을 것이다.

국민대학보, 1982년 3월 26일

한국 고대사의 이모저모

1. 신라의 골품제도

1) 진골

신라사회에서는 중앙집권적 귀족국가로 발전해 가면서 엄격한 신분제인 골품제가 형성되어 있다. 골품제는 골제(骨制)와 두품제(頭品制)로 짜여 있었는데, 골제에 편입된 신분은 사로국(斯盧國)의 왕족인 박씨·석씨·김씨 부족이다. 진골(眞骨)은 성골(聖骨) 다음의 계급이지만 왕족인 점에서는 성골과 차이가 없다. 신라가 중앙집권적 귀족국가로 성장하는 과정에서 병합된 성읍국가 혹은 연맹왕국의 지배자들 중 일부 유력한 부족들이 진골에 포함되었다. 김유신계(金庾信系)로 이어지는 금관가야(金官加耶)의 왕족은 진골로 편입되었다. 내항해온 국가의 지배자들이 진골로 편입되는 기준은 분명하지 않지만, 적어도 귀족을 거느리는 큰 국가의 왕족이어야 했던 것으로 짐작된다.

법흥왕대에 율령이 반포되어 국가체제가 정비되었는데, 그것은 복속된 족장을 귀족으로 편입하는 기준을 마련하고 있어서 골품제의 성립과 상관관계에 있었다. 그러므로 진골신분이 실제로 존재한 시기도 법흥왕대 이전으로 올라 갈 수는 없다. 골품제는 엄격한 신분제도여서 골품에 따라 관직에 오를 수 있는 등위가 결정되어 있고, 타는 수레나 사용하는 기물·복색(服色) 및 거주하는 집의 크기에 이르기까지 제한되어 있었다. 진골신분은 제5 관등 대아찬(大阿飡) 이상의 최고 관등으로 오를 수 있으며, 6두품에 비하여 사용하는 기물이나 복색에 대한 제한도 적은 편이었다.

진골신분의 왕이 등장하는 시기는 태종무열왕 이후부터이다. 그러나 이전 사회에서 성골과 진골신분의 구분은 애매하다. 신라 중고(中古)시대의 어느 시기에 진골신분이 성립되어 있었는지에 대해서도 분명하지 않다. 골품제가 갖추어지면서 왕족들은 진골 의식을 가지고 있었다. 신라중고시대말에 왕족 내에 혈연집단의 분지화(分枝化)가 일어나자 진평왕계가 진흥왕의 장자인 동륜(銅輪)을 직계로 내세우면서, 진지왕계와 같은 다른 왕족과 구별하기 위하여 성골 관념을 내세웠다는 설이 있다. 이와는 달리 진골은 역시 성골과 대조되는 신분이기 때문에 성골이 갖추어지는 것과 동시에 진골 관념이 형성되었으며, 그것은 진흥왕의 장자인 동륜계가 존재하는 시기에 이루어졌다는 설이 있다.

둘 중 어느 학설을 따르더라도 진골과 성골신분은 진평왕대 이후 선덕여왕대에는 모두 존재한 것이 된다. 성골신분이 강등되어 진골이 되었다면 그 원인이 있었을 터인데, 이러한 점 역시 확실하지 않다. 이를 혈족집단 내부의 분화 과정을 가지고 설명하는 견해에 의하면, 직계 혈연집단에서 멀어져간 방계 혈연집단이 어느 시기에 성골에서 진골로 강등된 것이라고 한다. 신라시대 친족의 범위를 7세대까지 동일 집단으로 파악하여 8세대부터는 신분이 강등되며, 마침 김춘추(金春秋)가 방계로서 강등된 인물이라 한다. 그렇다면 김춘추는 8세대를 방계로 내려온 셈인데, 이 점 역시 분명하지 않다.

신라중대에 왜 진골신분의 왕이 등장하였는지는 중요하면서도 잘 해결되기 어려운 문제이므로, 실제 진골신분이 어떤 정치 · 사회적 처지에 있었는지를 밝히는 작업은 대단히 중요하다. 그들은 골품제에 의거하여 장관직과 장군직을 독점하고 국가로부터 식읍(食邑) 또는 녹읍(祿邑)을 받으며, 통일전쟁의 군공에 따라 막대한 보상과 전리품을 분배받았다. 통일신라시대에 진골귀족들은 거대한 재력을 지녀 사병을 양성하고 있었다. 그들의 호사한 생활을 반영하는 상징적 존재가 금입댁(金入宅)이다.

사원 역시 진골귀족의 원당(願堂)으로 변하였다. 진골귀족은 사원을 경영하면서, 합리적으로 거기에 재산을 도피시켰다. 이러한 진골귀족이 비대화됨에 따라 신라중대 전제왕권의 개혁조치는 실패로 기울었고, 한층 미약해진 왕권은 이들을 견제할 수 없게 되었다. 국가 권력에 의한 통제가 유명무실해지자, 진골귀족들 사이에 왕위계승을 위한 정권 쟁탈전이 일어나게 되었다. 신라하대는 이렇게 하여 시작되었다. 신라하대 사회에 오면서 수적으로 증가일로에 있던 진골귀족은 일부가 6두품으로 강등되기도 했다. 태종무열왕의 후손인 범청(範淸)은 진골이었는데, 그 아들 낭혜(朗慧, 속명 無染)는 강등되어 6두품이 되었다.

낭혜가 왜 진골에서 6두품으로 떨어지게 되었는지는 중요한 문제이지만, 아직 분명한 정설이 없는 편이다. 역시 신라시대 7세대 동일 집단의 규모로 보아, 태종무열왕의 8대손인 낭혜가 진골에서 6두품으로 강등되었다고 한다. 낭혜 역시 태종무열왕으로부터 8세대 동안 방계로만 내려왔는지는 의문이다. 한편 범청이 김헌창(金憲昌)의 난에 가담하였으므로, 난이 진압된 후 그 아들 낭혜가 6두품으로 강등되었다고 한다. 진골귀족 내부에서 왕위를 둘러싼 권력쟁탈전이 치열하였는데, 여기서 패한 자는 중앙에 있지 못하고 지방의 연고지로 퇴거하였으며, 이때 그들의 신분이 강등될 소지를 가졌다.

2) 성골

신라사회가 중앙집권적 귀족국가로 발전해 가면서 엄격한 신분제인 골품제를 형성시켰는데, 성골은 그 중 가장 높은 신분으로 왕족 중에서도 일부만이 차지할 수 있는 것이었다. 이에 관한 기록은 문헌에 따라 조금씩 달리 나타나 있다. 즉 『삼국사기』에는 시조인 혁거세왕으로부터 진덕여왕에 이르기까지 신라상대의 왕들이 모두 여기에 속한 것으로 기록되어 있고, 『삼국유사』에는 23대 법흥왕에서 28대 진덕여왕에 이르는 신라중고시대의 왕들만이 여기에 속한 것으로 나타나 있다. 이 두 기록 중 『삼국유사』의 기록이 보다 믿을 만한 것으로 짐작된다.

법흥왕대에 율령을 반포함으로써, 중앙집권적 귀족국가로의 체제 정비를 단행하면서 성립된 골품제는 연맹왕국 내에 통합된 이웃 소국(小國)의 지배자들을 중앙귀족으로 편입하는 과정에서 완성되어 갔다. 골품제는 엄격한 신분제도로서 골품에 따라 정치적인 출세는 물론, 일상생활에 속한 모든 면에 이르기까지 나름대로의 특권과 제약을 가하였다. 그러나 이러한 사항을 명문화한 흥덕왕 9년(834년)의 조치 가운데에서 성골에 대한 규정은 없다. 그 이유는 이때 이미 성골신분이 소멸하여 존재하지 않았기 때문일 수 있다.

반면 흥덕왕대의 조치로써 성골신분의 존재 자체를 부정하려는 견해도 있다. 주로 일본인 학자들이 주장한 이러한 학설은 신라왕족 내에 성골과 진골이라는 실질적인 구분이 없었으며, 성골 관념은 후대의 왕족이 어떤 정치적 의도에 의해 만들었다는 것이다. 그 시기에 관해서는 학자에 따라 달리 주장한다. 신라하대 즉 진성여왕을 전후한 시기에 중국 사상의 영향을 받아 성골 왕을 추존(追尊)한 것이라는 견해가 있다. 또는 정치적 의도에서 여왕의 통치를 정당화할 필요를 느낀 태종 무열왕대 또는 문무왕대에 왕족 내에 성골을 추존하였을 것이라고도 한다.

진골신분인 태종 무열왕이 등극한 것은 성골신분이 소멸되었기 때문이라고 기록되어 있지만, 혹은 성골에서 진골로 강등된 때문이라고도 설명한다. 아무튼 성골인 진지왕의 손자인 그가 어떠한 연유에서이든 진골이 되었다는 얘기가 된다. 이를 소멸이 아닌 강등으로 볼 때, 그 이유는 족내혼설(族內婚說)이나 혹은 왕실 혈연집단의 분화설(分化說) 등으로 추정할 수 있다. 그러나 현재로서는 확실한 것을 알 수 없다. 성골신분의 실체를 드러내기 위한 방편 중의 하나로 신라중고시대의 왕실이 사용한 불교왕명에 관하여 살펴보고자 한다.

법흥왕대에 시작된 불교왕명은 진덕왕대까지 사용되었다. 처음에 사용된 불교왕명은 승려나 법륜(法輪) 또는 전륜성왕(轉輪聖王)을 의미했으나 진평왕대에는 석가족(釋迦族)의 이름을 그대로 따온 것이다. 즉 인도의 석가족이 윤회에 의하여 신라왕실에 태어난 셈이다. 이는 진평왕대에 성골 관념이 새로 형성되었다는 학설을 보강할 수 있게 한다. 진흥왕 이후 신라왕실이 동륜계와 사륜계로 나뉘어 서로 대립하고 있을 당시에, 진평왕계는 태자인 동륜계가 적통이라는 의식을 내세워 진지왕 즉, 사륜계보다는 우월하다는 혈통의식을 가졌다. 이러한 의식을 가진 왕실의 혈연집단이 성골을 표방하였다.

성골관념이 진평왕대에 형성되었다는 주장과 달리 중고시대를 통해 계속해서 존재했다는 주장도 있다. 성골신분 집안은 형제 공동가족으로 왕성(王城) 안에 그들의 거주구역을 따로 가지고 있었다. 새로운 왕이 즉위하면 그 왕을 기준으로 일정한 친족 범위를 넘어서 방계화(傍系化)한 왕족은 성골의 거주 지역을 떠나 새로운 곳에 옮겨 살게 되고 신분도 진골로 떨어지게 된다. 성골신분은 왕을 중심으로 정해지고 왕이 교체되면 새로운 성골집단이 형성된다고 하는 것이다. 성골신분의 실체를 밝히려는 노력에도 불구하고 이를 입증해줄 만한 자료는 미비하다. 따라서 성골신분의 성립이나 존재를 해석하는 데 있어서 많은 이설이 있게 되었다.

3) 두품제

(1) 육두품(六頭品)

신라가 중앙집권적 귀족국가로 발전하면서 엄격한 신분제인 골품제가 성립되었는데, 6두품은 성골과 진골 다음가는 높은 계급으로, 차지하기가 힘들다는 뜻에서 일명 '득난(得難)'이라고도 불렀다. 골품제는 골제와 두품제로 편제되어 있는데, 6두품은 두품 가운데서는 가장 높은 계급이다. 골품제에 편입되는 자는 왕경인(王京人)에 한하였고, 중앙 관직에 임명됨으로 지배 집단에 속한다.

6두품은 비록 최고의 신분층은 못 되지만 중앙귀족이고, 그들은 제6관등인 아찬(阿湌)까지 오를 수 있다. 6두품신분 출신 귀족이 큰 공을 세워 아찬에서 더 관등을 올려야 할 경우, 중위제(重位制)를 적용하여 중아찬(重阿湌)에서 4중아찬(四重阿湌)까지를 제수 받았으며, 제5 관등인 대아찬 이상으로 올라가지 못하였다. 흥덕왕 9년(834년)에 반포된 규정에는 비록 진골과 6두품신분을 구별하려는 의도가 짙게 깔려 있지만, 5두품이나 4두품에 비하여 6두품에 대한 제한 규정이 훨씬 적게 나타나 있다.

신라시대에 6두품에 속한 중요한 가문으로는 우선 설씨(薛氏)를 들 수 있다. 설씨는 원효(元曉)가 속한 가문으로, 본래는 압독국(押督國)의 왕족이었다. 가야가 멸망한 뒤 그 중 왕족은 진골로 편입되기도 하였으나, 대부분의 왕족이나 최고 귀족은 6두품으로 편입되었다. 강수(强首)가 곧 이러한 사례에 해당된다. 고구려와 백제가 멸망한 뒤 그 귀족 중 일부가 골품제로 편입되었고, 그 중 신분이 높은 귀족은 6두품으로 편제되었다. 그 밖에 이순(李純)·이순행(李順行)·이정언(李正言) 등의 이씨 가문, 신라 하대 최치원(崔致遠)으로 대표되는 최씨 가문이 6두품신분에 속하였다.

6부의 6성이 6두품의 대표적 가문이다. 사로국을 이루고 있던 부족장 가문이 왕족인 진골 바로 밑의 신분층으로 형성될 가능성을 가졌다. 이들이 일단 6두품신분으로 성립되고 난 뒤, 사로국은 밖으로 팽창하여 나가는 과정에서 병합한 성읍국가의 지배자나 연맹왕국의 상류 귀족을 6두품으로 편입하였다. 6두품 가문 중에 김씨(金氏)의 일부가 포함되어 있다. 김지성(金志誠)이 곧 6두품이다. 그가 본래 왕족인 김씨였는지는 분명하지 않다.

신라하대가 되면 진골에서 강등하여 6두품이 되는 경우가 있다. 성주산문(聖住山門)을 개창한 낭혜(郎慧)선사 무염(無染)이 강등된 6두품 출신이다. 그의 아버지 범청(範淸)은 진골이었는데 무염 때에 이르러 6두품으로 강등되고 있다. 무염이 왜 6두품으로 강등되었는지에 대해서는 아직 정설이 없는 편이다. 신라사회에서 친족 집단의 범위는 7세대까지라 하여, 진골신분으로 최초의 왕인 무열왕의 8대손이기 때문에 무염은 6두품으로 강등되었다고 한다. 이러한 학설에 의하면 무염은 8세대 동안 무열왕계의 방계로만 내려왔다는 결론이 되며, 그럴 경우 그는 6두품으로 강등되는 것이 당연하게 된다. 그러나 무염이 8세대 동안 무열왕계의 방계로만 내려왔다는 사실은 아무런 논거를 가진 것은 아니다.

다음으로 범청이 김헌창(金憲昌)의 난에 가담하였기 때문에, 난이 평정된 뒤 그 아들인 무염이 6두품으로 강등되었다는 주장이 있다. 신라하대에 왕위계승을 위한 진골귀족 내부의 정권쟁탈전이 끊이지 않았고, 이러한 싸움에서 패하였을 때 그들은 중앙에 있지 못하고 낙향하여 호족이 되었다. 이럴 경우 그 신분이 강등될 가능성은 충분히 인정될 수 있다. 신라하대가 되면서 수적으로 증가일로에 있는 진골귀족은 일부가 6두품으로 강등될 수밖에 없었다.

물론 진골신분의 고승도 있었지만, 6두품 출신으로 유학 등의 학문이나 종교 면에서 뛰어난 자들이 많았다. 원광(圓光)과 원효가 6두품신분 출신이었다. 학문적인 면에서 6두품세력의 진출은 주목될 수 있다. 이들은 신분적인 한계성을 학문을 통하여 극복하려 하였고, 정치적 출세를 위하여 왕권과 결탁하였다. 자연히 6두품신분의 학자들은 유교적 정치이념을 내세우면서 골품체제에 반발하였다. 이들의 반발은 왕권 자체에 대한 것이라기보다 진골귀족에 대한 것이었다.

신라중대 이래 6두품세력의 대표적 인물, 예를 들어 설총(薛聰)을 비롯하여 김지성·이순·여삼(餘三)·녹진(祿眞) 등이 모두 국왕의 총애를 받았다. 왕권을 강화하는데 집사부(執事部)는 중요한 기능을 담당하였는데, 이들은 주로 집사부의 차관직인 시랑(侍郎)에 임명되었고, 이를 통하여 왕권과의 결합을 순조롭게 하였다. 신라하대가 되면서 신라중대의 전제주의가 무너진 뒤 진골 중심의 골품체제에 여러 가지 모순이 나타나게 되자, 6두품세력은 이를 비판하면서 개혁을 시도하였다.

진성왕 당시 최치원이 올린 시무10여조(時務十餘條)는 그러한 성격의 것이다. 그들의 개혁조치는 비록 왕권에 유리하였으나 진골귀족들에 의하여 받아들여질 수 있는 것이 아니었다. 6두품 세력의 이상은 실현될 수 없었다. 결국 최치원은 은둔하였고, 같은 6두품 출신인 최승우(崔承祐)나 최언위(崔彦撝)는 후백제나 고려로 나아가 그들의 경륜을 펴고자 하였다. 당시 6두품 출신의 유학자들이 처음에 내세우는 개혁정치는 신라 국가를 부인하지 않고 그 안에서 안주하려 함으로써 한계성을 가지는 것이었다.

6두품 출신 유학자들의 개혁 조치는 신라의 국가 체제를 부정하면서 새로운 사회를 건설해가려는 지방호족의 주장과는 차이를 이루었다. 신라말의 지방호족 중에는 6두품 출신이 있지만, 그 이하의 신분 출신도 포함되어 있었다. 6두품은 신라가 고려에 항복한 뒤 고려왕조에서 새로운 관료로 등용하였다. 이때에 이르러 그들은 비로소 골품제의 제약에서 벗어난 중앙귀족이 되어, 그들의 학문에 바탕을 둔 정치이념을 실천해나갈 수 있는 기회를 얻게 되었다.

(2) 오두품(五頭品)

신라시대의 골품제 중 5두품은 성골·진골·6두품 다음의 신분이며, 그 밑으로 4두품이 있다. 본래 골품제에 포함되는 자는 왕경인(王京人)에 한하는 것이었고, 그들은 중앙 관직에 임명됨으로써 광범한 지배 집단에 속하는 계급이라 할 수 있다. 골품에 따라 관직에 오를 수 있는 관등이 결정되어 있었는데, 5두품신분은 제10 관등인 대나마(大奈麻)까지 오를 수 있다. 다만 5두품 출신 관인이 대나마에서 더 관등을 올려야 할 경우, 중대나마(重大奈麻)에서 9중대나마까지를 제수받을 수 있으며, 제9 관등인 급벌찬(級伐湌) 이상으로는 올라가지 못한다. 즉 대나마의 중위(重位)를 받을 수 있을 뿐이다.

홍덕왕 9년(834년)에 반포된 골품제의 규정은 비록 진골 중심으로 편성된 것이지만, 5두품과 4두품에 대해서도 상당히 엄격하게 구분하고 있다. 5두품과 4두품의 구별은 착용하는 겉옷이나 내의·가죽신 등에 한하여 나타나지 않을 뿐, 그 밖의 모든 복색이나 수레·기물·집의 규모에 이르기까지 뚜렷하게 나타나 있다. 반면 6두품과 5두품의 신분 사이에는 사는 집의 규모가 분명하게 구분되었으나 사용하는 기물은 전혀 구별되어 있지 않았다. 복색이나 수레의 경우, 일부는 6두품과 5두품이 같이 사용하는 품목을 포함하고 있다.

신라하대의 최치원은 6두품을 득난(得難)이라 하여 높은 계급으로 인식하면서도, 5두품이나 4두품에 대해서는 대단하지 않게 여겼다. 6두품 계급은 신라가 정복국가로 등장하는 과정에서 편입된 작은 성읍국가의 지배자들로 편성되었다. 이와 곁들여 서울 및 지방에 대한 행정구역이 정비되어감에 따라, 촌락의 지배자들이 서울로 이주하면서 그 세력의 대소에 따라 하급 귀족으로 편제되었는데, 이들 중 상당수가 5두품으로 편입되었다.

『삼국사기』잡지조에는 진촌주(眞村主)를 5두품과, 차촌주(次村主)를

4두품과 동일하게 파악하였다. 진촌주와 차촌주가 어떤 신분에 속한 사람이었는지는 분명하지 않으나, 촌주는 촌락의 장이었으며 수개의 촌을 다스리고 있었다. 반면 차촌주는 그 밑의 이직자(吏職者)일 것이라는 견해가 있다. 다만 촌주가 지방에 거주하기 때문에 편입될 수 없는 골품제 속에서 파악된 것은 외위(外位)와 관련시켜 이해해야 한다. 이런 문제는 앞으로 밝혀야 할 부분이기도 하다.

5두품신분의 관직이나 그 임기와 승진 연한 등에 대해서는 알려져 있지 않으나, 신라 관료 조직에서 이들이 차지하는 비중은 매우 컸다. 신라 국가의 중요한 부서의 장은 역시 진골로써 보임되었고 그 차관직에는 6두품 출신이 임명되었다. 지방 관직에 있어서 주(州)의 장관이나 소경(小京)의 장관은 진골로써 보임되었으며, 주의 차관이나 군(郡)의 장관은 6두품으로써 임명되었다. 그러므로 5두품 출신이 취임할 수 있는 관직은 차관 밑의 대사(大舍)나 사지(舍知)이다.

주의 경우 차관 밑의 장사(長史, 일명 司馬)나 소경의 차관인 사대사(仕大舍, 일명 少尹), 군의 차관 혹은 소현의 장관인 소수(少守, 일명 制守)는 5두품 출신으로 임명되었다. 5두품신분 출신자의 활동은 중앙 관서에서 그렇게 두드러진 것이 아니었다. 그러나 지방 관서에서는 직접 촌민과 접촉할 수 있는 위치에 있어서, 그들은 점차 사회경제적 지위를 상승시켜 나갈 수 있었다. 그리하여 신라하대에는 주나 군을 다스릴 정도의 토착호족으로 성장한 세력도 있었다.

신라하대가 되면서 신라중대 왕실의 전제주의가 무너지고, 왕권은 진골귀족 사이의 권력쟁탈전에서 승리한 가문에게로 넘어가게 되었다. 왕실은 모든 귀족의 대표자가 될 수 없고 그 통치권도 경주를 중심으로 한 일부 지역에 머물고 있어서, 사실상 국토의 대부분은 각 지방에 웅거한 지방호족의 통치 아래에 놓여졌다. 이때 등장한 지방호족은 중앙귀족에서 낙향하여 호족이 된 자도 있으나 지방의 토착호족도 있었다. 그 중 후자는 본래 촌주들로서 점차 세력을 키워 성주나 장군으로 불리는 자들이다. 이들 중에는 6두품신분을 가진 자가 전혀 없지는 않았겠지만, 주로 5두품출신이 대부분을 이루었다. 이들이 신라국가를 붕괴시키면서 새로운 사회를 건설하는 데 일익을 담당하였다.

(3) 사두품 (四頭品)

신라시대의 골품제도 중 4두품은 가장 낮은 신분이며, 그 밑으로 3두품이나 2두품 또는 1두품이 있었을 것으로 추측되지만 이들은 평민으로 통합되었던 듯하다. 신라귀족은 골품에 따라 관직에 오를 수 있는 등위가 결정되어 있고, 타는 수레나 사용하는 기물·복색(服色)·거주하는 집의 크기에 이르기까지 제한을 받았다. 이에 대해서는 흥덕왕 9년(834년)에 반포된 여러 규정에 잘 나타나 있다. 4두품신분은 제12 관등인 대사(大舍)까지 오를 수 있으며 제11 관등인 나마(奈麻) 이상으로 진급할 수 없다.

그러나 대사에는 중위(重位)가 설정되어 있지 않고, 대신 나마에는 중나마(重奈麻)에서 7중나마에 이르는 중위가 설정되어 있다. 나마에 설정된 중위가 4두품 출신자의 진출과 관계있는 것으로 추측되지만 확실하지 않다. 흥덕왕 9년에 반포된 골품제에 관한 규정이 진골은 물론 6두품 또는 5두품과 4두품에 대해서도 분명하게 구분하고 있는 반면, 4두품과 평민신분 사이를 그렇게 확실하게 구분하고 있지는 않다. 4두품과 평민이 착용하는 모자나 내의 등에 약간의 차이를 보일 뿐, 다른 복색이나 그밖에 타는 수레나 사용하는 기물 또는 거주하는 집의 규모에 대해서는 구별되지 않는다.

4두품신분에 속한 자들은 신라가 정복국가로 등장하는 과정에서 편입된 성읍국가의 신료(臣僚)들이다. 아울러 서울 및 지방에 대한 행정구역이 정비되어감에 따라 촌락의 지배자들이 서울로 이주되면서 그 세력의 대소에 따라 하급귀족으로 편제되었는데, 이들 중 4두품으로 편입된 자가 상당수에 이른다. 4두품신분 출신자가 받은 관직이나 그 임기 및 승진 연한 등에 대해서는 알려져 있지 않다. 그러나 그들은 신라 관료조직에서 하급 관직을 독차지하면서 절대다수의 광범한 관인층을 형성하였다.

다만 신라는 관직에 취임할 수 있는 관등을 단일하게 규정하지 않고 복수의 관등군으로 묶어놓았기 때문에, 5두품신분 출신이 올라갈 수 있는 관직에 4두품신분 출신자가 임명되기도 하였다. 그러나 4두품 출신자가 중앙관직으로는 사(史)에 한정되었고, 지방관직으로도 소현의 장관에까지 취임할 수 있도록 개방되지는 않았다. 지방 촌락의 행정실무를 담당한 차촌주는 기술자나 잡역부를 지휘 감독하였다. 중앙 관서에서도 역시 기능·기술직을 담당하였던 4두품 출신자는 일반 백성과 직접 접촉할 수 있는 위치에 있었다. 대민 활동을 통하여 4두품 관인의 사회경제적 지위는 점차 향상될 소지를 가졌고, 실제로 신라하대에 이르러 이들의 지위는 상당히 신장되었다.

2. 신라하대의 왕들

1) 선덕왕(宣德王)

신라 제37대 선덕왕은 780년에 즉위하여 785년까지 재위하였다. 왕의 성은 김씨이고 이름은 양상(良相)이며 내물왕의 10세손이다. 할아버지는 각간 원훈(元訓)이며, 아버지는 효방(孝芳, 혹은 孝方) 해찬으로 개성(開聖)대왕에 추봉되었다. 어머니는 사소(四炤, 혹은 四召)부인 김씨로 성덕왕의 딸인데 정의(貞懿)태후로 추봉되었다. 왕비는 구족(具足)부인으로 각간 양품(良品, 혹은 狼品·義恭)의 딸이다. 왕위에 오르기 전 양상의 행적에 대해서는 많이 알려져 있지 않다.

경덕왕 23년(764년) 정월에 이찬 만종(萬宗)이 상대등에, 아찬 양상이 시중에 임명되었다. 그의 시중 임명은 전제왕권을 다시 강화하려던 경덕왕의 한화정책(漢化政策)이 귀족의 반발로 실패하고, 왕당파인 상대등 신충(信忠)이 물러난 4개월 뒤에 이루어지고 있다. 이런 점으로 미루어 보아 그의 정치적 성격은 경덕왕이 전제왕권을 강화하려는 정책과는 반대되는 것으로 이해된다. 김양상의 활동은 혜공왕대에 접어들어 두드러지게 나타났다.

혜공왕 7년(771년)에 완성된 성덕대왕신종의 명문(銘文)에 의하면 그는 대각간 김옹(金邕)과 함께 검교사숙정대령 겸수성부령검교 감은사사 각간(檢校使肅政臺令 兼修城府令檢校 感恩寺使角干)으로서 종의 제작에 책임을 맡고 있었다. 여기에서 주목되는 것은 감찰기관인 숙정대(肅政臺)의 장관이었다는 점에서 그의 정치적 위치를 엿볼 수 있다. 그는 혜공왕 10년에 이찬으로서 상대등에 임명되었고, 혜공왕 12년에는 중국 제도를 모방한 관제의 복고 작업을 주관하였다. 그리고 혜공왕 13년에는 당시의 정치를 비판하는 상소를 올려 전제주의적인 왕권의 복구를 꾀하는 일련의 움직임을 견제하였다.

혜공왕 16년 2월에 왕당파이었던 이찬 김지정(金志貞)이 반란을 일으켜 궁궐을 범하자, 상대등이었던 양상은 4월에 김경신(金敬信)과 함께 병사를 일으켜 지정을 죽이고, 혜공왕과 왕비를 죽인 뒤 왕위에 올랐다. 그의 즉위는 무열왕계의 김주원(金周元) 세력을 경계하면서 그들의 반발을 억제하려던 김경신의 강력한 뒷받침을 받아 이루어진 것으로 생각된다. 그는 즉위 5년(784년)에 양위를 결심하였으나 뜻을 이루지 못하였다. 병석에서 내린 조서에서도 항상 선양하기를 바랐다고 한 것은 이를 뒷받침하고 있다.

선덕왕의 치적으로 두 가지를 들 수 있다. 하나는 즉위년(780년)에 어룡성(御龍省)을 개편한 것이다. 경덕왕 9년(750년)에 설치한 어룡성의 봉어(奉御)를 경(卿)으로 고치고 다시 감(監)으로 바꾸었다. 또 하나는 패강진(浿江鎭)을 개척한 것이다. 선덕왕 2년(781년)에 패강의 남쪽 주와 군을 안무(安撫)하였고, 782년 한주(漢州, 지금의 서울지역)에 순행하여 민호(民戶)를 패강진으로 이주시켰다. 그리고 그 이듬해(783년) 1월에는 김체신(金體信)을 대곡진(大谷鎭) 군주 즉 패강진 장관에 임명함으로써, 개척사업을 일단 완료하였다. 이러한 패강진의 개척은 왕권을 옹호해줄 배후세력의 양성이나 또는 왕실에 반발하는 귀족의 축출을 꾀하려는 정책과 관련된 것으로 보인다. 재위 6년 만에 죽으니, 불교 의식에 따라 화장하고 그 뼈를 동해에 뿌렸다.

2) 원성왕(元聖王)

신라 제38대 원성왕은 785년에 즉위하여 798년까지 왕위에 있었다. 왕의 성은 김씨이고 이름은 경신(敬信 혹은 敬愼) 또는 경칙(敬則)이다. 내물왕의 12세손인 아버지 효양(孝讓)은 명덕(明德)대왕, 할아버지 위문(魏文 또는 訓入)은 홍평(興平)대왕, 증조할아버지 의관(義寬 혹은 義官)은 신영(神英)대왕, 고조할아버지 법선(法宣)은 현성(玄聖)대왕으로 추존되었다. 어머니는 계오(繼烏 또는 知烏)부인 박씨이며 소문(昭文)태후로 추봉되었고, 왕비는 숙정(淑貞)부인 김씨로 각간 신술(神述)의 딸이다.

왕위에 오르기 전인 혜공왕 16년(780년)에 경신은 뒷날 선덕왕이 된 김양상(金良相)과 더불어 지정(志貞)의 난을 진압하였으며, 이때에 혜공왕을 살해하고 양상이 왕위에 오르는데 기여하였다. 이런 점으로 미루어 그는 양상과 밀착된 인물로서 경덕왕 이래 왕실의 전제주의에 반대하는 입장을 취하였던 것을 알 수 있다. 혜공왕 말기의 혼란을 평정한 공으로 선덕왕 1년(780년)에 김경신은 상대등에 임명되었다. 뒤에 선덕왕이 후사가 없이 죽자, 그는 태종 무열왕의 6세손인 김주원과의 왕위다툼에서 승리하여 즉위하였다. 때문에 뒷날 김헌창(金憲昌)은 아버지인 김주원이 왕위에 오르지 못한 것을 이유로 반란을 일으켰다.

『삼국사기』와 『삼국유사』는 김경신과 김주원과의 왕위다툼에 대한 설화를 전하고 있다. 당시 김경신보다 서열이 높았던 김주원이 왕위계승에 우선권을 가졌다. 김경신이 복두(幞頭)를 벗고 소립(素笠)을 썼으며, 12현금(絃琴)을 들고 천관사(天官寺)의 우물로 들어가는 꿈을 꾸었다. 이에 대한 여삼(餘三)의 해몽을 들은 김경신은 비밀히 북천(北川)의 신에게 제사를 지냈다. 마침 선덕왕이 죽자 비가 와서 알천(閼川)이 불어났다. 알천의 북쪽에 거주했던 김주원이 건너오지 못하였으므로, 신하들이 김경신을 왕으로 추대하였다.

785년(원성왕 1년)에 원성왕은 총관(總管)을 도독(都督)으로 바꾸었으며, 788년에는 독서삼품과(讀書三品科)를 설치하였다. 독서삼품과는 유교 경전에 능통한 사람을 3품으로 나누어 실력에 따라 관리로 등용한 것이다. 이는 국학을 설치한 지 이미 한 세기가 지난 당시 신라사회에 있어서, 무예를 중심으로 뽑은 종래의 관리 등용법에 대한 개혁이 요청되고 있었던 것을 의미해 준다. 한편 원성왕대는 신라하대 사회를 여는 권력 구조의 전형이 나타나기 시작하였다. 왕실 내의 소혈연(小血緣)집단 사이에 왕위쟁탈전이 전개되었다. 이런 와중에 승리한 자가 왕위를 획득한 반면, 패배한 자는 지방의 연고지로 나아가 지방호족이 되었다.

원성왕은 즉위와 동시에 왕자 인겸(仁謙)을 태자로 책봉하여 왕위 계승권자를 확정하였다. 그러나 원성왕 7년(791년) 1월에 인겸태자가 죽자, 이듬해 8월에는 왕자 의영(義英)을 다시 태자로 책봉하였다. 원성왕 10년(794년) 2월에 의영태자 마저 죽자, 이듬해 1월에 왕손(인겸태자의 맏아들)인 준옹(俊邕, 뒤의 소성왕)을 태자로 책봉하였다. 준옹뿐만 아니라 그의 동생인 언승(彦昇, 뒤의 憲德王)도 정치의 중심부에서 활약하였는데, 이처럼 왕과 태자를 정점으로 하는 극히 좁은 범위의 근친 왕족들이 상대등·병부령·시중 등의 요직을 독점하고 있었다. 신라하대 사회에는 원성왕계의 근친 왕족들에 의해 왕위가 이어져 내려갔다.

원성왕 2년(786년)에는 대사(大舍) 무오(武烏)가 『병법』 15권과 『화령도(花鈴圖)』 2권을 바쳤다. 그런가 하면 왕 자신도 「신공사뇌가(身空詞腦歌)」를 지었는데, 이는 인생 궁원(窮遠)의 변화에 대한 이치를 담은 것이라 한다. 이 책들은 모두 전하지 않는다. 791년에 제공(悌恭)이 반란을 일으켰으나 진압되었다. 제공은 785년 즉 원성왕이 등극하자 바로 시중이 된 인물로, 그가 일으킨 반란의 성격은 명확하게 밝혀져 있지 않다. 같은 해에 인겸태자가 죽으니 시호를 혜충(惠忠)이라 하였다. 제공의 반란이 진압되자 혜충태자의 아들인 준옹이 시중에 임명되었다.

원성왕은 불교에 대한 관심이 많았다. 785년에 승관(僧官)을 두어 정법전(政法典)이라 하고, 원성왕 11년(795년)에는 봉은사(奉恩寺, 또는 報恩寺)를 창건하였으며, 망덕루(望德樓)를 세웠다. 처음에 원성왕은 화엄종 승려 묘정(妙正)을 편애하여, 내전(內殿)에 맞아들이고 떠나지 못하게 하였다. 그 뒤 묘정은 왕의 신임을 잃은 듯하다. 사신을 따라 중국에 들어갔을 때에 자라한테서 얻은 구슬을 당나라 황제에게 빼앗기고 난 뒤부터, 묘정은 사람들에게 사랑을 받지 못하였다는 설화가 이를 알려준다.

원성왕의 치적으로 원성왕 6년(790년)에 벽골제(碧骨堤)의 증축과 발해와의 통교를 들 수 있다. 이와 더불어 795년에 원성왕은 당나라의 사신이 하서국(河西國) 사람 둘을 데리고 와서, 신라의 호국룡(護國龍)을 물고기로 변하게 하여 잡아가려는 것을 막았다고 한다. 이러한 설화는 원성왕이 상당한 독자 외교를 펴고 있었던 사실을 알려준다. 798년 12월 29일에 죽으니, 유명으로 봉덕사(奉德寺) 남쪽에 있는 토함악(吐含岳)의 서쪽 동굴에서 화장되었다. 원성왕릉을 추복(追福)하기 위한 숭복사(崇福寺)가

세워졌다. 원성왕의 아들은 인겸과 의영 및 예영(禮英)이고, 두 딸이 대룡(大龍)부인과 소룡(小龍)부인이다.

3) 소성왕(昭聖王)

신라 제39대 소성왕은 799년에 즉위하여 800년(애장왕 1년)까지 재위하였다. 혹은 소성왕(昭成王)이라고도 표기되어 있다. 왕의 성은 김씨이고 이름은 준옹(俊邕)이며 원성왕의 큰아들인 인겸(仁謙, 惠忠太子)의 아들이다. 어머니는 김씨 성목(聖穆)태후이고 왕비는 계화(桂花)부인으로 숙명(叔明)의 딸이다. 소성왕은 원성왕의 장손으로서 왕위에 오르기 전 궁중에서 자라면서 원성왕 5년(789년)에 대아찬을 제수받았고 당나라에 사신으로 갔다 왔으며, 790년에는 파진찬을 제수받아 재상이 되었다.

원성왕 7년(791년) 10월에는 시중에 임명되었으나, 그 이듬해 8월에 병으로 물러났다. 그리고 태자에 책봉된 아버지가 일찍 죽고 또한 그의 뒤를 이어 태자가 된 숙부 의영(義英)이 794년에 죽자, 그가 원성왕 11년(795년) 정월에 태자로 책봉되었다. 798년 12월 29일 원성왕이 죽자 왕위에 올랐다. 소성왕의 치적으로 청주(菁州, 지금의 진주)의 거로현(居老縣)을 학생녹읍(學生祿邑)으로 설정한 것을 들 수 있다. 재위 2년째인 800년 6월에 죽었다.

소성왕대 2년동안에는 비교적 괴이한 일이 많이 일어난 것으로 기록되었다. 799년에 냉정현령(冷井縣令) 염철(廉哲)이 흰 사슴을 바쳤는가 하면, 우두주(牛頭州) 도독이 소같이 생긴 이상한 짐승이 나타났다고 보고하였다. 한산주에서는 흰 까마귀를 바쳤다. 이어 800년에는 서란전(瑞蘭殿)에 쳤던 발[簾]이 어디로 갔는지 모르게 날라 가버렸는가 하면, 임해문(臨海門)과 인화문(仁化門)의 두 문이 무너졌다. 이러한 모습은 소성왕대 정치의 불안한 사정을 알려주며, 이는 두 동생인 언승(彦昇, 뒤의 헌덕왕)과 수종(秀宗, 뒤의 흥덕왕) 세력이 왕권을 능가하였기 때문에 나타났을 듯하다.

4) 애장왕(哀莊王)

신라 제40대 애장왕은 원성왕 4년(788년)에 태어났으며, 800년에 즉위하여 809년까지 재위하였다. 왕의 성은 김씨이고 이름은 청명(淸明)인데 뒤에 중희(重熙)라 개명하였다. 소성왕과 계화(桂花)부인 김씨 사이에서 원자로 태어나 800년 6월 부왕의 뒤를 이어 13세에 즉위하였다. 따라서 즉위초부터 왕은 작은아버지인 병부령 김언승(뒤의 헌덕왕)의 섭정을 받았다.

애장왕의 치적으로는 두 가지를 들 수 있다. 하나는 애장왕 6년(805년)에 공식(公式) 20여조를 반포한 것이며, 또 하나는 808년 12도(道)에 사신을 파견하여 군(郡)·읍(邑)의 경계를 정한 것이다. 이것은 애장왕의 중앙과 지방제도에 대한 개혁조치로 볼 수 있다. 공식 20여조를 반포하기 1년 전에 동궁(東宮)의 만수방(萬壽房)을 새로 만들었는데, 이는 즉 태자의 위치를 굳건히 하려는 조치이다. 이러한 분위기 속에 취해진 공식 20여조는 왕권을 강화하기 위한 제도개혁으로 생각된다.

805년에 위화부(位和府)의 금하신(衿荷臣)을 고쳐 영(令)이라 하고, 예작부(例作府)에 성(省) 두 사람을 두는 등의 관제개혁 조치도 같은 성격으로 파악된다. 806년에는 교지를 내려 불교사원의 새로운 창건을 금하고 오직 수리만을 허락하였으며, 금수(錦繡)로써 불사하거나 금은으로 기물(器物)을 만들지 못하게 하였다. 이러한 조치 역시 2년 뒤에 취해진 지방군현의 경계를 정하는 것과 연관된다고 볼 수 있다. 귀족들은 막대한 토지와 재력을 지녀 지방에 연고지를 가지고 있었으며, 대체로 원당과 같은 절을 세워 재산을 관리하고 있었다.

애장왕 7년(806년)에서 9년에 이르는 개혁조치는 귀족세력을 왕권에 복속시키려는 것이다. 그러나 왕권강화를 위한 애장왕의 개혁조치는 신라 중대의 전제주의가 무너지고 귀족세력이 난립하는 신라하대 사회의 풍조 속에서 많은 도전을 받아 성공할 수는 없었다. 그 결과 그는 왕위에서 쫓겨나지 않을 수 없었다. 한편 애장왕대의 개혁은 이전 경덕왕대의 한화정책을 이은 것으로 왕권을 강화하려는 것이지만, 그 개혁의 주체는 애장왕이 아니라 당시 실력자인 김언승과 수종(뒤의 흥덕왕)이라고도 추측된다.

애장왕은 국내 정치의 개혁과 병행하여 대당 외교 외에 일본과의 국교를 트고 있다. 애장왕 3년(802년) 12월 균정(均貞)에게 대아찬을 제수하고 가왕자(假王子)로 삼아 왜국에 사신으로 보내고자 하였으며, 803년에는 일본국과 수교하였다. 그리하여 애장왕 5년(804년)과 애장왕 7년 및 애장왕 9년에 각각 일본국 사신이 내조하였다. 이와는 별도로 802년에 순응(順應)과 이정(利貞)이 가야산에 해인사를 세웠다. 해인사는 당시 왕실에서 경영하는 절이었다. 809년 7월에 언승이 제옹(悌邕)과 함께 군사를 이끌고 궁궐에 들어와 애장왕을 죽였다.

5) 헌덕왕(憲德王)

신라 제41대 헌덕왕은 809년에 즉위하여 826년까지 왕위에 있었다. 왕의 성은 김씨이고 이름은 언승(彦昇)이며 소성왕의 동생이다. 아버지는 원성왕의 큰 아들인 혜충(惠忠)태자 인겸(仁謙)이며 어머니는 성목(聖穆)태후 김씨이다. 할머니는 각간 신술(神術)의 딸인 숙정(淑貞)부인 김씨이며, 왕비는 각간 예영(禮英)의 딸 귀승(貴勝)부인이다. 언승은 원성왕 6년(790년)에 대아찬을 제수받아 당나라에 사신으로 다녀왔으며, 다음해에는 제공(悌恭)의 난을 진압하는데 가담하여 공을 세움으로써 잡찬이 되었다.

원성왕 10년(794년)에 시중에 임명되고 그 다음해에 이찬으로서 재상이 되었으며, 원성왕 12년에는 병부령을 제수받았다. 이로 보면 언승은 이미 원성왕 말년에 정치적인 세력 기반을 확고하게 갖추고 있었다. 이러한 세력 기반이 애장왕의 즉위와 함께 그를 섭정의 지위에 오를 수 있게 하였다. 애장왕대 언승의 세력은 대단하여 그 집안이 당나라의 조정에까지 알려질 정도였다. 애장왕 2년(801년)에 어룡성(御龍省)의 장관인 사신(私臣)이 되었고 이어 상대등에 올랐다.

애장왕대에는 정치 개혁이 시도되었다. 즉 애장왕 6년(805년)에 공식 20여조(公式二十餘條)가 반포되었고, 그 다음해에는 이와 관련해서 불사(佛事)를 금하였으며, 애장왕 9년에는 군(郡)·읍(邑)의 경계를 정하는 조치를 내렸다. 이러한 개혁은 대체로 중앙집권적인 왕권을 강화하기 위한 것인데, 그 개혁의 주도자가 언승이라 추측되기도 한다. 왜냐하면 그는 애장왕대 최고의 실력자였고, 또한 뜻을 같이 하는 수종(秀宗)이 시중이었기 때문이다. 809년에는 동생인 이찬 제옹(悌邕)과 더불어 난을 일으켰으며, 난중에 애장왕이 살해되고 언승이 왕위에 올라 헌덕왕이 되었다.

헌덕왕대에는 뚜렷한 정책이나 정치개혁이 보이지 않으나, 애장왕 당시의 개혁 정치가 그대로 이어졌다. 그에 못지않게 왕권강화에 도전하는 세력 역시 거세게 나타났다. 비록 난을 일으켜 왕위를 쟁취하였지만 헌덕왕은 여전히 반대 세력의 반발에 부딪쳤다. 그 결과 정국은 날로 불안해졌으며 빈번한 기근은 이를 더욱 부채질하였다. 헌덕왕 6년(814년) 서쪽 지방에 큰 홍수가 났으며 다음해에는 서쪽 변방의 주와 군에 기근이 들었다. 이후 헌덕왕 8년(816년)에서부터 헌덕왕 13년(821년)에 이르기까지 거의 매년 계속해서 기근이 들었으며, 경우에 따라서는 초적이 일어나기도 하였다.

이러한 어려운 상황 속에서 마침 당나라는 절도사(節度使) 이사도(李師道)가 반란을 일으킴에, 신라에 출병을 요청하였다. 헌덕왕 11년(819년)

7월에 김웅원(金雄元)으로 갑병(甲兵) 3만 명을 이끌고 가서 이사도의 반란을 진압하게 하였다. 다만 그해 2월에 치청도지병마사(淄靑都知兵馬使) 유오(劉悟)가 이사도를 피살하였기 때문에, 김웅원의 신라군이 토벌전에서 큰 역할을 담당한 것 같지는 않다. 이러한 국내외의 모순이 누적되면서 헌덕왕 14년(822년)에는 중요한 두 가지 사건이 일어났다. 하나는 녹진(祿眞)의 인사 원칙에 관한 제안이고, 또 하나는 김헌창(金憲昌)난의 발발이다.

당시 충공(忠恭)이 상대등이 되어 인사를 처리하는데 갑자기 병이 들었다. 집사시랑(執事侍郎)인 녹진이 충공을 찾아가, 인재의 쓰임을 목재의 쓰임에 비유하여 인사 처리에 적절한 대책을 제안하였다. 그 말을 들은 충공은 물론 부군(副君)인 수종과 헌덕왕이 모두 기뻐하였다. 이때 녹진이 제시한 인사 원칙은 왕당파에게 유리하지만 왕권에 반대하는 귀족에게는 불리한 것으로 이해된다. 곧 이어 일어난 김헌창의 난은 헌덕왕이 주도한 개혁 정치에 반대하여 오던 귀족의 불만이 누적되어 일어났다. 또한 녹진의 제안이 김헌창에게 불리하게 작용한 것도 난이 일어나는 한 요인이 되었다.

아버지 김주원이 왕이 되지 못한데 불만을 품은 웅천주도독 김헌창은 반란을 일으켜 나라 이름을 장안(長安)이라 하고 연호를 경운(慶雲)이라 하였다. 김헌창은 무진주(武珍州)·완산주(完山州)·청주(菁州)·사벌주(沙伐州)·국원경(國原京)·서원경(西原京)·금관경(金官京) 등의 지역에 세력을 뻗치기도 하였으나, 정부군과의 싸움에서 형세가 불리해지자 자결하였다. 헌덕왕 17년(825년)에는 헌창의 아들 범문(梵文)이 고달산(高達山) 도적 수신(壽神) 등과 함께 평양(平壤, 지금의 양주)에 도읍을 정하고 다시 난을 일으켰다. 이렇듯 김주원계 세력은 일부 반란을 일으켜 거세되었지만, 한편으로 종기(宗基) 등의 세력은 온존하였다. 헌덕왕릉은 천림사(泉林寺)의 북쪽에 있다.

6) 흥덕왕(興德王)

신라 제42대 흥덕왕은 826년에 즉위하여 836년까지 왕위에 있었다. 왕의 성은 김씨이고 이름은 수종(秀宗 또는 景暉·秀升)이며, 헌덕왕의 동생이다. 아버지는 원성왕의 큰 아들인 인겸이며 어머니는 성목(聖穆)태후 김씨이다. 할머니는 각간 신술(神述)의 딸인 숙정(淑貞)부인 김씨이고, 왕비는 소성왕의 딸인 장화(章和)부인 김씨인데, 즉위한 해에 죽으니 정목(定穆)태후로 추봉되었다.

흥덕왕의 정치적 입장은 헌덕왕의 그것과 대체로 비슷하다. 수종은 애장왕 5년(804년)에 시중으로 임명된 것으로 미루어보아 언승과 함께 애장왕대의 개혁정치를 주도하였다고 생각한다. 수종은 헌덕왕 1년(809년)에 애장왕을 몰아내고 언승이 왕위에 오르는데 공을 세웠고, 헌덕왕대의 정치에 깊이 관여하였다. 헌덕왕 11년(819년) 상대등에 임명된 수종은 헌덕왕 14년에 부군(副君)이 되어 월지궁(月池宮)에 들어감으로써 왕위계승의 기반을 마련하였다.

즉위하면서 흥덕왕은 애장왕대로부터 이어지는 일련의 정치 개혁을 주도하였다. 흥덕왕 2년(827년)에 명활전(明活殿)을 설치하였다. 또는 그것이 신덕왕 3년(914년)에 설치되었다는 설도 있다. 흥덕왕 4년(829년)에는 원곡양전(源谷羊典)을 설치하였으며, 집사부(執事部)를 집사성(執事省)으로 고쳤다. 이때의 개혁은 귀족세력을 억압하면서 왕권을 강화하기 위한 것이었으며, 헌덕왕 때에 일어난 김헌창의 난을 마무리 짓는 조치인 것으로 알려져 있다.

흥덕왕대의 개혁은 이에 그치지 않는다. 흥덕왕 9년(834년)에는 모든 관등에 따른 복색(服色)·거기(車騎)·기용(器用)·옥사(屋舍) 등의 규정을 마련하였다. 이 규정은 흥덕왕이 당시 사치풍조를 금지시키기 위하여 발표한 것이라 하지만, 귀족들의 요구에 의하여 골품 간의 계층 구별을 더욱 엄격히 구분하고자 취해졌다. 특히 6두품이나 5두품 또는 평민과의 차이보다는 진골과 6두품의 차별을 더 뚜렷이 하는 점에서, 이 규정의 내용은 진골 세력에 대한 배려를 깊이 깔고 있다.

이와 아울러 흥덕왕 10년에는 김유신을 흥무(興武)대왕으로 추봉하였다. 이는 김헌창난의 평정에 공을 인정받은 김유신 후손들의 현실적인 세력을 배경으로 취해진 조치이다. 그 밖의 치적으로 변방에 진(鎭)을 설치한 것과 불교에 대해 관심을 보인 것 등을 들 수 있다. 우선 흥덕왕 3년(828년)에 궁복(弓福, 장보고)이 당나라의 서주(徐州)에서 소장(小將)으로 활약하다가 귀국하자, 그에게 1만 명의 병졸을 거느리게 하여 지금의 완도에 청해진(淸海鎭)을 설치하게 하였다. 다음해에는 당은군(唐恩郡)에 당성진(唐城鎭)을 설치하였다.

그리고 흥덕왕 2년에는 승려 구덕(丘德)이 당나라로부터 경전을 가지고 들어왔으며, 흥덕왕 5년에는 도승(度僧) 150명을 허가해 주었다. 한편 흥덕왕 3년에는 사신으로 당나라에 갔던 김대렴(金大廉)이 차 종자를 가지고 돌아오니, 이를 지리산에 심어 번성시켰다. 흥덕왕은 앵무새에 대한 노래를 지었다고 하는데, 현재 그 가사는 전하지 않는다. 836년 12월에 죽었다. 장화왕후와 합장된 흥덕왕릉은 지금 경주군 강서면 육통리에 있다.

7) 희강왕(僖康王)

신라 제43대 희강왕은 836년에 즉위하여 838년까지 왕위에 있었다. 왕의 성은 김씨이고 이름은 제륭(悌隆 또는 愷隆·悌顒)이다. 아버지는 원성왕의 손자로 익성(翌成)대왕으로 추봉된 헌정(憲貞 또는 草奴)이고 어머니는 순성(順成)태후로 추봉된 각간 충효(忠孝)의 딸인 포도(包道 또는 美道·梁乃·巴利)부인이다. 왕비는 충공갈문왕의 딸인 문목(文穆)부인 김씨이다. 아들은 뒤에 의공(懿恭)대왕으로 봉해진 계명(啓明)이다. 왕이 되기 전 제륭의 행적에 대해서는 자세히 알 수 없다.

그의 아버지 헌정이 헌덕왕 11년(819년)에 병으로 걸어 다닐 수 없게 되자, 왕은 금장식의 자색 단장(檀杖)을 하사하였다. 홍덕왕이 죽자 제륭은 균정과 더불어 왕위를 다투었다. 이에 시중인 김명(金明)과 아찬인 이홍(利弘)·배훤백(裵萱伯) 등의 도움을 받아 제륭은 균정을 살해하고는 왕위에 올라 희강왕이 되었다. 그러나 희강왕 3년(838년)에 상대등 김명과 시중 이홍 등이 다시 난을 일으키자 왕은 보전할 수 없음을 알고는 스스로 자진하였다. 소산(蘇山)에 장사되었다.

8) 민애왕(閔哀王)

신라 제44대 민애왕은 838년에 즉위하여 839년까지 왕위에 있었는데, 민애왕(敏哀王)이라고도 표기한다. 왕의 성은 김씨이고 이름은 명(明)이다. 아버지는 뒤에 선강(宣康)대왕으로 봉해진 충공이고, 어머니는 선의(宣懿)태후로 봉해진 귀보(貴寶)부인 박씨이다. 할아버지는 원성왕의 큰아들로 혜충태자로 봉해졌다가 왕위에 오르지 못하고 일찍 죽은 인겸이고, 할머니는 성목(聖穆)태후 김씨이다. 그리고 왕비는 각간 영공(永公)의 딸인 윤용(允容)부인 김씨이다.

본래 김명은 희강왕이 되는 제륭과 정치적 입장을 같이해 왔다. 홍덕왕이 죽자 사촌동생인 균정(均貞)과 5촌 조카인 제륭(균정과는 삼촌임)이 서로 왕위를 다투게 되었다. 이에 시중인 김명과 아찬 이홍·배훤백 등은 제륭을 받들고, 아찬 우징(祐徵)과 조카인 예징(禮徵) 및 김양(金陽)은 균정을 받듦으로써, 한 때 궁궐에서 서로 싸우게 되었다. 이 싸움에서 균정은 전사하고 김양이 화살을 맞아 우징 등과 더불어 청해진의 장보고에게

도망하여 의탁하였다. 싸움에 이긴 제륭이 즉위하였으나 불만을 가진 김
명이 이홍과 같이 다시 난을 일으키자, 희강왕은 자진하고 김명이 왕위에
올랐다.

그러나 왕위에 오른 김명(민애왕)은 다시 균정계 세력의 도전을 받았
다. 838년 청해진에 의탁하고 있던 우징 등이 장보고의 군사 5,000명을 이
끌고 민애왕을 토벌하기 위하여 진격해왔다. 김양·염장(閻長)·장변(張
弁)·정년(鄭年)·낙금(駱金)·장건영(張建榮)·이순행(李順行) 등이 우
징을 받들고 있었다. 이해 12월 민애왕은 김민주(金敏周) 등을 파견하여
무주(武州) 철야현(鐵冶縣, 지금의 나주)에서 토벌군을 맞아 싸우게 하였
으나 패배하고, 그 다음해 정월 달벌(達伐, 지금의 대구)에서의 싸움에서
도 대패하였다. 민애왕은 월유댁(月遊宅)으로 도망갔으나 병사들에게 살
해되었다. 장지는 알 수 없다. 그런데 현재 경주에는 민애왕릉이라고 전해
오는 왕릉이 있다.

9) 신무왕(神武王)

신라 제45대 신무왕은 839년 4월에 즉위하여 그 해 7월에 돌아갔다. 왕
의 성은 김씨이고 이름은 우징(祐徵)이다. 할아버지는 혜강(惠康)대왕으
로 추봉된 원성왕의 아들 예영이며, 아버지는 성덕(成德)대왕으로 봉해진
균정이고 어머니는 헌목(憲穆)태후로 봉해진 진교(眞橋)부인 박씨이다.
그가 아버지 균정과 함께 정치 세력을 형성하여 부상하게 되는 것은 헌덕
왕 때였다. 헌덕왕 4년(812년)에 균정은 시중에 임명되었으며, 헌덕왕 14
년(822년) 김헌창의 난이 일어나자 우징 부자는 왕을 도와 반란군을 평정
하는데 지대한 공을 세웠다.

홍덕왕 3년(828년)에 우징은 시중에 임명되었다. 홍덕왕 9년(834년)에

균정이 상대등에 피임되자 우징은 아버지가 재상이 되었다는 이유로 시중 직을 사퇴하고 대신 김명(민애왕)이 시중이 되었다. 그러나 이 조치는 균 정과 김명간의 대립으로 이해되어야 한다. 홍덕왕이 죽자 균정과 제륭이 서로 왕위를 다투게 되었는데, 김명 등의 지지를 받은 제륭이 승리하여 희 강왕이 되었다. 반면 균정은 전사하고, 우징은 김양 등과 더불어 청해진의 장보고에게 가서 의탁하였다.

희강왕 3년(838년)에 김명이 이홍 등과 함께 다시 난을 일으켰다. 희강 왕이 자진하자 김명은 스스로 왕위에 올라 민애왕이 되었으나, 곧 이어 균 정계 세력의 도전을 받게 되었다. 민애왕 1년(838년)에 청해진의 군사를 이끌고 진격한 우징 등이 무주에서 왕군을 물리치고, 다음해 정월에 달벌 전투에서 왕군과 토벌군이 맞부딪쳤다. 이때 민애왕을 대신하여 왕군을 이끈 자는 대흔(大昕)·윤린(允璘) 등이었는데, 토벌군에게 대패하였다. 민애왕은 난중에 살해되고, 우징이 서서 신무왕이 되었다.

신무왕의 즉위는 원성왕의 아들인 인겸계와 균정계 세력의 대립 중 균 정계 세력의 승리를 의미한다. 균정계가 승리한 데에는 청해진 세력과 이 미 거세된 김주원계의 후손인 김양의 도움이 크게 작용하였다. 신무왕은 즉위한 지 반년도 못 되어 죽었기 때문에 별다른 경륜을 펴지 못하였다. 다만 그는 장보고나 김양에 대하여 배려하고 있었던 듯하다. 839년에 장보 고를 감의군사(感義軍使)로 삼아 2,000호(戶)의 실봉(實封)을 내렸다. 반면 장보고는 이에 그치지 않고 딸을 왕비로 세우려 하였다. 이것은 청해진세 력의 강대함을 알려준다. 신무왕은 장보고 등 왕권에 압력을 가하는 세력 을 제압하여야 하는 과업을 앞두고 돌아갔다. 왕릉은 제형산(弟兄山) 서북 쪽에 있다.

10) 문성왕(文聖王)

신라 제46대 문성왕은 839년에 즉위하여 857년까지 왕위에 있었다. 왕의 성은 김씨이고 이름은 경응(慶膺)이며 신무왕의 태자이다. 어머니는 정계(貞繼)부인 또는 정종(定宗, 貞從)태후이다. 할아버지는 원성왕의 손자이며 뒤에 성덕대왕으로 봉하여진 균정(均貞)이고, 할머니는 뒤에 헌목(憲穆)태후로 봉하여진 진교(眞矯)부인 박씨이다. 왕비는 소명(炤明)왕후이다. 문성왕의 본래 부인으로 박씨가 있었고 또한 뒤에 위흔(魏昕)의 딸로 왕비를 삼은 일이 있는데, 소명왕후는 이 중의 한 사람으로 여겨진다.

신무왕은 흥덕왕이 죽은 뒤 계속되어온 왕위쟁탈전에서 승리하여 즉위하였지만, 6개월도 못 되어 죽음으로써 왕위쟁탈 과정에서 쌓여온 많은 모순을 해결하지 못하였다. 그러한 숙제는 그 아들 문성왕대로 고스란히 넘어오게 되었다. 흥덕왕이 죽자 왕위를 둘러싼 균정계와 원성왕의 장자인 겸의 아들인 충공계와의 대립이 노골화되었다. 이 싸움에서 일단 패한 균정계의 우징은 청해진대사 장보고와 김주원의 후손인 김양의 도움을 받아 민애왕을 살해하고, 왕위에 올라 신무왕이 되었다. 그 결과 장보고와 김양 등 신무왕을 도운 귀족세력은 그에 상응한 정치권력을 가지게 되었다.

문성왕은 즉위하자 장보고를 진해장군(鎭海將軍)으로 봉하고, 예징(禮徵)을 상대등에 임명하였으며 김양에게 소판 관등을 주면서 병부령으로 임명하였다. 반면 이들 귀족세력은 왕권을 제약하는 요소로 작용하였다. 문성왕 3년(841년) 홍필(弘弼)의 모반은 그러한 모순이 첫 번째로 노출된 것에 불과하다. 846년에는 장보고의 반란이 있었다. 장보고는 딸을 왕의 차비(次妃)로 세우려 하였다. 조신들이 해도(海島) 사람의 딸을 왕비로 맞을 수 없다고 반대하여 일이 성사되지 않자, 그는 청해진을 거점으로 반란을 일으켰다. 이 난은 염장(閻長)에 의하여 진압되었다.

일설에는 장보고의 딸을 왕비로 맞아들이는데 반대한 인물이 김양이라고 하였다. 문성왕 4년(842년)에 김양이 그의 딸을 왕비로 세우는 기사가 이러한 추측을 낳게 한다. 장보고의 난이 진압되자 문성왕 13년(851년) 청해진을 혁파하였으며, 그곳의 민호(民戶)를 벽골군(碧骨郡)으로 이주시켰다. 궁복(弓福, 장보고의 별명)의 난 이후에도 정치적인 불안은 계속되었다. 문성왕 9년(847년) 이찬 양순(良順)과 파진찬 홍종(興宗)의 반란이 있었고, 문성왕 11년(849년)에는 이찬 김식(金式)과 대흔(大昕)의 반란이 있었다.

양순이나 대흔은 모두 신무왕을 도와 민애왕을 몰아내는데 공을 세웠던 인물이다. 전대로부터 이어진 왕위 다툼은 그대로 계속되었다. 857년 문성왕은 숙부 의정(誼靖)에게 왕위를 계승시킨다는 유조(遺詔)를 내리고 죽었다. 이는 한 달 전에 문성왕을 도왔던 김양이 죽자, 상대등인 의정과 시중인 계명(啓明)이 힘을 합쳐서 왕을 핍박함으로써 왕위에서 물러나게 하였다고 추측되기도 한다.

11) 헌안왕(憲安王)

신라 제47대 헌안왕은 857년에 즉위하여 861년까지 왕위에 있었다. 왕의 성은 김씨이고 이름은 의정(誼靖 또는 祐靖)이며, 신무왕의 이복동생이다. 아버지는 성덕(成德)대왕으로 봉해진 균정이고 어머니는 충공의 딸인 조명(照明 또는 昕明)부인 김씨이며, 할아버지는 예영으로 원성왕의 아들이다. 슬하에 딸이 둘 있었는데, 모두 다음 왕인 경문왕의 비가 되었다. 그리고 궁예는 헌안왕의 서자로 알려져 있다.

왕위에 오르기 이전 의정의 행적은 잘 알 수 없으나 아버지인 상대등 균정과 처남인 시중 김명과의 사이에 왕위계승 문제로 암투가 격심하던 흥덕왕 말년(836년)에 사신으로 당나라를 다녀왔다. 의정은 균정 및 김명과 모두 연결되어 있어서, 어느 한 세력을 확실하게 지지할 수 없는 입장에 서 있은 셈이었다. 왕위계승 쟁탈전이 일단락된 뒤인 문성왕 즉위 직후에는 시중을 제수받았고, 그 뒤에 의정은 병부령을 거쳐 다시 문성왕 11년 (849년)에는 상대등에 임명된 듯하다. 그리고 857년에는 서불한(舒弗邯, 角干)으로서 조카인 문성왕의 유조를 받아 즉위하였다.

헌안왕 즉위 초에 비가 오지 않고 흉년이 들어 굶주리는 사람이 많아지자, 제방을 수리하게 하고 농사를 권장하였다. 861년 1월에 병이 들어 자리에 누운 지가 오래되었으므로 왕위를 사위인 응렴(膺廉, 경문왕)에게 선위하고, 그 달 29일에 죽었다. 문성왕의 유지로 등극한 헌안왕이 다시 왕위를 사위인 경문왕에게 넘기고 있다. 이는 헌안왕대에 충공계 세력이 온존하였던 사실을 짐작하게 한다. 경문왕의 아버지인 계명은 충공의 외손이기도 하다. 헌안왕은 공작지(孔雀趾)에 장사되었다.

12) 경문왕(景文王)

신라 제48대 경문왕은 861년에 즉위하여 875년까지 재위하였다. 왕의 성은 김씨이고 이름은 응렴(膺廉 또는 疑廉)이다. 아버지는 계명이고 어머니는 광화(光和)부인이다. 할아버지는 희강왕이며 할머니는 충공의 딸인 문목(文穆)부인 김씨이고, 왕비는 헌안왕의 큰딸인 영화(寧花)부인 김씨이다. 또 뒤에 헌안왕의 작은 딸도 왕비로 삼았다. 영화부인의 할머니 곧 헌안왕의 어머니는 충공의 딸인 조명(照明 또는 昕明)부인이기 때문에, 응렴의 즉위는 신무왕대 이후 실질적으로 당대 사회를 움직여가는 충공계 세력의 도움으로 이루어졌다. 경문왕의 아들로 황(晃, 정강왕) · 정(晸, 헌강왕) · 윤(胤)이 있고 딸로 만(曼, 진성왕)이 있으며, 왕의 동생이 위홍(魏弘)이다.

응렴은 왕위에 오르기 전에 일찍이 국선(國仙)이 되었는데, 헌안왕이 불러 나라 안을 돌아다니면서 본 일을 물었다. 이에 응렴은 선행을 행한 세 사람을 말하였는데, 첫째는 남의 윗자리에 있을 만하나 겸손하여 남의 밑에 있는 사람이요, 둘째는 부호이면서 검소하게 옷을 입는 사람이요, 셋째는 고귀한 세력가이면서 그 위엄을 보이지 아니한 사람이라 하였다. 이 말을 들은 헌안왕은 그가 어질다는 것을 알고는, 사위로 삼고자 하여 왕의 두 딸 가운데 한 사람을 아내로 택하게 하였다. 이에 낭도인 범교사(範教師, 또는 興輪寺僧이라고 함)의 조언을 받아들여, 응렴은 왕의 큰딸과 결혼하여 왕위에 오를 수 있었다.

경문왕은 불교에 비교적 많은 관심을 나타내었으므로, 낭도 중에는 승려가 많았다. 경문왕 4년(864년)에 감은사에 행차하였고, 경문왕 6년에는 황룡사에 행차하여 연등을 보기도 하였다. 경문왕 11년(871년)에는 황룡사구층탑을 개조하였다. 경문왕은 불교와 아울러 국학에 대한 관심을 나타내었다. 경문왕 3년에는 국학에 행차하여 박사로 하여금 경전의 뜻을 강론하게 하였다. 이러한 경문왕의 관심은 즉위한 직후 나라를 잘 다스려 보려는 의지를 표현한 것이었다.

이때 경문왕의 정치를 도운 사람 중에는 국선 출신이 많았는데, 곧 요원랑(邀元郎)·예흔랑(譽昕郎) 등이 그들이다. 이들은 국토를 유람하면서 은근히 왕을 위하여 치국의 뜻을 노래로 지었는데, 이를 다시 사지(舍知)인 심필(心弼)을 시켜 대구화상(大矩和尙)에게 보내어 「현금포곡(玄琴抱曲)」·「대도곡(大道曲)」·「문상곡(文詳曲)」 등 3수의 노래로 짓게 하였다. 가사는 지금 전하지 않으나, 경문왕이 이를 보고는 크게 기뻐하면서 칭찬하였다고 한다.

즉위 초인 861년에 대사면을 실시하고, 이듬해인 경문왕 2년에 이찬 김정(金正)을 상대등으로, 아찬 위진(魏珍)을 시중으로 임명하였다. 경문왕 6년(866년)에는 아버지 계명을 의공(懿恭)대왕으로, 어머니 광화부인을 광의(光懿)왕태후로, 왕비 영화부인을 문의(文懿)왕비로 봉하였다. 또한 왕자 정을 태자로 삼는 등 열의를 가지고 치국에 임하였지만, 경문왕은 진골귀족 간의 오랜 분쟁을 일시에 바로잡을 수 없었다. 그 결과 경문왕대 중기 이후에는 반란사건이 계속해서 일어났다.

경문왕 6년(866년)에 이찬 윤흥(允興)과 그 동생 숙흥(叔興)·계흥(季興)의 모역과 경문왕 8년에 이찬 김예(金銳)·김현(金鉉) 등의 모반, 경문왕 14년(874년)에 근종(近宗) 등의 반란이 있었다. 이러한 와중에서 경문왕은 신라하대 사회의 혼란을 수습하지 못하고 죽었다. 한편 경문왕은 산뱀을 가슴에 덮고 잠자는 습성을 가졌다고 알려져 있을 뿐만 아니라 당나귀와 같은 큰 귀를 가졌다는 소문도 퍼져 있었다. 이러한 전승은 역시 당시의 혼란한 사회상 속에서, 진골귀족 세력을 억압하기 위한 개혁 정치를 시도하였기 때문에 만들어졌을 것이다.

13) 헌강왕(憲康王)

신라 제49대 헌강왕은 875년에 즉위하여 886년까지 왕위에 있었다. 왕의 성은 김씨이고 이름은 정(晸)이다. 아버지는 경문왕이고 어머니는 문의(文懿)왕후로 봉해진 헌안왕의 큰딸 영화(寧花)부인 김씨이다. 할아버지는 희강왕의 아들 계명이고 할머니는 신무왕의 딸인 광화(光和)부인이며, 왕비는 의명(懿明)부인이다. 헌강왕의 동생으로 황(晃, 뒤의 정강왕)·만(曼, 뒤의 진성왕)·윤(胤)이 있었다. 서자로 요(嶢)가 있어 뒤에 효공왕이 되었고, 딸은 신덕왕의 비가 되어 의성(義成)왕후로 봉하여졌다.

즉위한 뒤 헌강왕은 불교와 국학에 대해 아울러 관심을 가졌다. 헌강왕 2년(876년)과 헌강왕 12년에 황룡사에서 백고좌강경(百高座講經)을 설치하고 친히 가서 설법을 들었다. 이러한 헌강왕의 사찰 나들이는 불교의 힘을 빌려 국가를 재건하면서 왕실의 안녕을 빌려는 것이었다. 확실한 연대는 알 수 없으나 망해사(望海寺)가 세워진 것도 헌강왕대이다. 헌강왕 5년(879년)에는 국학에 행차하여 박사로 하여금 경전을 강론하게 하였으며, 헌강왕 9년에는 삼랑사(三郞寺)에 행차하여 문신들로 하여금 시 한 수를 지어 바치게 하였다.

헌강왕 5년에 신홍(信弘) 등이 반란을 일으켰으나 곧 진압되었다. 그 뒤의 헌강왕대에는 신라가 태평성대를 누린 것으로 기록되어 있다. 헌강왕 6년에 좌우를 거느리고 월상루(月上樓)에 올라 서울의 사방을 바라보면서, 헌강왕은 백성들의 집이 볏짚이 아닌 기와로써 이어졌고 밥할 때 장작이 아니라 숯을 땐다는 말을 들었다고 한다. 그러나 이러한 부유함은 신라 전체가 아닌 이른바 금입택(金入宅)과 같은 진골귀족의 부강함을 나타내는 것으로 이해되고 있지만, 오히려 신홍 등의 반란은 신라하대 사회의 모순을 드러내는 것으로 생각된다.

반면 헌강왕대에 신라하대 사회의 위기의식을 나타낸 기록이 보이고 있다. 헌강왕 5년에 왕이 나라 동쪽의 주와 군을 순행하였을 때, 어디서 온지를 모르는 네 사람이 어가를 따르며 춤을 추었는데, 당시 사람들이 그들을 산과 바다의 정령이라 하였다. 이와 비슷한 이야기는 『삼국유사』에도 실려 있다. 헌강왕이 포석정에 갔을 때 남산신(南山神)이 나타나서 춤을 추니, 이 춤을 전하여 「어무상심(御舞祥審 혹은 御舞山神)」이라 한다. 또한 헌강왕이 금강령(金剛嶺)에 갔을 때에 북악신(北岳神)과 지신(地神)이 나와 춤을 추었다. 그 춤에서 "지리다도파(地理多都破)"라고 하였는데, 이는 지혜로 나라를 다스리는 사람이 미리 알고 도망하여 도읍이 장차 파괴된다는 뜻이라고 한다.

한편 헌강왕이 동해안의 개운포(開雲浦)에 놀러갔다가, 동해 용왕의 아들이라고 하는 처용(處容)을 만나 데리고 왔다. 그리하여 향가인 「처용가」가 퍼져나갔다. 그런데 처용을 지방 세력가의 자제로 보아 헌강왕대에 기인(其人)제도가 나타난 것으로 이해되었다. 반면 처용의 등장은 이슬람 상인이 동해변까지 진출하여 신라와 교역한 것으로 파악하기도 한다. 또한 헌강왕 12년 봄에는 적국(狄國)인 보로국(寶露國, 지금의 안변군 서곡면)과 흑수국(黑水國) 사람들이 신라와 통교를 청하였다. 그러면서 헌강왕은 당나라와 함께 일본과의 교섭을 꾀하였다. 왕이 죽자 보리사(菩提寺) 동남쪽에 장사지냈다고 하며, 현재 헌강왕릉은 경주시 남산동 산 55번지 남산 동쪽 기슭에 있다.

14) 정강왕(定康王)

신라 제50대 정강왕은 886년에 즉위하여 887년까지 재위하였으며, 헌강왕의 친동생인 동시에 경문왕의 둘째 아들이다. 『삼국유사』 왕력편에 정강왕은 민애왕의 친동생이라 하였으나 연령으로 보아 이를 믿을 수는 없다. 왕의 성은 김씨이고 이름은 황(晃)이다. 할아버지는 희강왕의 아들인 의공(懿恭)대왕으로 추봉된 계명이고 할머니는 광의(光義)왕태후로 추봉된 광화(光和)부인이다. 어머니는 헌안왕의 맏딸로 문의(文懿)왕후로 봉하여진 영화(寧花)부인이다. 정(헌강왕)·만(진성왕)·윤과는 형제간이다.

정강왕은 재위기간이 짧아 이렇다 할 업적을 남기지는 못하였다. 정강왕 2년(887년) 정월 황룡사에서 백좌강경(百座講經)을 설치하여 강설을 들었고, 이찬 김요(金蕘)가 한주(漢州)에서 반란을 일으키자 군사를 보내어 토벌하였다. 그 해 5월에 병이 든 정강왕은 시중 준흥(俊興)에게 병이 위급하여 다시 일어나지 못할 뿐만 아니라 아들이 없으므로, 누이인 만으로 왕위를 잇게 하라고 부탁하고 7월 5일에 죽었다. 헌강왕과 마찬가지로 보리사(菩提寺) 동남쪽에 장사지냈다. 보리사터는 현재 경주시 배반동 남산 미륵곡에 있다. 정강왕릉은 현재 경주시 남산동 산 53번지 남산 동쪽기슭에 있다.

15) 진성왕(眞聖王)

신라 제51대 진성왕은 887년에 즉위하여 897년까지 재위하였고, 신라시대 3인의 여왕 중 마지막 여왕이다. 왕의 성은 김씨이고 이름은 만(曼)이다. 할아버지는 의공(懿恭)대왕으로 봉해진 계명이며 할머니는 광의(光義)왕태후로 봉해진 광화(光和)부인이다. 아버지는 경문왕이고 어머니는 헌안왕의 장녀로 뒤에 문의(文懿)왕후에 봉해진 영화(寧花)부인 김씨이다. 형제로 정(헌강왕) · 황(정강왕) · 윤 등이 있다.

진성왕은 즉위 직후 주(州)와 군(郡)에 1년간 조세를 면제하고, 황룡사에 백좌강경을 설치하는 등 민심을 수습하고자 노력하였다. 그러나 진성왕 2년(888년) 2월에 숙부이자 남편이었던 상대등 위홍(魏弘)이 죽자 정치기강이 갑자기 문란해지기 시작하였다. 이와 함께 대야주(大耶州)에 은거해 있던 왕거인(王巨人)이 왕정을 비방하는 글을 써 붙였으며, 주와 군으로부터 세금이 들어오지 않아 국고가 비게 되었다. 이에 관리를 각지에 보내어 세금을 독촉하였고, 이를 계기로 사방에서 도적이 봉기하게 되었다.

이때 원종(元宗)과 애노(哀奴)가 사벌주(沙伐州, 지금의 상주)에서 난을 일으켰으나 이를 토벌하지 못하였다. 이 난을 계기로 계속해서 적당(賊黨)의 난이 일어났다. 진성왕 5년(891년)에 북원(北原)의 적수 양길(梁吉)이 부하인 궁예를 시켜, 동쪽으로 원정하여 명주(溟州, 지금의 강릉)까지 함락시켰다. 그 다음해에는 완산주(完山州)에서 견훤이 스스로 후백제를 건국하니, 무주(武州, 지금의 광주) 동남쪽의 군현이 모두 그에게 항복하였다.

명주를 손에 넣은 궁예는 진성왕 9년(895년)에 다시 저족(猪足)·성천(狌川)을 거쳐 한주(漢州)·철원(鐵圓)까지 차지하였다. 그리하여 신라국가의 실질적인 통치영역은 경주를 중심한 그 주변 지역에 그치고, 국토의 대부분은 적당이나 지방호족 세력의 휘하에 들어갔다. 또한 진성왕 10년에는 이른바 적고적(赤袴賊)이 경주의 서부 모량리(牟梁里)까지 진출하여 민가를 약탈하는 등 수도의 안위조차 불안해졌다. 이러한 상황 속에서 당나라에 유학하고 돌아온 최치원은 진성왕 8년에 시무10여조를 제시하였다.

진성왕은 이를 받아들인 것으로 기록되었으나, 실제로는 진골귀족의 반대로 시행하지는 못하였다. 최치원의 개혁안은 6두품 중심의 유교적 정치이념을 강조함으로써 왕권을 강화하려는 것이어서, 진골귀족의 이익과는 배치될 수 있었다. 이러한 개혁이 시대적 한계성 때문에 시행되지 못함으로써 신라사회의 붕괴는 막을 수 없었고, 자연스럽게 후삼국이 정립하게 되었다. 897년 6월에 조카인 헌강왕의 아들 요(嶢, 효공왕)에게 왕위를 물러주고는, 그해 12월에 죽어 황산(黃山)에 장사지냈다.

한편 진성왕 때에는 거타지(居陁知)설화가 알려져 있는데, 그 내용은 고려 태조 왕건의 할아버지인 작제건(作帝建)이 동해 용왕의 딸인 용녀(龍女)를 아내로 맞이하는 설화와 비슷하다. 이는 왕건의 등장에 대해 이미 진성왕 때에서부터 그 실마리를 구한 것으로 보이게 한다. 신라하대 사회는 진성왕대를 전후하여 크게 요동쳤다. 즉 진성왕 이전은 아직 신라왕실의 권위가 인정되었지만, 그 이후에는 중앙정부와 결별한 지방호족세력이 전국을 주도해 갔다

16) 효공왕(孝恭王)

신라 제52대 효공왕은 897년에 즉위하여 912년까지 왕위에 있었다. 왕의 성은 김씨이고 이름은 요(嶢)이며, 헌강왕의 서자이다. 어머니는 의명(義明)왕태후 또는 문자(文資)왕후로 추존된 김씨이다. 할아버지는 경문왕이고 할머니는 헌안왕의 장녀인 영화(寧花)부인이며, 왕비는 이찬 예겸(乂謙)의 딸이다. 헌강왕이 사냥을 나갔다가 길에서 자색이 뛰어난 한 여자를 만났다. 뒤에 헌강왕은 궁궐을 빠져나가 그 여자와 야합하여 태어난 아들이 요이다. 이 사실을 안 진성왕이 요를 헌강왕의 혈육이라 하고는 진성왕 9년(895년)에 태자로 봉하였고, 곧이어 그는 왕위를 물러 받았다.

효공왕 재위 때에 신라왕실의 권위가 땅에 떨어져 지방에서 일어난 궁예와 견훤이 서로 패권을 다투는 형세를 이루었다. 우선 지금의 청주나 충주 이북 지역은 완전히 궁예의 세력권에 속하였다. 궁예는 효공왕 5년(901년)에 스스로 왕이라 칭하였고, 효공왕 8년에 백관을 설치하였으며, 그 다음해에는 철원으로 도읍을 옮겼다. 또한 견훤은 효공왕 11년(907년)에 서남쪽에서 점점 세력을 키워 일선군(一善郡, 지금의 善山) 이남의 10여 성을 빼앗았다. 한반도에서 궁예와 견훤의 세력 다툼은 점차 열기를 더해 갔다.

한편 궁예의 부하 왕건은 효공왕 7년(903년)에 병선(兵船)을 이끌고 금성(錦城, 지금의 나주) 등 10여 군현을 공취하였다. 이후 서해의 해상권은 대체로 왕건의 수중으로 들어가게 되었다. 효공왕 13년(909년)에 왕건은 진도군과 고이도성(皐夷島城)을 공취하였으며, 견훤이 중국 오월에 보낸 사자를 나포하기도 하였다. 뿐만 아니라 효공왕 14년에 왕건은 나주를 빼앗기 위해 포위 공격하여 온 견훤군을 대파시켰다. 서해상에서 왕건의 전승은 그가 다가올 사회의 주인공으로 등장하는 발판이 되었다.

이상과 같은 정세 속에서도 신라왕실의 실정은 계속되어 효공왕 15년

(911년)에는 대신 은영(殷影)이 효공왕의 천첩을 죽여 왕정을 경계하기까지 하였다. 죽은 뒤 효공왕은 사자사(師子寺) 북쪽에 장사지냈다고도 하고, 혹은 사자사 북쪽에서 화장하여 뼈는 구지제(仇知堤) 동산(東山) 기슭에 묻었다고 한다.

17) 신덕왕(神德王)

신라 제53대 신덕왕은 912년에 즉위하여 917년까지 왕위에 있었다. 왕의 성은 박씨이고 이름은 경휘(景暉 또는 景徽)이다. 『삼국유사』에는 신덕왕의 본명이 수종(秀宗)이라 했는데, 이는 흥덕왕의 이름이 처음에는 수종이었다가 뒤에 경휘(景徽)로 바뀐 사실과 혼동된 것으로 이해하기도 한다. 아달라이사금의 원손(遠孫)으로 아버지는 정강왕 때 대아찬을 지냈으며 선성(宣聖 또는 宣成)대왕으로 추봉된 예겸(乂兼, 또는 銳謙)이다. 일설에는 예겸은 의부이고 친아버지는 흥렴(興廉)대왕으로 추봉된 이간(伊干) 문원(文元)이라고도 한다. 어머니는 성호(成虎)대왕으로 추봉된 순홍(順弘)의 딸 정화(貞花, 또는 貞和)부인이며, 왕비는 헌강왕의 딸인 의성(義成 또는 懿成)왕후이다.

신덕왕의 슬하에 승영(昇英)·위응(魏膺)이 있었는데, 승영은 경명왕이 되었고 위응은 경애왕이 되었으며 모두 박씨이다. 신덕왕으로부터 경애왕에 이르는 박씨 왕실의 등장은 신라말의 정치사에서 쉽게 해석될 수 있는 문제가 아니다. 이는 우선 경휘가 헌강왕의 사위로서 왕위에 올랐기 때문이기도 하지만, 신무왕대 이후 박씨들이 세력 기반을 확대시킬 수 있었기 때문에 가능한 것이었다. 신무왕은 청해진이나 김주원계 세력의 도움뿐만 아니라 어머니인 박씨 세력의 도움을 받아 왕위를 차지할 수 있었다.

신덕왕대의 신라는 실제로 경주 지역을 다스리는데 그쳤고, 국토의 대부분은 궁예와 견훤의 세력권 속에 들어갔다. 궁예의 부하인 왕건이 나주를 정벌한 이후 그들의 패권다툼이 더욱 치열해 가는 동안 신라의 명맥은 겨우 유지되는 형편이었다. 916년에 이르러서는 견훤이 대야성(大耶城, 지금의 합천)을 공격하여 비록 함락시키지는 못하였으나, 이는 즉 신라의 심장부에 비수를 겨누는 격이 되었다. 이때의 신라왕실은 스스로 후백제나 태봉(泰封)의 공격을 막아낼 만한 힘이 없었다. 장지는 죽성(竹城, 위치 미상)이라고도 하고 혹은 화장하여 잠현(箴峴)에 묻었다고도 한다.

18) 경명왕(景明王)

신라 제54대 경명왕은 917년에 즉위하여 924년까지 왕위에 있었다. 왕의 성은 박씨이고 이름은 승영(昇英)이다. 아버지는 신덕왕이며 어머니는 헌강왕의 딸인 의성(義成 또는 資成·懿成·孝資)왕후이다. 할아버지는 선성(宣聖 또는 宣成)대왕으로 추봉된 예겸(乂謙 또는 銳謙)이다. 그러나 일설에 예겸은 신덕왕의 의부이고, 친할아버지는 흥렴대왕으로 추봉된 각간 문원이라고도 한다. 경명왕 때의 신라왕실은 실제로 왕경인 경주를 중심으로 한 그 주변 지역을 다스리는데 불과하였고, 나머지는 궁예와 견훤 등 지방 세력에 의해 점유되었다.

특히 경명왕 2년(918년)에 일어난 현승(玄昇)의 반란으로 신라는 그 운명을 더욱 재촉하게 되었다. 같은 해 태봉의 인심이 돌변하여 왕건을 추대하였고, 궁예는 피살되었다. 그 뒤 왕건과 견훤이 한반도에서의 패권을 다투었으나, 이러한 형세에 가장 큰 영향을 주는 것은 이들과 신라왕실과의 연결이었다. 따라서 신라왕실과의 연결이 가능한 안동이나 합천 지역에서 왕건과 견훤의 패권다툼은 치열하게 전개되었다. 종국적으로 이 싸움은 해상권을 장악한 왕건에게 유리하게 전개되었다.

경명왕 때에는 여러 가지 변괴가 있었다고 한다. 경명왕 3년(919년)에 사천왕사 벽화의 개가 울었다. 또한 경명왕 4년(920년)에는 황룡사탑의 그림자가 사지 금모(今毛)의 집 뜰에 열흘이나 드리워졌으며, 사천왕사 오방신(五方神)의 활줄이 모두 끊어지고 벽화의 개가 뜰로 쫓아 나왔다는 기록이 그것이다. 이러한 설화의 이면에는 당시 신라의 국운이 기울어가는 불안한 모습이 반영되어 있다. 재위 8년만에 죽으니, 황복사 북쪽에 장사지냈다고도 하고 또는 이곳에서 화장했다고도 한다.

19) 경애왕(景哀王)

신라 제55대 경애왕은 924년에 즉위하여 927년까지 왕위에 있었다. 왕의 성은 박씨이고 이름은 위응(魏膺)이다. 아버지는 신덕왕이며, 어머니는 헌강왕의 딸인 의성(義成)왕후이다. 할아버지는 선성(宣聖 또는 宣成)대왕으로 추봉된 예겸(乂謙 또는 銳謙)이다. 일설에는 예겸이 신덕왕의 의부라고 하여, 친할아버지는 흥렴대왕으로 추봉된 각간 문원이며, 할머니는 성호(成虎)대왕으로 추봉된 순홍(順弘)의 딸인 정화(貞花)부인이라고도 한다.

경애왕 때에 후삼국의 패권다툼은 이미 왕건 쪽에 유리하게 전개되었다. 경애왕 2년(925년)에 고울부(高鬱府) 장군 능문(能文)이 왕건에게 항부하여 왔다. 927년에는 강주(康州, 지금의 진주)의 왕봉규(王逢規)가 관할하는 돌산(突山) 등이 왕건에게 항복하였다. 같은 해에 견훤은 신라를 공격하여 포석정에서 놀고 있는 경애왕을 자진하게 하였으며, 궁궐을 노략질하고는 경순왕을 세우고 돌아갔다. 혹은 이때 경애왕은 놀이에 빠져 있었다기보다는 제장인 포석정에서 국난을 물리칠 제사를 지냈던 것으로 이해하기도 한다. 한편 경애왕 때 황룡사에 백좌경설(百座經說)을 설치하고 선승 300여 명에게 음식을 대접하였다. 이는 백좌통설선교(百座通說禪教)라 불렀는데, 대규모 선승모임의 시초가 되었다.

20) 경순왕(敬順王)

신라 제56대 경순왕은 927년에 즉위하여 935년까지 왕위에 있었다. 왕의 성은 김씨이고 이름은 부(傅)이다. 아버지는 문성왕의 후손인데 신흥(神興)대왕으로 추봉된 효종(孝宗은 할아버지라는 설도 있음)이고, 어머니는 헌강왕의 딸인 계아(桂娥)태후이며 할아버지는 의흥(懿興)대왕으로 추봉된 관△(官△)이다. 왕비는 알려져 있지 않으나, 그 슬하에 아들이 있었다. 큰 아들은 마의(麻衣)태자이고 막내아들은 범공(梵空)이다. 고려에 항복한 뒤에 경순왕은 왕건의 장녀 낙랑공주와 다시 결혼하였다.

927년 포석정에서 놀고 있던 경애왕이 견훤의 습격을 받아 시해되고 난 다음, 경순왕은 견훤에 의해 옹립되었다. 그러나 그의 정책은 난폭한 견훤보다는 왕건과 연결하는 쪽으로 기울고 있었다. 경순왕 5년(931년)에 왕건의 알현을 받았는데, 수십 일을 경주에 머물면서 왕건은 부하 장병들에게 조금도 범법하지 말고, 정숙하게 처신하도록 명령하였다. 왕경의 사녀(士女)들은 전번 견훤이 왔을 때에는 시랑과 범을 만난 것 같았으나, 이번 왕건이 왔을 때에는 부모를 만난 것과 같다고 하였다.

935년에 경순왕은 신하들과 더불어 국가를 고려에 넘겨줄 것을 결의하고, 김봉휴(金封休)로 하여금 왕건에게 항복하는 국서를 전하게 하였다. 이때 마의태자는 고려에 항복하는 것을 반대하였고, 범공은 머리를 깎고 화엄사에 들어가 중이 되었다. 경순왕이 백료를 거느리고 고려에 귀의할 때에 향과 보석을 실은 수레와 말이 30여리에 뻗쳤다. 왕건은 그를 정승공

(正丞公)으로 봉하였는데, 그 지위는 태자보다 위였다. 또한 그에게 봉록 1천석을 주고 그의 시종과 원장(員將)을 모두 채용하게 하였다. 동시에 왕건은 신라를 고쳐 경주라 하고는 그의 식읍으로 주었으며, 그를 경주의 사심관(事審官)으로 삼았다.

신라가 항복하자 왕건은 경순왕의 큰아버지인 억렴(億廉)의 딸과 혼인하여 신라왕실과 이중으로 혼인을 맺었다. 왕건과 억렴의 딸인 신성(神聖)왕후 사이에서 태어난 욱(郁)이 경종의 부인이었던 헌정(獻貞)왕후 황보씨(皇甫氏)와 사통하여 순(詢)을 낳았다. 강조(康兆)의 정변으로 목종이 살해되고 난 후, 순이 즉위하여 현종이 되었다. 현종은 아버지를 효의(孝懿)대왕으로 추봉하고 안종(安宗)이라는 묘호를 올렸으며, 어머니를 효숙(孝肅)왕태후로 추존하였다. 이로 보면 고려왕실은 신라왕실의 외손으로 이어지게 되었다. 경순왕릉은 지금 장단에 있다.

3. 후삼국시대의 지배자

1) 견훤(甄萱)

후백제의 시조인 견훤은 경문왕 7년(867년)에 태어났으며, 진성왕 6년(892년)에 후백제를 건국하여 935년까지 왕위에 있었다. 그의 성은 본래 이씨였으나, 뒤에 견씨라 하였다. 아버지 아자개(阿慈介)는 상주 가은현(加恩縣, 지금의 문경)의 농민 출신으로 뒤에 장군이 되었다. 「이비가기(李碑家記)」에는 진흥왕의 후손인 원선(元善)이 아자개라 하였는데, 다른 문헌에서 이를 확인하기는 어렵다. 어머니의 성씨는 확실하지 않다. 아자개는 두 부인을 두었는데 즉, 상원(上院)부인과 남원(南院)부인이 그들이다. 견훤은 장자이며, 그의 동생으로 능애(能哀)·용개(龍蓋)·보개(寶蓋)·소개(小蓋)와 누이 대주도금(大主刀金)이 있었다.

그런데 「고기(古記)」에는, 광주(光州)의 북촌에 한 부자가 살았는데, 그 딸이 지렁이와 교혼(交婚)하여 견훤을 낳았다고 한다. 이는 어머니의 가문이 광주 지역의 호족이었을 것으로 추측하게 한다. 자랄수록 체모가 남달리 뛰어난 그는 뜻을 세워, 경주로 갔다가 종군하여 서남해안의 변방비장(邊方裨將)이 되었다. 이때 신라왕실의 권위는 땅에 떨어졌고, 지방은 호족들에 의하여 점거당하여 반독립적인 세력을 형성하고 있었다. 특히 진성왕이 즉위하면서 왕의 총애를 받은 몇몇 권신들의 횡포로 정치기강이 문란하여졌고, 또한 기근이 심하여 백성들은 유망(流亡)하고 초적(草賊)이 심하게 봉기하였다.

이때 견훤은 경주의 서남 주현(州縣)을 공격하니 이르는 곳마다 많은 사람들이 호응하여, 마침내 진성왕 6년(892년)에 무진주(武珍州. 지금의 光州)를 점령하고 스스로 왕위에 올랐다. 그리고 신라서면도통지휘병마제치지절도독 전무공등주군사행전주자사겸 어사중승상주국 한남군개국공 식읍이천호(新羅西面都統指揮兵馬制置持節都督 全武公等州軍事行全州刺史兼 御史中丞上柱國 漢南郡開國公 食邑二千戶)라고 자칭하고, 북원(北原 : 지금의 原州)의 적수(賊首) 양길(梁吉)에게 비장이라는 벼슬을 내리는 등 세력을 확장하였다. 효공왕 4년(900년)에 완산주(完山州 : 지금의 全州)에 순행하여 그곳에 도읍을 정하고 후백제왕이라 칭하였으며, 모든 관서와 관직을 정비하였다.

이듬해에 견훤은 대야성(大耶城, 지금의 陜川)을 공격하였으나 함락시키지 못하였다. 효공왕 14년(910년)에 왕건이 나주를 정벌하자, 이에 노한 견훤이 보기(步騎) 3,000명을 거느리고 나주를 공격하였지만 이기지 못하였다. 그 뒤 왕건이 궁예(弓裔)를 축출하고 고려를 건국하자, 견훤은 일길찬(一吉湌) 민극(閔郤)을 파견하여 왕건의 즉위를 축하하였다. 그러나 사실 이때의 고려와 후백제는 잦은 세력다툼을 벌이고 있었다. 경명왕 4년 (920년)에 견훤은 보기 1만 명으로 대야성을 쳐 함락시키고, 군사를 진례 성(進禮城, 지금의 淸道)으로 진격하였다. 이에 신라 경명왕은 김율(金律) 을 고려에 파견하여 도움을 청하였다.

경애왕 1년(924년)에 견훤은 아들 수미강(須彌强)을 파견하여 조물성 (曹物城, 지금의 安東, 혹은 尙州 부근)을 공격하였으나, 성중의 병사들이 굳게 지키므로 이기지 못하였다. 이듬해 왕건과 화친하고 서로 인질을 교환 하여 화해를 맺었다. 그러나 볼모로 간 진호(眞虎)가 926년에 고려에서 병 으로 죽자, 왕건이 보낸 볼모 왕신(王信)을 죽이고 군사를 내어 고려를 공격 하였다. 이로써 견훤과 왕건 사이의 일시적인 화해는 바로 깨졌다. 견훤의 세력이 날로 강성하여지자 신라는 왕건과 연합하여 대항하고자 하였다.

이에 견훤은 927년에 근품성(近品城, 지금의 尙州)을 공격하고, 고울부 (高鬱府 : 지금의 永川)를 습격하였다. 이어서 경주로 진격하여 포석정에 서 경애왕을 살해하고, 왕의 족제인 김부(金傅)를 왕으로 세웠다. 이 소식 을 듣고 달려온 왕건도 공산(公山)싸움에서 크게 패하였다. 이듬해 강주 (康州, 지금의 晉州)를 공격하여 300여 명을 죽이고, 또 부곡성(缶谷城, 지 금의 軍威)을 공격하여 1,000여 명을 참살하였다.

막강하였던 견훤의 세력은 경순왕 4년(930년)의 고창군(古昌郡, 지금의 安東)전투에서 8,000여 명의 사상자를 내고는 왕건에게 패전하였다. 이후 점차 열세를 면하지 못하였다. 특히 932년에는 충실한 신하였던 공직(龔 直)이 고려에 투항하였다. 그러나 이 무렵에도 견훤은 예성강(禮成江) 어구 에 침입하여, 100여 척의 전함을 불태우고 3백여 필의 말을 잡아왔다. 그리 고 934년에는 운주(運州)를 공격하였으나 오히려 대패하였다.

견훤은 많은 아내를 두어 10여인의 아들을 낳았다. 그 중에서 넷째 아 들인 금강(金剛)을 특별히 사랑한 견훤은 왕위를 그에게 물려주려고 하였 다. 이에 금강의 형인 신검(神劍)·양검(良劍)·용검(龍劍) 등은 이를 알고 근심하며 지냈다. 견훤은 양검을 강주(康州, 지금의 晉州)도독으로, 용검을 무주(武州, 지금의 光州)도독으로 삼고, 신검을 홀로 곁에 두었다. 그러자 신검은 이찬 능환(能奐)으로 하여금 사람을 강주와 무주 등으로 보내어 음모를 꾸몄다. 935년 3월에 신검은 견훤을 금산사에 유폐하고 금강을 죽였다.

금산사에 석달동안 유폐되었다가 그해 6월에 막내아들 능예(能乂), 딸 쇠복(衰福), 첩 고비(姑比) 등과 함께 나주로 도망한 견훤은 고려에 사람을 보내어 의탁하기를 청하였다. 왕건은 유금필(庾黔弼)을 보내어 견훤을 맞이한 뒤, 백관(百官)의 벼슬보다 높은 상보(尙父)의 지위와 양주를 식읍으로 주었다. 그 뒤 후백제는 점차 내분이 생겨 왕건에 의하여 멸망당하였다. 이어 신검·양검·용검 등은 한때 목숨을 부지하였으나, 얼마 뒤에 모두 살해되었다. 견훤 또한 우울한 번민에 쌓여 생활하다가 드디어는 창질이 나서, 연산(連山)의 불사(佛舍)에서 죽었다.

정치가로서 견훤은 일찍부터 외교방면에 눈을 돌렸다. 스스로 사용한 상당히 긴 직함은 외교상의 필요에 의해 만든 것이다. 또한 925년에는 후당(後唐)으로부터 '백제왕'이라는 칭호를 받아 중국으로부터 외교적 승인을 얻어내었다. 그 이듬해에는 오월(吳越)과 통하였으며, 927년에는 발해를 멸망시킨 거란의 사신 사고(娑姑)·마돌(麻咄) 등 35인이 당도하자, 견훤은 이들을 전송하기 위하여 장군 최견(崔堅)을 보냈다. 그들은 바다를 건너 북쪽으로 가는 도중 태풍을 만나, 후당의 등주(登州)에 불시착하였으나 모두 잡혀죽었다.

그러나 후백제가 거란(契丹)과 연결한 것은 고려를 배후에서 위협할 수 있었다. 또 922년과 929년 두 차례에 걸쳐 견훤은 사신을 일본에 파견하였다. 이처럼 국제관계의 변동에 그는 큰 관심을 보였다. 이는 서남해안의 비장으로 있으면서 얻은 경험에 의해 나타난 것이다. 이미 장보고에 의하여 중국과의 무역이 크게 성행하였던 이 지역은 당시, 지방호족들이 중국과 사무역(私貿易)을 빈번하게 행하던 곳이었다.

견훤이 후삼국의 쟁패 과정에서 왕건에게 패한 원인은 쇠망하여 가는 신라의 관리로서 출발한 세력 기반을 가졌기 때문이다. 지방에 확실한 근거를 가진 것도 아닌 견훤은 군인으로서 변방에 파견되어, 이미 해이해진 신라의 군사 조직을 자신의 세력 기반으로 흡수했다. 기성사회에서 권력을 잡고 난 뒤에 이를 유지하기 위해, 견훤은 오히려 신라와 똑같은 방식으로 권력 구조를 강화하려 했다. 그러나 당시의 사회는 지방호족이 중심이 되어 신라의 국가체제를 부정하면서 새로운 사회를 건설하는 방향으로 나아가고 있었다. 즉 견훤은 후백제를 건국한 뒤에 이러한 시대적 상황에 역행하고 있어서, 후삼국을 통합하는 데에 실패하고 말았다.

2) 궁예(弓裔)

궁예는 효공왕 5년(901년)에 후고구려를 건국하여 918년까지 왕위에 있었다. 궁예의 성은 김씨이며 아버지는 신라 제47대 헌안왕이고, 어머니는 이름이 알려져 있지 않은 궁녀이다. 혹은 제48대 경문왕 응렴(膺廉)의 아들이라고도 한다. 그는 5월 5일 외가에서 태어났다. 그런데 일관(日官)이 말하기를 단오날 태어났을 뿐만 아니라 출생하면서부터 이가 났고 또한 이상한 빛까지 나타났으므로, 그는 국가에 해로울 것이라고 하였다. 왕이 이를 믿고 궁예를 죽이라고 명하자, 사자가 그 집에 가서 강보에 싸인 아이를 빼앗아 다락 밑으로 던졌다. 이때 유모가 다락 밑에 숨어 아이를 받았으나, 잘못하여 손가락으로 눈을 건드려 애꾸눈이 되었다고 한다.

이러한 탄생설화는 궁예가 신라 왕족이었으나 왕실의 내분으로 조정에서 용납되지 못하였던 사정을 알려준다. 그 뒤 궁예는 유모에 의하여 양육되었으며, 세달사(世達寺)에 출가하여 선종(善宗)이라는 법호를 받았다. 당시의 신라 왕실은 극도로 쇠약하였고, 지방에는 호족들이 대두하였다. 거듭되는 흉년으로 인하여 국고가 탕진되자 진성왕 3년(889년)에 과도하게 세금을 독촉하였다. 이를 계기로 백성들이 유망함으로써 전국이 초적(草賊)의 무리로 들끓었다. 그들 가운데 두각을 나타낸 인물로 기훤(箕萱)과 양길(梁吉)을 들 수 있다.

891년에 기훤에게 몸을 의탁하여 뜻을 펴고자 하였으나 잘 대우해주지 않자, 궁예는 이듬해 양길의 부하로 들어갔다. 그 뒤 궁예는 양길의 군사 600명을 나누어 받아 원주 치악산 석남사(石南寺)를 거쳐 동쪽으로 진출하여, 주천(酒泉, 지금의 醴泉)·내성(奈城, 지금의 寧越)·울오(鬱烏, 지금의 平昌)·어진(御珍, 지금의 蔚珍) 등 여러 현과 성을 정복하였다. 진성왕 8년(894년)에는 명주(溟州, 지금의 江陵)에 이르렀는데, 그의 무리가 3,500명이나 되었다. 즉 곳곳에 은거하고 있던 초적의 무리를 흡수하면서 명주로 진격한 셈이다.

궁예는 이들을 14대로 편성하여 자신의 핵심 세력기반으로 삼았는데, 이들에 의하여 장군으로 추대되었다. 명주를 기반으로 저족(猪足, 지금의 麟蹄)·성주(狌州, 지금의 華川)·부약(夫若, 지금의 金化)·금성(金城)·철원(鐵圓) 등을 점령하자, 궁예의 군세가 매우 강성해져 패서(浿西)지역의 무리들이 항복하여 왔다. 이에 양길과 결별하고 독자적인 세력을 이루었다. 진성왕 10년(896년)경 임진강 연안을 공략하여 개성에 있던 왕건(王建) 부자의 투항을 받았고, 승령(僧嶺, 지금의 長湍 북쪽, 兎山 남쪽)·임강(臨江, 지금의 長湍)·인물(仁物, 지금의 開豊郡 豊德) 등 여러 현을 점령하였다.

이듬해에는 공암(孔巖, 지금의 楊平)·금포(黔浦, 지금의 金浦)·혈구(穴口, 지금의 江華) 등을 복속하였다. 이때 궁예의 세력권 남쪽인 국원(國原, 지금의 忠州) 등 30여성을 취한 양길이 궁예를 공격해 왔으나, 실패하고는 오히려 패망하였다. 효공왕 3년(899년)에는 송악군을 수리하였고 왕건을 보내어 양주와 견주(見州)를 복속하였다. 그 다음해에는 광주 · 춘주(春州) · 당성(塘城, 지금의 華城郡 南陽) · 청주(靑州) · 괴양(槐壤, 지금의 槐山) 등을 평정함으로써 소백산맥 이북의 한강유역 전역을 지배하였다. 그 공으로 궁예는 왕건에게 아찬(阿飡)의 벼슬을 주었다.

901년에 궁예는 스스로 왕이라 칭하고 고구려의 계승자임을 자처하였으며, 효공왕 8년(904년)에는 국호를 마진(摩震)이라 하고 연호를 무태(武泰)라고 하였다. 그해 7월에 그는 청주인 1,000호를 철원으로 옮겨 거기를 수도로 정하자, 상주(尙州) 등 30여현이 항복하였으며 공주장군 홍기(弘奇)가 투항하여 왔다. 905년에 수도를 송악에서 철원으로 옮긴 궁예는 연호인 무태를 성책(聖册)으로 고쳤다. 이어 패서의 13진(鎭)을 평정하자, 평양성주 금용(黔用)이 투항하여 왔다. 그 뒤 궁예는 세력이 강성해지자 신라를 병합하려는 뜻을 품고, 신라를 멸도(滅都)라고 부르게 하였다.

효공왕 15년(911년)에 연호를 다시 수덕만세(水德萬歲)라 고치고, 국호를 태봉(泰封)이라 하였다. 이해에 왕건으로 하여금 해로로 금성(錦城)을 점령하게 하여 이를 나주라 불렀다. 비록 왕건이 거느린 해상세력에 의하여 나주정벌이 이루어졌지만 궁예는 해상권을 장악하는 계기를 마련하였다. 또한 이는 견훤을 배후에서 위협하는 결과를 가져왔다. 신덕왕 2년(913년)에는 연호를 다시 정개(政開)라 고쳤다. 왕건을 추대한 홍유(洪儒) · 배현경(裴玄慶) · 신숭겸(申崇謙) · 복지겸(卜知謙) 등에 의하여 918년에 왕위에서 축출된 궁예는 변복차림으로 도망하다가 부양(斧壤, 지금의 平康)에서 백성에게 피살당하였다.

궁예는 891년에 자립하여 후고구려를 세운 뒤 918년에 이르기까지 약 28년 동안 통치하다가 멸망하였다. 궁예의 통치에 대한 평가는 매우 대조적으로 나타나 있다. 종래의 사료들은 대부분 부정적으로 그를 평가하고 있다. 즉 궁예는 성격이 포악하고 의심이 많은 인물로 나와 있다. 915년에 그는 올바른 정치를 간하는 부인 강씨와 그 소생의 두 아들을 죽였으며,

그 뒤에는 더욱 의심을 많이 하고 성급해졌다. 남의 마음을 꿰뚫어 볼 수 있는 관심법을 터득하였다고 하여, 이로써 그는 신하들을 위협하여 살해하였다는 것이다.

왕건 역시 궁예로부터 두 마음을 품고 있다는 혐의를 받았는데, 겨우 그 자리를 모면하고 나서는 신변에 불안을 느꼈다. 곧바로 해군을 이끌고 나주 등 지역을 정벌하겠다고 하면서, 왕건은 외지로 나가 피신하였다. 민심이 궁예를 떠나게 되면서 그의 멸망을 예언하는 도참설화가 나타났다. 즉 철원에 사는 상인 왕창근(王昌瑾)이 어떤 백발의 노인에게서 거울을 사서 걸어 두었는데, 거울 표면에 시구가 쓰여 있었다. 그 내용은 궁예의 멸망과 왕건의 등장을 예언한 것이다.

궁예는 매우 미신적인 불교를 신봉하였던 것으로 묘사되고 있다. 스스로 미륵불이라 칭하면서 머리에는 금책(金幘)을 쓰고 방포(方袍)를 입었으며, 두 아들을 각각 청광보살(靑光菩薩)과 신광보살(神光菩薩)이라 불렀다. 밖에 나갈 때에는 항상 백마를 타고 비단으로 말머리와 꼬리를 장식하였다. 아울러 어린 소년과 소녀들로 하여금 깃발과 천개는 물론 향과 꽃을 들려 앞에서 인도하게 하고, 비구승 2백여 명에게 범패(梵唄)를 부르고 염불하면서 뒤를 따르게 하였다.

또한 그는 스스로 불경 20여권을 지었는데, 그 말이 요망하여 모두 경의 뜻에 어긋나는 것이었다고 한다. 『고려사』에 의하면 "궁예는 국내를 통합하기도 전에 갑자기 혹독한 폭정으로 민중을 다스렸고 간사함과 위협으로 방책을 삼았으며, 요역(徭役)이 번거롭고 세금이 과중하여 인호(人戶)는 줄어들고 국토는 황폐하여졌는데도 궁실만은 웅장하게 지었다. 법도나 제도는 지켜지지 않고 노역은 끊일 사이가 없어 원망과 비난이 일어나게 되었다"라고 하였다.

이러한 궁예에 대한 평가를 당시의 형편을 그대로 알려주는 자료로써 이해하려는 견해도 있다. 왜냐하면 도적의 무리로써 편성된 궁예의 지배

세력은 그 성격을 바꿀 시간적 여유도 없이 패망하였기 때문이다. 반면 궁예에 대한 기록은 고려시대에 윤색되었으므로 믿을 수 없다는 견해도 있다. 그러나 궁예에 대한 결함이 비록 부풀려졌겠지만, 조작하여 기술되지는 않았다는 주장도 있다. 궁예에 대한 평가가 역사서의 기록대로일 수는 없다 하더라도, 지방호족과 같은 자기 기반을 갖지 못하고 도적의 무리로서 출발한 궁예의 세력 기반에는 분명한 한계성이 있었다.

출생 과정부터 이미 신라왕실에서 받아들여질 수 없었던 궁예는 신라 조정에 대한 강한 반감을 지니고 있었다. 901년 부석사(浮石寺)에 갔을 때 신라왕의 초상화를 본 궁예는 이를 칼로 쳐서 없앴다고 한다. 이러한 반신라적 성향은 그의 휘하에 신라 조정에 반발하는 무리들이 모여들게 하였으므로, 초적을 중심으로 한 궁예의 세력은 신라 고대사회를 파괴하는 촉매제 구실을 담당하였다. 그러나 이들은 국가를 운영하거나 질서를 회복하는 방법에 있어서는 충분한 경륜을 쌓지 못하였다. 때문에 백성에 대한 수취는 개선되지 못한 채, 오히려 약탈적이라 할 수 있을 정도로 보다 가혹한 것이었다.

또한 나라를 세운 뒤에도 국호와 연호를 자주 고치고 있는데, 이는 한 나라를 이끌어 갈 정치이념이 뚜렷하지 않은 데서 오는 것이다. 그러므로 궁예의 국가통치 체제는 신라사회의 모순을 해결했다기보다는 더 가혹한 수탈을 자행함으로써 민심을 이반시켰고, 그 결과 호족세력을 배경으로 하면서 유교적 정치이념과 선종 승려 및 6두품 지식인층까지 포섭하였던 왕건에 의해 축출되었다.

그러나 궁예의 불교관을 살펴보면 궁예에 대한 부정적 사료의 재음미가 가능해진다. 즉 궁예가 자신을 미륵불이라 칭한 것은 미신적이라기보다는, 혼탁한 사회를 개혁하려는 의지가 그만큼 강하였던 사실을 나타내 준다. 미륵신앙은 내세불인 미륵이 성불하는 시기에는 태평시대가 도래한다고 함으로써, 이상사회를 만들기 위해 현실을 개혁하려는 사회개혁사상을 내포하고 있기 때문이다. 궁예의 불교사상은 미륵을 주존으로 하는 법상종(法相宗)의 전통과 연결되었을 것이라는 설도 있다. 궁예의 두 아들을 지칭한 청광보살과 신광보살은 각각 관음보살과 아미타불을 가리킨 것인데, 이는 신라 법상종 교단의 전통과 연결될 수 있다.

신라 법상종에는 미륵과 아미타불을 모시는 교단과, 미륵과 지장보살을 모시는 교단이 있었다. 미륵과 아미타불을 모시는 법상종파는 관음보살을 중시한다. 즉 궁예는 미륵과 아미타불을 모시는 법상종교단의 전통을 계승하였다. 이미 세달사에서 선종이라는 법명을 받았을 뿐만 아니라 신라 법상종의 전통을 깊이 이해하고 있었던 점으로 미루어볼 때, 궁예의 불교관은 과도하게 미신적으로 묘사되었다고 보인다. 그가 지었던 20여 권에 달하는 경론 역시 중요시되어야 하지만, 현전하지 않아 그 내용은 알 수 없다. 이와 같은 궁예의 불교관을 음미해 보면, 왕건의 혁명이 합리화되기 위하여 궁예가 폭군으로 기술되었으며, 5백년 고려왕조를 거치면서 그에 대한 평가절하가 이루어졌을 가능성을 짐작하게 한다.

궁예의 정치적 활동도 재평가되어야 한다. 우선 그는 정략에 밝았던 인물이다. 그가 한강유역을 따라 정복해 가면서 국가를 건설하고 있는 사실이 이를 방증해 준다. 그렇지만 궁예는 후삼국의 하나인 태봉을 건국하고 다스린 자로서의 경륜을 가진 것으로 인정할 수 있지만, 그 다음에 후삼국을 통합하면서 새로운 사회를 건설하는 데에는 한계성을 가진 인물이었다. 궁예가 부하들을 항상 의심하고 살해하였다는 것은 강력한 자기 세력기반이 없이 초적의 무리를 기반으로 개국하였기 때문에, 자신을 지키기 위하여 필요한 조치로 나타난 현상이었다. 송악에서 철원으로의 천도와 왕건에 대한 견제도 같은 맥락에서 파악된다.

끊임없이 정적을 제거하며 왕권을 강화시키고자 하였던 궁예는 점차 부하들의 반감을 초래하면서 축출되었다. 따라서 궁예는 신라의 멸망을 재촉하는 촉매제로서의 역할을 담당하였을 뿐만 아니라 새로운 국가를 세우고 왕권강화를 시도하는 등의 정치적 노력을 기울였던 점에서 긍정적으로 평가될 수 있다. 그러나 호족세력의 포섭에 실패하였고 신라하대에 대두한 선종사상과 6두품 지식인들의 활동에 대한 역사적 이해 및 당대 사회의 모순을 개혁하려는 의지가 결핍되었기 때문에, 궁예는 완전한 국가체제를 갖추기 전에 제거당한 것으로 이해된다.

3) 고창전투(古昌戰鬪)와 왕건

후삼국시대 고창군(古昌郡, 지금의 안동군 와룡면)에서 고려와 후백제 사이에 치열한 전투가 벌어졌다. 이 싸움에서 고려는 후백제를 크게 무찌름으로써 후삼국을 통일할 수 있는 유리한 고지를 점령하였다. 후삼국시대의 패권을 다투는 격전지로는 안동과 합천지역을 들 수 있는데, 특히 왕건과 견훤은 이 두 지역을 확보하기 위해서 치열한 공방전을 전개하였다. 경명왕 4년(920년)에 보마군(步馬軍) 1만 명으로 대야성(大耶城, 지금의 陜川)을 쳐 함락시킨 견훤은 군사를 진례성(進禮城, 지금의 淸道)으로 옮겼다. 다급한 신라의 경명왕은 아찬 김율(金律)을 고려에 파견하여 구원을 청하였다.

한반도의 패권을 장악하기 위한 안동과 상주 지역에서의 고려와 후백제의 전투가 열기를 더해갔는데, 전세는 대체로 고려가 불리한 위치에 있었다. 그러다가 경애왕 2년(925년)에 고려와 후백제는 잠시 화친을 맺고 전투를 그쳤다. 견훤이 아들 수미강(須彌强)으로 하여금 대야성·문소성(聞韶城, 지금의 義城)의 군사를 이끌고 조물성(曹物城, 지금의 안동·상주 지역)을 공격하였으나, 성중의 병정이 왕건을 위하여 완강하게 지키기 때문에 이기지 못하였다. 아무런 승산 없이 대치하여오던 고려와 후백제는 인질을 교환하고 강화를 맺었다.

그러나 경애왕 3년(926년)에 고려로 보낸 후백제의 질자 진호(眞虎)가 죽자, 견훤은 왕건의 질자 왕신(王信)을 죽이고 군사를 내어 다시 고려를 공격하였다. 경애왕 4년(927년)에 견훤은 근품성(近品城, 지금의 尙州)을 공취하고 고울부(高鬱府, 지금의 永川)를 습격하여 경주로 진격하였다. 신라 경애왕은 포석정에 나와 놀다가 성 남쪽의 이궁(離宮)으로 피신하였으나, 후백제 군사에게 피살되었다. 견훤은 왕의 족제(族弟) 김부(金傅)를 세워 왕(敬順王)으로 삼았다.

이 소식을 들은 왕건이 군사를 이끌고 공산(公山)에서 후백제군과 결전하였으나, 오히려 크게 패하여 신숭겸(申崇謙)·김락(金樂) 등 훌륭한 장수를 잃었다. 왕건 자신은 겨우 몸을 빼어 달아나 위기를 모면하였다. 그 이듬해 견훤은 강주(康州)를 공격하여 300여 명을 죽였는가 하면 부곡성(缶谷城, 지금의 軍威)을 공격하여 1,000여 명을 참살하였다. 이렇듯 강한 견훤의 세력이 결정적인 타격을 받은 것은 경순왕 4년(930년)의 고창전투이다. 경순왕 3년 7월 견훤은 갑병(甲兵) 5,000여 명을 거느리고 의성부를 공격하여, 왕건의 충실한 지지자였던 성주 홍술(洪述)을 죽였다. 견훤은 공격을 늦추지 않고 계속해서 고창군으로 진격하였다.

고창전투에서 견훤은 승산이 없어 보였던 왕건에게 대패하여 8,000여 명의 사상자를 내었다. 대패한 다음 날에 견훤은 잔병을 모아 순주성(順州城)을 습격하여 빼앗고, 그 백성을 전주로 옮기기도 하였으나 크게 타격을 받았다. 한편 왕건이 고창전투에서 크게 승리할 수 있었던 것은 이 지방 토착호족들의 적극적인 도움을 받았기 때문이라고 생각된다. 고창전투는 한반도 재통일의 최종적 주도권을 장악하기 위한 싸움이었으므로, 이에 패배한 뒤 후백제는 서서히 붕괴하기 시작하였다.

후삼국의 형세를 바꾸게 한 고창전투에서 왕건이 승리할 수 있었던 직접적인 원인은 903년의 나주정벌 이후 해상권을 장악한 데에서 찾아야 한다. 918년에 궁예를 내쫓고 새 왕조를 건국한 왕건은 점차 서남해안을 확실하게 장악해 갔다. 경명왕 4년(920년)에 강주장군 윤웅(閏雄)이 아들 일 강(一康)을 보내어 왕건에게 내항해 왔다. 이는 한반도에서의 해상권이 왕건의 수중으로 들어가는 것을 의미한다. 이어 김해를 거점으로 왕건은 다시 군사를 밀양이나 청도 지역으로 진출시켰다. 합천에서 청도에 이르는 지역이 왕건의 수중으로 들어가게 되는 것은 견훤과 신라와의 연결을 불가능하게 만듦으로써, 지금까지 육전에서 왕건의 약세를 벗어나는 계기가 되었다.

후삼국의 통일은 지방에 웅거한 호족세력을 연합하면서 이루어져 갔다. 왕건의 호족연합책이 바로 그러한 것이다. 그런데 고창전투 이후에는 호족을 연합하는 데에 있어서 여론이 왕건 쪽에 유리하게 돌아갔다. 우선 당대의 지도층이라 할 수 있는 당나라에 유학한 지식인들이 왕건의 도움을 받아 귀국하였다. 그리하여 왕건은 삼한을 통합할 새로운 시대에 부응하는 정치적 역량을 가진 인물로 부각되었다. 왕건 또한 고려를 건국하면서부터 민심을 안정시키려는 정책을 강하게 추진하였다. 궁예 축출 이후 표명한 친신라정책도 동란을 잠재우면서 안정을 추구하려는 것이다. 개태사를 창건한 왕건이 그 원문(願文)을 직접 지은 것도 백성들의 교화와 민심의 수습에 지대한 관심을 가졌다는 사실을 알려준다.

고창전투 이후 민심은 물론 호족세력의 향배가 왕건 쪽으로 쏠리고 있었다. 그런 속에 왕건이 추구한 호족연합책이 통일 고려의 기반을 마련하였다. 실제로 왕건은 29명의 부인을 두었는데, 그들은 모두 삼한을 대표하는 호족세력의 딸들이다. 말하자면 결혼정책이 호족연합책을 성공적으로 추진하게 만들었다. 왕건은 자신의 혼인으로 전국 유력 호족과 결합하는 한편, 중앙의 관료나 지방호족의 자제들을 다시 결혼시킴으로써 보다 공고한 통일 고려의 호족연합정권을 창출하였다. 물론 견훤도 호족연합책을 다소 추진하였지만, 고창전투 이후의 호족연합책은 왕건이 주도하였다.

고창전투로 삼한을 통일하는 직접적인 계기를 마련하였다고 하지만,

사실은 왕건이 후삼국의 다른 지배자인 궁예나 견훤에 비해 확실한 자기 세력 기반을 가졌다. 때문에 왕건은 삼한을 통합하는데 유리한 입장을 가졌다. 신라말에 지방호족은 낙향호족과 토착호족 및 해상의 군진세력으로 나뉘는데, 그 중 토착호족과 군진세력이 제휴하여 후삼국의 혼란을 정리하면서 새로운 사회를 건설하는 주역이 되었다. 왕건은 바로 이런 세력이었다. 즉 그의 친가는 개성지역의 토착호족이었다면, 외가나 처가는 예성강 하류의 해상 군진세력이었다.

바로 이런 점은 다소 지방호족 세력을 포함하였다고는 하지만, 적당(賊黨) 세력으로 결성된 궁예나 신라 국가의 군인인 관리로서 출세한 견훤과는 확연하게 구별되는 것이다. 그러므로 권력을 잡아 국가를 건설하고 난 후에, 궁예는 포학할 정도로 백성들을 가혹하게 수취하였는가 하면 견훤은 신라 국가체제의 재건을 꿈꾸고 있었다. 이들의 정책이 신라의 중앙집권적 국가체제가 흩뜨려지면서, 지방호족 중심으로 새롭게 사회가 편제되어 가는 방향과 맞지 않을 수밖에 없다. 이와는 달리 왕건은 지방에서의 기반을 그대로 인정하면서, 호족들을 중앙의 귀족으로 흡수해 갔다.

4. 신료들의 여러 모습

1) 온달(溫達)

고구려 평원왕(平原王 또는 平岡王)의 사위인 온달장군은 출생 년대를 알 수 없으나 영양왕 1년(590년)에 죽었다. 그는 평강(平岡)공주와 결혼하는데 까지는 전설 속의 인물로 나타나 있다. 즉 그는 어릴 때에 살림이 몹시 구차하여 항상 구걸로써 어머니를 봉양하였고 남루한 옷차림으로 거리를 돌아다녔기 때문에, 사람들에게 바보 온달로 불렸다. 또한 평강공주도 어려서 자주 울어, 그 때마다 아버지로부터 바보 온달에게 시집보낸다는 농담을 듣고 자랐다. 16세 때에 아버지가 상부(上部) 고씨(高氏) 집에 출가시키려 하자, 공주는 아버지가 지존(至尊)으로서 식언한 것을 책망하였다. 궁궐을 뛰쳐나온 공주는 가난하고 무식한 온달의 집을 찾아갔다. 온달은 여우가 둔갑한 것이 아닌가 하고 두려워했으나, 결국 공주의 의지로 결혼하였다고 한다.

이러한 전설은 허구가 많아서 그것을 그대로 믿을 수는 없다. 그러나 그 속에 역사적 진실도 담겨 있다. 당시 고구려 왕족은 일정한 통혼권(通婚圈)을 설정하여 있었고, 온달은 왕실이 설정한 통혼권 밖의 인물이었다. 온달이 평강공주와 결혼했다는 것은 통혼권을 통해 유지된 고구려의 계층적 신분질서가 무너져 가고 있던 사실을 알려 준다. 이러한 신분질서의 변화는 고구려 사회의 분해 작용이 서서히 진행됨을 뜻하는 것이다. 아울러 그 변화의 주역으로서의 온달 자신의 개인 역량도 아울러 생각하지 않을 수 없다.

온달이 장군으로 등장하는 길은 이러하다. 평강공주는 궁궐을 나올 때 가지고 온 재보를 팔아 밭과 집 및 기물과 완구를 샀고, 또한 온달에게 일반인의 말이 아니라 파리하게 마른 국마(國馬)를 사서 부지런히 사육하고 살찌게 하였다. 고구려에서는 봄 3월 3일에 낙랑의 구릉에서 수렵 대회를 열고, 하늘에 제사지내며 산천신(山川神)을 모신다. 이날 평원왕은 군신 및 오부(五部) 병사와 더불어 수렵했는데, 온달도 집에서 기른 말로써 참가하였다. 이 수렵에서 온달이 잡은 수확이 제일 많았으므로, 왕이 불러 성명을 묻고는 놀랐다고 한다.

그러나 온달이 장군으로서의 자질을 발휘하여 큰 공을 세운 것은 그 뒤의 일이다. 북주(北周, 557~581년, 原文에는 951년에서 960년까지 존재한 後周로 되어 있으나 잘못임)의 무제(武帝)가 요동(遼東)을 정복하고자 쳐 들어 왔다. 온달은 선봉이 되어 배산(拜山) 들에서 적을 크게 쳐부수었다. 이때 온달은 대형(大兄)이라는 높은 관직을 제수받았으며, 이로부터 왕의 총애를 받아 위엄과 권세가 날로 성하였다. 온달과 평강공주 사이의 결혼은 전설과는 달리 이와 같은 사건이 계기가 된 것이라 추측하기도 한다.

온달은 신라에게 빼앗긴 한강(漢江) 유역을 되찾음으로써 국가 대계를 마련하고자 하였다. 영양왕(원문에는 陽岡王이라 되었으나 잘못임) 즉위 초에 온달은 "신라가 한강 이북의 우리 땅을 빼앗아 군현을 삼았으므로, 그 곳의 백성들이 원통하고 분하게 여겨 부모의 나라를 잊지 못하고 있습니다. 대왕께서 신(臣)에게 군사를 주시면 한번 가서 옛 땅을 탈환하겠습니다"라고 청하였다. 그리하여 온달은 계립현(鷄立峴)·죽령(竹嶺) 이북의 고구려 구토를 회복하고자 출전하였다. 한강 유역은 삼국의 패권(霸權) 및 통일과 관련되어 있을 뿐만 아니라 외교상으로나 지리적으로나 중요한 전술지역이었다. 때문에 온달은 이를 찾기 위해 출전하였고, 신라도 또한 사력을 다해서 방어했다.

결국 온달은 아단성(阿旦城) 싸움에서 적의 화살에 맞아 목적을 달성하지 못하고 전사하였다. 죽은 후에는 온달의 시신이 담긴 관(棺)이 그 자리에서 움직이지 않았으나, 평강공주가 와서 "생사를 걸고 대결해 보았으니 돌아가자"라고 어루만지자 움직였다고 한다. 관이 움직이지 않았다는 것은 한강 유역의 회복에 대한 강한 집념, 즉 백제와 신라를 굴복시키고 왜(倭)를 제압하던 고구려인의 의지를 나타내 준다. 결국 온달의 웅지는 쇠약해 가는 고구려 세력을 만회하기 위한 최후의 교두보로 작용하였고, 이가 실패로 끝났다는 것은 장차 예상되는 삼국 통일의 과업을 앞두고 고구려의 운명을 재촉한 셈이다.

『인물로 본 한국사』, 『月刊中央』, 1973년 1월호, 별책부록

2) 물계자(勿稽子)

신라상대의 지사(志士)로 알려진 물계자의 생몰년은 알 수 없다. 그는 미미한 집안에서 태어났으나, 사람됨이 남달리 뛰어나고 어릴 때부터 장한 지조를 가졌다. 내해왕 14년(209년)에 포상팔국(浦上八國)이 공모하여 아라가야국(阿羅加耶國, 지금의 咸安)을 침범하자, 아라가야국은 신라에 구원을 요청하였다. 내해왕은 왕손 내음(棕音)을 파견하여, 이를 구원하고 8국의 군사를 격퇴시켰다. 이 싸움에서 물계자는 큰 공을 세웠다. 3년 뒤 물계자는 골포(骨浦, 지금의 昌原) · 칠포(柒浦, 지금의 사천) · 고사포(古史浦, 지금의 고성)의 세 나라가 신라의 갈화성(竭火城)에 침입하여 왔을 때도 많은 공을 세웠다.

그럼에도 물계자는 두 차례의 공을 모두 인정받지 못하였다. 내음과의 사이가 좋지 않아 그 공이 기록되지 않았기 때문이다. 주위에서 불공평하다는 사실을 말하기도 했으나, 오히려 물계자는 누구를 원망하기보다는 자신의 충정을 다하지 못한 것을 부끄러워하였다. 그는 "전일의 포상 · 갈화의 싸움은 가히 위험하고 어려운 것이었는데, 능히 목숨을 내놓고 몸을 버리지 못하였다는 말을 듣게 될 것이니, 장차 무슨 면목으로 거리로 나가 사람들을 대하리오"라고 하였다. 드디어 머리를 풀고 거문고를 멘 그는 사체산(師彘山)으로 들어가, 다시는 세상에 나오지 않고 노래를 지으면서 살았다.

3) 김지성(金志誠)

신라중대의 관리인 김지성은 진덕왕 6년(652년)에 태어났으며, 언제 죽었는지는 알 수 없다. 그의 아버지는 일길찬 인장(仁章)이며, 어머니는 관소리(觀肖里)부인이다. 벼슬길에 올라 중아찬(重阿飡)의 관등에 올랐으며,

67세에 집사부 시랑에서 물러났다. 은퇴한 뒤 경주의 서남쪽(『삼국유사』에 동남쪽으로 되어 있으나 잘못임) 20여리에 감산사(甘山寺)를 창건하고, 그 안에 미륵상과 아미타상을 안치하였다. 이 두 불상의 광배(光背)에는 각각 명문이 있는데, 이를 통하여 그의 행적에 대하여 살펴볼 수 있다.

「미륵상화광후기(彌勒像火光後記)」에 "불제자 지성은 좋은 세상에 태어나 높은 벼슬을 살았는데, 지략이 없어 세상을 바로 잡아보려다가 형벌을 받을 번 하였으나 간신히 면했다"라고 하였다. 이로 보면 김지성은 삼국통일 직후의 어느 시기에 세상을 바로 잡기 위해, 사회를 개혁하려 한 상당히 의욕적인 인물이며, 그의 개혁 정치는 다른 사람의 압력을 받아 좌절되었던 것을 알 수 있다.

성덕왕 때는 무열왕계의 전제적인 개혁정치가 진골귀족 세력에 의하여 거센 반발을 받던 시기였다. 그런 가운데 왕실은 전제주의를 유지하기 위하여 안간힘을 쓰고 있었고, 그 결실이 경덕왕 때의 관제 개혁으로 나타났다. 그러나 당시의 개혁조치는 역시 실패로 돌아가고, 혜공왕 때에는 다시 옛날의 관제가 복구되었다. 이러한 소용돌이 속에서 김지성은 전제왕실의 개혁 정치에 참가하였을 가능성을 많이 가졌다. 중아찬이었던 그는 진골과는 입장이 다른 6두품 신분이었다. 집사부의 시랑이었던 점이 이를 뒷받침해 준다. 정치에서 물러난 그는 불교뿐만 아니라 도교에까지 심취하였다.

「미륵상화광후기」에 김지성은 성품이 "원래 자연을 좋아하여 노자와 장자의 유유자적함을 사모하였으며, 뜻은 진종(眞宗)을 중하게 여겨 무착보살(無著菩薩)의 참다운 진리를 희구하였다"라고 한다. 「아미타불상화광후기」에도 그는 "67세에 벼슬을 버리고 세상을 피하여 한적한 곳에 살았다. 늘 고상한 신선을 사모하고 영화로움을 버려 성품을 배양함으로써, 소광(疏廣)과 소수(疏受) 형제가 때를 보아 벼슬을 버린 것같이 하였다. 무착보살의 참다운 종지를 우러러 사모하고, 때때로 미륵보살의 유가론(瑜伽論)을 읽었다. 겸하여 장자의 현묘한 도를 사랑하여서, 나날이 소요편(逍遙篇)을 보아 이로써 어버이의 은공을 갚고자 하였다"라고 한다.

　신라중대 개혁 정치를 주도하다 뜻대로 되지 않자, 정치 일선에서 물러난 귀족들 사이에 노장사상이 퍼져나가고 있었다. 김지성이 노장사상에 심취하게 되는 것은 신라 귀족들의 이러한 사상경향과 연관된다고 생각한다. 그는 비록 노장사상을 이해하고는 있었지만 그의 사상의 주류는 역시 불교, 그 중에서도 특히 유식계(唯識系)의 법상종(法相宗) 계통이었다. 김지성은 미륵불을 주존으로 아미타불을 부존으로 받드는 법상종단에 속하여 있었다. 이러한 불교의 사상적 전통은 태현으로부터 맥을 받아, 뒤에는 궁예에게로 이어지는 것이었다.

4) 자장(慈藏)

　신라 선덕여왕을 전후한 시기에 주로 활동한 자장은 성이 김씨이고 선종랑(善宗郎)이라고도 불린다. 자장의 아버지는 소판 무림(茂林)인데, 천부(千部)관음에게 빌어서 석가의 탄신일인 4월 8일에 그를 낳았다. 자장은 일찍이 부모를 여의고 출가한 것으로 되어 있지만, 「황룡사찰주기(皇龍寺刹柱記)」에는 어릴 때 매를 놓아 꿩을 잡았는데 꿩이 눈물을 흘리는 것을 보고 출가하였다고 한다. 승려가 된 후 그는 계율을 중시하여 고골관(枯骨觀)을 닦았다.

　마침 대궐에서는 태보(台輔)의 자리가 비게 되자, 자장을 불렀지만 나오지 않았다. 왕이 그러면 죽이겠다라고 하니, 자장은 "내가 하루 동안 계율을 지키면서 죽을지언정 파계하면서 백년동안 살기를 원하지 않는다"라고 하면서, 끝까지 응하지 않고 수도에 전념하였다. 선덕여왕 7년(638년)에 문인인 승실(僧實) 등 10여 명과 같이 당에 유학하여, 청량산(淸凉山)의 문수대성을 친히 찾아뵈었다. 이때 문수는 "너희 나라(신라)의 국왕이 본래 천축국의 찰리종(刹利種)왕이다"라고 하였다. 이는 신라의 불국토설을 정립하는 근거가 되었다. 자장은 중국 계율종의 본산인 종남산(終南山) 운제사(雲際寺)에서 3년 간 거주하고 계율을 전수받았다.

643년에 선덕여왕의 요청으로 귀국하면서, 자장은 대장경 1부와 함께 진신 사리를 위시하여 불발(佛鉢) 한 구, 불두골(佛頭骨) 1편 등 국가에 복록이 될 물건을 가지고 돌아왔다. 그는 왕실의 명령으로 분황사(芬皇寺)에 거주했으며, 여름이면 궁중에 들어가 『대승론(大乘論)』을 강론하였다. 황룡사가 완성되어 자장은 그 곳의 제2대 주지가 되었으며 「보살계본(菩薩戒本)」을 강론하였다. 대국통(大國統)이 된 그는 승니(僧尼)의 일체 규범이나 승통(僧統) 등의 승관제도를 주관하였다. 또한 그는 통도사를 창건하여 계단(戒壇)을 설치하였으며, 생가를 고쳐 원녕사(元寧寺)로 만들었고 황룡사의 9층탑을 건립하였다.

자장은 선덕여왕대에 왕실과 친밀하였으나 당시 동륜계(銅輪系) 왕실과 대립 관계에 있었던 사륜계(舍輪系) 세력과도 연결되어 있었다. 그는 진덕왕 3년(649년)에 중국식 의관(衣冠)을 도입할 것과 진덕왕 4년(650년)에는 영휘(永徽)라는 당의 년호를 사용할 것을 건의하였다. 그의 이러한 건의는 한화(漢化)정책을 표방하면서 전제주의로의 개혁을 단행하는 김춘추(金春秋) 일파의 정책 방향과 연결될 수 있다. 자장은 문수신앙 및 이와 연관된 계행(戒行)을 강조하였다. 즉 화엄사상을 기반으로 대승법을 내세우고, 대승보살계를 넓게 펴려 하였다.

자장의 계행은 엄격한 것이 아니며, 백성들의 10중 8이나 9가 계를 지니게끔 계율을 생활화하려는 것이다. 만년에 그는 서울을 떠나 강릉에 수다사(水多寺)를 창건하였고, 태백산에 석남원(石南院, 지금의 淨岩寺)을 창건하여 거주하면서 문수의 진신을 뵈려 하였다. 어느날 문수로부터 따돌림을 당한 자장은 그 길로, 진신을 찾아 헤매다가 생을 마쳤다. 화려하게 생활하였던 왕년에 비해 자장의 만년이 너무나 쓸쓸하게 끝나고 있다. 이는 자장계의 불교세력이 태백산을 중심으로 한 의상계의 화엄종 세력에 의해 대치되는 것으로 이해되기도 한다.

5) 신충(信忠)

신라중대의 노비 또는 대신으로 나오는 신충에 대한 기록은 매우 혼동되어 있다. 우선 신충이 활동한 시대가 혼동되어 있어서 그의 생몰년도 알려져 있지 않다. 신문왕이 등창이 나서 혜통(惠通)에게 보아주기를 청하니, 혜통이 와서 주문을 외워 그것을 낫게 하였다. 이에 혜통이 말하기를 "폐하가 전생에 재상의 몸이 되어 장인(臧人) 신충을 잘못 판결하여 노비가 되게 하였으므로, 신충이 원한을 품고 환생할 때마다 보복합니다. 지금의 등창도 신충으로 말미암은 재앙입니다. 마땅히 신충을 위하여 절을 세우고 명복을 빌어 원한을 풀게 하십시오"라고 진언하였다.

신문왕은 죽은 신충의 혼을 달래기 위하여 곧 절을 세우고 그 이름을 신충봉성사(信忠奉聖寺)라고 하였다. 본래 신충은 관리였는데 억울하게 죄를 입어 노비로 떨어졌다고 한다. 한편 신충봉성사의 사실이 「진표전(眞表傳)」에 실려 있다는 것을 근거로 신충봉성사는 경덕왕이 자기를 원망할지도 모르는 신충을 위하여 지어준 절로 추론되기도 한다. 이렇게 되면 신충은 경덕왕 때의 인물이며, 자연스럽게 「원가(怨歌)」의 작자가 된다. 그러나 그는 효성왕 때에 「원가」를 지은 것으로 나와 있다.

효성왕이 잠저(潛邸)에 있을 때 신충과 더불어 궁정의 잣나무 밑에서 바둑을 두면서, 뒷날 그를 잊지 않겠다고 약속하였다. 그로부터 몇 달 뒤에 효성왕이 즉위하여 공신에게 상을 주면서 신충을 잊고 등급에 넣지 않았다. 신충은 「원가」를 지어 잣나무에 붙이니, 그 나무가 갑자기 말라버렸다고 한다. 이 향가로 말미암아 비로소 자신의 잘못을 깨닫게 된 효성왕은 그에게 작록(爵祿)을 내려주었다. 신충은 효성왕 3년(739년)에 이찬으로 중시가 되어 국정을 보좌했으며, 그 다음 경덕왕 때에도 총신(寵臣)으로서 크게 활약하였다.

신충은 경덕왕 16년(757년)에 사임한 김사인(金思仁)의 뒤를 이어 상대등에 임명되어 경덕왕 22년(763년)까지 재임하였다. 그런데 그가 상대등에 오른 757년은 경덕왕의 전제주의적인 개혁 정치가 단행된 해로서, 이른바 9주를 비롯한 지방 군현의 명칭을 모두 한식(漢式)으로 고쳤으며, 이어 759년에는 중앙 관부의 명칭도 모두 한식으로 고쳤다. 이러한 한화(漢化)정책은 단순한 명칭의 변경에 그치는 것이 아니라, 질서정연한 중국 제도를 모방하여 전제정치를 강화하려는데 그 참뜻을 둔 것이다. 신충은 이처럼 한화정책이 한창 진행되던 시기에 상대등으로 재임하면서, 경덕왕이 개혁 정치를 추진하는 데에 큰 힘이 되었다.

그러나 신충은 763년 이후 관직에서 물러났을 뿐만 아니라, 지리산 기슭의 단속사(斷俗寺)에 들어가 은둔하였다. 이는 경덕왕대의 한화정책에 반대하던 귀족의 압력을 받은 때문인 것으로 풀이되고 있다. 이렇게 볼 때 그가 지은 「원가」는 지리산으로 들어간 이후인 만년의 작품이 아닐까 생각된다. 단속사는 763년에 신충에 의해 건립된 것으로 되어 있지만, 실제로는 그가 관직에서 물러나기 이전인 경덕왕 7년(748년)에 이미 이순(李純)에 의해 세워져 있었다. 이순의 정치적 입장 역시 신충과 같아서 단속사의 창건은 기울어져가는 전제정치의 단면을 보여준다.

진골귀족의 압력을 받아 어쩔 수 없이 관직에서 물러난 이순은 경덕왕에 대한 실망과 연정이 서로 얽히면서 단속사를 경영하였다. 신충이 단속사에 들어간 사정도 이와 마찬가지 이유 때문이었을 것으로 생각한다. 그리고 「원가」는 한때 왕의 극진한 사랑을 받던 신충이 단속사에 은거하여 실의의 만년을 보내면서, 세태의 변화를 원망하는 내용을 담은 것이다. 다만 신충봉성사와 단속사가 창건되는 경위에 차이가 있고, 전제 개혁정치를 추진하던 신문왕대와 경덕왕대의 분위기가 다르기 때문에 신문왕과 경덕왕대의 신충을 다른 인물로 이해하기도 한다.

6) 손순

신라하대의 효자인 손순(孫順, 일명 孫舜)은 생몰년을 알 수 없는데, 모량리(牟梁里) 사람이다. 그의 아버지는 학산(鶴山)이고 어머니는 운오(運烏)이다. 아버지가 죽자 아내와 더불어 남의 집에 품을 팔아 얻은 곡식으로 늙은 어머니를 봉양하였다. 어린 자식이 늘 어머니의 음식을 빼앗아 먹으므로, 민망히 여긴 손순은 부인에게 이르기를 "아이는 또 얻을 수 있으나 어머니는 다시 얻기 어렵다"라고 하면서, 자식을 버려서 어머니의 배를 부르게 하려고 하였다.

손순 부부가 취산(醉山) 북쪽 교외로 아이를 업고 가서, 묻기 위해 땅을 파다가 기이한 돌종[石鍾]을 얻었다. 이상히 여겨 나무 위에 걸고 두드려 보았더니 그 소리가 은은하였다. 이러한 이물(異物)을 얻은 것이 아이의 복으로 생각한 그들은 종과 함께 자식을 데리고 집으로 돌아왔다. 돌종을 들보에 달고 두드리니 그 소리가 대궐에까지 은은하게 들리었다. 왕이 종소리를 듣고 사자를 보내어 그 사유를 자세히 조사하였다. 그리고는 "손순이 아이를 묻으려 하매 땅이 석종을 솟아내었으니, 효는 천지에 귀감이 된다"라고 하였다. 그리고는 그에게 포상을 내렸다.

효행에 대한 포상으로 손순은 집 한 채와 해마다 벼 50석을 받았다. 뒤에 그는 옛 집을 희사하여 절을 삼아 홍효사(弘孝寺)라 하고 거기에 석종을 안치하였다. 이는 신라하대 사회에 불교의 수도와 유교의 효도를 같이 행하려는 효선(孝善)신앙의 모습을 보여준다. 손순은 무산(茂山) 대수촌장(大樹村長)인 구례마(俱禮馬)의 후손이다. 모량부 손씨인 그는 비록 가세가 기울었으나 6두품귀족 신분이었다. 신라사에 손씨로서 진평왕의 후비인 승만부인(僧滿夫人)이 알려져 있고, 그 밖에 역사적으로 활동한 인물로 이름이 전하는 자로 손순이 거의 유일하다.

7) 기훤

신라하대의 초적(草賊) 세력을 이룬 기훤(箕萱)은 생몰년을 알 수 없다. 그의 집안이나 출생지에 대해서도 알려진 바가 없다. 진성왕이 즉위하면서 실정이 겹치고, 흉년이 들어 재해가 잇달아 일어났다. 그러던 중 진성왕 3년(889년)에는 국내의 여러 주와 군이 공물과 조세를 바치지 않으므로, 국고가 비어 재정이 궁핍하여졌다. 이에 왕이 관리를 보내어 공부(貢賦)를 독촉하자, 전국에 도둑이 벌떼처럼 일어났다. 원종(元宗)과 애노(哀奴)가 사벌주(沙伐州, 지금의 상주)에 웅거하여 반란을 일으키는 것을 계기로 초적 세력이 계속 일어나, 신라 조정에 대하여 공공연하게 반기를 들었다.

이때 기훤은 죽주(竹州, 지금의 안성군 죽산)에서 반란을 일으켰다. 당시 그의 세력은 궁예와의 관계에서 어느 정도 유추할 수 있다. 진성왕 5년(891년)에 궁예는 기훤에게 몸을 의탁하였는데, 기훤은 오만하여 그를 예로써 대하지 않았다고 한다. 울분에 싸인 궁예는 기훤의 부하인 원회(元會)·신훤(申煊) 등과 결탁하여 진성왕 6년에 북원(北原, 지금의 원주)의 적괴 양길(梁吉)에게로 가서 몸을 의탁하였다.

이처럼 기록에는 궁예가 기훤을 배반하고 양길의 부하로 옮겨가게 되는 계기가 기훤의 소홀한 대우로 말미암은 것처럼 되어 있다. 그러나 이는 당시 벌떼처럼 일어난 초적들의 상호 항쟁에서, 기훤이 약세를 보인 탓이라고 생각한다. 특히 기훤의 부하인 원회·신훤 등이 배반하여 떠나는 것은 기훤의 세력이 붕괴되고 있던 사실을 알려준다. 그 뒤 죽주를 중심으로 한 기훤 세력이 어떻게 몰락하였는지에 대해서는 자세히 알 수 없다. 이때를 지나 멀지 않은 시기에 무너진 것으로 짐작된다.

시의(時議)와 문화유산

1. 시의

1) 의식화의 허와 실

1980년대에 한국사회의 민주화운동은 노동쟁의와 연계되면서 그 나름으로의 이념을 모색하였다. 요즘 흔히 사용되는 '의식화'라는 단어는 그런 와중에서 특별히 강조되어 독특한 의미를 지녀갔다. 아마 그것은 현실감각 내지 사회의식을 지닌다는 뜻으로 쓰였고, 사회개혁 의지를 담고 있는 것 같다. 의식화를 강조하는 사람들은 사회의 모순을 바로 잡기 위해이 시대의 고민을 가슴에 안고 마음 아파했으며, 사회 정의의 실현을 위해항상 노력해 왔다. 어쩌면 이들은 우리 사회의 신성한 활력소를 제공하는청량제로서의 역할을 담당했는지도 모른다.

의식화의 문제는 학문의 영역에까지 광범하게 스며들어 있다. 즉 이시대의 모순을 철저하게 인식하고, 그러한 가치 기준에서 문화와 역사를재조명함으로써 그것을 해결하려 한다. 오늘날의 사회 문제를 역사 속에서 찾아 해결하려는 것은 가능할 수 있다. 왜냐하면 문제된 사건은 이전의 역사적 사실과 복잡한 고리로 얽혀 있는데, 그것을 잘못되게 한 고리를 찾아 제거하는 것이 그 해결 방법이기 때문이다.

역사적 고리는 시대가 가까울수록 복잡하게 얽혀 현재까지 강한 영향력을 갖지만, 시대가 멀수록 그 반대이기 마련이다. 오늘날의 사회 문제를 해결하기 위해서는 역사 속에 연연히 이어진 고리를 체계화하는 작업이 필요하다. 근대에 가까운 고리에는 현재의 사회의식이 강하게 노출되어 있겠지만, 시대가 먼 고대의 고리에는 그것이 약하게 반영되어 있을 것이다.

그런데 의식화된 가치관으로 역사를 되돌아보면서, 현실 문제와 연관될 수 있는 역사적 고리의 하나하나에 모순을 극복하려는 의식을 강하게 노출시키지는 않았는가? 혹은 민족의 역사를 그러한 가치관에서 재편해 버리지는 않았는가? 그 결과 현재의 사건과 직접으로 연결되지 않은 역사적 사실 속에도 현실 사회의 모순이 강하게 틈입되어 들어가지는 않았는가?

만약 현실 의식이나 모순이 고대에서부터 지금에 이르기까지 모든 역사적 고리 속에 배어들어 갔다면, 우리 문화는 그러한 사회 모순으로 고질화될 수밖에 없다. 그렇게 되면 앞으로도 그것은 영원히 극복될 수 없다는 결론을 이끌어 내게 한다. 의식화의 문제는 현실 사회의 모순을 고치려는 충정을 내포하고 있는 것이지만, 그 뜻과는 달리 오히려 그것을 고착시키려는 면에서 활용될 수 있음을 유념해야 한다.

한국현대사의 가장 큰 아픔이었던 광주 민주화운동은 발발한 지 어언 10여 년이 지났건만, 아직도 해결되거나 정리되지 않고 있다. 지금 일어나고 있는 한국 사회의 모든 혼란은 의식화의 방향이 건전하게 설정될 때에 종식될 수 있을 법하다. 예로부터 지금까지 이어져 온 역사적 고리를 냉엄하고 정확하게 이해하면서, 우리는 현실 감각을 익혀가야 한다. 의식화는 앞으로 이 사회를 이상적으로 개혁해 나가려는 뜻에서, 현재를 직시해야 하며 과거로의 소급보다는 미래 지향적으로 방향을 잡아가야 할 것이다.

국민대학보, 1992년 4월 27일

2) 민주화의 길목에서

화염병이 난무하고 노사가 각기 극한적인 용어로 서로를 비난했던 민주화로의 그 험난했던 길을 거쳐, 우리는 고갯마루에서 '신한국' 건설이라는 의욕 찬 사회의 도래를 눈앞에 두고 있다. 기회의 균등이 주어지고 소득 및 분배에까지 민주화가 이루어질 때, 정녕 모두가 갈망하는 신한국은 건설될 것이다. 새로운 사회의 건설을 위해 얼룩졌던 민주화로의 여정을 다시 한 번 돌이켜 볼 필요가 있다.

광주 망월동 묘지에는 민주를 외치다가 쓰러져간 수 없는 영령들이 잠들어 있는가 하면, 그 외에도 많은 열사들이 외로운 넋이 되어 허공을 맴돌고 있다. 마치 외딴 무인도에 있는 난파선원의 무덤이 오늘날의 항해를 가능하게 했듯이, 이들의 선한 싸움이 우리 사회를 민주화로 나아가는데 도움을 주었다. 민주열사를 기리기 위해 언제부터인가 『산자여 따르라』라는 책이 출간되었다. 이 책은 먼저 가신 이들의 정신을 되살리려는 뜻에서 저술되었겠지만, 한 때 그 표제가 민주화의 투쟁 방법으로 제시되었다.

모르긴 하지만 열사들은 자기 한 몸을 버림으로써 이 사회의 민주화는 오는 것이며, 더 이상의 희생이 따르리라는 것을 생각하지는 않았을 법하다. 왜냐하면 자신을 제물로 바치는 것 이상의 더 큰 희생과 박애가 있을 수 없기 때문이다. 만약 그렇지 않고 자기의 죽음이 다른 사람의 희생을 강요한 것이라면, 그들이 가진 민주 이념은 퇴색할 수밖에 없을 것이다.

지금 우리 사회에서는 이들 민주 열사의 순수한 정열을 퇴색시키는 기도가 있지는 않았는가 반성해 볼 필요가 있다. 기회 균등과 만인의 절대

평등은 그 의미가 다른 것인데, 이 땅에서 추구된 민주화는 후자에 너무 치우친 감이 없지 않다. 어쩌면 만인의 평등을 위해 기존 질서의 철저한 부정이 민주화로 생각된 것 같다. 그 결과 목적을 위해 다수의 순수한 열망을 끊임없는 투쟁의 대열로 내몰고, 그들을 의도적인 희생양으로 삼지는 않았는가?

민주화를 위해 개혁이 따름은 물론이다. 처음에는 과격하고도 혼란을 조장하는 성격을 갖지만, 점차 안정과 질서를 되찾으면서, 그것은 성공적으로 수행되어 간다. 우리 사회의 민주화는 안정을 추구하려는 개혁의 길목에 접어들고 있다. 그러기까지의 긴 민주화 투쟁은 우리의 삶 속에 연연이 이어져 온, 도덕적 양식이나 아름다운 예절을 파괴시켜 왔다. 정말 두려운 일이 아닐 수 없다.

민주화를 정착시키면서 안정된 사회를 구축하기 위해 실종된 도덕과 양심을 회복해야 한다. 윗사람과 연장자를 공경하는 사회를 애써 만들어가야 한다. 민주화의 뒤꼍에서 따랐던 고통들, 그 속에 담긴 한(恨), 이런 것을 이제 우리 스스로가 직접 경험할 필요는 없다. 그것은 확실한 길이기는 하나 그만큼 더 진통이 따르기 때문이다. 그 동안 쌓인 그들의 경험을 돌이켜 보고 그 아픔을 마음속에 간직함으로써도, 충분히 우리는 힘찬 민주 사회로 발걸음질해 갈 것이다.

국민대학보, 1993년 3월 23일

3) 빈 마음에 신념이

나성에 와서 생활한 지 어언 한해가 되어 이제 우리 가족은 곧 한국으로 귀국할 때가 임박했다. 이곳에서 여러 분들의 도움을 수 없이 받았다. 고마웠던 분들을 일일이 들 수 없을 정도이다. 그 중에도 나성교회 성도들의 도움을 잊을 수가 없다. 되돌아보면 마음 속 깊이 고이 간직하고픈 추억들이 소복소복 쌓인다. 그 동안 어려웠던 일 또한 하나 둘이 아니었지만 그것들을 통해 미주 사회에 처음 이주했던 분들이 겪은 고통을 느낄 수 있었다.

19세기 말에서 20세기 초기까지의 미국 이민은 산업화에 따른 노동력을 확보하려는 의도에서 진행되었는데, 20세기 후반이 되면서 전문 기술을 가진 취업 이민이 성행하였다. 이 때 들어온 한인 1세들은 대체로 고급 기술과 전문 학력을 소유하였지만, 언어의 장벽을 뛰어넘지 못한 그들의 생활이 고달팠음은 불을 보듯 분명한 일이다. 그들은 성실과 부지런함으로 오늘의 교포 사회를 이루었다. 아울러 그들이 힘들었던 고용된 삶에서 독자의 경영인으로 성장하는 데에는 고국에서 닦은 고학력의 전문 지식이 작용하였다.

이민 와서 어렵게 생활하지 않은 분들이 얼마나 될까? 아마 없으리라 생각한다. 살아가면서 어려움을 경험하는 것은 대단히 중요하다. 아픔을 경험하면서 그러한 아픔을 다시 겪지 않으려는 방향으로 우리들의 삶이 영위된다. 말하자면 고통을 많이 겪을수록 그것을 초월하려는 쪽으로 행동 방향이 분명해진다. 그래서인지 미주 사회의 교포들은 비교적 확실한 생활 철학을 가졌으며, 대체로 신념이 강했고 추구해야 할 일을 집념과 열의로 성취시켜 갔다.

신념이 강하면 가끔은 외길로 들어설 수도 있다. 그런데 특별히 나는 K와 S 두 분을 통해 진정한 신념이 뜻해 주는 바를 생각하고자 한다. K는 나와 비슷한 세대이지만 S는 70대에 접어든 진정 인생의 선배로 존경할 수 있는 분이다. 두 분 모두 이민 와서 무척 고생하였고, 이제는 그러한 어려움을 넘어서 비교적 안정된 생활의 여유를 가졌다. 또한 K는 어디에서나 일꾼으로 없어서는 안 될 존재로 알려져 있다. 본인 스스로 무슨 일이든지 마다하지 않고 봉사하려는 자세를 견지하였다. S는 매사에 긍정적이고 무리하지 않으며, 항상 중용을 택해 실천하였다.

일꾼으로서 긍정적이고 중용을 중시한 K와 S는 세상사의 헛된 영욕을 초월하였다. 아마 이민 생활에서 부딪혔던 어려움을 견디면서, 그에 따른 쓰라렸던 경험을 스스로의 마음을 비움으로써 이겨내었다. 마음을 비움은 어느 한 쪽에 치우치지 않아 중용의 덕을 갖게 했다. 동양적인 사고에서 없다함은 실제로 없는 것이 아니다. 그렇다고 그것은 분명히 있지도 않으면서 없지도 않기 때문에, 이것도 아니요 저것도 아닌 중도이다. 도교는 그것을 무위자연이라 불렀다. 무위란 하지 않음이 아니라 억지로 행하지 않고, 자연의 도에 맞게 행함을 뜻한다. 또한 금강경은 그것을 공(空)이라 하며, 중용의 덕을 갖기 때문에 무엇보다도 단단하다는 금강석으로 비유하였다.

K와 S는 마음을 비우고 중용의 도를 몸소 실천했다. 아집을 버렸고 스스로를 부인하여 낮추었다. 마음을 비우고 자신을 내세우지 않음이 바로 그들의 신념이었다. 진정한 신념은 이런 것이라 생각한다. K와 S의 신념은 비워있기 때문에 다른 모든 집념을 허용하고 포용했다. 포용할 수 있기에 그들의 신념은 어느 누구의 그것보다 크고 뚜렷하지만, 누구에게도 강하게 인식되지 않았다.

진정한 신념은 다른 사람의 신념과 배치될 수 없다. 어려운 여건 속에 오늘과 같이 성장된 한인 사회를 이룩한 우리 교포들은 신념과 열의를 가지고 근면과 성실로 살아왔다. 어쩌면 옆을 돌아볼 여유도 없이 앞만 보면서 매진해 왔다. 이제 보다 성숙한 한인 사회를 이루기 위해 마음을 비우는 여유를 가지면서, 중용을 실천하는 진정한 신념의 의미를 되새길 필요가 있다.

저녁 창문을 열고 보니 바깥 공기가 한결 시원하게 느껴진다. 가진 생각들을 하나하나 훌훌 떨쳐 보내니 마음이 가뿐하다. 빈 마음에 가끔은 물결이 일지만, 더 나갈 것이 없으니 채워질 수밖에 없다. 무엇이 흘러 들어와도 감사할 뿐이다. K와 S를 생각하면서 예전에 스산했던 바람이 스쳐간 자국에 온화한 정담이 파릇파릇 돋아남을 느낀다.

미주판 중앙일보, 2000년 8월 31일

4) 하얀 세상 하얀 마음

지난해에는 무척 눈이 많이 내렸다. 돌이켜 보면 눈 때문에 어려웠던 일이 하나 둘이 아니었다. 교통이 막혀 약속 시간에 늦거나 예매된 비행기나 차편을 놓치기가 다반사였다. 비닐하우스가 무너져 애써 경작한 농작물이 얼어 죽어갔다. 이렇게 시작한 신사년(辛巳年) 한해에는 온통 불화와 다툼이 난무하였다. 진승현 게이트와 같은 의혹 사건이 꼬리를 물면서 흑색선전이 등장하고, 우리 사회에 불신의 골은 깊어만 갔다. 9·11테러 이후 지구촌은 혼돈의 도가니 속으로 빠져들었다. 아직도 그러한 의혹이 속 시원히 풀리거나 테러와의 전쟁이 만족하게 끝나지 않았다.

임오년 새해를 맞으면서 혼돈과 무질서를 잠재울 하얀 세상을 다시 한 번 기대해 본다. 세상만사가 마음 작용으로 이루어졌다고 하는데, 생각을 바꾸면 흰 눈이 어찌 혼돈으로 이어지겠는가? 서설이여 내리소서. 세상을 하얗게 바꾸고, 하얀 마음을 갖도록 하소서. 폭설과 함께 왔던 혼돈의 세상에 하얀 눈이 내려, 화해의 물결이 출렁이게 하소서.

흔히 깨달은 부처를 붉은 색으로 미혹한 중생을 흑색으로 표현했고, 이 세상을 흰색으로 나타내었다. 흰색은 붉은 빛을 받으면 붉게 나타나고, 어둠이 깔리면 검게, 또한 푸른 바탕에는 푸르게 보인다. 흰색으로 비쳐진 세상 역시 자성을 갖지 않아, 무엇이든 받아들이며 그 특성을 용납한다. 거기에 어찌 거부감이 있고, 불화와 다툼이 자리할 수 있겠는가? 하얀 세상은 본래 화해와 조화·균형을 갖추었으며, 그 내에서 삶을 영위하는 위

04. 시의(時議)와 문화유산 **251**

대한 성인이나 또는 한갓 미물에 이르기까지, 그 능력에 따라 적용할 수 있는 변화무쌍한 모습을 보여준다.

흰 눈을 기원하며 새해에는 공백의 하얀 마음으로 살아가게 하소서. 하얀 마음에 잠깐 스치며 비쳐진 색채에 연연해하지 않고, 늘 마음을 비우게 하소서. 비운 마음은 주관을 갖지 않는 것이 아니다. 금강경에서의 공(空)은 없는 것이 아니며 있는 것도 아니요, 없음이 아닌 것도 아니며 있음이 아닌 것도 아니다. 곧 그것은 이것도 아니요 저것도 아닌 중도의 통합을 의미하므로, 불변의 너무나 단단한 금강석으로 비유되었다. 마음을 비움도 이와 같아서 무엇이든지 포용할 수 있고, 그로 말미암아 항상 감사할 수 있는 여유로움을 가졌다. 연연해하는 데에 애증이 있고 집착과 다툼이 생기며, 쟁취했을 때의 기쁨은 바람처럼 스쳐갈 뿐, 항상 고통과 아픔이 따른다. 훌훌 상념의 껍질을 벗어 던지니 마음이 공허하다. 무엇이 흘러들어와도 감사할 뿐이다.

뒤틀림과 고통의 씨앗이 뿌려진 발자국 위에 흰 눈이 내려, 소복소복 포근히 쌓인다. 절망과 혼돈(混沌)을 덮으면서, 뒷날 파릇파릇 움이 돋아 정담의 꽃을 피운다. 하얀 마음에도 아픔의 흰 눈이 내린다. 아련하게 아픈 기억들 소중하게 달래며, 남의 아픔과 사회의 아픔을 자기 것으로 느낀다. 멀리 저녁노을이 잡힐 듯이 눈앞에 어른거린다. 초겨울의 한기도 따스하게 느껴진다. 새로 떠오르는 한해는 반목과 질시를 접으면서, 용서와 희망으로 충만해지기를 빈다.

국민대학보, 2001년 1월 1일

5) 하나되는 삶

구약성경의 창세기 11장에는 사람들이 바벨에 성을 쌓다가 실패하는 이야기가 실려 있다. 본래 인간은 하나의 언어를 사용하였는데, 자기들의 이름을 나타내고자 성(城)과 대(臺)를 높이 쌓아 하늘에 닿으려 하였다. 이에 하나님이 서로 알아듣지 못하게 언어를 혼란시킴으로써, 손발이 맞지 않게 된 사람들은 성 쌓기를 포기하고 흩어졌다. 허물을 가진 인간이 합심하여 더 이상 죄를 지으면 안 됨으로, 의사가 통하지 않도록 여러 언어를 사용하게끔 갈라놓았다는 것이다. 그러나 하나님의 진정한 뜻은 인간이 흩어지기보다는 하나 되기를 바라는데 있다. 왜냐하면 하나님은 하나의 언어를 사용하게끔 인간을 창조하였기 때문이다.

인간을 갈라놓게 한 언어는 상징적 의미를 갖는 것이어서, 각자가 가진 고정된 생각이나 이념으로 말미암아 쌓아진 벽을 가리킨다. 언어의 장벽은 물론 이념이나 마음의 벽도 넘어야 할 하나님의 연단에 불과하다. 하나님은 가혹하지만 극복할 수 있는 연단을 우리에게 내린다. 의인(義人)으로 선택된 욥이 당한 고난의 의미를 되새길 필요가 있다. 결국 그는 시련을 통해 선을 이루는 하나님의 섭리를 깨닫게 되었다. 우리들도 막힌 장벽을 제거함으로써 하나가 되는 예정된 섭리를 굳게 믿어야 한다.

서로 마음의 벽을 허물면서 하나 되기를 구하는 것은 바로 하나님의 은총을 이루는 길이기도 하다. 내가 가진 생각이나 이념이 우리 자신을 위한 것에 머물지 않고, 더 나아가 인류의 정의(情誼)나 이상(理想)에 부합할 때에, 우리는 비로소 하나 되는 길을 찾게 될 것이다. 그러기 위해 우리 내에서 역사하고 있는 하나님과 함께 해야 한다. 하나님의 성품에 동참하고, 그 결과 우리들이 인류와 더불어 하나 되기 위해서는 진리를 추구하는 삶을 살아가야 하는 것이다.

하나님의 은총을 이루고 진리를 찾기 위해 우리는 마음을 비워야 한다. 비운 마음은 넓어지기 마련이다. '하나'는 극히 작으면서도 무한히 큰 의미를 지닌 숫자이다. 화엄경은 '하나' 속에 일체의 우주 만물이 포함되어 있어서, 삼라만상이 하나와 더불어 서로 융합하면서 조화를 이룬다고 하였다. 하나가 되기 위해서는 우리 사회의 모두를 포용하도록 자신을 넓히지 않을 수 없다. 도덕경에는 가장 큰 것은 비어있기 때문에 '태허(太虛)'라고 기록되어 있다. 비어 있으면 채워질 수밖에 없다. 마음을 비우고 벽을 허물면, 무엇이 흘러 들어와도 어우러져 하나로 된다.

하나 되는 삶은 한없이 큰 것이지만, 지극히 작은 하나로 남아야 한다. 바벨탑의 교훈은 하늘에 닿고자 하는 인간의 교만을 애써 경계하면서, 작은 하나 속에 겸허하게 자신을 포함시키는 삶을 추구하게 한다. 대립과 갈등으로 얼룩진 우리 사회를 바라보면서, 이제는 우리 모두가 더불어 하나로 살아가기 위해 화해와 공영을 추구하는 공존의 시대를 열어 가기를 빈다. 겨울을 재촉하는 가을비가 구르는 낙엽 위에 잔인하게 뿌린다. 찬바람이 세차게 불어와도 빈 마음에 와 닿으니 따스하게 느껴진다. 오직 감사할 뿐이다.

국민대학보, 2009년 11월 9일

6) 개성

4년간의 대학 생활을 통하여, 우리는 다음의 두 가지 면에서 자신을 키워가야 한다. 하나는 전공 영역을 갖는 것이고 또 하나는 인간적인 면을 성숙시키는 것인데, 이 둘은 서로 표리 관계를 이룬다. 전공과 관계된 전문적인 영역은 어느 것이나 깊은 사고를 지니고 있다.

전문적인 영역을 가꾸기 위해 우리는 우선 다양한 지식이나 기술의 전수와 그것에 대한 정확한 이해와 모방 및 응용의 단계를 거쳐야 한다. 남의 경험을 자기 것으로 만들어 모방하고 난 다음에, 여기에 자신의 인간성을 불어넣는 작업이 창조로 이어지게 된다. 이는 마치 서예가가 남의 작품을 똑같이 모방하다가, 그러한 바탕 위에 혼신의 힘으로 자신의 정신을 불어넣음으로써, 새로운 작품을 만들어 내는 이치와 같은 것으로 비유될 수 있다. 그렇게 되면 전문적인 영역을 심화시키는 것은 결국 인간적인 면을 성숙시킨 바탕 위에 가능하게 된다.

인간적인 면의 성숙은 사람이 이 사회를 어떻게 살아 가느냐와 같은 인생관 내지 사회관을 갖추어 가는 것과 관련된다. 인생을 살아가면서 우리는 추구해야 할 산적한 일들을 갖게 되며, 그런 가운데 또한 많은 유혹을 받는다. 그런데 우리들 앞에 놓인 유혹은 아무리 나쁜 것일 지라도, 미화되어 아름답게 비춰져 있기 일쑤이다. 그렇기 때문에 혜안을 가지고 앞으로 부대껴야 하는 많은 일들을 현명하게 처리하기란 여간 어려운 것이 아니다. 인생관이 뚜렷한 사람일수록 이를 분명하게 가림으로써, 유혹을 물리치고 보다 효과적으로 대처할 수 있다.

이처럼 살아가려는 방향이 뚜렷하게 설정된 사람은 개성이 강하다. 자신의 개성을 확고하게 세워나가는 것이 바로 인간적인 성숙으로 이어진다. 다만 개성을 갖추어 가는 것은 막연하며 일조일석에 이루어지지는 않는다. 그것은 부단한 자기 성찰과 반성을 통해 서서히 갖추어 지며, 무엇보다도 내면생활의 성실이 뒤따라야 가능하다.

흔히 자신의 장점을 살리려는 방향으로 개성을 정립하려는 것은 잘못된 생각이다. 살아온 길을 뒤돌아보면서, 자신의 부끄러운 결함을 이끌어내고 이를 수정하는 방향에서 개성을 확립시켜야 한다. 자신의 장점을 드러내는 것은 항상 염두에 두고 있어서 쉬운 일이지만, 결함을 들추어내는 것은 지나온 생애에 대한 반성 위에 가능하며, 스스로를 거듭나게 하는 아픔을 깔지 않으면 안 된다. 그러므로 자신에 대한 깊은 성찰을 거치지 않은 채 장점을 키우는 방향으로 개성을 설정하려는 것은 극히 이기적이어서 투철할 수 없다. 반면 지난날을 반성하면서 자신의 결함을 생각하게 되면, 그것을 수정하는 쪽으로 삶의 지표가 결정된다.

이렇게 하여 정립되는 개성이 보다 확고한 것이다. 뚜렷한 개성을 지닌 사람은 개성이 다른 사람과 서로 불화하지 않는다. 왜냐하면 자신의 결함을 지적하는 것과 같은 아픈 마음으로 다른 사람이나 동료를 대할 때에 다툼이 일어날 수 없기 때문이다. '개성이 서로 달라서'라는 말로 화목을 깨뜨릴 수는 없다.

국민대학보, 1984년 8월 28일

7) 긍정적 비판

조선의 대표적 편년체(編年體) 사서(史書)인 『동국통감(東國通鑑)』과 『동사강목(東史綱目)』은 조선초기 문화를 바라보는 시각에서 많은 차이를 가졌다. 전자가 조선사회를 의도적으로 옹호하려는 태도를 견지했다면, 후자는 비판적인 눈으로 자기 문화를 조명하였다. 두 사서의 입장이 달라질 수밖에 없는 데에는, 물론 그럴만한 이유가 있다. 건국 후 얼마 되지 않은 시기에 쓰인 『동국통감』은 조선의 굳건한 자기 문화를 이룩하지 못한 실정 속에서, 그것을 옹호할 수밖에 없었다. 왜냐하면 비판을 통해 조선초기 사회는 와해되어 버릴 수도 있기 때문이다.

반면 조선후기 소위 실학으로 불리는 축적된 문화역량(文化力量) 속에서 집필된 『동사강목』은 자기 문화에 대해 비판하더라도, 그 속에 더 긍정적인 문화요소가 충분히 있다는 자신감을 발견한 것이다. 문화를 옹호하는 것과 비판하는 것에는 문화 이해에 대한 수준 차이가 따른다. 문화 현상의 일부만 잘 알고 있어도, 그것에 대한 옹호는 가능하지만, 비판할 경우 전체를 관조(觀照)하지 않으면 안 된다.

그렇지 않으면서 비판하는 것은 건설적 의미가 결여되었기 때문에 비방이라고 불러야 옳다. 비판 의식은 문화에 대해서만이 아니라 모든 인생살이에 그대로 적용될 수 있다. 비방이 아닌 진정한 비판적인 눈으로 사물을 바라보는 것은 장려되었으면 한다. 그런 의미에서 『동사강목』이 자기 문화에 대해 스스로 비판적인 견해를 가진 것은 바람직하게 느껴진다. 자기 자신에 대해 비판할 줄 알아야 하고, 또한 자기를 비판하듯이 남이나 사회를 비판하는 태도를 지녀가야 한다. 곧 이를 긍정적 비판의 경지로 규정하고자 한다.

불교에서 아집(我執)을 버리려는 태도나 유교에서 이순(耳順)의 경지와 그것은 크게 다를 바 없다. 살아가면서 상대방을 정확하게 이해한 다음 그의 허물을 지적한다면, 결국 그는 결함을 고치려는 방향으로 행동하게 된다. 사건의 처리에서도 이는 마찬가지로 적용될 수 있다. 하물며 비판이 마치 자신의 결함을 지적하는 심정으로 이루어진다면, 이로 인해 불필요한 마찰이 빚어질 수 없을 뿐만 아니라 오히려 더 긍정적이고 건설적인 삶을 영위할 수 있게 된다. 생활이 명랑해지기 위해 면전의 칭찬을 꼭 앞세울 필요는 없을 것이다.

국민대학보, 1986년 6월 2일

8) 그 사람 보수 아냐

학회장을 맡은 관계로 참여정부의 몇몇 국정위원회에 당연직 위원으로 참가한 적이 있다. 2년간 활동하는 사이에 위원회의 이사장이 바뀔 경우, 대체로 진보적 인사로 충당되었다. 새로 부임한 이사장이 인선의 기준으로 '그 사람 보수아냐'라는 질문을 은연중에 반복하였다. 보수 경향의 인사를 쓸 수 없다는 뜻이 담긴 것이다. 참여정부가 출범한 이후 진보와 보수의 골이 깊어졌고, 진보는 개혁을 추구하지만 보수는 반개혁적이라는 사고가 깔려 있다. 심지어 보수는 수구 반동이어서 청산의 대상으로 생각하기도 한다.

보수와 개혁을 대립 개념으로 파악하는 것은 잘못이다. 일반적으로 자기 문화에 대한 축적이 많이 쌓일수록 보수적 성향을 가지며, 자연히 새로 들어온 문화를 쉽게 받아들이지 않는다. 그러나 일단 필요하다고 느끼면, 보수층은 새 문화를 급속하게 수용한다. 토착문화의 전통이 강한 신라는 새로 전래한 불교에 대해 심한 반발을 노출하였으나, 수용하면서부터 삼국 중 가장 풍부한 불교문화의 꽃을 피우지 않았던가! 이렇듯 보수층은 사회를 움직이는데 역동적인 추진력을 가지며, 개혁을 능동적으로 이끄는데 도움을 준다.

보수층을 개혁에 의한 퇴출의 대상으로 삼는 것은 진보층 위주의 정쟁을 주도할 목적에서 나왔으므로 매우 위험한 사고이다. 그동안 이로 인해 얼마나 많은 혼란이 조성되었던가? 물론 진보가 신선한 바람을 불어넣음으로써 사회를 건전하게 유지시켰던 점은 인정된다. 진보층이 내세운 개혁이 사회 정의에 합당한 것이라면, 보수층이 동참하면서 힘을 얻고 성공적으로 추진될 수 있다. 진보와 보수는 비록 지향하는 방향이 다를지라도, 사회정의를 이루려는 공동의 목적을 가져야 한다. 어떠한 개혁도 우리 사회의 화합과 질서와 공영을 추구해야 한다. 그 동안 우리 사회의 개혁은 유행가 제목에 편승한 '바꿔'식의 무분별한 것이 아니었는지 염려된다.

2007년 1월

9) 이 시대의 진정한 개혁

1990년대 중반에 '바꿔'라는 노래가 우리 사회를 개혁하려는 분위기에 편승되어 유행하였다. 대선의 열기 속에서 민주당의 선거 유세에 동원된 그것은 마침내, 문민정부를 몰아내고 국민정부를 수립하는데 일익을 담당하였다. 물론 개혁은 문민정부 이래 줄곧 지속되었고, 그 당위성을 조금씩 인정받아 왔다. 이러한 때에 우리 사회를 개혁해야 할 방향에 대해 생각하고자 한다. 왜냐하면 아직도 유행가의 '바꿔'식 개혁이 만연되어 있기 때문이다.

우리 사회는 대상이나 목적이 분명하지 않는 개혁을 요구받으면서 혼란의 도가니로 빠져들었다. 소위 개혁에 발목을 잡는다는 보수층을 숙청하려는 움직임은 더욱 소용돌이를 몰고 왔다. 개혁이 특정한 사회계층을 제거하려는 목적을 지닌다면 성공적으로 추진될 수 없다. 흔히 보수와 개혁은 대립적으로 파악해 왔으나, 그것은 잘못이다. 보수의 대립 개념이 진보이며, 개혁은 진보뿐만 아니라 보수와도 서로 조화될 수 있는 것임을 유념해야 한다.

우리 사회의 개혁이 혼란을 잠재우고 바르게 추진되기 위해서는, 보수층을 포함하여 사회구성원 다수의 양해와 협조를 구해야 한다. 보수층은 개혁에 대해 소극적일 수 있지만, 그것은 수구와 구별된다. 일반적으로 보수는 자기 문화가 충분히 축적되면서 나타난다. 자기 문화에 대한 자신감이 새로운 문화나 제도를 쉽게 받아들이는데 주저하게 한다. 그러나 일단 도입된 문화에 호의적인 반응을 보이면서부터, 그들은 사회의 어느 계층보다도 적극적으로 그것을 수용하는 성향을 가진다. 보수층을 포함한 우리들 모두가 동참할 때에 개혁은 힘을 얻어 추진력을 갖는다.

이와 관련하여 신라가 불교를 공인하거나 구한말에 유학자들이 서구문화를 접하는 태도는 시사성을 준다. 고구려나 백제에 비해 신라는 귀족세력의 반발을 받으면서 가장 늦게 불교를 공인하였지만, 화려한 불교문화의 꽃을 피웠다. 토착문화 전통을 강하게 고수한 신라의 귀족들은 처음 불교를 거부하였지만, 그 필요를 절감하면서 오히려 적극적으로 수용하였다. 마찬가지로 구한말 유학자들은 자기문화에 대한 자신감으로 무장하고 있어서, 서구의 기술문명을 받아들이는 데에 냉담하였다. 기술문명을 갈망하는 오늘날, 신흥공업국으로서 서구문명을 바짝 추적한 국가가 모두 유교문화권에 속해있다는 사실은 많은 시사성을 주며, 우연의 일치로 돌릴 수 없다.

이 시대의 개혁은 민족문화를 이끄는 방향에서, 새로운 문화를 취사선택할 수 있어야 한다. 광복 이후 우리 사회에는 한꺼번에 여러 문화사조가 들어와 가치의 혼동을 가져왔다. 우리 앞에 놓인 어떠한 문물이나 제도도 근사한 의미를 지니면서 유용한 것으로 탈바꿈하였지만, 개중에는 실제로 민족문화의 창달에 역행하는 것이 있기 마련이다. 그러한 것들이 모두 새로운 가치를 인정받으면서 자의적인 개혁의 목표로 설정된다면, 우리 사회의 혼란은 더욱 가중될 뿐이다. 오도된 가치를 지적할 수 있는 혜안은 민족문화 전통에 대한 이해에서 길러진다.

구한말이래 계몽주의자들이 우리 사회를 바르게 처방하지 못한 것은 가슴 아픈 역사의 교훈으로 남는다. 일례로 최남선은 일찍부터 우리 민족의 개화를 꿈꾸어 온 인물이다. 그런데 그가 설정한 불함문화는 일제가 한반도를 앞세워 대륙으로 진출하려는 만선사관과 궤도를 같이 하였다. 뒤에 그는 일제에 타협한 듯한 인상을 주었다. 유교문화에 젖었던 시골과는 달리 일제의 문화말살책이 강요된 서울에서 자라, 소년 시절에 개화 문명에 접한 그는 민족문화의 전통을 투철하게 인식하지 못함으로써, 식민정책을 조선의 근대화라고 선전하는 일제의 허구를 발견하는데 한계성을 지녔다.

이 시대의 개혁이 특정 세력의 이해와 연관되지는 않았는가? 또는 그것이 사회구성원의 공감을 얻지 못하면서, 혼선을 빚고 추진력을 잃지는 않았는가? 개혁의 방향이 민족문화를 옳게 이끄는데 저해 요인으로 작용하지는 않았는가? 이러한 우려가 사실이라면 이 시대의 개혁을 밀고 나간 자들은 다시 뒤에 광음을 타고 온 후손에 의해, 민족문화의 반역자로 치부되지 말라는 보장이 없다.

국민대학보, 2004년 3월 15일

10) 세계 여성의 날에 생각나는 것들

1857년 뉴욕시의 섬유·의류 공장 여직공들이 작업조건 개선과 임금 인상을 요구하는 가두시위를 벌여, 진압 과정에서 격렬한 충돌이 일어났다. 1908년 3월 8일에는 수천 명의 미국 여성 노동자들이 뉴욕의 루트거스 광장에 모여, 미성년자 노동금지 및 여성 참정권과 노동조합 결성의 자유를 쟁취하기 위해 대대적인 시위를 벌였다. 1857년과 특히 1908년 3월 8일 여성노동자들이 시위한 뜻을 기념하고 여성의 지위를 향상하기 위해, 독일의 노동운동가인 클라라 제트킨이 1910년 3월 8일을 세계 여성의 날로 처음 제창하였다.

멕시코에서 133개국 대표가 모인 유엔은 여성 평등과 여성이 세계 발전과 평화에 이바지했음을 인정하여 '세계 여성의 해'로 정했던 1975년부터 3월 8일을 국제기념일로 선포했고, 중국·러시아 등 일부 국가는 이날을 공휴일로 지정하였다. 우리나라에서는 1920년대부터 세계여성의 날 기념행사가 열렸으나 일제강점기여서 한동안 맥이 끊어졌다. 1985년 '민족·민주·민중과 함께하는 여성운동'이라는 주제로 열린 제1회 한국여성대회를 시작으로, 매년 세계 여성의 날 기념행사가 열리고 있다.

세계 여성의 날 설정과 그 기념행사는 여성의 권익을 넓히는데 능동적으로 작용한 것이 분명하다. 서양에 비해 여성의 사회 진출이 낮다는 동양이나 우리나라에서도 최근에 여성의 사회 활동이 현저하게 증가하였으며, 특히 정무부처로 여성가족부의 신설은 이를 더욱 활성화시켰다. 요즘의 우리 사회에는 남녀평등이라는 용어보다는 여남평등 또는 양성평등 등의 용어를 사용하는가 하면, 군역을 마친 남성이 취업에 가산점을 받는 것 자체에 대한 위헌시비가 일기도 한다. 혹은 여성도 병역 의무를 져야 한다는 주장이 나오기도 한다. 이는 아직도 우리나라에는 서양에 비해 상대적으로 여성의 권익이 낮다는 생각 때문에 나타난 것이다.

그러나 남성과 여성의 권익이나 사회 활동은 우열을 따질 수 없는 독자의 영역을 가지기 마련이다. 대체로 청동기시대의 초기 농경사회에 이르기까지 여성 중심의 정착 사회를 영위하지만, 이후 정복국가 체제를 정립하면서 가부장적 사회를 성립시켰다. 산업혁명 이후에도 산업 현장에 남성이 주로 참여하였지만, 근래에 IT산업의 성장은 우수한 여성 인력의 진출을 촉진시켰다. 이는 여성과 남성의 독특한 능력이 사회 환경에 따라 특별히 요구되었던 사실을 알려주며, 그 권능에 우열을 논할 수 있는 것은 아니다.

흔히 어머니의 집안 배경으로 출세 가도를 달리거나 고방의 열쇠를 장악하였던 조선 유교사회의 여성이 서양의 경우와 비교해, 권익을 적게 가졌다고 할 수 있겠는가? 때문에 여성의 사회 진출은 여성의 권익을 내세우기보다는, 여성만의 독특한 능력을 필요로 하는 사회 여건의 조성으로 이루어져야 한다. 그러기 위해 고용에 남녀의 구분을 없애면서도 한편으로 정부는 일자리를 가능한 많이 창출해야 하며, 그 중의 대부분은 여성이 우선적으로 참여하는데 유리한 것이어야 한다. 그리하여 우리 사회에 양성평등이라는 용어가 가능한 사용되지 않아야 할 것이다.

2004년 3월

11) 인자(仁者)는 산을 좋아한다

옛날부터 인자는 산을 좋아하고, 지자(知者)는 물을 좋아한다고 한다. 이 말 때문인지는 모르지만, 나는 언제부터인가 산을 좋아하게 되었다. 내가 산을 좋아하는 것은 싱글어 가는 풀 냄새가 있고, 옥을 굴리는 듯한 맑은 냇물이 있기 때문에서만은 아니다. 산을 좋아하는 이런 이유는 도시의 공해에 쫓기는 일상 생활인의 누구에게서도 발견된다. 그들은 산이 주는 교화가 아니라 산의 맑은 공기와 물을 찾는 것이다. 말하자면 인자가 산을 찾는다기보다는 지자가 물을 찾는다고 할 수 있다. 왜냐하면 지자가 좋아하는 물은 파도 출렁이는 바다가 아니고, 끝없이 새롭게 흘러가는 맑은 냇물이기 때문이다.

내가 산을 좋아한다는 것은 오히려 산을 경배한다고 해야 옳을지 모른다. 나는 서울 근교의 산을 자주 오른다. 산꼭대기에서 시내를 내려다 볼 때 속세와는 다른 선경을 의식하지만, 다시 내려와서 올라간 봉우리를 볼 때는 일종의 신비감마저 느낀다. 그래서인지 인류는 묵직하게 드리워진 산의 웅장한 모습에 경외와 찬사를 아끼지 않고 드렸다. 고대 희랍인이나 인도인들은 우주의 한 복판에 올림푸스산과 수미산을 상정하고 경배하였거니와, 우리 민족도 단군왕검이 태백산에서 신정을 연 이후 계속해서 산신령을 신봉하였다.

그러나 나는 산으로부터 종교의 의미를 찾아내려는 것이 아니라 거기에서 무언의 교훈과 감화를 받고 있음을 말하려는 것이다. 불교 교리에 무정설법이 있다. 동식물은 물론이거니와 돌이나 흐르는 물의 무생물에 이르기까지 우주에 존재하는 어느 것도 인간을 위하여 진리를 설하지 않는 것이 없지만, 그 중 산은 나에게 가장 위대한 스승이 되어 왔다. 나는 가끔 서울 주변에 우뚝 솟은 산봉우리들을 바라보는데, 그 때마다 나다니엘 호돈이 남긴 '큰 바위 얼굴'이라는 아름다운 전설을 생각한다. 사람의 얼굴을 가진 거대한 바위 봉우리를 스승으로 삼고, 그 교화를 받으면서 자란 소년 어네스트는 그의 사상을 여러 사람에게 나누어 줄 수 있는 훌륭한 사람이 되었다.

인자이기 때문에 산을 좋아하는 것이 아니라, 역설적인지는 모르지만 나는 산을 좋아함으로써 인자가 되려고 한다. 산을 바라보면서 그 교화를 생각하고 인(仁)의 의미를 생각하고, 그럴 때마다 나는 마음속에 '큰 바위 얼굴'의 아름다운 꿈을 길러가고 있는지도 모른다. 오히려 이 아름다운 꿈은 생활에 쫓기는 도회의 모든 사람의 마음 속에 고이 키워가도 좋을 것이다. 우리 조상들은 정치의 와중이나 사회의 혼탁 속에서 곧 잘 산을 찾았고, 그 속에서 우주와 인생의 의미를 생각하였다.

산은 나로 하여금 사색에 잠기게 한다. 산이 주는 교화에 대해 자주 생각하는 것이다. 산이 나를 교화시키고 있음은 사실이지만, 아직도 나는 그 교화가 어떤 것인지를 결론 내릴 수 없다. 높은 산을 보고 있노라면 문득 오르고 싶은 욕망을 느낀다. '오르고 또 오르면 못 오를 리 없는' 양사언의 끊임없는 정복감이나 노력 혹은 높은 꿈을 생각한다. '태산을 옆에 끼고 사해(四海)를 건너뛰는' 웅지를 품기도 한다. 어떤 때는 견딜 수 없는 정열과 의욕으로 충만된다. 마치 바닷가의 거대한 돌산을 만난 미켈란젤로가 안으로부터 넘쳐흐르는 위대한 힘을 스스로 억제하지 못하고, 그 산 전체를 하나의 거대한 상으로 조각하려고 한 것 같다고나 할까!

그럴 때마다 이런 것은 곧 산이 나에게 주는 교화라고는 생각되지 않는다. 소년 어네스트가 '큰 바위 얼굴'의 전설을 실현시켜 줄 사람을 만날 때마다 실망한 것 같이, 산이 주는 교화에 대한 사색은 나에게 실망만을 안겨줄 뿐이다. 그러나 나는 그 사색을 중단하지 않는다. 언젠가 그 교화가 무엇인가를 깨달을 때까지, 아름다운 꿈을 가꾸면서 기다리는 것이다.

『한영』 11, 1972년

12) 노송(老松)의 밀어(密語)

동네어귀에 휘어지고 뒤틀려 자란 노송을 보면서, 언젠가 그 꼬부라진 가지가 던져주는 밀어와 거기에 담긴 숱한 애환을 음미해 본 적이 있다. 허다한 세월을 마을과 함께 살아오면서, 개구쟁이 등쌀에 할퀴어 깎이고 줄기가 굽어진 노송은 훈훈한 정담을 불러 일으켜 준다. 휘몰아쳐 온 삭풍도 이제는 가지에 휘감겨 돌아간다. 그러기까지 노송은 가지가 비틀려질 때의 아픔을 견디어 왔다.

아픔에 대해 생각해 보았는가? 호랑이는 낳은 새끼를 언덕 아래로 구르게 하여, 기어오르는 녀석만 기른다고 한다. 끝내 언덕 위로 오르지 못하고 죽어 간 새끼를 보아야만 하는 어미의 살을 에는 듯한 아픔이, 그들로 하여금 짐승들의 영장(靈長)이 되게 했을 것이다.

생명이 태어나기 위해서는 산모의 진통을 겪어야만 한다. 진통은 새 생명을 낳기 위해 반드시 치러야 할 여정이다. 간난과 각고를 견디고 실패로 멍울졌던 쓰라린 경험을 아픔으로 되새길 때에, 비로소 새로운 것을 창조할 수 있게 한다.

쓰라린 아픔을 경험한 사람은 비슷한 상황에서, 다시는 전과 같은 행동을 그대로 반복하지 않는다. 그만큼 더 행동 방향이 뚜렷해진다고나 할까? 그러나 아픔을 맛보면서도 확고한 행동 지침을 갖추는 것이 그리 쉽지는 않다. 자신을 버릴 수 있는 큰 아픔을 경험하고, 남의 아픔을 함께 짊어지는 길을 걸어가야 한다. 다음으로 그에 따른 가치를 확립하고 유혹을 이겨내는 신념을 가져야 한다. 끝내 그것은 사회 정의를 이끌고 민족의 이상을 실현시키는 면으로 승화되어야 한다.

아픔이 아무리 소중한 것이라 할지라도 자신에게 닥쳤던 일신상의 문제에 그친다면, 많이 경험했다고 해서 그렇게 바람직할 수는 없다. 동료의 아픔을 자신의 것으로 만들고, 사회나 민족의 아픔을 절감하면서 괴로워하고 고민할 때에 비로소 큰 아픔을 맛보게 되리라.

오늘은 바람이 몹시도 분다. 동산 위에 미끈하게 자란 나무들이 한껏 휘청거린다.

국민대학보, 1980년 11월 10일

13) 친구

그대는 생각하십니까? 물 빠진 강변 갈대밭을 헤매며
흙 묻은 손을 툭툭 털던 그 옛 일을.
함부로 쏜 화살을 찾아, 서로 내 것 네 거하며 다투기도 했습니다.
별 많은 밤이면 짚단에 불피워가며
밀 끄실러 이야기로 지새던 일을 기억하십니까?
불을 불던 친구의 얼굴에, 꺼져가던 잿더미가 바람을 맞아
밝게 빛나던 홍조가 드리워졌더군요.
새까만 손을 냇물에 씻고 바지에 문지르면
이미 시나브로 별이 빛을 잃기 시작했습니다.
여름 방학 숙제로 진흙을 파러 간 곳이 시내가 강변으로 들어가는 산 밑이었습니다.
그것으로 장난감 탱크를 만들 때에는, 손재주가 없는 나에게 일일이 가르쳐주었습니다.
매미 잡아주지 않는다고 내가 옆집 돌이에게 놀러 가버린 일이 있지요.
조금 후에 친구는 매미를 잡아들고 같이 놀자고 왔습니다.
그 땐 눈물이 글썽해서 울어버렸습니다.
졸졸 시냇물에 종이배를 만들어 띄웠습니다.
흐르는 배를 따라 정이와 영이도 오빠야 누나야 뒤쫓았지요.
햇볕 내려 쬐는 초여름의 강변 백사장에서 신발로 차를 만들며 놀거나,
서로 신을 모래무지에 묻고는 맨발로 뛰어다니며 찾았습니다.
아마 우리의 우정도 함께 묻었나 봅니다.
이제 친구는 봄이면 진달래와 철쭉이 피고 산 밑 강물이 꼬불꼬불 이어진 마을을 잊었습니까? 여름에는 대나무 우거져 새소리 울려 퍼지고, 가을이면 갈잎 휘날리는 고을을 기억하지 못하십니까?

친구 없는 이 고장에서 외투의 칼라 깃을 세워야만 하는 것이 도시생활에 젖은 나에게 낯설기만 합니다.

친구여! 그대는 지금 어느 나라에 있습니까?

붉은 열매 맺는 나라에서 사철 푸른 잔디를 밟고 계시는지요?

여기 내 마음 담고 친구의 정이 그리워, 그대에게로 가는 종이배를 띄웁니다.

내 가난한 선물을 받으면, 부디 잊지 마소서

고향 찾은 나를 기다리겠다던 옛 어린 약속을.

1975년 1월

14) 야경하던 친구들

황금빛 뚝뚝 떨어지는 저녁이면, 옛 어릴 제 남 다 자는 밤 동리를 이리저리 헤매며 야경하던 친구들을 생각합니다.

그 땐 불조심을 해야겠다는 사명감이나 도둑을 지키겠다는 목적의식보다는 공리감이나 의협심이 앞섰는가 봅니다. 딱따기로 불조심을 외치는 대신 밤이슬 맞으며, 별 많은 하늘을 쳐다보고 평상에 옹기종기 옛날 얘기 구수했습니다.

초가집 다닥다닥 붙은 조그만 동리에 무슨 도둑이 있겠습니까만, 우리들은 대밭에서 몽둥이와 창을 다듬고 길목을 지키기도 하였습니다. 밤늦게 지나가는 낯선 행인들의 당황한 모습이 떠오릅니다. 대창이 무서웠던지 고분고분 대답하는 사람들의 사사로운 이야기는 여간 흥미롭지 않았습니다.

어느 날 사복 순경을 불러 세운 일을 기억하겠지요? 벽력같은 고함에 손에 쥔 창이 파르르 물결을 치더군요. 도둑이 지날지 모른다는 소식을 전해 듣자, 모두들 하늘에라도 오른 기분이었습니다.

친구들이여! 진짜 도둑을 놓친 일을 기억하십니까? 동네 어귀 밀짚동이에 놓인 보따리를 상의로 가린 채, 애인이라고 속였습니다. 잠시 후 손전등에 희미하게 비친 등짐을 알았을 때에는, 이미 그는 대밭 속으로 사라져갔습니다.

먼동이 틀 새벽녘이면 수고한다고, 동리 노인네들이 참외와 수박이랑 가지고 왔습니다. 우리들은 주먹으로 두들겨 깨고는, 씨도 뱉지 않고 먹었습니다. 이젠 추억 속에서 그 날의 친구들을 만나봅니다.

1976년 1월

15) 내 마음

내 마음은
태고를 살아온 절벽 깊숙이 드리운 골짝에
출렁대는 세월이 침식하는 동굴.
스린 입김을 모아 방울로 떨어지는데
찰나로 멎은 옛말이 이끼 마냥 엉겨 붙었다.

내 마음은
누군가 지나쳤을 지도 모르는 골목에
외로운 인적을 찾는 가로등 불빛.
한번쯤 발을 모두고 속삭일 만도 한데
그리움을 쫓는 그림자만이 기다랗게 지나칩니다.

내 마음은

붉은 노을 으스름하게 내려앉은 석양에
오늘도 안타까움을 삼키는 촛불.
시름시름 맺힌 아쉬움을 눈물로 삼키는데
부를 듯 넘치는 정이 포근히 감싸옵니다.

내 마음은
가느다란 전선주의 울림이 흩날리는 여울에
조각배 멈추어 선 일렁대는 달무리.
가뭄 탄 가지사이로 실안개 엷게 흐르고
꿈으로 영근 전설이 빗줄기로 내립니다.

1971년 3월

2. 문화유산

1) 강냉이가루

벌써 50여년은 흘렀나보다. 밭두렁에서 자란 옥수수를 뚝뚝 잘라 삶아 먹던 기억이 새롭다. 집사람이 유난히 옥수수를 좋아한다. 장을 보거나 야외로 나갈 때에는 흔히 김이 모락모락 오르는 가판대에서 잘 삶은 옥수수를 사 먹기 마련이다. 즐겨 좋아하는 것은 아니지만, 반으로 툭 잘라서 나에게 건네준 옥수수 알맹이의 쫀득하면서도 쫄깃한 맛이 어릴 적의 향수를 자극한다. 가끔 가판대에서 노란 옥수수가루로 쪄서 만든 빵을 만나면 횡재한 기분이 든다.

옥수수가루라고 하면 덤덤하게 들리지만, 강냉이가루는 어쩐지 친근하게 다가온다. 가난했던 시절에 원조받은 강냉이가루로 죽도 끓여 먹고 빵을 쪄 먹기도 하였다. 이는 한때 우리네 서민들의 삶 속에 녹아든 풍경이다. 강냉이가루는 고등학교 시절 야학을 열었던 추억 속으로 빠져들게 한다. 저녁에 몇몇 친구들과 함께 마을회관에서 소학교를 나오지 못한 부녀자들을 가르쳤다. 그들 중에는 공장에 나가는 처자는 물론 나이 지긋한 아주머니도 있었다.

배움의 소문이 퍼지면서, 종교단체를 통해 야학을 돕기 위한 강냉이가루를 지원받았다. 너무 많은 수량이어서 반은 인근 초등학교의 창고에 보관하고, 나머지 반으로 학생들과 온 마을 사람들에게 고루 나눠주었다. 매번 수업을 끝내고 집으로 돌아갈 때에는 아주머니들이 의례히 강냉이가루로 만든 빵을 건네준다. 그때 먹던 빵이 요즈음 사먹는 빵보다 더 부드러울 리 없지만, 고소한 맛은 아직도 입안 가득히 남아 있다.

한동안 야학은 번성하였는데, 강냉이가루 때문인지 동네 사람들의 간섭이 시작되었다. 학업에 전념할 필요를 느끼기도 했지만 이후 3개월을 지나지 않아, 우리 친구들이 야학을 그만둔 대신에 동리 어른들이 직접 학생들을 가르쳤다. 그리고는 얼마 가지 않아 야학은 문을 닫기에 이르렀다. 참으로 애석한 일이다. 초등학교 창고에 맡긴 강냉이가루의 행방도 묘연해졌다. 소문에는 도둑이 들었다고 한다.

이제 옥수수 가판대에서 구입한 빵은 야학의 배움 터에 잔잔하게 전해진 정을 느끼게 하면서, 또한 가난할 때의 마음가짐을 잊지 말라는 교훈을 안겨다 준다. 비유가 정확할는지는 모르겠으나 '심령이 가난한 자는 복이 있나니 천국이 저희 것임이요'라는 성경의 산상 교훈이 떠오른다.

2005년 6월

2) 할머니의 유산

할아버지가 한국전쟁을 겪은 다음 해에 돌아가신 후, 주로 할머니가 우리 집안의 살림을 꾸려나가셨다. 공무원이시던 아버지의 박봉에만 의존한 살림이 넉넉할 까닭이 없다. 그렇다고 할아버지가 특별히 유산을 남기지도 않으셨다. 일제강점기에 제법 부유하였던 우리 집안은 할아버지가 가산을 정리하여 삼천포의 어물상 도가에 투자한 것이 실패로 끝났다고 한다. 그러면서 내기 바둑으로 소일하였다고 들었다. 그래서 아버지는 바둑은 물론 화투장에 일체 손을 댄 적이 없으시다. 할머니는 장남이기도 하거니와 가족 부양의 책임을 맡고 있는 아버지를 각별히 생각하셨다. 아울러 장손인 나를 유난히 사랑하셨다.

할머니의 보살핌 때문에서인지 몰라도 어릴 때의 나는 집안에서 독불장군이나 다름없었다. 식사 때에 할머니는 가장 우선시 하여 아버지의 밥상을 차렸으며, 그 다음으로 삼촌과 나의 밥상을 겸상으로 차렸다. 고모님이나 동생들의 밥상은 항상 뒤편으로 밀리기 마련이었다. 이런 질서는 밥상뿐만 아니라 매사에 거의 그대로 적용되었다. 그런데 첫 조카인 나를 삼촌은 물론 고모님들도 모두 무척 귀여워하였다. 집안 분위기에 편승하여 자연히 나는 자라면서 점점 자신만을 아는 고집이 센 소년이 되어가고 있었다. 대학에 진학하고 역사를 공부하면서 할머니의 나에 대한 사랑이 단순히 개인적이라기보다는, 집안을 꾸려가면서 본능적으로 갖추어진 것이 아닌가 하는 생각을 갖게 하였다.

퉁구스족의 친족호칭은 작은 할아버지와 백부(伯父)를 '아마카'로, 숙부와 맏형을 '아카'라고 같이 불렀다. 이는 장손을 중시하는 우리 사회의 문화전통과 연결이 가능한 것이다. 할머니의 나에 대한 사랑이 전통문화의 유산에서 오는 것이라는 느낌을 어렴풋이 받았다. 내가 첫 직장을 잡은 해 3월에 할머니는 돌아가셨다. 마음 한 구석이 텅 빈 것만 같다. 장성하

여서 인지 삼촌이나 고모님이 나를 대해 주셨던 따스함도 예전 같지 않았
다. 들리는 말에는 진정으로 할머니가 좋아한 손자는 나의 셋째 동생이었
다고 했다. 가끔 고모님들은 내가 버릇이 없다고 불평을 털어놓았다. 그
때마다 할머니가 말없이 듣고는, 당신과 아버지 사후에 나의 집에 모여 차
례를 드리라고 당부하였다고 한다.

할머니의 사랑은 진정 내가 이기적인 인간으로 자라게 하려는 것은 아
니었다. 그 동안 소홀하였던 삼촌이나 친척의 대소사를 돌아보게 하였다.
그러면서 아무리 중요한 일이라 하더라도 임의로 처리하기에 앞서 양보하
는 여유를 생각하게 하였다. 장손만을 챙기는 독단으로 파생한 불편한 문
제에 대해, 할머니는 나 스스로 해결해 나가기를 바라셨다. 할머니가 계시
지 않는 이 세상을 살아가면서, 책임과 의무도 다해야 하겠지만 겸손해야
한다는 사실을 깨닫게 하였다. 어찌 할머니가 남기신 큰 유산이라 하지 않
을 수 있겠는가?

2007년 7월

3) 촉석루(矗石樓)

남강의 뾰족한 돌로 인하여 붙여진 촉석루는 호국사 남쪽 절벽에 우뚝
섰다. 앞을 보면 확 트여서, 굽어보아 긴 강물 흐르고 여러 봉우리 겹겹이
벌여 있다. 대나무와 뽕나무 사이로 보일 듯 푸른 바위 병풍과 긴 모래밭
이 이어진다.

나이테 잃은 가로수로 받쳐 장성(長城)으로 이어진 촉석루는 한민족의
절의(節義)가 천상으로 오르는 대(臺)인가? 두둥실 의암을 띄운 강물 위에
촉석루의 덩그런 지붕이 물결에 아롱져 그림자 진다. 풍악소리 묵직이 멎
은 위로 가볍게 휘날리는 붉은 단청은 논개의 충절을 애써 기리려하는가?

예로부터 누정(樓亭)의 건립과 보존은 고을의 인심을 짐작하고, 그것으로 한 시대의 세태를 알 수 있다고 한다. 장원한 김중광(金仲光)과 안진(安震)이 지어 고려조에 장원루(壯元樓)라 불리던 촉석루는 백성이 도탄에 빠질 때마다, 잿더미로 변하고 다시 이룬 지 몇 번인가?

조선조 강순(姜順)과 최복린(崔卜麟)이 의논하고 용두사(龍頭寺) 승려 단영(端永)이 주관하여, 판목사(判牧使) 권충(權衷)과 박시결(朴施潔)이 백성과 힘을 합쳐 세웠다. 왜구로 불타고 한국전쟁으로 무너졌지만, 돌기둥 깎아 세우고 창방에 공포(拱包)로 장식하여 그 위에 기와 얹었다.

잦은 민족수난의 물결은 치솟은 부연 끝 때 묻은 이끼마저 아쉽다. 조선 사람의 한이 반달로 숨은 밤이면 돌벼랑을 지키던 정자나무의 혼이 귀뚜리 되어 울어주는데, 노 젓는 소리에 섞인 유행가 구절이 애달프다.

이제 촉석루에 올라 뒤벼리 멀리 아지랑이 피어남을 보면서, 옥토에 곡물이 무르익고 산업이 풍요롭게 경영되기를 빈다. 지리산 높은 재 쉬어 넘던 구름이 물줄기 되어, 영호남을 흘러 돌아 화합하고 남북이 하나가 되기를 빈다.

현판에 여울져 수많은 인걸들 주마등처럼 지나간다. 객사(客舍) 남쪽의 봉명루(鳳鳴樓) 복원하여 문예가 길이 진흥되고, 이 고을을 선비의 고향으로 남게 하소서.

2001년 2월

4) 논개(論介)

진주목의 의기(義妓) 논개는 장수 출생으로 성은 주씨(朱氏)이다. 19세기에 들면서 출신을 미화하여 삼장사 중의 한 사람인 최경회(崔慶會) 또는 황진(黃進)의 부인이라는 등 여러 가지 주장이 있으나 확실하지 않다. 임

진왜란이 막바지로 내닫자 조정은 왜군의 퇴로를 열어주기 위해 진주성을
고수하지 않는다. 1593년 6월 김천일(金千鎰) 등 관군과 의병의 결사 항전
에도 불구하고 진주성은 함락된다.

성벽이 무너져 내리는 소리 속에 서민들의 고통스런 한숨이 섞인다.
파괴된 성 밑 해자(垓字)의 물줄기가 끊어지면서 양민들의 애환과 분노의
눈물마저 마른다. 성루에 왜군의 깃발이 나부끼고 진주성 백성의 고혈(膏
血)이 기름이 되어 활활 촉석루 연회의 불을 밝힌다. 만행에 의분을 느낀
논개는 왜장들이 벌인 주연에 기녀로서 참석한다.

손마디 굽이굽이 가락지 깍지 끼고, 휘장저고리 가벼운 소매 열두 폭
긴치마가 파르라니 물결을 친다. 애수어린 연약한 마음이 얼음처럼 엉기
었다. 송죽(松竹)의 절개를 가슴 깊이 품고 담담이 성 밑 남강 물을 바라본
다. 조국을 사랑하는 가련한 정이 눈 감은 속에 영사막으로 지나간다.

본래 한민족은 촉석루 같은 집에서 푸른 하늘을 우러러 살라고 했건만,
그러지 못해 단장한 여인이 슬픔을 삼킨다. 술에 만취한 왜장 게야무라 후
미스케[毛谷村文助]를 껴안고 남강에 뛰어든다. 아미 가볍게 숙이고, 가느
다란 허리 휘늘어진 버들가지인양 흩날리며, 과감히도 영원한 생명의 길
로 직속하셨네. 두둥실 뜬 의암은 그 날을 이야기하고, 붉은 충절을 전해
주듯 물결도 회오리쳐 세차 흐른다.

2002년 4월

5) 의암별제(義巖別祭)

임진왜란 당시 충신과 열녀(烈女)를 공식적으로 현창(顯彰)한 『동국신
속삼강행실도(東國新續三綱行實圖)』에서는 논개의 순국사실이 누락되었
으나, 유몽인(柳夢寅)의 『어우야담(於于野談)』에 기록되어 있다. 기녀를

표창할 수 없다는 유학자들의 편견 때문에 논개의 애국충절은 정당하게 평가를 받지 못하였다. 절의를 위해 목숨을 바친 논개를 포상하도록 만든 것은 바로 진주 백성들이다. 성이 함락된 날이면 강변에 제단을 차려 논개의 혼을 위로하는 한편, 국가적인 추모제가 열릴 수 있도록 백방으로 노력하였다.

경상우병사 최진한(崔鎭漢)은 1721년(경종 1년) 비변사에 건의하여 의암사적비(義巖事蹟碑)를 세웠는가 하면, 또한 경상우병사 남덕하(南德夏)는 1739년(영조 15년) 무렵 논개의 애국충정을 기리는 의기사(義妓祠)를 건립하였다. 1868년(고종 5년) 진주목사 정현석(鄭顯奭)은 매년 6월 논개를 기리는 의암별제(義巖別祭)를 마련하였는데, 그가 지은 『교방가요(敎坊歌謠)』에 의식절차가 전한다. 300명의 기녀가 노래와 춤으로 3일간 제례를 치루는 의암별제는 민족정기를 말살하려던 일제강점기에 맥이 끊어져 그 모습을 알 수 없게 되었다.

광복후 해마다 6월이면 의기창렬회가 중심이 되어 논개에 대한 제사를 극진히 지내 왔다. 혹시나 제사를 잘못 모시면 물에 빠지는 사람이 많아지고 흉년이 든다는 속설(俗說)이 전해 내려오기도 한다. 조선말 진주 교방 출신 최순이로부터 진주 검무를 전수받은 성계옥(成季玉)이 1986년에 『의암별제지』를 간행하고, 이를 근간으로 1992년에 의암별제를 복원하여 매년 봉행해 오고 있다. 의암별제의 헌창창사(獻唱唱詞) 및 초헌악장사(初獻樂章詞)·아헌악장사·종헌악장사를 차례로 들면 다음과 같다.

임신(壬申)년 9월 9일 단을 모아 분향하여
삼백 명 미녀들이 정성으로 치제(致祭)하니
논낭자(論娘子) 충혼의백(忠魂義魄)이 내리실까 하노라.

촉석루 밝은 달아 논낭자의 넋이로다.

향국(向國)한 일편단심 천만년에 비치오니
아마도 여중충의(女中忠義)는 이뿐인가 하노라.

맑고 맑은 남강수야 임진 일을 네 알리라
충신과 의사들이 몇몇이나 빠졌던고
아마도 여중장부(丈夫)는 논낭자인가 하노라.

해동국(海東國) 삼천리에 허다한 바위로다
풍마우세(風磨雨洗)하면 어느 돌이 안 변하리
그중에 일편의암은 만고불변(萬古不變)하리라.

2004년 7월

6) 대보름 달집

동산 등성이로 풍선처럼 오른 달님
신작로 네거리에 젊은 아낙네의 합장일랑 고맙게 받고,
골짝 어귀의 달집에 연이어 불을 붙인다.
부스럼 깨물고 더위 팔면서, 멀리 날려 보낸 방패연
달집에 걸려 액운과 함께 활활 탄다.
새끼줄 끌며 뱀 치고, 장대로 물 후려 쳐 새 쫓으며
더위 물린 풍년을 빈다.
쟁반 같이 둥근 달 기울지 말라고.
멀리 쥐불이 둥글게 어둠을 가른다.
다리미에 콩 볶아 복을 나눠주던
동리 여인들의 흐뭇한 인정이 흐른다.

때닥때닥 요란스럽게 타던 불꽃이 식을 때면
제법 한산한 주위를 몇몇의 아이들이 둘러앉아 불을 모은다.
달님은 밤거리를 지켜줄 외로운 가로등으로 남고,
한식경이 지나 집으로 돌아가는
그림자, 발끝에 뚜렷이 드리워졌다.

1998년 2월

7) 산대가면극 탐방

한영 편집국이 이번에 무형문화재 특히 양주 별산대극과 송파 산대극을 조사하였고, 이러한 기회를 통해 자기 문화를 의식하게 되었다는 데에 흐뭇함을 느낀다. 외딴 산골 쓰러져가는 초가의 능선, 수백 년 비에 씻긴 이름 모를 묘비명, 마을 어귀에 외롭게 세워진 성황당 등 삼천리 방방곡곡에 제문화가 아닌 것이 없고 선인(先人)들의 발자취가 아니 남겨진 곳이 없건만, 그것을 느끼고 아끼기란 쉽지 않다.

서구식 교육을 받은 우리들은 이미 그 가치관에 젖어버렸고, 그래서 구수한 숭늉보다는 한 잔의 커피를 좋아하게 됨으로써 한국문화를 마치 퇴락해 가는 초가 이상으로 생각하지 않는다. 그러나 문화의 우월을 가리는 것은 어리석은 일이다. 북극 에스키모의 얼음집과 뉴욕의 고층빌딩을 비교할 수는 없는 것이다. 문화는 사회의 산물인 것이며 사회를 떠나서는 존재할 수 없기 때문에, 한국 사회 속에서 한국문화 외에 또 다른 문화란 설정할 수 없는 것이다.

우리들의 사고는 우리 문화 속에서 길러질 수밖에 없다. 할머니가 무릎에 앉힌 손자의 등을 다독다독 두드리며 들려주신 귀신이야기 속에 우리네 서민들의 정서가 어리었고, 꾸미지도 가꾸지도 않은 채 보여준 가면극 속에 우리네 서민들의 의식이 담겨있다. 이러한 정서에 취해보고 이러한 의식에 공감해 봄으로써, 한국문화를 인식하면서 참다운 한국인으로 성장하는 것이 얼마나 보람찬 일인가?

현재 우리나라에 전승된 민속 가면극은 송파의 산대극과 양주의 별산대극 외에, 봉산의 탈춤, 진주의 오광대 등 손을 꼽을 정도로 전한다. 이들은 등장하는 가면이나 과장 등에 차이를 보일 뿐만 아니라 특히 오광대극에서는 오행사상이 강하게 나타나지만, 그 내용은 서로 상당히 비슷한 것이다. 우리나라의 가면극은 기록상으로는 신라시대에 이미 존재하고 있었다. 역신(疫神)을 물리친 처용무가 즉 그것이다.

그러나 신라시대의 처용무는 그 형식과 과장 등에 대한 자세한 기록을 남기지 못했으며, 고려시대의 처용무에 의해 유추될 뿐이다. 고려시대의 처용무는 죽광대(竹廣大), 폭화(爆火) 등과 함께 산대잡극으로 불리었다. 산대가면극은 고려초에 중국의 연극 형식이 수입되면서 예종 때에 연극으로 발전되었고, 조선 세종 때부터는 중국 사신을 맞아 홍제원에서 홍행하였으며 산대도감에 예속되어 있었다. 세조 때에 산대가면극은 궁중극으로서는 폐지되고 민간 극단에 소속되어 성행하였다.

이후 심한 경제적 타격으로 산대극단은 해체되기도 하였으며, 현재에는 몇몇 아류가 전할 뿐이다. 다만 송파 산대극에는 양주 별산대극에서 이미 잊혀진 초라니·당녀·해산 어멈·신 할멈·무당 탈 등이 남아있고, 각 과장에서도 이러한 탈들이 맡은 역할이 따로 있다. 이런 점은 송파 산대극에 비교적 옛 모습을 보존한 대목이 남아있는 것을 보여준다.

현재 전하는 산대극은 내용상으로 고려말의 그것과 상당히 다르다고 할 수 있다. 고려시대의 산대극은 벽사진경(辟邪進慶)을 위주로 홍행하였다. 그러나 현재 전하는 산대극은 제일과장 사방신무에 사신(邪神)을 쫓는 무용이 있지만, 그 외에 파계승 및 양반 계층에 대한 풍자나 남녀의 치정 관계를 주 내용으로 담고 있다. 따라서 현존하는 산대극은 조선 양반사회가 붕괴되기 시작한 17 · 8세기 이후에 서민 의식이 싹트고 있었던 영 · 정조시대 실학사상의 영향을 받아 이루어졌다.

『한영』 13, 1974년

8) 하얼빈에서 독도를 생각하다.

연길서 밤기차로 거의 12시간을 달려 하얼빈(哈爾濱)에 도착하였다. 3월 하순의 기후는 아직도 차갑다. 얼음축제를 끝낸 시내는 여유로우면서도 을씨년스러운 분위기가 감돈다. 패션의 거리인 중앙가(中央街)에 맞대어 송화강(松花江)이 유유히 흐른다. 세월의 무게에 찌든 멍울이 강변의 여기저기에 베어나는 느낌이 든다. 맑은 강물을 보려던 기대가 조금은 실망으로 남는다. 정녕 잊힌 강인가? 이대로 남의 손에 버려두어야 하는가?

하얼빈은 19세기말 중동 철도를 건설하는 과정에서 러시아가 개발한 도시인데, 시베리아 횡단철도를 동해의 항구 도시인 블라디보스토크와 이어주면서 번창하였다. 우리에겐 1909년 조선통감인 이토 히로부미(伊藤博文)를 암살한 안중근(安重根)의사로 말미암아 유명해졌지만, 하얼빈시의 주위에는 인체 실험을 감행한 일제의 731부대 등 항일 유적지는 물론 송화강을 끼고 여름 휴양지가 즐비해 있다.

중앙가가 시작되는 지점에서 만나는 성소피아사원은 그리스정교에 소속된 교회인데, 단아하면서도 중후한 러시아풍의 건축양식을 그대로 보여준다. 러시아 물건을 파는 상점이 늘려있을 뿐만 아니라 걷다 보면 러시아 사람들과 흔히 마주치게 된다. 특히 대직가(大直街)의 좌우에는 유난히 러시아식 건물이 눈에 띄며, 바로크풍이나 르네상스풍 등의 다양하면서도 정교한 아름다운 건축물들이 품안으로 들어온다.

러일전쟁 당시의 하얼빈에는 러시아의 군사작전 사령부가 설치되어

04. 시의(時議)와 문화유산　279

있었다. 북대서양에서 출항한 막강한 러시아의 발틱함대는 영국의 견제로, 수에즈운하를 통과하지 못하고 멀리 희망봉을 돌아 진격하였다. 피폐해진 발틱함대의 근황을 영국으로부터 시시각각 보고받은 일본은 대련(大連)으로 진출하는 서해안해로를 차단하면서 독도 근해로 유인하려는 작전을 세웠다. 전쟁은 당연히 만반의 태세를 갖추고 기다리던 일본의 승리로 끝났다.

러일전쟁이 종결되면서 중국과 일본이 하얼빈을 공동 관리하였으나 만주국 건국 이후 일제가 장악하였다. 태평양전쟁으로 일본이 패망한 1945년에는 소련군이 다시 점령하였으나, 1년 뒤에는 중국공산군이 진격하여 만주 정복작전을 지휘하였다. 1949년 이후 하얼빈은 동북부의 주요 산업기지로써 중국영토로 확정되었다. 이렇듯 러시아와 일본·중국으로 영토가 변경되는 과정을 보면서, 간도는 물론 한창 논란이 되고 있는 독도 등 영토 문제를 생각하게 되었다.

송화강의 지류인 토문강(土門江)으로 경계를 삼으면 마땅히 간도는 우리 영토이다. 조선의 외교권을 빼앗은 일제가 만주 철도부설권을 얻는 대신 중국으로 넘긴 것이다. 토문강을 두만강으로 해석하기 위해 중국은 도문시(圖們市)를 애써 조성하였다. 압록강이나 두만강 하류의 섬들은 본래 조선의 영토였으나, 개중에는 퇴적되면서 중국이나 러시아 쪽의 강변과 붙어버린 곳이 있다. 또한 러시아 함대를 격퇴시키기 위한 전초 기지로서 일제는 비로소 독도를 중시하여 시마네(島根)현에 편입하였다.

오늘날 쉽게 해결하기 어려운 역사분쟁이 종종 일어나고 있다. 일본의 역사교과서 서술이나 독도영유권 주장은 물론이거니와 중국의 동북공정(東北工程) 등이 그러한 대표적인 것이다. 역사분쟁 속에는 흔히 민족 감정이 들어있기 마련이다. 논의 과정에서 다소 필요하겠지만, 민족주의나 국수주의에 의한 서로 엇갈린 민족 감정이 해결의 실마리를 제공하기는 어렵다.

무엇보다도 충분한 자료를 갖추고는 객관적인 사실에 근거하여 냉엄한 주장을 펴는 것이 필요하다. 그러면서 저변에 깔린 영토 문제만은 절대로 양보해서 안되며, 특히 독도 문제는 더없이 중요하다. 사실을 왜곡한 경우는 별개로 생각하지만, 일본의 역사교과서에서 어떤 것은 가르치고 또한 어떤 것을 가르치지 말라는 요구는 지나치면 설득력을 잃을 수도 있다. 반면 독도가 우리 땅이라는 주장은 아무리 강조해도 이것이 다른 나라에 지나치게 들릴 수 없다.

2007년, 3월

9) 독도, 영토문제

(1) 독도의 역사

독도는 20세기 초기까지 무인도여서 울릉도의 역사 속에서 이해해야한다. 512년(지증왕 13년)에 신라의 이사부(異斯夫)가 정복하여 우리 영토로 편입된 우산국(于山國)은 고려 현종 때에 지방제도가 정비되면서 우릉도(于陵島)나 울릉도(鬱陵島 또는 蔚陵島)로 불렸다. 1141년(인종 19년)에서부터 조선왕조가 들어서기까지 관원이 파견되기도 하였다. 조선의 공도(空島)정책과 일본 어민이 울릉도 근해에서 조업한 관계로 일본(對馬島主)과의 사이에 울릉도 영유권 분쟁이 일어났다. 조선 조정의 항의도 있었지만 숙종 19년(1693년)에 울릉도에 고기잡이 갔다가 일본 어민에게 피랍된 동래 출신의 어부 안용복(安龍福)의 활동으로, 일본 막부는 울릉도를 조선 땅으로 규정하고는 자국 어민에게 도해금지령을 내렸다.

안용복에 관한 기록 중에는 강원도에 부속된 섬으로 울릉도(죽도)와 독도(송도)가 있다는 사실이 적혀 있다. 그 이전『고려사』지리지나 『세종실록』지리지의 기록에는 우산과 울릉 두 섬이 울진(蔚珍)의 동쪽 바다 중에 있다고 한다. 우산은 본래 울릉도의 옛 이름이다. 울릉도가 울릉(蔚陵)·무릉(武陵)·무릉(茂陵) 등의 명칭이 붙여지는 와중에, 그 부속 도서인 독도가 우산이라고 불리게 되었다. 즉『고려사』지리지나『세종실록』지리지에 나오는 울진 동쪽 바다의 두 섬 중, 울릉도 외의 우산은 독도를 가리키는 것이 분명하다. 세종 연간에는 동해에 요도(蓼島)가 발견되고 성종 때에는 삼봉도(三峰島)의 존재가 알려졌는데, 이는 울릉도와 구별되기 때문에 독도를 가리키는 것으로 파악하기도 한다.

울릉도와 다른 섬으로 우산도뿐만 아니라 자산도(子山島)에 관한 기록은 역시 독도를 지칭하는 것이라고 이해된다.『동국문헌비고(東國文獻備考)』(1770년)와『만기요람(萬機要覽)』(1808년)에는 우산도(松島)가 조선영토라고 하였고, 정상기(鄭尙驥)의『동국지도(東國地圖)』이후 조선후기의 지도는 울릉도 옆에 우산도(자산도 송도)를 조선의 영토로 표기하고 있다. 우산도를 우리나라 문헌에서 일본 영토로 기록한 것은 하나도 없지만, 일본측 문헌에는 오히려 조선 영토로 기록한 것이 적지 않다. 1875년에 일본의 저명한 지리학자인 하야시(林子平)가 편찬한 지도인『삼국통람도설(三國通覽圖說)』에 표기된 송도와 죽도는 조선 영토로 표시되었다. 또한 1876년에 일본 해군성이 만든『조선동해안도(朝鮮東海岸圖)』에는 독도가 분명히 나와 있다.

19세기 중엽에 일본인들이 다시 왕래하게 되자 조정은 일본에 항의하는 한편 백성을 울릉도에 이주시켰다. 이후 울릉도시찰위원(鬱陵島視察委員)으로 파견된 우용정(禹用鼎)은 울릉도에 400여 호(戶) 1,700여명이 거주한다고 보고하였다. 이에 대한제국은 1900년에 칙령(勅令) 제41호를 발표하고 울릉도를 울도(鬱島)로 개칭하여 군으로 개편하였다. 이 칙령의 제2조에 울릉도의 관할 구역으로 울릉 전도와 죽도(竹島)·석도(石島)를 둔다고 하였다. 여기의 죽도는 오늘의 죽도(竹嶼)이며, 석도는 물론 독도를 가리킨다. 석도는 전남 해안이나 울릉도 사람들이 부르는 '돌섬' 혹은

'독섬'을 한역(漢譯)한 것인데, 1906년에 울릉군수 심홍택(沈興澤)의 보고서에 독도(獨島)로 표기되었다. 또한 방종현(方種鉉)을 위시한 국어학자들도 석도를 독도라고 주장하였다.

독도가 한국 땅임이 분명한 것인데도 불구하고, 일본은 1905년 러일전쟁의 작전 기지를 확보하기 위한 군사적 목적에서 독도를 시네마(島根)현에 편입하였다. 유럽을 떠난 러시아 발틱함대는 영국의 방해로 쉽게 주유도 하지 못한 채, 희망봉을 돌아 진격하면서 피로가 누적되어 있었다. 이미 중국 여순(旅順)을 점령한 일본군은 러시아 함대를 동해로 유인하여 격퇴시키는 기지로써 독도를 확보하고자 하였다. 대한제국은 외교권을 박탈당한 상태이지만 일본의 독도 점유를 인정한 적이 없으며, 박제순(朴齊純)은 독도가 대한제국의 영토라고 분명하게 항의하였다. 앞서 일본의 독도 편입을 통보받은 심홍택의 보고서에는 "본군 소속의 독도를 일본이 편입하였다"라고 하였다. 이는 독도가 한국의 영토였던 것을 밝히고 있는 셈이다. 반면 일본은 시마네현고시 또는 경술국치(庚戌國恥) 이후에도 독도를 한국 영토로 다루고 있다.

⑵ 일본측 주장의 내용

국제법상으로 무효인 일본의 영토 편입조치는 제2차 세계대전의 전후 처리 과정을 통하여, 우리나라의 독립 및 주권의 회복과 동시에 법적으로도 원상회복되었다. 곧 1943년의 카이로선언과 1944년의 포츠담선언에는 20세기에 들어와서 일본이 강압과 약탈로 빼앗은 땅을 모두 돌려주어야 한다고 하였다. 그러나 2차 세계대전이 종전된 후 1951년에 맺은 샌프란시스코 강화조약에는 일본이 반환해야 할 섬 중에 독도가 빠졌다. 조약을 맺기 위한 예비 모임에서 계속해서 거론되던 독도가 최종적으로 빠진 셈이다. 이에 대해 일본은 1910년의 강제 병합조약으로 빼앗은 우리 땅을 돌려주고, 1905년에 편입된 독도를 자국 땅으로 묵인해 주는 것이라고 주장한다.

샌프란시스코 강화조약에서 독도가 빠지게 된 사정은 일본에서 변호사로 활동한 씨볼트가 미국의 고문관으로 연합국 최고 사령부에 파견되어, 일본 측의 입장을 암묵적으로 전달한 결과로 나타난 것이기도 하다. 한편 유엔결의에 의해 대한민국 정부가 수립되면서 반환될 섬으로 제주도 등 큰 섬들과 함께 한반도의 '부속도서'로 규정하고 있다. '부속도서'는 천개가 넘는데, 독도라는 이름만을 명기할 수는 없다. 때문에 포츠담선언 이후 일본이 반환해야 할 섬 중에 독도가 당연히 들어가는 것이다. 이러한 인식은 당시의 각국 대표들에게도 당연시되어 샌프란시스코 강화조약에 명시되지 않았을 뿐이다. 1952년에 「인접해안의 주권에 관한 대통령선언」을 발표하면서 평화선 내에 독도를 포함시켰다. 이에 일본은 외교문서를 보내 항의하면서, 다께시마(竹島) 또는 리앙쿠르(Liancourt)로 알려진 도서에 대한 영유권을 주장하였다.

이후 독도는 우리나라와 일본 사이의 영토에 관한 국제분쟁 속에 노출되었다. 이리하여 1954년에 일본은 독도문제를 국제사법재판소에 제소할 것을 제의하였지만, 우리나라는 명백한 우리 땅이기 때문에 국제법상으로 해결해야 할 분쟁이 존재하지 않는다는 입장을 견지하였다. 이외에도 일본은 쿠릴열도나 조어도(釣魚島)를 사이에 두고 각각 러시아 및 중국과 영토분쟁을 빚고 있다. 독도의 경우와는 달리 일본은 이 문제로 국제사법재판소에 가는 데에 소극적이다. 샌프란시스코 강화조약에서 쿠릴열도는 러시아 땅으로 명시하고 있어서인지, 오히려 러시아는 국제사법재판소에 적극적으로 제소하려고 하지만 일본은 이에 대에 반대하고 있다. 그 이유는 일본 땅이기 때문에 국제사법재판소로 갈 필요가 없다는 것이다.

국제 분쟁으로 나아가지는 않았지만, 독도문제는 처음 제기되었을 때보다 훨씬 강도를 더해가고 있는 실정이다. 이에 일본측 주장의 허구성을 제시할 수 있는 착실한 학문적 연구를 미리 준비해야 한다. 첫째 18세기

말에서 19세기 초에 이르는 서양인들의 울릉도와 독도 발견 경위와 이로 인해 그들이 작성한 동해안 지도를 차분히 정리할 필요가 있다. 이와 아울러 조선후기의 지도 및 당시 일본에서 작성된 지도를 철저하게 대조·분석하여야 한다. 18세기 말에 울릉도는 서양인들에게 발견되었지만, 독도는 1849년 프랑스의 포경선 리앙쿠르에 의해 발견되어 Liancourt Rocks로 불렸다.

독도가 발견되기 이전인 1840년에 화란인(和蘭人) 지볼트(Siebold)가 작성한 일본도(日本圖)에는 동해상에 서양인이 발견한 두 섬 즉, Dagelet(울릉도, Péréouse 발견)를 마쓰시마(松島), Argonaute(울릉도의 착각, Colnett 발견)를 다께시마(竹島)라고 표시하였다. 그리고 이러한 표시는 당시 일본 지도를 참고하여 작성된 것인데, 이후 한 때 서양인의 동해안 지도 작성에 그대로 나타났고, 독도가 발견되면서 동해에는 세 개의 섬이 있었던 것으로 표시되었다. 일본에서는 울릉도가 송도와 죽도라고 혼칭되었는데, 18세기에 독도가 인지되면서 울릉도를 죽도, 독도를 송도로 불렀다. 그러다가 시마네현에 편입하면서 독도를 리앙쿠르 또는 죽도라고 불렀다. 독도에 대한 바로 이러한 혼동에 대해 일본은 지볼트에게 흠을 돌리려고 하지만, 자국의 고유 영토에 대해 서양 이름을 붙이는 등, 논리적으로 설명하지 못하고 있다.

둘째 1430년부터 약 300년 동안 공도정책으로 조선은 영유권을 방기하였기 때문에, 17세기 이후 독도 지역에 대한 실효적 지배는 일본이 독점하였다고 주장한다. 그 근거로 울릉도에 나아간 일본 어민이 독도 주변 해역에서 고기잡이 한 실적을 제시하고 있다. 그러나 공도정책은 영유권의 포기가 아니며, 거꾸로 이는 자국 영토인 것을 전제로 내려진 것이다. 당시에는 영해제도의 관념이 없어서 조업 활동만으로 영유권을 주장할 수는 없다. 뿐만 아니라 주변 해역에서의 어업 활동이 섬에 대한 영유 의사를 갖는 것으로 볼 수는 없는 것이다. 같은 논리로써 일본은 울릉도에 대한 영유권을 주장하지 않으면서, 유독 독도만을 분리해서 영유권을 주장하는 것도 모순된다.

그런데 일본은 17세기 중엽부터 독도에 대한 영유권을 확립하였다고 주장한다. 일본은 어민이 울릉도로 갈 때에 도해면허를 내주었다. 곧 외국으로 나갈 때에 바다를 건너가는 면허를 받아야만 하는데, 면허가 필요 없는 독도는 일본 땅이라는 것이다. 이는 독도와 울릉도를 따로 생각함으로써 사실상 억지 논리에 불과한 것이다. 독도는 일본 어민이 울릉도로 갈 때에 잠깐 머문 섬이어서, 독도와 울릉도를 떼어서 생각할 수 있는 것은 아니다. 실제로 1600년대 초 일본 어민인 오야집안의 문서에는 '울릉도(죽도)안의 독도(송도)'라든가 '울릉도 근처의 독도'라고 표기되었고, 1870년에 일본 외무성이 작성한 「조선국교제시말내탐서(朝鮮國交際始末內探書)」는 울릉도와 독도를 조선에 부속된 섬이라고 하였다.

일본은 1905년 독도를 시마네현에 편입하면서, 국제법상 주인이 없는 지역에 대해서만 가능한 영토취득 방법을 택하였다. 그러면서 프랑스 선박이 비로소 발견하였다는 뉘앙스를 띠는 리앙쿠르라는 호칭을 사용하였다. 때문에 1910년 합방될 당시의 한반도 영역과는 관계가 없어서, 전후처리 과정에서 독도가 한국 영토로 회복될 수 없다고 한다. 우선 이는 일본이 독도를 실효적으로 영유하였다는 앞의 논리와도 배치되는 것이다. 이러한 주장은 1905년 이전에 독도가 우리 땅이 아니라는 확실한 증거를 제시하여야 한다. 그러나 이미 언급했듯이 조선후기의 지도는 물론 일본측 지도에서 조차 독도가 우리 영토라는 증거를 비교적 쉽게 찾아낼 수 있다.

(3) 일본의 영토편입 경위

한국의 영토로 인식되던 독도를 빼앗아 일본의 영토로 편입하는 것은 비교적 쉬운 일이었으나, 이로 말미암아 일본은 다른 국가로부터 비난을 받지 않도록 무던히 노력하였다. 오키(隱岐)섬의 일개 어부인 나카이(中

井養三郎)가 1904년 8월에 안전한 생업을 위해 독도의 영토 편입원을 제출하였으며, 1905년 2월에 일본 각의는 이를 곧바로 승인하였다. 이어 11월에는 을사보호조약을 체결하였고, 다음 해 3월에 중앙정부가 아닌 시마네현의 관리인 카미타(神田) 등이 이 사실을 통고해 왔다.

국제 여론을 의식한 이러한 절차는 일본이 독도를 편입하는 정당성을 나타내기 위한 것이었지만, 역으로 독도가 본래 한국의 고유한 영토이었던 데에서 나타난 것임을 역설적으로 알려 준다. 처음에 나카이의 청원은 인근의 어로를 위해서 독도를 조선 조정으로부터 빌려달라는 것이었다. 곧 일본 정부가 조선으로부터 임대 허가를 받아달라는 내용이 첨부되어 있었다. 그러자 일본은 아예 일본 땅으로 하는 것이 좋겠다고 하여, 오히려 영토 편입원을 제출하도록 종용하였다. 이는 분명 독도가 한국 땅임을 알려주기에 충분하다.

일본의 편법 처리는 독도가 한국의 영토가 아닌 무주지(無主地)인 것을 전제로 추진될 수밖에 없다. 당시 어업에 종사하던 어민이나 관리들은 물론 일본 정부까지도 독도가 울릉도에 부속된 한국 영토인 것을 인지하고 있었다. 그러나 독도는 무주지 내지 일본의 고유 영토로 둔갑되기에 이르렀고, 일본 고유영토인 독도를 실정 국제법에 맞게 시마네현고시로써 제시한 것이라고 한다. 무주지라는 일본의 주장은 명확한 근거를 제시하고 있지 못할 뿐만 아니라 17세기부터 영유권을 확보하고 있었다는 종전의 주장과도 배치된다.

그렇지 않고 고유의 영토라면 국제법에 따라 계속 확인할 필요는 없다. 일본도 독도 외에 다른 영토에 대하여 비슷한 조치를 취하지 않았다. 이후 독도가 일본 토지대장에 관유지로 등재되고, 그 주변 해역에 대한 어업이 허가된 사실 등은 일본의 영유권을 증명하는 것이 될 수 없다. 시마네현에 편입되는 사정 자체는 독도가 한국의 고유 영토였고, 독도의 영유권이 국제법상 합법적으로 일본에 이전되지 않았다는 것을 시사해 주지만, 바로 이점에 대해서는 우리들이 보다 철저한 논거를 확보하면서 실증적으로 연구해야 할 부분이기도 하다.

이와 아울러 독도가 울릉도에 속한 도서라는 사실을 명백하게 제시하는 것이 중요하다. 지리상으로 볼 때 독도는 울릉도와 일본 오키섬의 중간에 위치하지만, 울릉도와의 거리는 49리이나 오키섬과는 80리나 떨어져 있다. 독도는 울릉도와 함께 일본 근해가 아닌, 울진에서부터 상호 왕래·항해하는데 편리하다. 섬과 해안의 양쪽 지명이 서로 혼용되거나 비슷하게 사용되는 사례를 흔히 찾을 수 있다. 울릉도와 독도의 여러 명칭은 울진에서 유래한 것임이 분명하다. 때문에 독도는 울릉도와 함께 울진과 연결되는 도해권(渡海圈)에 속해 있었다. 이러한 관계의 두 섬이기 때문에 본도인 울릉도가 한국 땅이라면 속도인 독도도 당연히 한국영토여야 한다.

독도에 대해서 아직은 일본의 항의와 우리나라의 반박이 계속되는 바와 같이, 문제를 제기하는데 불과하다. 본래 영토 분쟁은 국가의 자존과 권위는 물론 애국심과 연결되어 있어서, 서서히 시간을 두고 끈질기게 이어가는 습성을 가졌다. 또한 그것은 결과에 따라서 영토를 잃거나 얻는 상반된 모습으로 나타나기 마련이어서 초법적인 해결과 접근을 요구하기도 한다. 때문에 우리 영토인 독도에 대한 일본의 영유권 주장은 분명 억지이지만, 안일하게 대처하는 것은 바람직하지 않다. 그리하여 이참에 대마도 정벌에 관한 문제를 제기하자는 주장이 나오기도 한다. 물론 이러한 주장은 정곡을 잃은 것이라고 생각하지만, 영토 분쟁을 대하려는 자세를 되돌아보게 한다.

⑷ 영토문제 어떻게 풀 것인가

명백한 근거를 가졌음에도 불구하고 일본이 독도 영유권을 억지로 주장하고 있는 저의에 대해서도 철저하게 대비해야 한다. 협상으로 해결되지 않으면서 시간이 경과하면, 영토 분쟁은 골이 깊어지면서 점점 노골적으로 표면화되기 마련이다. 영토 분쟁은 절대로 양보할 수 없는 문제이다. 그러므로 독도가 우리 땅이라는 주장이나 그 논거는 아무리 강하게 주장해도 지나치게 보일 수 없다. 혹 외교상의 전략으로 독도 문제를 덮고 지나가려는 분위기가 있다면 이는 옳지 않다. 종래에 독도영유권에 대하여 문제를 크게 일으키지 않으려는 외무부와 다른 주무 부처와의 사이에 이견이 있기도 하였다. 1998년 11월 국민의 정부가 일본과 체결한 신어업협정은 이전의 한일 어업협정을 파기함으로써, 일본의 해양영토 확장전략에 떠밀려 EEZ의 상당 부분을 타당한 이유 없이 잃고 말았다.

신어업협정은 울릉도를 기점으로 EEZ을 설정하여 독도를 중간 수역에 배치함으로써, 사실상 그 영유권을 유보한 결과를 초래하였다. 앞으로 한일간의 어업협정은 독도의 영유권을 확보하려는 방향에서 반드시 재협상되어야 한다. 이와 함께 독도의 실효적 지배를 강화해야 한다. 물론 실효적 지배를 구체화시키는 데에 일본측의 반발이 따를 것임은 불을 보듯 분명하다. 그러한 반발은 가능한 외교 문제로 돌리면서 극복해야 될 과정에 지나지 않는다. 현재와 같이 군인이나 경찰이 지키는 것만으로는 부족하다. 이는 오히려 국토를 적극적으로 활용하려는 의사가 부족하기 때문에 문제성을 안고 있는 것이다.

실효적 지배를 주도적으로 강구하기 위해 주민들을 대거 이주시켜야 한다. 독도의 접안 시설을 늘리고 어업이나 관광 등 산업 시설을 확충해서, 주민들이 안락하게 거주할 수 있도록 편의 시설을 갖추어야 한다. 연안 해협의 지하자원에 이르기까지 독도를 적극 개발하려는 국토이용 방안을 마련할 필요가 있다. 자국 영토인 독도 내에서 행하는 바로 이런 활용 방도는 극히 당연한 것이다. 이런 면을 주저하면, 어쩌면 이는 독도의 영유권을 확보하지 못한 것으로 비쳐질 수 있다. 독도에 대한 일본의 억지 주장이 강하게 나타나면 날수록, 우리 영토를 이용할 당연할 권리를 보다 강하게 내세워야 한다.

이렇듯 독도문제는 양보할 수 없는 것이어서 강하게 주장해야 하겠지만, 한편 외교적으로 풀 수 있는 노력을 함께 경주하여야 한다. 이는 단시일에 해결하려는 강박관념에서 벗어나 장기적으로 영토문제를 대처하는 방안이기도 하다. 이제 민족이나 국가의 범주를 넘어서면서 동북아 문화공동체론을 구상하는 분위기의 성숙은 독도문제를 해결하는데 희망적으로 작용할 것이다. 동북아공동체를 구상하거나 동북아 개발은행을 설립하려는 논의가 진행되고 있음은 고무적이 아닐 수 없다. 동북아 문화공동체를 실현하기 위해서는 한국과 일본·중국 등이 평화와 번영이라는 공동의 안녕과 질서를 모색하여야 한다.

독도문제를 과연 이러한 시각에서 풀 수 있을 것인지는 쉽지 않는 문제로 남는다. 특히 현재 보수 우익세력이 일본 사회를 지탱하고 있는 분위기 속에서 독도문제의 해결은 대단히 어려운 것이다. 그들로부터 독도에 관한 잘못된 선입견에 대한 양보를 받아내기는 거의 불가능하다. 그러나 세태는 언젠가 변하기 마련이다. 아울러 지금까지 우리나라는 독도에 관해 현실적으로 또는 국제적으로도 유리한 위치에 있다. 동북아 문화공동체를 성립시키려고 하면서 독도문제를 분쟁지역으로 몰아가려는 일본의 전략보다는 평화와 공존을 모색하려는 우리의 주장이 보다 설득력을 얻어갈 것은 분명하다.

이제 독도문제는 실효지배를 강화하는 실익을 챙기면서도 한국과 일본의 영토분쟁이라는 인식에서 벗어나 인류의 평화와 공영을 추구하는 보편적인 문제로 시각을 돌려야 한다. 그러면서도 일본이 어쩌지 못하고 손을 떼게 하는 방도를 모색할 필요가 있다. 그러기 위해 우선 동북아 지역의 평화와 번영을 정착시키기 위해서는 청산되어야 할 일본의 제국주의 침략에 대한 문제를 포괄적으로 제시해야 한다. 즉 독도문제는 일본침략의 한 상징으로 남아있는 문제라는 점을 국제사회에 인식시키는 것이다. 아울러 종군위안부 문제나 제국주의 침입에 따른 만행 문제는 인권 유린으로 부각시킬 수 있기도 하다.

다음으로 독도문제가 동북아시아의 평화를 해치기보다는 공존의 상징으로 남도록 부각시켜야 한다. 왜냐하면 침략의 부산물인 독도문제를 풀지 않고 동북아의 평화 정착은 불가능한 것이기 때문이다. 일본은 유엔 안전보장이사회의 상임이사국 진출을 꿈꾸고 있다. 이웃 나라와 분쟁을 해결하지 않는다면 상임이사국으로 진출할 명분은 없어질 수밖에 없다. 독도문제에 대해 손을 떼는 등 평화적 해결 없이 일본의 상임이사국 진출을 허용하여서는 안 된다.

독도문제를 분쟁으로 몰아가려는 일본의 입장은 명분이 약한 것이다. 유리한 위치에 서 있는 우리는 독도의 실효지배를 강화하는 한편, 여유를 가지고 동북아의 평화 정착을 위한 인류의 정의를 실현해 가야 한다. 때문에 독도문제가 동북아역사재단의 한 부서 속에서 연구되는 것은 미흡한 면이 없지 않다. 오히려 독도문제 속에 동북아 문화를 광범하게 포괄하면서, 함께 번영하는 문화공동체를 성립시키기 위한 보편적인 연구방법을 개발하려는 정부기구가 마련되어야 할 것이다.

2008년, 12월

10) 일본문화의 개방

국민정부가 들어서면서 한국과 일본 간의 거리는 더욱 좁혀진 느낌을 준다. 김대중(金大中)대통령의 방일(訪日)이 있은 후 근래에는 오부치(小淵惠三) 일본 총리가 방한하였으며, 앞으로 일본 국왕의 방한도 이루어질 것이라 한다. 그런 과정에서 경제적으로 두 나라의 관계는 더욱 얽히게 되겠지만, 특별히 우리나라에 일본문화가 점차적으로 개방될 것이라 한다. 취임 직후 김대중대통령의 방일 당시에 일본문화의 개방은 물꼬를 튼 셈인데, 그 후 오부치총리의 방한으로 그것이 보다 본격화되는 계기가 되었고, 앞으로도 계속해서 확대될 것이라고 추측된다.

역사적으로 두 나라는 수많은 교섭을 겪으면서 오늘에 이르렀다. 일본은 삼국시대 신라의 동남 해변에 왜구를 출몰시키면서 한편으로 백제 유민을 받아들여 국력을 키워 가는 양면적인 모습을 보였고, 이후의 교섭에도 은연중에 그러한 태도를 견지하여 왔다. 이제 일본문화가 우리나라에 본격적으로 개방되는 시기를 맞아, 그것과 대항할 수 있는 우리 문화의 경쟁력을 생각하지 않을 수 없다.

우선 우리는 너무나 감정적으로 일본문화를 배척하였다. 거부하기에 앞서 일본문화에 대해 자세하게 이해할 필요가 있다. 일본에서는 한국의 역사나 문화를 전문으로 연구하는 인원이 많을 뿐만 아니라 그 연구 수준도 대단히 심화(深化)되었다. 반면 우리나라에서 일본의 역사나 문화를 연구하는 전문인(專門人)은 손꼽을 정도로 적고, 그 연구 수준도 초보 단계에 머물고 있다.

흔히 일본인의 사교적인 친절함 속에 감추어진 냉철한 판단력을 간과하기 싶다. 마냥 호의적이기만 했던 그들의 내심에 결코 양보하지 않는 독단(獨斷)을 감추고 있음을 발견한 우리는 일면 당혹하고, 한편으로 그들의 의리를 의심하면서 곧 자만에 빠지기도 한다. 바로 이러한 점에 일본인을 바라보는 우리들의 편견이 있음을 알아야 한다. 그들의 의례적인 친절함은 불필요한 마찰을 없애려는 데에 불과한 것이다. 그것을 진지하게 바라보려는 우리들의 오해는 불식되어야 한다. 그들은 내면에 얼음 같은 판별력(判別力)을 숨기고 있다. 이러한 일본인들의 진면목을 직시해야 한다.

우리는 일본문화를 축소 지향적이라고 얕잡아 보기도 한다. 극히 작은 하나를 이해하고 해결하기 위해 평생을 바쳐 연구한다. 그렇지만 일생을 통해 그것이 만족하게 밝혀지지 못했을 경우, 그 작업은 후손이나 후학들에 의해 계승된다. 일본문화는 평생을 걸면서, 개중에는 대를 이어 연구한 극히 작은 수많은 것들이 모여 이룩되었다.

이렇듯 일본문화를 키워 온 것은 실증적(實證的)인 관학(官學)아카데미즘이다. 그것은 철저하게 자료를 수집·정리하여, 대조·분석하는 연구 풍토 속에 이루어졌다. 그런데 이러한 실증적인 학문연구 방법이 우리나라에서는 홀시되었고, 일본문화의 잔재라는 의식에서 배척되었다. 그리하여 우리나라의 학문연구는 다분히 이념과 의식을 앞세우는 경향을 지녀 갔다.

의식의 변화에 따라 연구 방법과 결과는 달라야 된다고 주장한다. 사회의식은 변화되기 마련이고, 그때마다 학문연구는 다시 새롭게 시작할 수밖에 없다. 학문연구의 혼란과 제자리걸음은 자연 사회의 불안으로 이어져 왔다. 바람처럼 흘러가는 유행에 관계없이 폭풍우가 휘몰아쳐 와도 까닥하지 않는 자기만의 전문 영역을 확보하고, 그 내에서는 어느 누구보다도 앞서가는 전문인들이 사회의 모든 부분에 포진하고 있을 때, 문화는 축적되고 오히려 사회는 안정되어 갈 것이다.

우리 문화는 사실적인 일본이나 경험을 앞세우는 중국 등 주변국의 문화에 비해 장점을 지니고 있다. 원칙을 중시하고 전체를 관조(觀照)하면서, 서로 다른 논리를 통합하려는 경향이 곧 그것이다. 그렇지만 오늘날 우리 문화 속에는 전체를 통관(通觀)한다는 미명 아래, 대충 처리하고 넘어가려는 요령주의가 팽배해 있기도 하다. 이제 일본문화가 개방되는 때를 맞아 전체를 조화할 수 있는 우리 문화의 장점을 살리면서, 축소 지향적으로 전문화하는 일본문화를 철저하게 이해하여 흡수하는 한편, 그것을 극복하는 방향을 모색해야 한다.

국민대학보, 1994년 4월 12일

11) 대한민국 건국60주년에 생각되는 이승만

2008년은 대한민국 건국 60주년이 되는 해이다. 국민정부와 참여정부가 들어서면서 건국 대통령 이승만(李承晚)은 부당하게 평가를 받아왔다. 그럼으로써 대한민국의 정통성을 부인하려는 것이다. 지금 이화장(梨花莊)은 찾는 이가 거의 없어 대문에 자물쇠가 채워져 있다. 10만원권 화폐의 인물로 김구보다도 더 적합하다는 여론조사가 있었음에도 불구하고, 이승만은 탈락되는 수모를 겪었다. 사실 이승만처럼 평가가 극과 극으로 갈리는 인물도 드물다. 그 이유는 민족의 독립을 위해 눈비를 맞으며, 이 역만리를 떠돌던 각고의 반평생 세월과 대한민국 건국 이후의 공과가 선명하게 엇갈리기 때문이다.

4·19혁명으로 물러나기까지 독재 체제의 구축으로 인한 오명 때문에 흔히 대한민국의 건국을 부정하려는 태도는 바람직하지 않다. 더욱이 남한의 단독 정부 수립을 강행함으로써 통일 조국을 이루지 못한 책임을 이승만에게 떠맡기는 시각은 옳지 않다. 이미 북한의 단독 정부 수립을 철저하게 준비해 온 김일성(金日成)은 대한민국의 건국을 기다리기나 한 듯이 곧바로 조선민주주의 인민공화국의 건국을 선포하였다. 이러한 정세 속에서 남북 통일정부의 수립 방안은 현실성을 잃은 것이다. 평양에서 열린 전조선 정당사회단체 대표자연석회의는 단순히 선전적인 것이어서 실패할 수밖에 없었다.

대한민국의 건국을 상해(上海)의 임시정부가 건국된 1919년으로 올려잡아야 한다고 주장함으로써, 현실적으로 건국 60주년행사를 부정하거나 거부하려는 움직임이 일고 있다. 최근 대한민국의 정체성을 둘러싼 극한적인 이념의 대립은 다분히 현재의 정치적 의도를 관철시키려는 목적을 지닌 것이다. 더욱이 이를 마치 미국 남북전쟁 당시 남부와 북부 주민의 피해 의식과 같은 정도로 심각한 것이라고 설명한다. 즉 피해 의식을 가진 후인들의 한풀이쯤으로 생각한다. 그런데 과연 광복을 전후한 세대들의 피해 의식과 한이 미국 남부와 북부 주민의 사례와 같을 수 있겠는가? 어쩌면 이는 오늘날에 와서 훨씬 심각하게 부풀어진 느낌을 준다.

독립운동가로서의 이승만은 김구와 더불어 누구를 더 낫다고 하겠는가? 그들의 독립운동 노선은 분명히 달랐지만, 어느 쪽을 반드시 옳은 것이라고 판단하기에는 어려움이 따른다. 그런데 김구를 절대적으로 좋게 평가하는 반면 이승만에 대해서는 독립운동을 한 것인가라고 반문하기도 한다. 광복후 60여년이 흘러간 지금에 김구의 사활을 건 무장투쟁은 아무리 과소평가하려고 해도 낮게 평가할 수 없을 만큼 중요하다. 그렇지만 국제 정세를 분석하여 여론에 호소하는 이승만의 외교를 통한 냉철한 독립운동이 없었다면, 당시의 국제여론이 테러 집단으로 인식했던 강경론자의 노력만으로 과연 순조로운 광복이 가능한 것인지를 반문해 볼 필요가 있다. 신탁통치안은 바로 이런 면을 생각하게 한다.

우리들은 광복 이후의 복잡한 국제 정세 속에서 대한민국이 탄생하기까지의 산고(産苦)나, 그런 과정에 이승만이 기울인 외교적 역량에 대해 너무 무관심하였다. 이승만이 아니었다면 건국 자체가 어렵고, 많이 늦어졌을지도 모를 일이다. 1948년부터 1960년에 이르는 통치 기간에 드리운 명암은 그가 세운 대한민국이 처절하도록 험난한 길을 걸어왔음을 반증해 준다. 이제 다소 넉넉한 마음으로 이승만을 정당하게 바라볼 때가 되었다. 그의 허물은 민주화로 향한 교훈으로 남겠지만, 그의 업적은 산업화와 정보화를 달성하면서 세계화로 나아가는 초석을 놓은 셈이다.

2008년 7월

12) 우리민족의 저력을 믿는다.

(1) 중국문화권과의 공존

한국고대사를 공부하면서, 새삼 우리민족의 저력을 생각할 때가 많다. 기원전 3세기경을 전후하여 중국민족이 팽창하는 과정에서 새외(塞外)민족으로 망하지 않는 경우는 거의 없다. 중국을 통일한 진(秦)나라에 이어 한(漢)나라가 주위의 변방 민족을 정복하고는 마침내 고조선(古朝鮮)을 침범하였다. 우리민족도 일단 당시 중국민족의 팽창 과정에 휘말려 패퇴할 수밖에 없었다. 낙랑(樂浪)이나 대방(帶方) 등 한군현(漢郡縣)의 설치는 이러한 사정을 알려주기에 충분하다. 그러나 주위의 다른 민족과는 달리 다시 중국민족과 투쟁을 전개하면서 삼국을 정립하고, 이어 통일 국가를 이루면서 민족문화를 성립시켜 오늘에까지 전승시키고 있다. 이러한 민족의 저력은 이미 상고대에서부터 길러져 문화의 전통으로 이어지고 있다.

중국사는 크게 보아 중국민족과 북방 민족의 투쟁사라고 정의해도 과언이 아니다. 그런 면에서 우리민족은 중국민족과 분리되겠지만, 그렇다고 북방의 새외민족과 완전히 이해를 같이하고 있었던 것은 아니다. 중국문화권은 중국민족과 북방 민족이 어우러져 형성되었고, 두 민족이 서로 교차해서 중원을 지배하였다. 중국문화권 내의 민족 세력이 교차되는 시기에, 중원을 차지하려는 민족은 반드시 우리민족을 침략하여 후환을 없애고자 하였다. 이렇듯 한국사는 중국문화권과는 마치 톱니바퀴처럼 얽혀서 전개되었고, 중국사에서 신구의 두 세력이 교체되는 파동이 칠 때마다, 뒤따라 일어나는 숱한 이민족의 침입을 극복해야 하는 과제를 떠안고 있었다.

중국문화권과 밀착되어 있으면서도 독립된 문화권을 뚜렷하게 형성시킨 것은 통일신라 이후 민족문화가 성립되면서부터였다. 우리민족은 북방 민족이나 중국민족과 투쟁하거나 연합하기도 하고, 또는 그들을 상호 견제하는 등의 교섭과정을 거치면서 삼국통일의 위업을 이루었다. 우리 민족은 중국민족이나 북방 민족의 문화를 모두 수용함으로써 독자의 세련된 민족문화를 성립시켰다. 남북조시대가 되면 중국문화권 내에 지역 중심의 천하관(天下觀)이 등장하였고, 이는 우리민족도 자신의 천하관을 갖게 하였다. 한편으로 동북아의 국제 질서 속에서 스스로의 위치를 확보해 가려는 외교 전술을 아울러 구사하였다. 그리하여 이러한 외교방책은 민족과 문화를 보존하는 수단이 되어, 민족문화를 중국문화권과 밀착하여 전개시키면서도 한편으로 구별하면서 공존하게 만들었다.

(2) 민족문화 전통의 전승

막상 민족과 문화를 오늘날에까지 전승시키는 전통이 무엇인가를 지적하는 것은 쉽지 않다. 민족문화를 처음으로 성립시킨 통일신라 문화의 성격은 민족문화의 전통으로 이어질 수 있다. 고구려와 백제 및 신라의 삼국문화는 각각 독특한 특성을 가졌지만, 모두 통합되어 통일신라시대에 민족문화로 성립되었다. 즉 처음으로 성립되는 민족문화의 성격은 삼국문화를 통합하려는 성격을 가졌다. 민족문화를 성립시키는데 불교는 지대한 공헌을 끼쳤고, 그 외에도 유학사상이나 도교 혹은 선교(仙敎) 등도 능동적으로 작용하였다.

삼국문화를 통합하면서 성립된 민족문화는 융섭적(融攝的)이고 실천적인 성격을 가졌다. 원효와 의상은 불교사상의 철학 체계를 성립시키는데 절대적으로 기여하였다. 그런데 이들의 사상이 융섭적인 성격을 띠었을 뿐만 아니라 대중화를 추구하면서 실천 수행적 경향을 가졌다. 통일신라 이후 합리적 정치사상을 성립시키는데 작용한 유학사상도 『예기(禮記)』와 『효경(孝經)』을 강조하는 등 실천 수행을 내세웠다. 뿐만 아니라 도교는 물론 신라하대에 성행한 선종사상도 은둔적 성격을 가진 것이라기보다는, 일상에서 나무하고 밥 짓는 것을 강조하는 실천 수행적 성격을 가졌다. 후삼국으로 나뉘었던 사회가 다시 통합되면서 민족문화의 융섭적이고 실천 수행적 성격은 보다 더 분명하게 나타났다.

고려초기의 불교계에는 교종 내부의 성종(性宗)과 상종(相宗)의 교리를 통합하면서 교종과 선종을 융합하려는 사상경향이 나타났으며, 아울러 불교사상 내에 유학사상은 물론 도교사상과의 통합을 시도하려는 경향이 등장하였다. 그리하여 조선중기에 이르면 『삼교귀감(三敎龜鑑)』을 저술하면서, 불교와 유교사상은 물론이거니와 도교사상까지를 아우르려는 사상을 정립시켰다. 특히 불교뿐만 아니라 유교의 실천윤리가 강조됨으로써, 활선(活禪)의 등장은 일상생활 속에서 선(禪)을 추구하는 극히 현실적인 실천윤리를 이끌어내었다. 즉 밭을 갈거나 글씨를 쓰는 속에서도 열중하다 보면, 선의 경지에 이를 수 있다고 한다. 그리하여 뒤에 들어오는 어떤 종교도 순수 교리에 빠지기보다는 사회 속에서 신앙을 얻으려는 실천적 성격을 가졌다.

융섭과 실천을 중시하다보니 우리의 민족문화는 원칙을 중시하는 특성을 지녔다. 이 점은 경험을 중시하여 사실적인 성격을 갖는 중국문화와 다른 면이다. 통합되기 위해 사실적인 개별 존재가치는 무의미해 질 수밖에 없다. 때문에 원칙적인 하나를 중시하고 그것에 비추어 사유함으로써, 나머지는 하나 속에 통합을 이루게 한다. 우리민족은 절충과 회통(會通), 화합과 조화를 이루면서 원칙을 중시하는 실천적 문화를 이루었다. 일제 강점기에는 이러한 문화 전통이 단절되는 아픔을 맛보기도 했지만, 광복 이후에는 민족의 저력으로 되살아나 도도한 물결을 이루고 있다. 전통 문화의 단절을 경험하면서 우리 사회의 곳곳에는 소통이 막혀 극한으로 치닫는 파당 싸움을 만들어내었지만, 전통의 회복과 창달은 종국적으로 현실 사회의 아픔을 치유할 것으로 기대해 본다.

⑶ 민족정기의 계승

　우리민족처럼 처음 청동기문화를 기반으로 하여 지금에 이르기까지 존속하면서 민족문화를 전승시킨 사례를 지구상에서 쉽게 찾아보기는 어렵다. 하물며 우리민족은 숱한 이민족의 침입을 받아 처절한 침략전쟁을 겪으면서도, 오늘날과 같은 번성한 문화유산을 물러 받을 수 있었던 데에 민족의 저력을 생각하지 않을 수 없다. 그런데 민족문화의 전통을 계승시키면서 앞으로의 문화 창달을 이끌어내는 민족정기가 무엇인가를 지적하는 것은 다소 막연하게 보일지라도 퍽 중요한 일이 아닐 수 없다.

　바로 이런 면은 일제강점기에 민족주의 사학자들이 '아(我)' 또는 정신·얼·혼(魂) 등으로 표현한 것인데, 이는 너무 추상적인 관념에 치우친 것이어서 보다 구체적으로 지적할 필요가 있다. 또한 아(我)의 강조는 상대적으로 비아(非我)를 배격함으로써 국수주의에 빠져, 세계문화의 조류로부터 고립을 자초하기도 했다. 실증사학에서도 민족정기를 추구하려는 작업은 관심의 대상이 되었다. 이병도(李丙燾)는 우리민족이 일찍부터 농경문화를 정착시키면서, 평화를 사랑하고 협동 정신을 길러왔다고 하였다. 그리하여 전통적인 협동정신을 오늘날의 지도이념으로 살려나가야 한다고 강조하였다(『국사와 지도이념』, 110쪽).

　통합과 실천을 추구하는 문화 전통은 오늘날에까지 우리 역사의 버팀목이 되어, 민족의 저력을 생각하게 하는 여러 문화 양상을 낳았다. 민족과 문화를 유지시키게 한 민족정기로 연결될 수 있는 것을 들면 대체로 다음과 같다. 첫째 우리민족은 이상과 현실을 적절하게 조화시켜왔다. 보다 나은 사회를 갈망하기 위해서는 늘 이상을 추구하였다. 이는 바로 현실 사회의 개혁으로 이어지는 것이기 때문에, 우리 사회에 신선한 충격의 바람을 불러일으키게도 하지만 한편으로 혼란을 자초하기도 한다. 그러나 우리민족은 현실을 직시한 속에 이상을 추구하였고, 그로 인한 사회의 혼란을 애써 드러내지 않았다.

혼란을 잠재운 속에 진취적인 이상을 추구하면서 새로운 사회와 문화를 창달하려고 하였다. 혼란으로 인해 사회가 와해될 가능성이 있다면, 비판적인 사회 개혁은 물밑 깊은 곳에 감춘 채 이상을 추구할 수밖에 없었다. 반면 민족문화가 축적되고 안정된 사회 체제가 정립되면, 우리문화에 대해서도 비판적인 안목으로 바라보면서 새로운 사회를 구축하기 위한 개혁을 강하게 추진하였다. 이렇듯 우리민족은 진취와 보수의 조화를 추구하면서 통합과 협동을 모색하여 왔다. 사회가 다변화되다 보면 그에 따른 집단의 이익이 상충되고 갈등이 표면화되기 마련이지만, 우리민족은 이를 통합하면서 공동의 번영을 설정하고 질서를 회복하여 왔다.

둘째 우리민족은 평화를 선호하면서도 이민족의 침략에 대해서는 강경하게 항쟁하였다. 말하자면 주위의 다른 민족과의 사이에 평화와 함께 항쟁을 적절하게 구사하면서, 우리민족은 문화 전통을 계승시키는 힘을 길러 왔다. 그러기 위해 일찍부터 문무를 겸비한 지혜를 가졌다. 한국사에서 문반과 무반이 나뉘는 것은 고려시대에서 부터이고, 그 이전시대의 고급 귀족관료들은 학문과 무예를 모두 갖추었다. 삼국이 서로 쟁패를 다투는 시기에는 전장(戰場)에서 물러서지 않도록 무용(武勇)이 강조되었지만, 통일신라시대에는 화랑도의 칼 대신에 붓을 들게 함으로써 귀족문화가 난숙해졌다. 그리하여 외교상의 담판이나 또는 무력 대응으로 이민족의 침입을 물리쳤다. 한편으로 야만적인 무력에는 대장경을 편찬하는 등, 문화민족으로써의 자긍심을 내세워 민족의 장래를 멀리 내다보면서 이를 극복하고자 하였다.

셋째 우리민족은 문화 전통을 고수하면서도 그 변용을 슬기롭게 모색하여 왔다. 선사시대에 무교(巫敎)문화로 시작한 민족문화는 불교를 받아들여 철학 체계를 성립시켰고, 다시 도교나 유학 또는 근대의 천주교나 기독교를 받아들이면서 문화역량(文化力量)을 넓혀왔다. 이렇듯 민족문화는 외래문화를 받아들여 수용함으로써 새로운 문화의 창달을 가능하게 하였다. 오늘날 민족문화의 역량이 방대하게 전승되는 요인은 외래문화를 변용하여 우리문화로 수용한 데에서 찾을 수 있다. 우리의 민족문화 전통을 근본으로 하고 외래문화를 기용(器用)으로 변용하여 수용하려는 것이다. 이는 개화기 때의 중체서용(中體西用)을 잇는 것으로, 내도외기(內道外器) 또는 한혼양백(韓魂洋魄)이라고 부를 수 있다. 앞으로도 이러한 정신적 기저 위에 끊임없이 외래문화를 수용하는 것이 중요하다.

한국사회는 근대에 일제강점기를 거치면서 민족문화의 전통이 단절되는 아픔을 경험하였다. 조화와 통합이 무시되고 이념의 벽은 높아만 갔으며, 투쟁과 갈등이 증폭되었다. 그러나 비록 오랜 시간이 걸리겠지만 민족문화 전통은 되살아날 것이며, 언젠가는 우리 사회의 이익 공동체들이 모두 국가나 민족은 물론 세계와 더불어 살아가야 할 동반자가 될 것이다. 민족문화 전통의 회복은 우리 사회 내부의 질곡과 갈등을 넘어서서, 인류와 함께 나아가는 공영(共榮)을 추구해야 한다. 그런 면에서 광복 이후 오늘에 이르는 혼란은 멀지 않아 정리될 것이며, 민족문화 전통을 근본으로 삼아 외래문화를 수용함으로써 새로운 민족문화의 창달을 가능하게 할 것이다.

2009년 1월

연구생활의 주변에서

1. 대학 · 생활

1) T교수의 건망증

내가 존경하는 분 중에는 T교수가 있다. 그는 평소 건망증이 심하다. 늘 얼굴을 대하는 학생이라 같이 생활하다 보면 낯익을 만도 한데, T교수는 그들을 처음 보는 사람처럼 대한다. 어느 날 T교수는 태도가 거슬렸는지, 졸업을 앞둔 박군을 몹시 꾸짖었다. 우연히도 다음 날 박군은 취직 문제로 T교수의 추천서를 받아야만 했다. 걱정하며 찾아간 박군에게, T교수는 어제 일을 까마득하게 잊은 듯 선뜻 추천서에 도장을 찍어주었다.

강단에 서서 학생들과 접촉해 오는 동안, 나는 가끔 대학교육의 방향을 생각해 왔다. 대학교육은 양면성을 지닌다. 우선 교육이라는 면에서 하향적(下向的) 성격을 갖기 때문에 엄격한 틀 속의 지도를 요구한다. 반면 중등교육에 비해 학생들이 스스로를 개발하고 자기를 완성시켜 가는 면을 강조해야 한다. 이러한 두 교육 방법에는 모두 장단점이 있다. 전자의 경우 학생들은 일정한 수준에 빨리 도달하나 어려움에 부딪히면 쉽게 주저 않는다. 후자의 경우 일정한 수준에 도달하기까지에는 늦더라도, 문제를 스스로 해결해 나갈 수 있는 추진력을 갖는다.

현대 사회가 전문화하여 세분되면서, 학생들은 대학교육을 통해 다량의 전문지식을 습득하기 위해 전산화되는 느낌마저 없지 않다. 실험대학의 시행 이후 그들은 꽉 짜여 규격화된 교과과정에 너무나 익숙해졌다. 대학교육에서 후자의 면이 점점 홀시되어 가는 요즈음, T교수의 건망증에 대한 의미를 되새겨 볼 가치가 있다.

T교수는 건망증 속에 학생들로부터 받을 수 있는 사소한 선입견을 묻어버리고, 영원한 스승으로서의 자세를 견지하였다. 사실 그들은 아직도 성장하는 과정에 있기 때문에 시행착오를 거치기 마련이다. T교수는 그들을 편견으로 대하지 않으려 했다. 마치 자신은 거울이 되어 반영된 모습을 비쳐주고는 곧 지워버리는 것이다. 건망증 속에는 학생들에게 일정한 틀의 인간형을 강조하지 않으려는 T교수의 교육관이 담겨진 셈이다. 너희들은 굴레 벗은 말이 되어, 대평원에서 마음껏 풀을 뜯으라고 마음으로 염원했으리라.

그러나 언제나 가르치려는 열의를 버리지 않았듯이. T교수에게 보다 큰 건망증은 존재하지 않았다. 대학은 무한히 다양한 개성을 키워주는 곳이겠지만, 일면 수없이 많은 개성을 포용하는 한량없는 그릇이 되어야 하리라.

국민대학보, 1982년, 5월 17일

2) 삼가 효산 송찬식선생을 보내면서

그 동안 가족·동료 교수는 물론, 학생들이나 친지(親知)·선배·동문(同門)들의 정성어린 간호에도 불구하고 효산(曉山) 송찬식(宋贊植)선생이 세상을 떠났습니다. 옛 선인(先人)들의 생활담을 구수하게 들려주시던 모습을 이제는 다시 볼 수 없게 되었습니다. 금년 초에 은사님께 세배를 같이 가면서 몸이 으슬으슬하게 느껴진다는 말이 영 마음에 걸렸습니다. 과연 얼마 지나지 않아 병상(病床)에 누웠고, 그 뒤 병문안을 갔을 때 불길한 예감이 들더니, 지금은 기어이 유명(幽明)을 달리하게 되었습니다. 결코 치유되기 어려운 병인 것을 알면서도 "대장부가 뜻을 한번 펴보지도 못하고 죽을 수가 있겠는가"라고 하면서, 오히려 태연하게 투병(鬪病)해 왔습니다.

내가 송찬식선생과 인연을 맺게 된 것은 서울대 대학원에서 석사학위 논문을 준비할 때에 난해한 비문 해석의 도움을 받으면서 부터였습니다. 그 후 나는 광주(光州) 생활을 통하여 이런 저런 어려움을 겪고 있을 때에 붓글씨로 또박 또박 써서 부쳐주신 한문체(漢文體)의 편지를 대단히 고맙게 받았고, 지금도 고이 간직하고 있습니다. 국민대학으로 직장을 옮기게 된 나는 먼저 와 몸담고 계시던 송찬식선생과는 직장 동료가 되었습니다.

송찬식선생은 국민대학 국사학과에 없어서는 안될 존재였습니다. 국사학과는 창설되면서 허선도(許善道)선생이 부임해 온 이래 십여(十餘) 성상(星霜)이 지났습니다. 그 동안 많은 졸업생을 배출하여 그들이 사회의 각계각층에서 중요하게 활동하고 있습니다. 송찬식선생 역시 8여 년간 재직하면서 주로 대학원생들의 논문 지도를 담당하는데 정열을 기울여 왔습니다. 그들 중에는 결실을 맺은 분들도 있지만 이제 한참 개화기(開花期)를 맞았습니다. 비록 몸은 가셨지만 남기신 뜻은 그들 마음속에서 만개할 것입니다.

송찬식선생은 제자들에게 역사를 연구하는 방법으로 충분히 자료를 섭렵한 후에 논술해 갈 것을 강조하셨습니다. 그러기 위해 원사료(原史料)를 광범하게 읽어야 하며, 특수 자료를 분석하기 이전에 연대기(年代記) 자료를 철저하게 참고해야 한다는 것이 평소의 지론이었습니다. 이러한 학풍은 이념으로 역사를 서술할 수 있다고 생각하는 한국 사학계의 일부 유행병적인 풍조에 대해 건전한 경각심을 일깨워 주었습니다.

송찬식선생이 돌아가신 이후 이런 일을 누가 담당해야 되겠습니까? 이미 이런 면은 국민대 국사학과의 학풍으로 정착되어 왔지만, 앞으로 더 계승시켜 나가야만이 선생의 학덕(學德)을 기리는 길이 될 것입니다.

조선후기의 사회경제사 및 사상사라면 누구나 언뜻 송찬식선생을 떠올립니다. 한국 주리파(主理派) 유학(儒學)의 정통을 이어 왔다고 생각되는 중재(重齋) 김황(金榥)선생의 문하에서 어릴 때부터 한학(漢學)과 유학에 대한 해박한 소양을 기르셨고 아울러 근대의 신학문에 접함으로써, 송찬식선생은 한국 전통사회를 새로운 감각으로 이해할 수 있었습니다. 조선후기 사회에 대한 가장 기본적인 자료이면서도 워낙 분량이 많아 감히 읽을 엄두를 내지 못하는 『승정원일기』를 완전히 독파하여, 그 중 필요한 자료를 뽑아 정리한 카드만도 만여 장에 이르고 있습니다. 그 외 조선후기 유학자의 문집들을 거의 섭렵하였습니다. 그가 발췌한 그 많은 자료 중 일부가 정리되어 『조선후기 수공업에 관한 연구』(서울대출판부, 1973)와 『이조(李朝)의 화폐』(한국일보사, 1975) 등의 단행본으로 출간되었습니다.

송찬식선생이 남긴 업적은 국사학계에 너무나 뚜렷합니다. 「조선후기 농업에 있어서의 광작(廣作)운동」(1970)이라는 단 한편의 논문에서 실체를 밝힌 광작(廣作)농민은 국사개설서의 소목차로 설정될 정도로 조선후기의 사회 변동을 이해하는데 소중한 것이었습니다.

평소 송찬식선생은 시비가 분명하면서도 또한 세상살이에 초연하였습니다. 그래서 주위의 동료들에게 물정에 어둡다는 인상을 주기도 했습니다. 일례를 든다면 연말정산서에 공제액 부분을 전혀 기록하지 않을 정도입니다. 아마 속된 일을 일일이 기억하려 들지 않았던 듯했습니다. 또한 송찬식선생은 호방(豪放)하면서도 모나지 않는 성격을 지녔습니다. 충북대학에 재직할 때에는 술과 벗하면서 학문을 담론했다고 하며, 겉보기와는 달리 항상 따뜻한 마음을 지녔습니다.

그렇기 때문에 진실로 송찬식선생을 생각해 주는 분이 주위에 많이 있었습니다. 많은 재주를 가지고 이를 충분히 써 보지도 못한 채 끝내 저 세상으로 가셨습니다. 그러나 송찬식선생이 남기신 학덕은 국민대 국사학과의 동료 교수와 제자들이 길이 이어갈 것을 이 자리를 빌려 크게 다짐합니다. 생전의 모습 아직도 완연합니다. 부디 고이 잠드십시오.

국민대학보, 1984년, 5월 11일

3) 조선후기 사회경제의 실상에 대한 접근

송찬식, 『朝鮮後期 社會經濟史의 硏究』(일조각)의 서평

(1) 박학강기(博學强記) 속에 핀 실증적 접근

송찬식의 유저(遺著)인 『조선후기 사회경제사의 연구』가 그가 타계한 지 거의 13년 만에 출간되었다. 늦은 감이 없지 않으나 참으로 다행스러우며, 역사학계에 큰 보탬이 되리라 생각한다. 1984년 5월에 송찬식이 세상을 떠나자, 국민대학교 국사학과의 동료 교수와 제자들이 선생의 저작과 유품을 정리하였다. 그 이듬해에 그의 걸어온 길과 학문 활동을 정리하여 『한국학논총』 제7집인 효산송찬식교수추도호(曉山宋贊植敎授追悼號)에 실었다. 이 때 모아진 선생의 연구 업적을 간행하려 했지만, 여러 사정으로 책의 출간이 늦어지게 되었다.

유저의 간행이 어언 그의 10주기를 넘기게 되자, 그것의 빠른 출간을 위해 유고를 전산 편집하여 출판사에 넘기도록 하였다. 이 과정에서 생전에 그와 가까웠던 동료 교수나 선후배들이 물질뿐만 아니라 여러 가지 도움을 주었고, 국민대학교 국사학과와 동(同) 대학원의 재학생 및 그의 문하 제자들이 유고의 전산화 작업을 담당하였다. 평소 고인을 아끼시던 이

기백(李基白)이 본서의 출간을 주선해 주셨고, 고령으로 건강이 좋지 않으셨는데도 한우근(韓㳓劤)이 서문을 써 주셨다.

송찬식은 온후하면서도 추상같아 시비가 분명하였으며, 세상사의 영욕에서 초연하였다. 그의 학문하는 자세에 대해서는 본서의 서문에서 "사가(史家)로서 효산(曉山)의 장처(長處)가 저 호한(浩瀚)한 승정원일기를 소설 읽듯이 통독했다는 일화에서 보듯이, 고금의 사서와 공사의 문적을 두루 살핌에서 얻은 박학강기에 있다고 함은 사계(斯界)에 이미 잘 알려져 있는 일이다. 그리고 박학만큼 잘 드러나지 않았으나 효산에게는 다소 고어투(古語套)의 색조를 지닌 채 도도한 문장을 엮어 내는 문재(文才)와 더불어, 사실을 체계적·조직적으로 추연(推衍)·기술하여 역사로 재구성하는 뛰어난 재지(才智)가 있었다"라고 하였다.

한국 주리파 유학의 정통을 이어왔다고 생각되는 중재(重齋) 김황(金愰)의 문하에서 어릴 때부터 한학과 유학에 대한 해박한 소양을 길렀고 아울러 근대의 신학문에 접함으로써, 송찬식은 우리나라 전통 사회에 대한 호흡을 몸으로 느끼며 자라왔고, 이는 새로운 감각으로 전통문화를 이해할 수 있게 하였다. 충분한 자료를 섭렵한 연후에 확실한 역사적 개별 사실을 충실하게 설정하여 논술해 갈 것을 강조하면서, 역사 연구방법으로 실증적 태도를 견지하였다. 또한 특수 자료를 다루기 이전에 연대기 자료를 철저하게 검토하였다. 이러한 연구 태도는 우리 학계의 일부에서 일고 있는, 이념만으로 역사를 연구하려는 경향에 대해 질정을 가하면서 경각심을 일깨워 주었다.

(2) 조선후기 사회경제에 대한 실상의 부각

조선후기 사회경제사 내지 사상사라고 하면 의례히 송찬식을 떠올리게 한다. 이 책은 송찬식이 생전에 여러 학술지에 발표한 논문들을 수집하여 다음과 같이 크게 세 장(章)으로 분류하였다.

財政과 農業
商業과 手工業
社會와 思想

　다만 이 책에 실린 「조선후기 농업사 연구에 대해서」와 「조선후기 상업사 연구에 대해서」는 설림(說林)이나 서평(書評)에 불과하지만, 학설사적(學說史的)으로 대단한 의미를 가지는 것이다.

　이 책에서는 화폐 등 재정 문제와 상업 및 수공업 문제가 주로 다루어졌다. 그리하여 상업 자본의 수공업 지배나 관청(官廳) 수공업의 민영화(民營化) 과정, 삼남방물지공(三南方物紙貢), 현방(縣房) 등을 분석하였다. 그러한 연구를 통해 구체적으로 실체를 드러낸 상인물주(商人物主)나 분원(分院)·공인(貢人) 등은 모두 조선후기 사회경제사를 규명하는데 대단히 중요한 것이다.

　이 책에 실린 「조선후기 농업에 있어서의 광작(廣作)운동」과 「조선조 사림정치의 권력구조」의 두 논문 제목은 국내 학계의 비중있는 국사 개설서에서 단원(單元)의 이름으로 반영되었다. 곧 이기백이 지은 『한국사신론』(1990, 新修初版, 일조각)의 제10장 「사림세력의 등장」, 제11장 「광작농민과 도매상인의 성립」이 그것이다. 이것만 보아도 이 책이 조선후기사를 연구하는데 얼마나 많이 기여하였는가를 알 수 있다.

　대체로 한 편의 논문이 작성되어 그 내용이 개설서의 한 두 구절만이라도 보충하거나 수정할 수 있으면, 이는 성공적으로 쓰인 것이라고 할 수 있다. 그런데 송찬식의 논문은 국사 개설서의 장명(章名)으로 채택되었다. 또한 「족보」나 「조선후기 교원생고(校院生考)」, 그 외의 성호(星湖)·연암(燕巖)·한주(寒洲)의 사상 관계 논문들도 모두 조선후기의 생동하는 사회의 모습을 정확히 이해한 기반 위에서 작성된 것이다.

　평소 이기백은 "송찬식교수의 논문이 『한국사신론』의 단원이나 소단원의 이름으로 더 반영될 수 있었는데"라고 말한 적이 있다. 모르긴 하되 이 말은 한국사 개설서 속에서 개인의 논문이 너무 많이 배정되는 염려에서, 송찬식의 논문이 다소 소홀히 다루어진 아쉬움을 표현하신 것으로 생각된다. 이 책에 실리지 않은 송찬식의 해제(解題)나 평론(評論)·수필 등에 속한 저술이 상당량에 이르고 있다. 멀지 않은 시기에 이러한 저술도 묶여져서 출간되기를 빈다.

교수신문, 1997년 4월 15일

4) 국민대학교 교직원 소장 도예전

국민대학교 박물관은 비록 짧은 연륜이지만, 장족의 발전을 거듭하면서, 이제는 알찬 내실을 꾀할 때가 되었다고 생각합니다. 전시실과 유물들이 제법 갖추어졌습니다. 개교(開校) 45주년을 맞게 되어 그 기념사업의 일환으로 교직원(敎職員)들이 소장한 도자기를 전시하는 제3회 특별기획전(特別企劃展)을 열었습니다.

국민대학교 박물관은 전통문화에 대한 교육과 아울러 문화를 보존하기 위해 노력하면서 교육적인 다양한 자료를 수집, 정리해 왔습니다. 아울러 민족문화의 창조에도 기여해야 되리라 생각합니다. 문화가 창조되기 위해 민족문화의 전통과 최근의 새로운 문화 경향이 잘 어우러지는 과정을 거쳐야 할 것입니다. 이번 도예전(陶藝展)은 그런 뜻에서 전통과 현대의 조화라는 면으로 의의를 찾을 수 있겠습니다.

특히 본교는 공예미술학과(工藝美術學科)가 왕성하게 작품 활동을 하고 있어서, 교직원 소장 도예전은 민족문화의 창달(暢達)을 가능하게 할 것입니다. 동시에 우리 문화재에 대한 관심과 애착을 가질 수 있게 할 것입니다. 국민대학교 박물관은 국민인(國民人)들의 관심 속에 이 만큼이나

마 성장했습니다. 앞으로 지켜보아 주시고 계속해서 성원해 주시기 바랍니다.

끝으로 이번 전시회에 혼신의 열의를 가지고 제작한 자신의 작품을 출품해 주신 황종례 교수님 외 공예미술학과의 교수님, 아끼던 소장품을 전시하도록 허락해 주신 교직원과 이번 특별전을 준비하느라고 애쓰신 박물관 및 관계 직원에게 심심한 감사를 드립니다.

1991. 10월

5) 대학신문에 거는 기대

고급 인력을 양성하는 교육기관이지만 심오한 학리(學理)와 그 정밀한 응용 방법을 연구함으로써, 사회와 문화를 이끌고 민족문화를 창조하는데 힘을 쏟아 온 대학은 체제나 사회의 변화와 관계없이 영원한 것입니다. 같은 이유로 대학문화를 창달하는 대학신문은 대학과 공동운명체로서 독자의 영역을 가져왔기 때문에 특수하게 생각될 수 있습니다.

오늘 국민대학보가 창간 40주년을 넘어 5백호를 발간하게 되었습니다. 지난날을 돌이켜 보면 때때로 어려운 시절을 극복해 온 대학신문 종사자들에게 찬사를 드리지 않을 수 없습니다. 대학신문이 걸어 온 연륜 속에는 은빛 찬란한 영광만이 있었던 것이 아니라, 고뇌와 아픔도 쌓여 있었습니다.

그런 속에서도 대학 본연의 사명감을 일깨우면서 창의성과 자율성을 진작시킴으로써 진리와 정의의 구현에 앞장서 왔기 때문에, 대학신문이 북악(北岳)의 동산에서 성취한 위업(偉業)은 더욱 소중한 것입니다. 그렇지만 오늘의 현실을 직시하면서 내일을 살아가야 할 대학인(大學人)들에게 항상 아름다운 무지개가 펼쳐져 있는 것은 아닙니다.

전 세계적으로 대학은 지난 수세기 동안 끊임없이 고민해 왔습니다. 개발도상국으로서의 한국은 조속한 산업화를 통한 선진사회 건설을 추진해 나갔으며, 이러한 과정 속에서 한국의 대학은 다른 어느 나라의 대학보다 스스로의 존재 목적을 달성하려고 노력하고 있습니다. 대학의 통제를 강화하려는 정부의 노력과 대학을 사회의 격변에서 초월시켜, 긴 안목에서 대학의 역사적 사명을 고수하려는 대학인들의 몸부림 사이에서 한국의 대학들은 크게 고민해 왔습니다.

오늘날의 사회 모순과 대립을 해소하면서 새로운 문화를 창조·전수하기 위하여, 대학신문은 북악의 메아리로서 대학인들을 계도(啓導)하는 데 큰 기대를 걸게 합니다. 때문에 이 시대를 비춰줄 등불로서의 대학신문에 다음과 같은 소박한 바램을 드리고자 합니다.

첫째 교육을 중시하는 풍토를 조성해 주었으면 합니다. 찌든 가난을 벗어나기 위해 쉴 새 없이 분주하게 살아오면서 우리 사회가 교육에 대해 생각할 여유를 갖지 못했으며, 사회체제에 대한 모순을 극복하려는 혼란 속에서 대학인들 스스로가 교육을 팽개쳐버리지는 않았는가 반성해 보아야 합니다.

그리하여 교육이 무너져 내리는 모습을 두려운 눈으로 주시하지 않을 수 없습니다. 왜냐하면 그 피해는 당장이 아니라 적어도 한 세대가 지난 30년 이후에 가셔야 서서히 나타나, 민족의 장래에 지대한 영향을 미치기 때문입니다. 자고로 자식을 가르치지 않음으로써 다음 세대에 가서 몰락하지 않은 가문이 없었다는 것은 역사의 귀감으로 남게 됩니다.

둘째 자율적으로 학문을 연구하는 학구의 분위기가 정착되도록 도와 주었으면 합니다. 어떠한 학문도 창조적으로 연구되기 위해서는 지금까지 쌓아온 엄청난 성과를 모두 흡수하면서 그것을 더 넓혀 가야 합니다. 학문은 패션계의 바람처럼 유행해 가는 것은 아니며, 사회나 체제의 변화와는 무관한 고유의 영역을 가지면서, 한편으로는 그 응용력으로 말미암아 다시 사회에 환원되는 것입니다. 감히 누구도 추종할 수 없도록 자기만이 할 수 있는 깊고 전문적인 영역이 모든 학문 분야에서 확고하게 정립될 때에, 대학과 사회와 문화는 안정적으로 발전하여 갈 것입니다.

셋째 대학인들의 권능(權能)을 키우면서 상호간의 신뢰를 회복하도록 도와주었으면 합니다. 대학인들이 서로 신뢰하여 갈등을 해소함으로써 응분의 지위를 보장받을 수 있는데, 그와 같은 여건은 외부로부터 오기보다는 스스로 노력하여 만들어 가야 하는 것입니다. 사회의 수많은 제도 중 어느 하나에 의해 지나치게 큰 권력이나 금력(金力)이 집중되어 비대해짐으로써, 나머지 나약한 제도의 어용화(御用化) 현상이 일어나게 됩니다.

그 간 한국의 대학은 너무 무능하였습니다. 대학이 다른 것에 비해 분에 맞는 지위를 확보한다면, 그 내에 복잡했던 문제들이 오히려 저절로 풀어질 것입니다. 교수나 학생 및 모든 구성원들이 다 같이 확실한 지위를 가지고, 충실해야 되는 대상이 분명해질 때에 평정을 되찾을 수 있을 것입니다.

대학신문은 이러한 바람이 이루어지도록 목탁을 울림으로써, 아카데미즘과 저널리즘의 조화라는 임무를 충실히 이행해 나갈 것입니다. 그리하여 오늘의 현실이 요구하는 바가 바로 대학의 양심이 되게 함으로써, 대학신문은 사회의 요구를 창의적으로 이끌어가게 될 것입니다.

국민대학보, 1989년, 4월 17일

6) 대학의 세계화와 경쟁력

문민(文民)정부가 들어서면서 세계화의 바람이 불어 왔다. 현실적으로 WTO체제 아래 우리 상품의 국제 경쟁력을 높이기 위해 세계화 정책을 추진하였다. 세계화는 국제사회에서 우리 것의 경쟁력을 강화하려는 의도를 담고 있었는데, 이제는 우리 사회의 문화를 주도하는 역할을 담당하였다. 세계화에 편승하여 외국어를 배우려는 열기가 달아올랐고, 그 중에서도 특히 영어 학원이 우후죽순(雨後竹筍)처럼 늘어났다. TV나 언론 매체에서도 부쩍 세계의 이모저모를 소개하는 시간이 늘어났다. 그리하여 세계화는 외국을 알려는 열망으로 이어졌고, 상대적으로 우리 것을 찾는 열의도 식어 갔다.

세계화의 물결은 캠퍼스 내에까지 넘실거렸다. 몽고나 일본·동남아 등 세계의 각 지역을 연구 대상으로 하는 특수한 학과의 설치가 강요되는가 하면, 국제○○학과 등과 같이 '국제'가 학과명으로 첨부되기도 하였다. 대학의 세계화도 역시 그 경쟁력을 강화하려는 면에서 추구되었다. 그리하여 도입된 것이 학부제(學部制)이다. 우리 사회나 대학에서 진행되는 이러한 세계화의 방향은 분명히 잘못된 것이다. 영문학과의 한 노교수는 영어회화가 대학의 교양 필수과목으로 중시되는 현실에 대해, 영미(英美)의 문학과 그것을 통한 영국과 미국 사람들의 삶을 이해하지 못하는 교양교육을 가져왔다고 개탄하기도 했다.

그러면 무엇이 세계화를 오도하고 있는가? 서구화된 외국 문물을 이해하고 받아 들이는 것이 세계화인가? 오히려 외국 것을 그대로 받아들이려는 노력은 세계화에서 추구하려는 경쟁력에 역기능을 갖게 한다. 세계화의 진정한 뜻은 우리 것을 세계인의 구미에 맞게 보편화하는 데에서 찾아진다. 즉 그것은 가장 토착적인 우리 문화의 보편화 작업이다. 이러한 간단한 원리는 세계화 정책을 추진하는 정부의 각 부처에서 이미 몰각되었다. 경쟁력을 강조하다 보니, 10%의 경쟁력을 높이는 방향은 10%의 예산을 절감하는 것으로 판단하는 졸속 행정을 낳게 하였다. 아울러 국사 교육을 등한시하고 우리 문화를 신작로 네거리에 쓰러져가는 초가집 이상으로 생각하지 않게 하였다. 세계화를 위한 한국문화의 진정한 보편화 작업은 우리 문화에 대한 이해를 심화한 기반 위에서만이 가능해진다.

대학의 세계화 역시 대학 문화의 보편성을 추구하는 데에서 찾아져야 하며, 우리 대학에서 새롭게 만들어진 문화가 세계인들의 애호 속에 받아들여져야 한다. 결코 그것은 대학을 서구화하거나 서양 문물을 모방하는 것이 아님을 알아야 한다. 또한 학부제의 도입으로 대학을 상업적인 경쟁 체제로 내모는 것은 마치 예산을 절감하여 경쟁력을 높이려는 잘못된 국가 정책과 무엇이 다른가? 오늘날 우리 사회의 대학이 여러 외적인 요인으로 좌절과 함께 그것을 극복하려는 과정에서 고통을 겪어 왔다. 이제 제법 시련을 견디어 낸 우리의 대학은 그 본연의 사명에 충실해야 할 것이다. 진리를 찾아 학문을 연마하고 그것을 대학인에게 전수하면서, 다시 그 응용 원리를 사회에 환원시켜야 한다.

진리를 구가하는 것은 대학이 이상으로 삼는 보편성의 추구로 이어진다. 이는 학문을 통해 인간성을 발견하려는 것이다. 인류가 갈망하는 위대한 정신이 바로 우리의 대학문화 속에서 창출되기를 기대하면서 누구도 추종할 수 없는 학문 영역이 대학인들 모두에게서 추구될 때에, 대학의 경쟁력은 높아지며 대학의 세계화는 달성될 것이다. 전문화된 학문 영역은 비바람이 몰아쳐 와도 흔들리지 않고 사회 체제의 변화와는 무관한 고유 영역을 가지면서, 스스로의 응용력으로 대학인을 기르고 다시 사회에 환원된다. 지금 캠퍼스 내에 흐르는 세계화의 물결이 학문적으로 심화된 고유한 영역을 가지면서, 시대를 뛰어넘어 영속될 수 있는 가치관으로 승화되었는지 의심스럽다. 대학은 패션계의 바람처럼 지나가는 유행을 모방해서는 안될 것이다.

국민대 교수협의회 소식지, 통권 4호, 1997년 10월

7) 국민대학 60년의 어제와 오늘

(1) 국민대학 60년의 발자취

국민대학교의 역사는 이미 1976년에 『국민대학30년사』와 1996년에 『국민학원50년사』로 정리된 바 있다. 2006년으로 국민대학교가 설립된 지 60년을 맞게 되어 국민대학교 60년사의 편찬을 기획하였다. 그것은 회갑을 맞는 국민대학의 발자취를 뒤돌아보면서 앞으로 나아갈 방향을 모색하려는 의도를 담으면서도, 이미 정리된 30년사나 50년사의 문제점을 보완하려는 의미를 담았다. 30년사가 너무 사실적인 서술에 치우쳤으며, 이를 극복하기 위해 50년사는 국내외 정세를 유념하였지만, 그것과 대학 구성원과의 연결을 시도하는데 어려움을 드러내었다. 그리하여 부록이 난삽하게 삽입되는가 하면 단순한 자료 정리나 막연한 통계처리 수준에 머물렀다.

30년사와 50년사의 문제점을 보완하고자 60년사에는 통사와 부문사를 구분하여 서술하였다. 그 중 통사는 한국사회의 전개 과정과 밀착하여 서술되었다면, 부문사는 나열식 자료정리 수준을 넘어 그 자체로써 간략하나마 일관된 역사 흐름을 개관한 것이다. 그리하여 60년사를 통해 이전의 30년사나 50년사에서 개별적으로 제시된 건학이나 육영이념 사이의 유기적인 연관성을 제시함으로써, 세계화와 정보화시대에 대응하는 국민대학의 웅지를 드러내고자 한다.

국민대학은 중국대륙에서 민족의 독립운동을 주도하던 임시정부 인사들의 주도로 광복 후 최초의 민족사학으로 설립되었다. 광복과 함께 우리 민족은 새로운 민족 국가를 건설하려는 사명감을 안고 있었다. 민족 국가의 건설 운동은 사회 각 분야에서 추진되었는데, 그 일환으로 국가의 동량이 될 인재를 양성하기 위한 민족대학 설립운동이 전개되었다. 이러한 분위기에 편승하여 해공(海公) 신익희(申翼熙) 등 임시정부의 주석단이 국민대학교의 기성회를 맡았다. 당시 미군정은 국립종합대학의 설치를 추진하였다. 1946년 8월 22일에 설치법이 공포된 서울대학교는 그해 9월 1일 국민대학과 함께 개교되었는데, 해공이 재단이사장과 학장을 맡은 국민대학교는 그 해 말 12월 18일에 인가되었다.

국민대학교의 건학 이념은 임시정부의 사상 기반인 삼균주의에서부터 이어진다. 삼균주의는 민족운동 세력의 대동단결과 새로운 민족 국가를 건설하기 위해 정치·경제·교육의 균등을 기초로 평등한 사회를 실현하려는 이념이다. 국민대학교의 건학 이념은 삼균주의를 자양분으로 실천(實踐)·실용(實用)·실사구시(實事求是)의 학풍, 즉 삼실주의(三實主義)로 나타났다. 실천과 실용에 근거하여 실사구시를 내세우는 학풍은 공리공담(空理空談)에서 벗어나, 사실을 토대로 객관적·과학적 탐구에 기초하여 진리를 추구하는 정신을 갖게 한다.

임시정부 요인으로 구성된 국민대학교 기성회는 광복 이후 긴박하게 돌아가는 정국 속에서 주인 의식을 갖고 대학 운영에 관심을 기울일 수 없었다. 자연 재단의 탄탄한 재정적인 뒷받침이 없는 상황은 비교적 자유로운 교풍을 세웠을지라도 외풍에 쉽게 흔들리는 약점을 안고 있었다. 좌우 이념의 대립은 그대로 국민학원 속으로도 소용돌이쳐 들어왔고, 이어 나타난 수많은 재단 분규가 이를 알려 준다. 그런 속에 해공은 '이교위가(以校爲家)'의 정신으로 '사필귀정(事必歸正)'의 이치를 내세웠다. 그것은 교직원과 학생이 스스로 학교의 주인임을 자처하면서 모든 일을 정의로운 방향에서 이끎으로써, 이후 학내의 어려운 문제를 해쳐나가는데 능동적으로 작용하였다.

1959년 성곡(省谷) 김성곤(金成坤)이 인수하면서 국민대학교는 급속하게 발전하였다. 성곡은 삼균주의의 맥을 이은 실천·실용·실사구시의 삼실주의를 존중하면서, 나아가 인본(人本)주의·민족주의·문화주의·산업주의를 주창하여 새로운 교육이념을 창출하였다. 평소 성곡의 삶 저변에 흐르는 이러한 교육이념은 신념으로 대학 교육을 통해 인간의 덕성을 기르며, 민족을 위해 일하면서 그 혼과 문화를 창달하고 민족의 자강을 위해 산업을 육성하려는 것이다. 그러면서 성곡은 인성과 전문성을 양성하는 대학이 지성과 자유를 상징한다고 하였다. 즉 지성과 자유는 해공 이래의 전통으로 강조된 민족 · 실용과 함께 국민대학의 육영이념으로 자리할 것이다. 그리하여 성곡은 1969년 신년 휘호에서 '일하자. 더욱 일하자. 한없이 일하자. 조국과 민족을 위하여'라고 하였다. 이 휘호는 지금 국민대학교의 곳곳에 걸려 있어, 마치 하나의 교훈으로 자리하였다.

성곡이 인수한 후 국민여자초급대학을 병설하고, 중앙농민학교를 인수하여 국민산업대학을 병설하는가 하면, 창성동시대를 마감하고 1971년부터 정릉 캠퍼스시대를 열었다. 1973년 종합대학 승격을 위한 장기발전계획이 수립되었고, 1980년에 종합대학으로 승격하였다. 1976년에 대학원이 인가된 것은 종합대학의 면모를 보다 빨리 갖추게 하였다. 종합대학의 승격과 함께 1981년에 교육대학원이 인가되고 계속해서 특수대학원이 설립되어갔다.

종합대학으로 승격하면서 국민대학은 구조와 규모 면에서 많은 변화를 겪었다. 그러한 변화에는 유신체제에서 신군부의 등장과 민주화로 나아가는 한국사회의 여정은 물론 교수재임용제도나 졸업정원제 학사운영도 영향을 주었다. 대학 규모가 확대되면서 교수와 교직원이 대량으로 임명되었다. 그런 속에 1983년의 장학생 파동은 학교 재정을 어렵게 하였지만, 우수한 졸업생을 배출함으로써 학교의 위상을 높이는 데에 장기적으로 기여하였다. 뻗어가는 기상에 발맞추어 국민대학은 1981년 「종합발전5개년계획」과 1986년 「10개년발전계획방안」, 1991년 「발전장기계획안」을 기획하였다. 그러나 이때 국민대학의 발전 방향은 내실을 기하는 중형대학을 지향하고 있었다.

중형대학 발전 모델로서의 한계를 느끼면서 국민대학은 점차 대형 대학으로 전환할 필요를 느꼈고, 실제로 1990년대에는 대형 대학으로 성장하기 위한 투자를 아끼지 않았다. 마침 한국사회에는 세계화와 정보화에 따른 OECD 가입과 함께 기술 혁명이 요구됨으로써, 전문지식을 충족하기 위해 대학교육에 대한 관심과 중요성이 증대되었다. 문민정부의 출범으로 사회가 민주화되면서 학원의 민주화가 진행되었고, 그 과정에서 학사 운영이 불안하지만 제자리를 잡아갔다. 사실 국민대학이 대형 대학으로 성장하면서 학생은 물론 교수와 교직원의 수가 폭발적으로 증가하였고, 기구나 조직은 물론 예산과 교육·연구 시설이 확충되었다. 자연히 대학 내의 구성원이나 조직의 분위기에 변화를 가져왔으며, 그 사이에 갈등이 노출되면서 노조의 파업이나 교수협의회의 활동이 파행적으로 나타나기도 하였다.

국민대학은 구성원의 양적 증가와 조직이나 기구의 확장에 따른 외형적인 발전이 이어지면서도 질적 발전인 내실을 꾀하려는 움직임을 활발하게 전개하였다. 외형적인 발전으로 또 하나 빼놓을 수 없는 것은 캠퍼스 내에 많은 시설이 급속도로 증축되거나 신축되었다. 새로 건축된 것으로 성곡도서관을 비롯하여 형설관·국제관·영빈관·생활관·예술관·종합복지관 등을 들 수 있는데, 모두 환경을 고려하여 설계되었다. 그러나 이와 함께 내적 성장이 꾸준히 이루어졌다는 사실이 주목된다. 대학종합평가의 실시는 그 계기를 제공하였다. 불안정하게 출발한 교수평가제나 학부제가 사실상 뿌리를 내렸다. 그것은 연구 풍토를 진작시키는가 하면 계열별 모집으로 학생들에게 전공 선택의 길을 넓혀 주었다. 교양과목으로 사제동행세미나의 신설이나 때마침 정부의 BK. 21 등도 국민대학이 내적으로 다양하게 성숙하는데 도움을 주었다.

2000년대에 들어 대학교육의 대중화가 요구되었다. 세계화와 정보화에 따른 사이버대학의 성장은 독점적인 위치에 있던 대학교육 시장이 보다 경쟁적으로 변하면서, 실용적인 교육에 대한 사회적 요구가 필연적으로 일어났다. 시장화에 따른 경쟁력을 확보하면서 국민대학은 구성원 사이의 역할을 조정할 필요를 느꼈다. 무엇보다도 내적인 질적 발전을 모색하게 되었고, 그 결과 '도약2000 프로젝트'나 'UI선포'·'도약2010'이 추진되었다. 도약2000 프로젝트는 대학의 정체성 및 이미지를 확립하고, 이를 기반으로 연구·교육·행정 환경을 획기적으로 개선하여 명문 사립으로 거듭나려는 웅지를 내포하고 있다.

그리하여 UI선포를 통한 대외 홍보 전략이 국민대학의 이미지를 개선하는데 크게 기여하였다. 국민사랑의 밤이나 길거리 농구대회·수요 예술무대 등 홍보 이벤트가 확대되었다. 이미지의 제고와 질적 도약을 보다 강하게 추진하려는 것이 도약2010으로 수립되었다. 이를 통해 국민대학의 발전을 위해 조형대학 등 경쟁력 있는 분야의 특성화를 추진하였다. 이와 함께 강의평가제 도입·교수학습 개발센터의 설치·국제교류의 확대·산학협력단 설치 등도 국민대학의 내실을 다지는데 기여하였다.

1946년 법률학과와 정경학과의 2개 학과 250명의 학생, 22명의 교직원으로 출발한 국민대학은 현재 11개 단과대학, 54개 학과와 15개 대학원에 15,000명에 이르는 학생과 약 600명에 이르는 교직원 등을 거느리면서 비약적으로 발전하였다. 초창기에 폐교 위기를 맞을 정도로 고초와 수난을 겪으면서도 국민대학은 거친 풍랑을 잘 헤쳐왔다. 성곡이 인수하면서 급속한 발전의 길을 걸어온 국민대학은 앞으로도 민족의 대학으로서 긴 항해를 계속할 것이다.

⑵ 국민대학의 발전 전망

2000년대에 들면서 국민대학은 양적인 면에서 비약적으로 발전하였다. 그러면서 축적된 에너지는 국민대학의 전망을 밝게 하지만 질적인 발전을 도모하기 위해서는, 구성원들 스스로가 자기 성찰의 기회를 가지면서 미래사회의 환경에 대처할 수 있어야 한다. 정보화와 국제화에 따른 교육 개방의 파고는 더욱 거세지면서, 대학은 고도의 실용성과 전문성을 갖추어야 한다. 민주화가 확산되고 갈등 구조를 조정하면서 공영과 화해를 추구하는 우리 사회가 복지화로의 여정을 앞당길 것이다. 자연히 사회가 대학에 요구하는 기대가 클 수밖에 없다. 앞으로 닥칠 미래 산업사회에 부응하여 국민대학은 우선 지나온 여정에 대한 반성에서부터 출발하면서, 멀리는 장래의 민족과 국가를 걸머질 수 있는 방향으로 나아가야 할 것이다.

한국의 대학은 1990년대 후반부터 세계화와 정보화를 통한 외부로부터의 개혁과 개방 압력을 받아왔다. 사회의 민주화와 시장경제 체제도 대학의 교육 개혁을 유도하였다. 특히 국민대학은 중형 대학으로써의 내실을 추구하면서 대형 대학으로 발돋움을 시작하였다. 그 동안 대형 대학으로의 조직을 확대해 왔지만, 운영 체계는 여전히 중형 대학 때의 모습을 보여준다. 대형 대학으로서의 학사운영이나 행정 효율을 가다듬을 필요가 있다. 양적 팽창에 치중한 나머지 산만하게 늘어난 기구나 조직은 짜임새 있게 재정비되어야 한다. 학교의 규모에 따른 교육적 기능을 적절하게 조정하면서 학부 교육을 대학원과 연계하여 강화해야 한다.

국민대학은 학부 체제를 도입하면서 이수 학점이 줄어드는 것과 반비례하여 전공학과가 지나치게 세분화되었다. 또한 새로 신설되는 학부의 전공이 기존 학과의 전공과 중복되기도 하였다. 이렇듯 학과와 전공의 세분화나 중복은 대학의 학사 운영에 많은 문제점을 제기하고 있다. 세분된 전공 교육은 미래의 산업사회 요구에 효과적으로 대처하지 못한다. 유사 학과를 통폐합하면서 한편으로는 기초학문 분야나 미래산업 분야와 관련된 최소한 학과의 신설을 고려해야 한다. 그리하여 유사 전공을 통폐합한 광의의 학부제 정신을 살리면서 단순한 지식 교육을 넘어선 전문성을 함양할 수 있도록, 기초 학문이나 다양한 교양교과목을 개발할 필요가 있다. 그런 면에서 일반 선택의 개념을 없애면서 장기적으로는 다른 학부의 모든 전공과목을 부전공이나 복수전공은 물론, 교양선택 과목으로 이수하도록 설정하는 것도 한 방법이 된다.

보편적인 일반 교육이 학부를 중심으로 이루어진다면 전문성 함양을 위한 교육은 대학원 수준에서 이루어질 수밖에 없다. 학부 교육이 학생들의 전공 선택권을 넓혀 주는 것은 바람직하며 앞으로도 장려되어야 하지만, 이와 곁들여 안일함을 배제하면서 의당히 노력해야 하는 영역을 넓혀야 한다. 말하자면 필수 과목을 줄이면서 선택 과목의 폭을 확대해야 되겠지만, 모든 과목이 필수 과목에서와 같을 정도로 강도높은 훈련을 받을 수 있는 방법을 모색할 때가 되었다. 이와 함께 대학원 교육의 강화는 국민대학의 위상을 높일 것으로 생각한다. 특히 특수대학원과 전문대학원은 산학협동을 통해 산업계의 고급 인력을 재교육시킴으로써 미래의 산업사회에 능동적으로 대처하게 한다. 국민대학이 산업 현장에 적용할 수 있는 교육을 확충하기 위해 특수대학원이나 전문대학원에 대한 투자를 늘릴 뿐만 아니라, 전문대학원을 갖지 못한 학부나 학과에는 앞으로 이를 새로 신설할 필요가 있다.

일반대학원은 학문 연구를 목적으로 설립되었지만, 사회의 지성과 문화를 높일 수 있는 학문적 지도자를 양성한다. 산업화와 정보화에 밀려 기초학문 분야가 사회적으로 홀시되는 풍토 속에서 국민대학의 대학원이 여러 가지 어려움에 처해 있다. 그러나 대학원의 교육과 연구 수준이 높아질 때에 국민대학은 민족이나 세계 속의 대학으로 자리할 것이다. 따라서 일반대학원의 활성화 방안은 매우 중요하다. 아울러 순수 학문의 연구와 교육에 병행하여 실용성을 요구하는 정책적 배려가 있어야 대학원 교육은 개선될 수 있다. 대학원에 전속된 교수나 연구원의 확보, 독립된 예산의 배정, 학생의 선발과 논문 지도의 엄격한 관리 등이 우선적으로 개선되어야 할 부분이다.

대학 교육이 대학원 교육과 연계된다면, 교과과정은 대학원의 경우 통합적으로 운영되어야 하겠으나 대학의 경우 학과나 학부 별로 운영되는 것이 바람직하다. 그것은 학과나 대학 또는 국내외의 다른 대학과의 사이에 차별화를 유도하기도 한다. 다양화된 교과과정이 전문지식의 양산에 머물지 않게 하기 위해, 전공별로 그것을 폐쇄적으로 운영해서는 안된다. 교과과정이 서로 학제적으로 개방되고 중복 교과는 통합되면서, 과목 자체가 관련된 전공이나 학제 간에 통합 운영되는 것이 바람직하다. 학제 간의 통합교과 운영은 점차적으로 확대되리라 기대한다. 아울러 교육과정이 세계화 시대에 걸맞게 국제적 수준에서 개편되어야 한다. 수업 방법도 교수 중심에서 학생들이 능동적으로 참여하게끔, 자료를 찾으면서 실험과 실습 및 토론 중심으로 바뀌어야 한다.

유능한 교수의 학보와 우수 학생의 선발은 국민대학의 장래를 위해 반드시 필요하다. 현재 국민대학의 교수진은 한국의 어느 대학보다도 높은 자질을 보유하고 있다. 그러나 상대적으로 교내 연구소의 수준은 매우 미미한 편이다. 교수 충원율이 낮은 것도 문제점이다. 교내 연구소의 기능이 전문화되면서 연구 활동이 활성화되고, 이를 위한 재정적 지원을 높여야 한다. 현재 9시간으로 되어 있는 책임 수업시간은 축소되어야 한다. 아울러 교수 연구의 질적 수준을 평가하는 제도가 정착되는 것이 중요하다. 그에 따른 교수의 선발이나 승진 제도는 물론, 연구 기금을 마련하기 위한 장기계획의 수립이 필요하다. 그리하여 국제적 수준의 연구 업적이 이루어져야 할 것이다.

국민대학 학생들의 질적 수준을 높이는 방법은 우선 우수한 학생을 선발하는 것이다. 수능시험이나 내신 성적에 기초한 전통적인 선발 방식 외에 학생의 개인 적성이나 능력 또는 봉사 활동 등을 고려하여 학과의 특성에 맞는 입시제도의 개발이 숙제로 남는다. 무전공 입학과 전공 예정제를 적절하게 배분하여 운영하는 선발 방식도 도움이 된다. 다음으로 장학제도를 확충하면서 과외 활동 등 학생 활동의 지원을 강화해야 한다. 외국 대학과의 학생 교류나 정원 외의 특수 학생을 유치하는 방법도 생각해 볼 수 있다. 그 외 학생 상담활동이나 동문회의 활성화 방안을 검토하는 것도 바람직하다.

UI가 선포되면서 국민대학의 이미지를 개선하려는 노력이 경주되었다. 그 결과 국민대학이 비약적인 도약을 맞으면서 새로운 모습으로 발전하고 있는 것은 사실이다. 그러한 이미지 개선에 국민대학의 특성화 사업이 중요한 역할을 담당하였다. 이렇듯 특성화 사업은 실효를 거두고 있으며 앞으로도 계속되어야 할 정책이다. 다만 특성화 방안을 유지하면서도 장기적인 대학 발전은 불편부당하면서 균형 감각을 가지도록 이루어져야 한다. 사실 국민대학의 이미지는 가장 선도된 학부나 전공으로 제고될 수 있지만, 가장 낙후된 학문 영역으로 손상받을 수도 있다. 그런 뜻에서 거교적으로는 실용성과 함께 순수 학문의 영역이 중시되어야 하고, 또한 기초학문 영역 자체에서도 끊임없이 실용성을 추구하는 노력을 스스로 기우리는 방법이 모색되어야 한다.

국민대학이 학사 행정과 재정을 자율적으로 운영하는 방안도 앞으로 해결해야 할 과제이다. 무엇보다도 그것은 대학 단위로 의무와 책임을 갖고 운영되는 방향으로 나아가면서, 정책 결정이 외부의 간섭 없이 자율적으로 이루어져야 한다. 관료적 위계질서에 의한 소수의 개인이 주도한 정책결정보다는 민주적 합의에 의한 집단적 정책결정 과정을 성립시키는 것이 우선 과제이다. 그런 의미에서 형식적이거나 임시 필요에 의해 급조된 것이 아니면서, 전문적 지식과 경험을 가진 각종 위원회가 장기적으로 정책을 수립하고 결정하는 것이 바람직하다. 이와 함께 정책을 효율적으로 집행할 수 있는 물적 또는 인적인 지원 체제를 수립해야 한다. 내재적인 모순을 극복하면서 나아가는 국민대학의 앞날은 밝을 수밖에 없다. 이제 국민대학은 21세기를 넘어 밝은 희망을 안고, 다음과 같은 각오를 지니면서 미래로 항해할 것이다.

첫째 민족과 육영이념에 입각하여 산업화 교육을 실현할 것이다. 민족이념은 해공과 성곡이 모두 주장한 것이었고, 산업 교육은 특별히 성곡이 보다 강조한 것이었다. 미래의 국민대학은 실천과 실용에 근거한 실사구시의 학풍을 세워나가야 한다. 그것은 민족문화에서 중시된 실학의 학풍을 계승하면서 현대 사회의 산업 교육으로 이어진다. 국민대학의 교과과정이 산학협동을 중시하는 이유를 이런 데에서 찾을 수 있다. 또한 그러한 목포는 국제화와 정보화시대에 잘 적응하면서 국민대학의 진로를 탄탄하게 만들 것이다. 다만 그렇기 때문에 국민대학은 민족 교육과 함께 기술 교육을 강화해야 한다. 정보화에 따른 영상 매체가 중시되면서, 그 원형을 민족문화 속에서 찾으려는 노력은 바람직한 것이다.

둘째 새로운 문화를 창조하고 이를 사회에 환원해야 한다. 문화를 창조하려는 것은 국민대학이 전문성과 창의성을 함께 갖추면서, 지성과 자유를 추구하는 육영이념을 정립하는 길이기도 하다. 성곡은 문화주의와 함께 산업주의와 인본주의를 아울러 내세웠다. 전문성의 제고는 다른 대학과는 다른 연구 풍토 속에 가능해진다. 이는 산업교육과 연계하여 어떤 것이든 모방해서 만들 수 있는 전문적인 기술인으로 성장하게 한다. 그러나 인본주의 속에는 친절·청결·질서·예절 등을 함양하여 겸손·책임감 등이 강조되었으며, 신뢰·사랑·존경이 정착되는 전인교육이 요구되었다. 그것은 인간성이나 인간미를 추구하려는 교양 교육으로 이어진다. 이렇듯 전문적인 기술에 인간성이 가미되면서 새로운 문화가 창조된다. 그러므로 국민대학은 새로운 문화를 창조할 수 있는 충분한 역량을 지녔다. 앞으로 대학은 지역 사회에 대한 봉사 활동을 강화해야 할 것이다. 새롭게 창조된 문화는 대학의 전유물로 남아서는 의미가 없다. 연구된 성과나 문화는 다시 사회에 환원해야 한다. 그것은 대학교육이 자율성을 가지면서 개방화될 때에 가능하다. 사회교육원을 확충하면서 지역 사회를 위한 다양한 프로그램을 개발하여야 한다.

셋째 화해와 협력의 시대를 선도해야 한다. 이미 국민대학은 교육과정의 개방화를 이끌어왔다. 그 속에서 연구와 교육을 모두 성공적으로 수행하였다. 그러나 21세기에는 국내뿐만 아니라 국외에서까지 요구하는 교육 개방의 파고는 더욱 거세질 것이다. 국민대학은 이러한 도전과 경쟁에 능동적으로 대처할 수 있는 역량을 길러야 한다. 이제 국민대학은 반성과 비판을 수용하면서 전통을 수립하고, 세계화 시대에 대한 대처 방안으로 다시 전통을 변용할 수 있는 지혜를 길러야 한다. 이는 인간에 대한 새로운 인식과 세계에 대한 폭넓은 이해로 가능한데, 역시 인본주의 정신의 앙양에서 비롯되었다고 할 수 있다. 이렇듯 새로운 전통의 변용은 한국사회의 공영이나 공익은 물론 안녕이나 질서를 수립하는데 기여할 것이다.

한국사회는 20세기초 열강의 침입과 일제의 식민통치를 경험하면서 국토가 남북으로 갈리는 비극을 맛보았고, 호남과 영남이 각각 독특한 문화 전통을 내세우면서 서로 다른 지방색을 강하게 지녔다. 앞으로 영호남이 화합하고 남북이 하나가 되는 시대가 도래하는 것은 불을 보듯 분명하다. 남과 북은 물론 영남과 호남문화는 아무리 독특할지라도 모두 한국문화로 정립되었다는 데에 의미를 가진다. 국민대학은 통일된 한국사회를 화해와 협력으로 이끄는데 노력을 아끼지 말아야 한다. 그러면서 통일 조국의 민족문화를 재창조하면서 풍요로운 우리 사회를 건설하는 데에 견인차 역할을 담당할 것이다.

국민대학보, 2006년, 9월 18일

8) 『서른 해, 국사학과 발자취』의 축간사

국민대학교 국사학과가 한국사를 객관적으로 연구하고, 그 지식을 활용하기 위해 돛을 단 지 어언 한 세대가 흘렀습니다. 어엿한 장년의 모습으로 거듭나는 시기에 우리 학과의 지나온 순간들을 뒤돌아보는 『서른

해, 국사학과 발자취』의 출간을 축하합니다. 아울러 국사학과가 나아가야 할 방향을 다시 한번 가다듬어야겠습니다.

우리 학과는 70년대에 유신체제 속에 출범하여 80년대와 90년대에 민주화와 산업화의 와중을 헤치면서, 2000년대에 세계화의 여정 속으로 항해하고 있습니다. 짧지 않은 동안 한국 사회가 커다란 격동과 변화를 거듭하였지만, 우리 학과는 순수한 학문의 영역을 고수하면서 사회의 각 영역에서 저마다의 전문 지식으로 책임을 다하는 인재를 배출하였습니다. 그들은 역사의 고비마다 오직 진실을 감추지 않고, 불의에는 용감하게 항쟁하지만 사회 정의를 위해 자신을 양보할 수 있는 건강한 삶을 영위하였습니다. 믿음이 상실되어 가는 세태에 이는 가슴 뿌듯한 일이 아닐 수 없으며, 앞으로도 진리를 추구하려는 노력은 영원히 계속되어야 하겠습니다.

우리 학과는 선후배들의 유대가 유난히 돈독하다는 느낌을 줍니다. 매년 춘추로 시행하는 정기 답사나 월례 답사를 통해 또는 국사학과 내의 여러 학회를 통해, 민족문화의 전통을 자연스럽게 체험하면서 현실 문제를 자유로이 토론하는 과정이 그러한 결과를 가져왔다고 생각합니다. 국사학과가 기획하여 출간한 민족문화권에 관한 자료집은 물론, 『서른 해, 국사학과 발자취』의 간행도 선후배들이 합심한 노력으로 이루어진 성과입니다. 이제 우리 학과의 무려, 1,300여 졸업생들은 사회의 여러 분야에서 중심적인 역할을 담당하고 있습니다. 이 책의 출간을 매개로 우리 학과의 교수·학생·동문들의 유대가 계속 이어져 더 강화될 것입니다.

거듭 『서른 해, 국사학과 발자취』의 발간을 축하하며, 그 편집과 30주년 행사를 준비해온 여러분의 노고에 고마움을 표합니다.

2003년 11월 10일

9) 국사학과 창설 30주년 기념축사

국민대학교 국사학과가 한국사를 엄정하고 실증적으로 연구하여, 그것을 사회에 유용하게 나누기 위해 출범한 지 어언 한 세대가 지났습니다. 지난 발자취를 돌아보면서 앞으로 나아가야 할 모습을 그려본다는 의미에서 국사학과의 창설 30주년을 기념하는 '국사인의 밤'을 갖게 되었음을 축하합니다.

그 동안 국사학과는 유신체제를 넘어 민주화로 나아가거나, 산업화에 따른 세계화로 이어진 한국사회의 격동과 변화를 몸으로 부딪치면서도 순수한 학문의 길을 꿋꿋하게 걸어왔습니다. 그것은 진실을 외면하지 않으려는 학구적 태도였습니다. 그리하여 국사학과의 무려 1,300여 졸업생들이 저마다의 전문 분야에서 정직한 삶을 영위해 왔으며, 역사의 고비 고비마다 물러서기보다는 맡은 바 책임을 다하였습니다. 도덕적으로 타락한 오늘날의 혼탁한 세태에 그들이 있어 참으로 다행스럽게 생각하면서, 앞으로도 국사학과가 학문적 진리를 찾으려는 노력은 지속되어 갈 것입니다.

그러나 국사학과의 지나온 여정 속에는 장미빛의 여명이 기다리고 있었던 것만은 아니었습니다. 독재체제에 수반한 국수주의가 팽배하고 또는 세계화의 물결이 도도한 속에 괜스런 오해를 받았는가 하면, 선배이자 동료 교수를 두 분이나 영원히 떠나보내야 했습니다. 재직 중인 동료 교수나 특히 재학 중인 학우의 죽음은 더욱 가슴 아프게 했습니다. 그렇지만 이런 것들은 무인도에 묻힌 난파된 선원들의 무덤이 되어, 앞으로도 국사학과의 항해를 계속하게 명령합니다.

국사학과가 비록 장년의 모습으로 다시 태어났다고는 하지만, 아직은 걸음마의 단계이고, 여러 가지의 어려움도 많습니다. 한국사에 관한 순수한 학문 연구와 함께 그 성과를 사회에 환원하기 위해 실용화를 추진하는 길도 많은 어려움이 따르는 것 중의 하나입니다. 그렇지만 80년대까지 밤

늦게 손전등으로 길을 헤쳐 간 힘들었던 답사를 떠올리면, 그것은 참 아련한 향수로 남습니다. '국사인의 밤'은 교수와 졸업생·재학생의 유대가 더 강화되는 자리가 될 것으로 믿어 의심하지 않습니다. 아울러 먼 훗날 국사인들이 지금까지 동참했던 국사학과의 어려움을 회고하면서, 향수 어린 추억으로 되살리실 수 있을 것입니다.

국사학과 창설 30주년을 기념하는 '국사인의 밤'을 개최한 것을 다시 한 번 축하하면서 그 동안 이 행사를 준비한 여러분께 고마움을 전합니다.

2003년 11월 21일

10) 조동걸선생 정년기념 송수사

우송(于松) 조동걸(趙東杰)선생께서 얼마 전 정년을 맞으셨다. 선생과 같이 근무한 지가 엊그제 같은데, 무정한 세월의 흐름을 탓하지 않을 수 없다. 이제 대학에서의 직책은 정년을 맞이했지만, 선생이 일생을 바쳐 연구한 학문이나 고매한 인격은 더욱 향기를 더해 만개되어, 계속해서 동료 교수나 후학들의 존경을 받을 것이다.

선생은 1932년 경북 영양(英陽)에서 태어나셨다. 고향인 일월면(日月面) 주실[注谷]마을은 일월산(日月山) 기슭의 문중 촌락인데, 한말(韓末)에서부터 일제강점기에 개화와 항일(抗日)운동이 빈번하게 일어나 일찍이 신교육을 받은 자는 물론 적지 않은 민족운동자를 배출하였다. 광복 이후에는 마을 전체가 좌우충돌의 정치적 소용돌이를 겪기도 하였다. 그런 마을의 일록서당(日麓書堂)에서 선생은 한글과 한문을 함께 익혔다. 선생의 학문은 바로 이런 분위기 속에서 갖추어져 갔다.

선생은 경북대학교를 졸업하고 곧바로 교육계에 몸을 담으셨으며, 춘천교대와 안동대 그리고 본교인 국민대학교에서 대학에서만 33년 동안

강단을 지키셨다. 그러는 동안 선생은 교육자로서 후학 양성에 남다른 열정을 보이셨다. 본교는 물론 서울대를 비롯하여 여러 대학에서 지도를 받은 석사학위 소지 이상의 제자만 해도 200여명을 넘는다고 하니, 선생의 학덕과 후진 양성은 남다른 데가 있다.

학문 연구에도 뛰어난 업적을 남기셔서, 한국독립운동사의 개척자로 헌신하였으며 한국근대 사학사 연구에 진력하셨다. 선생의 독립운동사 연구는 1970년 이강훈(李康勳)선생의 추천과 최태호선생의 도움으로 독립운동사 편찬에 참가한 것이 계기가 되었다. 이후 10년 간에 걸쳐『독립운동사』(10권)와 『독립운동사자료집』(17권)의 편찬에 온 힘을 기울였다. 당시에는 황무지와 같은 이 분야의 연구를 오늘날에 와서 학계의 주목을 받게 만든 것은 오로지 선생의 노력이 크다.『일제하 한국농민운동사』, 『한국 민족주의의 성립과 독립운동사연구』,『한국 민족주의의 발전과 독립운동사연구』 등 선생의 저서는 한국 독립운동사의 거의 전 분야를 망라한 것으로, 앞으로 이 방면 연구의 길잡이가 될 것이다.

1980년대 후반부터 선생은 한국근대 사학사 연구를 지속해 왔다. 그것은 민족 독립운동사와 연관한 한국근대 지성사를 밝힘으로써, 한말에서 광복 이후 최근에 이르기까지 한국 역사학의 계통과 그 흐름 및 성격을 규명하였다. 이러한 선생의 일련의 작업은『한국근대사학사(韓國近代史學史)』(나남출판사)로 인쇄 중에 있다. 이 책이 출간되면 선생의 민족 · 민족주의 · 민족운동에 대한 지성사의 연구가 더욱 뚜렷한 모습으로 우리들 앞에 나타날 것이다.

언제 보아도 선생은 친근한 모습이지만, 호방한 기질에 은근하면서도 포용력을 지니셨다. 일을 처리함에 있어 이해와 득실을 따지기보다, 대의를 내세워 논리적으로 설득시켰다. 불의에는 굴복하지 않고 분노할 때에는 추상같았다. 그러면서 공과 사의 구분이 분명하며, 고집스러우리만치 자신에게 엄격하신 채 교단의 정도를 걸으셨다. 선생의 모습은 후학들에게 더할 수 없는 가르침으로 남아 있을 것이다.

국민학원에서 선생은 한국학연구소장·문과대학장·박물관장·대학원장 등의 직책을 역임하셨다. 특히 『국민학원50년사』 편찬위원장을 맡았고, 이 과정에서 큰일을 하셨다. 해방 직후 혼란스런 와중에서 설립되었던 국민대학교의 개교일이 명확치 않았는데, 선생은 모든 자료를 섭렵, 조사하여 그것을 밝히셨다. 이제 국민대학교는 건학 50주년을 맞이하면서 개교일을 찾았고, 다시금 민족대학으로서의 역사적 성격을 지켜갈 수 있었다.

그동안 선생께서 국민대학교를 지켜주시어 큰 힘이 되었는데, 정년으로 퇴직하게 됨에 아쉬움을 금할 수 없다. 그러나 본교의 명예교수로 남으시어 후학 양성과 연구에 전과 다름없이 매진하실 것을 믿어 의심치 않는다.

인생의 여로를 새로 시작하시는 선생께서 더욱 강건하시기를 기원한다.

『한국학논총』 20, 1998년 2월

11) 송정현선생 정년기념 송수사

평소 존경해 마지않던 송정현(宋正炫)선생께서 정년을 맞이하시어, 동학과 후학 제자들이 마음과 정성을 모아 학덕과 인품을 기리는 기념논총을 봉정하는 뜻깊은 자리인 오늘, 제가 축사를 드리게 된 것을 무한히 기쁘고 영광으로 생각합니다. 그리고 바쁘신 가운데서도 이렇게 참석해 주신 동문 제자를 비롯해서 내빈 여러분께도 심심한 감사의 말씀을 드립니다. 인간의 유한한 삶 속에서 우리는 일정한 선을 그어놓고 축하하기도 하고 안타까워하기도 합니다. 이제 정년을 맞으시는 선생께 마음 깊은 곳에서 축하를 보내면서도 한편으로는 무상한 세월을 한탄하지 않을 수 없습니다.

송정현선생께서는 저보다 약 10년 연상이십니다. 저가 송정현선생과 인연을 맺게 된 것은 1974년에 전남대학교의 국사교육과에 부임하게 되면서였습니다. 이미 국사교육과를 창설하시어 먼저 몸담고 계시던 선생과의 생활은 햇수로 7년, 곧 만으로 6년 동안 지속되었습니다. 그러는 동안 학과의 일을 처리하면서 선생과 의견이 달라서 곤란을 느낀 적이 한 번도 없었습니다. 이것만 보아도 선생께서는 젊은 사람의 의견을 폭넓게 들어주고, 무슨 일이든 잘 처리할 수 있도록 도와주었음을 알게 합니다. 1980년에 제가 국민대학교로 옮기고 난 뒤에도 선생과의 인연은 변함없이 계속되었습니다. 제가 선생의 부름을 받아 내려온 경우도 있었지만, 국민대학 박사학위 논문심사를 위해 선생께서 상경하기도 하셨습니다. 일생 동안 좋은 만남과 인연은 그리 흔치 않은데, 저는 선생과의 인연을 정말 소중하게 생각하며 고이 간직하고 있습니다.

다 아시다시피 송정현선생께서는 조선시대사, 그 중에서도 임진왜란에 대해서는 국내 학계에서 가장 권위를 가진 학자로 인정받고 있습니다. 앞에서 잠깐 언급했습니다만, 국민대학교 박사학위 논문심사 때에는 저희 학교에서도 임진왜란 관계의 권위자이신 허선도선생이 계셨습니다만, 송정현선생이 심사위원장을 맡아주셨습니다. 그 때 선생께서는 해박한 지식으로 문제점들을 하나하나 성실하게 지적해 주셨습니다. 당시의 고마움이란 정말 표현하기 어려울 정도입니다. 이 외에도 선생께서는 전남지방의 서원 등 향토사에 관계된 논문들을 남겼습니다. 선생의 논문은 충분한 문헌 검토 위에 이루어진 실증적(實證的) 입장을 견지한 것이어서, 제가 공부하는 경향과 비슷하며 선생으로부터 도움을 받는 바가 많았습니다.

학문뿐만 아니라 저는 송정현선생으로부터 삶을 배운 바가 많습니다. 선생은 항상 자상하고 인자하십니다. 같이 근무할 당시에 선생의 연구실은 마치 사랑방과 같았습니다. 언제나 반갑게 맞아주시고 이런 저런 세상사의 이야기를 구수하게 들려주셨습니다. 그러면서도 송정현선생은 불의를 완강하게 거부했고, 대학인(大學人)으로서의 학문적인 정도를 걸으셨으며 구차한 일에 얽매이지 않았습니다. 또한 선생은 오랫동안 병마에 시달렸던 부친을 몸소 간병하기를 게을리하지 않았습니다. 이러한 선생의 삶은 정말 사표(師表)로서의 이미지에 조금도 손색이 없습니다.

송정현선생은 반평생을 대학교육에 바쳤습니다. 특히 사범대학에서 국사교육과를 창설하시어 역사교육을 몸소 담당해 왔습니다. 선생의 문하 제자들이 이제 전남 지역의 역사교육은 물론, 전국에 포진하여 후세 교육을 담당하는 중진으로 자리하고 있습니다. 선생께서 뿌린 역사교육의 씨앗은 점점 자라서 무성해졌습니다. 비록 정년을 맞아 선생께서는 교단을 떠난다고 하지만, 그 동안 가꾼 열매가 주렁주렁 열리고 있습니다. 그것은 모두 선생께서 전남 지역 역사교육계를 지켜주시고, 문하 제자들에게 큰 힘이 되어 주셨기 때문에 가능하였습니다. 그리고 이러한 선생의 역할은 앞으로도 영원히 등대가 되어 멀리멀리 비쳐질 것입니다.

세월이 유수와 같다고는 하지만, 송정현선생에게서 그 말이 꼭 맞아 보이지 않습니다. 정년을 맞으셨어도 선생의 모습은 아직도 젊음을 그대로 간직하고 계십니다. 외모 또한 조금도 달라지신 것이 없어 보입니다. 그러므로 이 정년퇴임은 인생 여정의 순서에 따라 정해놓은 하나의 절차로 생각하시고, 더욱 노익장(老益壯)하시어 학문 연구는 물론 후학 양성과 사회 봉사에 전과 다름없이 매진하실 것을 믿어 의심치 않습니다. 그렇지만 이전과는 달리 한층 여유롭게 한담(閑談)도 하시고, 평소 좋아하셨던 수담(手談)도 즐기시기 바랍니다. 수담에는 저가 한 수 아래여서 두세 점 붙였습니다만, 언젠가는 맞두도록 저도 노력하겠습니다.

그러나 가정 생활에 대해서는 앞에서 선생께 권했던 사회 생활과는 다른 부탁을 드리고 싶습니다. 우리나라 풍속에 회갑이 되면 60년의 세월을 까먹는다고 합니다. 그렇게 되면 이제 선생은 66세가 아니라 6살의 어린이입니다. 6살 꼬마가 부모님 시키는대로 하듯, 사모님은 물론 장성한 자녀들로부터 보호받게 됩니다. 집안일들은 이분들에게 맡기시고 노후를 편히 지내시기 바랍니다.

앞으로 인생의 여로를 새로 시작하시는 송정현선생께 더욱 건강하시기를 빌면서 축사에 갈음하고자 합니다. 감사합니다.

1998년 2월 28일

2. 연구 · 주변

1) 제48회 전국역사학대회 초대말

이 화창한 5월에 우리 역사학도 모두가 자리를 함께 하게 된 것을 기쁘게 생각합니다. 2005년은 을사조약을 맺은 지 100주년과 광복 60주년이 되며, 아울러 한일 국교정상화 40주년이 되는 해입니다. 그리하여 설정한 한일우정의 해는 일본의 역사교과서 왜곡 서술이나 독도 문제로 어지러운 지경에 이르렀습니다.

일본 사회가 점점 우경화하는 속에 그들의 침략을 정당화하려는 역사교과서가 만들어지고, 개중의 몇몇 교과서는 독도를 일본 영토로 표기하였습니다. 반면 우리 사회에 과거사 문제를 심의하여 해결하려는 분위기가 만들어졌습니다. 이번 기회에 일본의 역사교과서 서술에 대한 시정을 요구하면서, 역사교과서와는 분리하여 독도뿐만 아니라 영토 문제에 대해서는 항구적으로 다루어야 할 연구 기관이나 국가 기구의 설립을 모색해야겠습니다. 왜냐하면 영토 문제만은 결코 양보할 수 없기 때문입니다. 특히 역사교육을 강화하기 위한 역사교과서의 독립 문제도 신중히 고려해야겠습니다.

또한 중국에서 제기한 '동북공정'은 우리 역사 중 고구려사의 정체성을 흔들었습니다. 이러한 가운데 국내외적인 정치 정세가 긴박하게 흘렀습니다. 오늘날의 여러 현안들은 마치 100년전 한반도를 둘러싸고 전개되었던 모습을 떠올리게 합니다. 제48회 전국역사학대회의 공동 주제를 '을사조약과 20세기 초의 한반도'로 잡은 이유는 현재 우리의 모습을 바로 이해하려는 데에서 찾아집니다.

이제 태평양시대를 열면서 동북아는 물론 세계 속에서 우리들의 위치를 생각할 때입니다. 한일 두 나라는 질곡으로 이어진 응어리를 풀면서 다함께 지구촌으로 나아가야 합니다. 이번의 공동 주제는 일제의 식민지지배를 가능하게 한 멍울을 해소하고, 그 실상을 이해하려는 목적을 지녔습니다. 당시의 국제 관계와 을사조약 이후 일본의 한국 병합과정을 근대 일본의 위기론과 연결시켜 밝히려는 것입니다. 이러한 논의를 통하여 우리는 반성과 화해 · 공영을 추구하는 새로운 사회 질서를 성숙시켜야 합니다.

첫째 날의 공동 주제에 이어 둘째 날에는 학회별로 다양한 논문이 발표될 것입니다. 그 속에는 특정 문제에 관심을 가진 연구자들의 자발적인 분과별 공동 주제가 포함되었습니다. 이와 같은 발표의 내용은 많은 연구자들의 관심을 끌 뿐만 아니라, 우리 역사학계의 연구 분위기를 진작시키리라고 믿습니다. 바쁘시더라도 끝까지 동참해 주시기를 부탁드리면서, 궁금한 사항에 대해서는 주관 역사학회의 실무진에게 문의해 주시기 바랍니다.

2005년, 5월 27일

2) 제48회 전국역사학대회 만찬인사말

오늘 제48회 전국역사학대회 공동 주제인 '을사조약과 20세기 초의 한반도'에 대한 발표와 토론을 무사히 마쳤습니다. 전국의 역사학도 모두가 관심을 가지고 지켜보아 주신데 대해 마음 속 깊이 감사함을 표합니다. 아울러 최문형선생을 위시하여 발표자와 사회 · 토론자 분들이 너무 열심히 수고해 주셨습니다. 참으로 감사합니다.

이번 전국역사학대회에 대해 총장님을 비롯하여 국민대학교 여러 부서가 물질은 물론, 여러 면으로 도움을 주셨습니다. 특히 이번 만찬은 국민대학교 총장님이 마련한 것입니다. 즐겁게 많이 들어주시면 고맙겠습니다.

내일은 분과별로 공동의 주제가 다양하게 발표될 것입니다. 발표회를 가질 10개 학회와 특별히 자유 패널로 참가한 4개 학회의 회원께도 미리 감사한 마음을 전합니다. 아울러 분과별 발표회에도 함께 해 주시기를 부탁드립니다.

한국 역사학은 엄정한 학문적 수준을 유지하면서 한편으로 새로운 문화를 창조하는 역할을 담당해야겠습니다. 그 동안 한국 사회는 광복의 혼란 속에서 70년대의 유신체제와 80년대의 민주화 및 산업화 시대를 거쳤으며, 90년대 이후 세계화와 정보화의 시대에 돌입했습니다.

그러한 과정에서 역사학 연구가 이념을 중시하는 성격을 가지면서 다양한 연구 경향을 낳았습니다. 그것은 역사학 연구가 성숙해간 것으로 생각되지만, 한편으로 통합되면서 공동으로 추구해야 할 목표를 상실하기도 했습니다.

마침 이번 역사학대회의 공동 주제는 반성과 화해 · 공영의 새로운 사회 질서를 모색하게 합니다. 이제 갈등의 역사는 협력과 공동의 이상을 추구하는 역사로 나아가야겠습니다. 그리하여 역사학도가 모두 하나가 되어 서로 협력하는 연구 풍토를 만들었으면 합니다.

2005년, 5월 27일

3) 제49회 전국역사학대회 초대말

제49회 전국역사학대회가 처음으로 지방에서, 그것도 오랜 전통문화를 간직한 청주의 충북대학에서 열리게 된 것을 뜻깊게 생각합니다. 이제 5월이 저물어 갑니다. 봄을 시샘하던 계절이 선뜻 여름을 향해 내딛고 있습니다. 한 학기를 마무리해야 할 때인데도 우리 역사학도들이 자리를 함께 해 주서서 감사합니다.

오늘을 살아가는 우리들은 급변하는 국내외 정세에 능동적으로 대처하기 위해, 과거에 얽힌 매듭을 풀고 희망찬 사회를 건설해야 합니다. 중국의 '동북공정'은 우리 역사 중 고구려사의 정체성을 흔들면서 지금껏 뜨거운 감자로 자리하였습니다. 일본은 침략을 정당화하려고 계속해서 역사교과서를 왜곡시켜 서술하는가 하면, 독도를 자국의 영토라고 국제사회에 강변하고 있습니다. 반면 우리 사회에는 과거사 문제를 심의하려는 분위기가 만들어졌는가 하면, 행정수도의 이전 계획으로 계층은 물론이고 지방간 갈등의 골이 깊어졌습니다. 이렇듯 산적한 문제가 현안으로 대두되는 가운데 우선 국내의 상황에 대한 정확한 통찰이 필요하다는 생각에서, 제49회 전국역사학대회의 공동주제를 '역사에서의 중앙과 지방'으로 잡았습니다. 특히 그것은 이번 대회가 처음으로 지방에서 개최된다는 점에서 또 하나의 이유를 발견하게 합니다.

역사에서 중앙과 지방문화는 대조적인 성격으로 성장하였고, 다시 통합해서 조화와 함께 절제된 균형미를 갖추면서 새로운 민족문화를 창출하였습니다. 그동안 지방자치제의 출현으로 나름대로의 지방문화를 꽃피웠지만, 그 속에 지방색이 도사리고 있기도 합니다. 지방문화는 아무리 독특한 것이라 하더라도 민족문화의 큰 틀 속에서 의미를 찾아야 합니다. 그러면서 민족사 속에 노출된 대립과 갈등을 지양하고 화해와 공영을 추구해야 합니다. 이러한 기반 위에 국외의 문제를 해결하려는 자세를 견지해야 할 것입니다. 이미 고구려 연구재단이 설립되어 있습니다만, 이번 기회에 일본의 역사교과서는 물론이고 그것과는 분리하여 독도나 영토 문제에 대해서는 항구적으로 다루어야 할 연구 기관이나 국가 기구의 설립을 모색해야겠습니다. 왜냐하면 영토 문제만은 결코 양보할 수 없기 때문입니다. 특히 역사교육을 강화하기 위해서는 중등학교 역사교과목의 독립 문제도 계속해서 추진해야겠습니다.

공동 주제에 이어 다음 날에도 학회별로 다양한 논문이 발표될 것입니다. 그 내용은 공통된 관심을 불러일으키면서도, 전문화되어 한국 역사학계의 수준을 끌어올릴 것으로 믿습니다. 준비하는 과정에서 혹시 미흡한 점이 있더라도 넓은 마음으로 양해해주시기 바랍니다.

2006년, 5월 26일

4) 2005년 역사학회 하계 학술심포지엄 인사말

이번 여름도 무척이나 더웠습니다. 늦더위를 잠재우면서 계절은 가을의 문턱으로 들어서고 있습니다. 연구와 개학 준비에 바쁘시겠지만, 역사학회의 하계 학술심포지엄에 참석해 주셔서 대단히 감사합니다. 역사학회 하계 학술심포지엄이 더위로 피로해진 심신을 새롭게 충전할 수 있었으면 합니다. 아울러 우리들 역사학도들이 서로 마음을 터고 친목을 도모할 수 있었으면 합니다.

2005년은 광복 60주년이 되는 해입니다. 그 동안 한국사회는 파란만장한 여정을 겪어 왔습니다. 극심한 좌우의 대립 속에 민족 상쟁의 비극을 경험하였으며, 유신체제를 넘어 산업화와 민주화의 업적을 달성하였습니다. 앞으로도 한국사회는 세계화와 정보화로의 돛을 올리고 힘차게 항해를 계속할 것입니다. 이렇듯 격심하게 변화하는 광복 60년 동안의 한국사회를 정리하려는 움직임은 바람직하게 생각합니다. 바로 이러한 뜻에서 역사학회의 여름학술 심포지엄의 주제를 '광복 60년 한국 역사학의 성과와 과제'로 정하였습니다.

그 동안 한국 역사학은 장족의 발전을 거듭해 왔습니다. 중앙의 지배기구에 집중되었던 연구가 지방의 향촌사회 구조를 밝히려는 면으로 폭이 넓어졌습니다. 처음 역사학회로 출범한 역사학 관련 학회도 한국사·동양사·서양사학회로 나뉘었고, 또한 그 내에 각 시대나 국가 또는 특수한 문화를 연구하는 소학회가 결성되어 연구가 세분되고 전문화되었습니다. 특히 민주화와 산업화를 거치면서 역사학연구가 다분히 이념화하기도 했습니다.

이제 한국 역사학계를 돌아보면서 일제강점기와 비교한 광복 60년 동안의 역사학연구 성과를 정리하고자 합니다. 아울러 너무 세분화된 연구 주제를 통합하면서 인과관계를 부각해야겠습니다. 이념을 내세웠던 역사학의 방법론은 실증적 태도에서 출발함으로써, 역사적 진실 곧 진리를 추구해야 할 것입니다. 이번 학술심포지엄에서 발표된 내용이 이러한 목적 달성에는 미흡하겠지만, 앞으로의 연구 방향에 한 디딤돌이 되기를 바라 마지 않습니다.

오늘의 한국사 분야 발표에서 동서양사의 발표와 종합토론이 있는 내일까지, 함께 동참해 주실 것을 부탁드리면서, 아울러 주제를 발표하고 토론해 주실 여러 선생님께 고맙다는 말씀을 드립니다. 특별히 기조 발표를 맡아준 차하순선생과 연로하심에도 불구하고 참가함으로써 격려해 주신 이원순선생께 감사한 마음을 표합니다.

2005년, 8월

5) 2006년 역사학회 하계 학술심포지엄 인사말

긴 장마가 끝나자 무더위가 기승을 부리면서 이번 여름은 무척이나 더 웠습니다. 마지막 가는 여름 밤 속에 우리 역사학도들이 대화의 자리를 마련하였습니다. 서로 마음을 열고 친목을 도모하였으면 합니다. 개학 준비로 바쁘신 중에도 시간을 내어 역사학회 하계 학술심포지엄에 참석해 주셔서 참으로 고맙습니다.

오늘날 한국사회는 민주화가 이루어지는 과정에서 급속도로 산업화와 정보화가 진행되었습니다. 그에 따른 사회 체제의 개혁은 지역이나 계층 간의 불화를 조장하는가 하면, 보수와 진보라는 이념 갈등을 드러내었습니다. 나라 밖에서도 중국의 동북공정은 고구려사의 정체성을 흔들었으며, 특히 일본은 역사교과서를 왜곡하여 침략을 정당화하는가 하면 독도를 자국의 영토라고 강변하고 있습니다.

산적한 현안들을 해결하기 위해 먼저 국내 문제부터 정리하는 길을 생각해 보았습니다. 이런 뜻에서 이번 심포지엄의 주제를 '한국 근·현대사 교과서의 독립운동사 서술과 쟁점'으로 정하였습니다. 3·1운동을 비롯해서 국내외의 독립운동사나 광복 이후 민족국가 건립사 등을 주변 국가나 서양의 경우와 비교하여 인식함으로써, 근·현대사 교과서의 역사인식은 물론 올바른 역사교과서의 편찬 방향을 모색하고자 합니다.

역사에서 연구된 내용 그대로를 가르칠 수는 없지만, 역사교육은 사실에 기초한 엄정한 실증적 연구에 의해서 추구된 진실, 곧 진리를 외면하여서는 안 될 것입니다. 특히 주변국의 이해가 일치하지 않는 역사교육에서 이념을 앞세운 역사 인식을 강조하는 것은 바람직하지 않습니다.

아울러 고구려사나 독도 문제는 영토와 연관된 것이어서, 결코 소홀히 취급될 수 없습니다. 무엇보다도 차분한 연구업적을 쌓음으로써, 해결의 실마리를 찾을 것입니다. 현실적으로 동북아역사재단이 설립된다고 하니, 이런 문제에 대한 학문적 접근이 우선적으로 추구되기를 바라마지 않습니다.

주제 발표에 이어 종합토론이 있을 예정입니다. 끝까지 함께 해 주시기를 바라면서, 발표나 토론 및 사회를 맡아주신 여러 선생님께 고마움을 표합니다. 건강이 좋지 않으나 기조논문을 발표해주실 유영익선생과 불편하심에도 불구하고 종합토론에 참가하여 강평해주실 최문형선생께 감사한 마음을 드립니다.

2006년 8월 16일

6) 한일역사 공동연구 심포지엄 인사말

2005년은 한국 역사상 을사조약체결 100주년과 광복 60주년이 되며, 일본역사로 볼 때에도 러일전쟁 승리 100주년과 2차대전 종전 60주년이 되는 해로서 한국이나 일본에게 특별한 의미를 줍니다. 특히 한일국교 정상화 40주년이 되어 양국이 보다 긴밀한 우애를 생각할 시기이기도 합니다. 시의 적절하게도 한일 우정의 해로 선포되어 동경과 서울에서 연이어 국제행사가 열릴 예정이라 합니다. 이러한 때에 일본 동경에서 역사 교과서에 관한 한국과 일본의 관련 학회가 공동 심포지엄을 개최한 것은 뜻깊게 생각됩니다.

2001년에 이어 일본 문부성의 역사 교과서 검정작업이 올 4·5월쯤에도 이뤄질 것이라고 합니다. 우익세력을 위한 왜곡된 역사 교과서가 검정을 통과하기도 했습니다만, 일본 내의 양심 세력에 의한 반대로 그 채택률이 0.039%에 머물러 일본의 교육현장에서 거의 무시되었음은 높이 평가되어야겠습니다. 그렇다고 해서 역사 교과서 왜곡 문제가 해결된 것은 아닙니다. 한국에서도 반성할 부분이 없지 않습니다. 많은 연구자들은 한국의 역사 교과서도 지나치게 자민족 중심으로 서술되었다고 지적하기도 합니다.

이러한 문제를 풀기 위해 한국과 일본 양국 정부의 합의에 따라 역사 인식과 역사교육에 관한 공동연구 작업이 이루어진 것은 환영되어야 합니다. 역사교육을 위한 공동 연구위원회는 정기적인 심포지엄을 계속 개최함으로써 교육계나 학계·민간인의 토론을 촉진시키고, 한일 양국 간의 역사 인식의 합의를 도출하여 역사 교과서 서술에 좋은 영향을 줄 것으로 기대합니다.

이러한 작업은 한일의 공통된 역사 교과서를 서술하는 바탕이 되겠지만, 현실적으로 역사 교과서가 직접 만들어질 수 있는 여건이 성숙되지는 않았습니다. 그러나 한국과 일본은 물론, 중국을 포함한 공동 역사서술은 반드시 이뤄져야 할 것입니다. 전례로 2차 세계대전 후 독일은 폴란드·프랑스 등 주변국들과 합의해서 역사 교과서를 만들었습니다. 그 결과 독일은 자신의 과거를 반성하여 역사를 기록하였고, 주변국들은 필요 이상으로 독일을 비난하는 과오를 피했습니다.

민간단체나 일부 대학 연구소가 중심이 되어 한국과 일본이나 또는 중국을 포함한 공동의 역사 교과서 부교재를 제작하는 작업이 이루어져 왔습니다. 물론 이들은 비교적 서로 뜻이 맞는 사람들끼리 모여 연구 단체를 결성했지만, 그들 내에 미세한 부분에 대해서의 논란은 끊이지 않고 일어났던 것으로 압니다. 공동 작업에 참가한 연구자들은 서로의 역사에 대해 너무 모른 데에서 그러한 논란이 발생한다고 고백합니다. 우선 한일 공동 연구 위원회는 양국의 역사에 대해 보다 진솔한 이해를 쌓아가야 할 것입니다.

한국과 일본은 거리상으로 가까우며 서로 활발하게 문화를 교류해 왔습니다. 양국의 역사와 문화를 서로 잘 앎으로써 두 나라 사이의 거리는 단축될 것입니다. 예전에는 한국과 일본을 '가깝고도 먼 나라'로 인식했습니다. 그런데 요즘 한국에는 두 나라에 대해 '먼 국가 가까운 민족'으로 이해한다는 말을 들었습니다. 그 만큼 두 나라는 거리감을 좁히면서 이전에 비해 훨씬 가까워졌음을 느끼게 합니다. 이제 한일 양국은 과거사의 질곡을 벗고 우정과 동반자의 시대로 나아가야 할 것입니다.

동경대학교, 2005년 1월

7) 『한국 역사학의 성과와 과제』의 책머리에

2005년은 광복 60주년이 되는 해인데 그 동안 한국사회는 파란만장한 여정을 겪어 왔다. 극심한 좌우 대립 속에 민족 상쟁의 비극을 경험하고 유신체제를 넘어 산업화와 민주화의 업적을 달성한 한국사회는 앞으로도, 세계화와 정보화로의 돛을 올리고 힘차게 항해를 계속할 것이다. 이렇듯 격심하게 변하는 광복 60년 동안의 한국사회를 정리하려는 움직임은 바람직하게 생각되며, 바로 이러한 뜻에서 역사학회의 여름 학술심포지엄의 주제를 「광복 60년 한국 역사학의 성과와 과제」로 정하였다.

이해 여름은 무척이나 더웠는데, 이 책은 더위로 피로해진 심신을 달래면서 강행한 2005년 역사학회 하계 학술심포지엄의 발표와 토론 내용을 정리한 것이다. 그 외 심포지엄에서 발표되지는 않았으나 한국역사학 전반의 연구경향을 개괄한 「한국역사학의 연구 성과와 과제」를 추가하였다. 광림세미나 하우스에서 열린 심포지엄의 빡빡한 일정 속에서도, 저녁에는 우리 역사학도들이 삼삼오오 둘러 앉아 마음을 트면서 정담(情談)을 나눈 것이 추억으로 남는다. 일제 식민사학의 극복이라는 면에서 심포지엄의 주제를 정하는 데에도 많은 논의가 있었다. 문창로(文昌魯)교수가 최종적으로 주제를 선정하면서 세부 연구를 계획하고, 줄곧 이번 심포지엄을 주관하였다.

1950년 한국전쟁으로 임시수도 부산(釜山)에서 역사학도들이 흐트러진 학문 연구를 계속하기 위한 모임으로 역사학회를 조직하였다. 어려운 여건 속에 역사 연구의 등불을 밝힌 역사학회는 광복 이후 한국사회의 험난한 여정과 호흡을 함께해 오면서 역사를 바라보는 안목이나 연구 방법의 확립에 기여한 바가 적지 않다. 그리하여 1982년에는 창립 30주년을 기념하기 위해서 역사학회가 한국역사학의 연구 성과를 체계적으로 정리하여 『현대한국역사학의 동향』(一潮閣)을 출간하였는데, 이때 한국사가 비교적 충실하게 정리되었다. 이러한 작업의 연장선상에서 광복 60년 동안의 역사 서술을 다루면서, 소홀히 취급되었던 근대사나 일본사·동양사·서양사 연구업적을 비교적 충실하게 소개하고자 한다.

그 동안 한국역사학은 장족의 발전을 거듭하여, 중앙의 지배 기구에 집중되었던 연구가 지방의 향촌사회 구조를 밝히려는 면으로 폭을 넓혀 왔다. 처음 역사학회 단독으로 출범한 역사학 관련 학회도 한국사·동양사·서양사학회로 나뉘었고, 또한 그 안에 각 시대나 국가 또는 특수한 문화를 연구하는 소학회가 결성되어 역사 연구가 세분되고 전문화되었다. 특히 민주화와 산업화를 거치면서 역사학 연구가 다분히 이념화되기도 하였다. 이제 한국 역사학계를 돌아보면서 너무 세분되어 전문화한 연구 주제를 비평하고 종합하면서, 이념을 내세웠던 역사학의 방법론은 실증적 태도에서 출발함으로써 역사적 진실 곧 진리를 추구해야 한다.

광복 60년 동안의 역사학 연구성과를 정리하는 작업은 무척 방대할 뿐만 아니라 한국근대의 사학사(史學史)를 구축하려는 의도를 지녔기 때문에, 매우 조심스럽고 망설여지기도 한 것이었다. 더욱이 발표 주제를 부탁하고는 이 책의 간행 원고를 마감하기까지는 1년도 안 되는 짧은 기간이었다. 그러다보니 이 책은 체계적인 짜임새가 부족하며, 집필자 개인의 연구 성과를 모으는데 불과한 것이 되었다. 부족하지만 이 책이 광복 60년의 역사학 연구성과를 뒤돌아보면서 앞으로의 연구 작업에 디딤돌을 제공할 수 있기를 기대해 보면서, 이를 계기로 광복 이후 한국사학사의 체계를 바로 세우려는 노력이 경주되기를 아울러 바란다.

이 책이 출간되도록 많은 분들이 협조해주었다. 먼저 좋은 원고를 써주신 필자와 사회자·토론자 여러 분에게 감사드린다. 역사학회의 이사인 지두환(池斗煥)·윤선자(尹善子)·이익주(李益柱)·송양섭(宋亮燮)·이주형(李柱亨)·강명희(姜明喜)·임성모(任城模)·곽차섭(郭次燮)·박흥식(朴興植)교수가 맡은 바 성의를 다하였다. 선봉조(宣奉助)총무간사는 굿은 일을 맡아 처리하면서 학술심포지엄이 순조롭게 진행되도록 도왔으며, 조관휴(趙串休)편집간사가 토론 녹취록을 정리하였고 김규준(金圭俊)편집간사도 원고의 교정을 맡았다. 너무 수고해 준 모두에게 고마움을 표한다. 끝으로 이 학술심포지엄을 지원해준 광복60년기념사업 추진위원회와 출판을 허락해준 일조각의 김시연(金時姸)사장을 위시하여 아담한 책으로 꾸며준 편집부 여러분께 심심한 사의를 표한다.

일조각, 2007년, 2월, 20일

8) 『한국근현대사 교과서의 독립운동사 서술과 쟁점』의 책머리에

역사학의 유일한 학회로 창립된 이후 역사학회는 반세기가 넘는 동안 한국의 역사학 발전에 꾸준히 기여해 왔다. 그 동안 한국의 역사학은 장족의 발전을 거듭해 왔다. 서양사·동양사·한국사를 연구하는 학회가 연이어 설립되었고, 삼사(三史) 내에서도 각 시대나 국가는 물론, 분류사나 인물 또는 특수한 사건을 연구하는 소학회가 결성되었다. 자연히 연구 영역이 세분화되고 전문화되면서 역사학계는 학문의 수준을 높였을 것이지만, 이와 비례하여 연구 성과를 비평하고 종합하는 작업을 요구하게 되었다. 앞으로 역사학계는 바로 이런 점에 관심을 가져야 할 것이다.

역사학회는 학회지인 『역사학보』를 통해 매년 한국 역사학계의 연구 성과를 정리하는가 하면, 한편으로 한국사는 물론 동양사와 서양사를 아우르는 종합 학회로서의 위상을 견지해 왔다. 또한 월례 학술발표회를 없애면서, 서평이나 논단 중심의 연구 업적을 게재하려고 노력하였다. 그러나 연구 성과를 종합하는 문제는 역사학회 혼자만의 몫으로 남을 수는 없다. 역사 관련 모든 학회가 서로 모여 고민할 때에 밝은 내일을 바라볼 수 있을 것이다.

역사학회는 매년 한국사·동양사·서양사 연구자들이 모두 참가하는 공동의 학술심포지엄을 개최하여 그 성과를 단행본으로 출간하였다. 전임 이태진 회장이 주관한 학술심포지엄의 성과가 『전쟁과 동북아의 국제질서』(일조각, 2006)로 출간되었고, 2005년도의 하계 학술심포지엄의 성과는 『광복60년 한국역사학의 성과와 과제』(일조각)로 인쇄 중에 있다. 이번에 출간하는 『한국 근·현대사 교과서의 '독립운동사' 서술과 쟁점』은 2006년도 하계 학술심포지엄의 성과를 묶은 것이다.

이 책에는 모두 8편의 논문과 토론 녹취록이 실려 있다. 그 내용은 크게 보아 세부분으로 나뉜다. 첫째, 올바른 역사교육을 위한 제언이다. 즉 바람직한 역사교과서의 편찬과 역사인식의 문제를 다루었다. 둘째, 국내의 독립운동사나 광복 이후 민족국가 건설에 관한 성격을 논한 것이다. 한말에서부터 일제강점기에 이르는 독립운동이나 3·1운동 및 민족문화운동의 전개과정과 그것이 민족국가의 건설에서 어떻게 계승되었는지를 밝히고자 하였다. 셋째, 국외 독립운동의 전개 과정이나 외국의 교과서에서 독립운동사가 어떻게 서술되었는지를 다루었다. 중국이나 미국 등 각 지역에서 독립운동이 확산되어나간 과정을 추구하고, 독립운동사 서술에 대하여 폴란드와 한국의 역사교과서를 비교하였다. 마지막의 토론문은 정돈된 문장으로 수정된 것이지만, 개중에는 현장감을 살리는 표현을 남겨두기도 하였다.

역사학회 연구이사인 윤선자(尹善子)교수가 이 책에 실린 내용의 학술 심포지엄을 맡아 계획하고 줄곧 주관하였다. 그리하여 본래의 취지는 근·현대 교과서에 독립운동사가 어떻게 서술되어 그 쟁점이 무엇인가를 제시하려는 방향으로 기획한 것이다. 그러나 논의 과정에서 역사교육이나 역사인식의 문제를 총론으로 다룸으로써, 자연히 발표 내용이 한국사에 치우쳐 동·서양사 분야를 포괄적으로 논의하려는 역사학회 본래의 의도를 벗어나게 되었다. 또한 중국이나 미국 등 외국에서 한국독립운동이 확산되는 과정에 천착하다 보니, 동·서양의 각 국가들이 독립운동사를 어떻게 서술하고 있는가를 한국의 사례와 비교하는데 소홀하였다. 이러한 미비점은 본래의 취지를 바꾸면서 일어났고, 그 책임은 전적으로 본인에게 있다.

그래도 허심탄회한 토론을 이끌어 낸 데에 한 가지 위안을 삼고자 한다. 보통 학술심포지엄에는 뜻이 맞는 비슷한 경향의 학자들이 모여 발표하고 토론하는 경우가 많다. 역사학회는 서로 생각이 다른 연구 경향을 포용할 수 있어야 한다. 이 책에서는 발표자나 토론자들이 상반된 견해를 스스럼없이 제시하여 많은 문제점을 노출시켰다. 이 점은 당장 해결될 수 있는 것은 아니지만, 앞으로 이념의 벽을 허물고 객관적인 진실을 파악함으로써 한국의 역사학이 나아갈 공영의 길을 모색하게 될 것이다.

지난 여름 약암관광호텔에서 발표와 토론으로 이어지는 빡빡한 일정 속에서도, 우리 역사학도들이 삼삼오오 둘러앉아 늦 여름밤을 담론(談論)으로 보내면서 정의(情誼)를 쌓았다. 보람을 느끼지 않을 수 없다. 책이 나오기까지 많은 분들이 수고해 주었다. 먼저 좋은 원고를 써주신 필자와 사회자·토론자 여러분에게 감사드린다. 특히 일반 참가자분들은 이 학술심포지엄을 성황리에 마치게 해주어 두루 고마울 뿐이다. 역사학회의 지두환(池斗煥)교수를 비롯한 윤선자·이익주(李益柱)·송양섭(宋亮燮)·이주형(李柱亨)·강명희(姜明喜)·임성모(任城模)·곽차섭(郭次燮)·박홍식(朴興植)교수가 열과 성의를 다하였다. 학술심포지엄이 순조롭게 진행되도록 궂은 일을 도맡아 처리한 조관휴(趙串休) 총무간사와 토론 녹취록을 정리하고 책의 교정을 맡았던 김규준(金圭俊) 편집간사가 너무 수고해 주었다. 고마움을 표한다. 끝으로 이 학술심포지엄을 지원해준 보훈처와 출판을 맡아준 경인문화사에 대해 감사의 뜻을 전한다.

경인문화사, 2006년 10월 30일

9) 『금석문을 통한 신라사 연구』의 서문

한국고대사 연구는 사료가 영세한 면에서, 일찍부터 새로운 자료를 발굴하려는 노력을 기울여왔다. 『삼국사기』나 『삼국유사』가 가장 중요한 자료이지만 고려중기 이후에 서술되었으며, 『삼국지』 등 중국 정사(正史)의 동이전류는 외국인이 기록한 것이어서 한국 고대사회의 내면적인 발전 모습을 바로 알려주지 않는다. 따라서 한국고대의 당시 사람들이 직접 기록으로 남긴 금석문에 대해서는 많은 관심이 집중되었다.

최근에 발견된 영일(迎日) 냉수리비(冷水里碑)나 울진(蔚珍) 봉평비(鳳坪碑)에 대해서는 비교적 많은 연구가 이루어졌다. 반면 사천 서진리비는 이제 학계에 알려져, 그 정확한 내용이 소개되고 있지 않다. 그 외에 이미 알려진 금석문에 대해서도 그 자료적 한계성을 생각해야 한다. 특히 선사(禪師) 등 개인 비문의 경우, 그를 미화하여 기록한 부분이 많다. 이렇듯 금석문 자료는 중요하면서도 실제 역사학의 자료로 이용되는 데에는 방법론상의 어려움이 따른다.

종래 새로운 금석문 자료가 발견되면, 그것의 분석으로 한국고대사 체계를 바꿀 수 있다는 흥분은 바람직한 것이 아니다. 특수한 금석문 자료는 기존의 연대기 자료의 내용이나 지금까지의 한국고대사 연구 성과 위에서 분석되어야 한다. 금석문 자료를 통해 신라 사회상을 부각하려는 의도는 바로 이런 점에서 찾아진다. 또한 금석문 속에는 세워질 당시의 사회상이 반영되어 있다. 따라서 『금석문을 통한 신라사 연구』는 금석문 자료를 신라 정치·사회사 속에서 이해하려는 것이다.

이 공동 연구는 조범환(曺凡煥)의 「영일 냉수리비를 통하여 본 신라 촌(村)과 촌주(村主)」, 김덕원(金德原)의 「신라 동해안 진출과 울진 봉평비 - 사민(徙民)정책과 '노인(奴人)'의 관계를 중심으로-」, 곽승훈(郭承勳)의 「신라중대 아도화상비(我道和尙碑)의 건립」, 김두진(金杜珍)의 「진감선사탑비(眞鑑禪師塔碑)와 혜소(慧昭)의 선종사상」, 김창겸(金昌謙)의 「최근 발견 사천 서진리 신라비에 대한 시론」, 장일규(張日圭)의 「신라 금석문의 말세의식과 미륵신앙」으로 이루어졌다.

분석하려는 비문의 내용은 크게 보아 신라 사회와 사상을 알려주는 것이다. 이 연구가 갖는 공통의 주제는 신라의 정치·사회상을 부각하는데 맞추어졌다. 그러면서 서술상의 공통점을 살리려고 노력하였다. 그렇지만 이 연구의 각 주제는 전적으로 연구자 개인에 의해 선정되었고, 논리의 전개 방식이나 결론도 역시 연구자 개인이 이끌어낸 것이다. 즉 공동연구로 이루어졌지만, 그 내에 다양한 결론과 연구 방법을 포용하려는 뜻을 담았다.

이 연구의 성과는 신라 사회의 사실적 모습을 제시하려는 것으로 연구자 개인의 노력이 모아져 이룬 결실이다. 그러나 공동연구를 수행하면서 연구자들이 합심하여 밝히려고 노력한 부분도 적지 않다. 정기적으로 모여 주제에 대한 연구 성과를 점검하면서, 그 방향을 조정하기 위한 연구 간담회를 가졌다. 분석하려는 비문을 직접 찾아가 내용을 정확하게 판독하려는 수고를 아끼지 않았다. 조사한 비문 자료는 매번 토론을 통해 분명하지 않은 글자를 고증하고, 해석상의 이견을 좁히는 작업을 계속해 왔다. 연구된 결과는 학술토론회를 개최하여 정교하게 다듬는 작업을 거쳤다.

이 연구가 심층적으로 이루어지기 위해서는 신라의 정치·사회사에 대한 이해를 심화해야 한다. 신라사 일반에 대한 이해가 깊으면 깊을수록, 그것에 의거하여 비문 자료를 분석하는 수준은 높아질 것이다. 이 연구의 수준을 크게 향상시키지 못한 점이 있다면, 그 흠은 전적으로 연구의 책임을 맡은 본인에게 있다. 신라 정치·사회사의 전반이나 또는 비슷한 시기의 다른 비문이 알려주는 분위기에서 벗어나는 내용에 대한 검토 등이 이런 문제에 대해 도움을 줄 것이다.

다만 이 연구가 신라사회의 이해에 조그만 도움이 되기를 바란다. 신라 금석문은 많은 세월을 비바람과 함께 지내오면서, 원 모습을 잃게 되었다. 때문에 판독의 어려움이 따른다. 이러한 연구를 통하여 신라 금석문의 원 모습을 복원하는 작업이 이루어질 수 있겠지만, 아울러 현재 전하는 금석문의 보존 작업을 모색해야 할 것이다.

한국학중앙연구원, 2005년, 9월, 30일

10) 『경기 북부지역의 신당 및 제장』의 머리말

지방사에 대한 연구가 활성화되면서, 한국사는 보다 충실하게 밝혀질 수 있다. 근래에 지방 행정기관이 중심이 되어 그곳의 역사와 문화를 정리하려는 노력이 경주되어 왔고, 대학의 부설연구소도 지역문화를 조사·연구해 왔다. 이제는 제법 지방사에 대한 연구가 축적된 셈이다. 그러나 경기 북부지역의 역사나 문화에 대한 연구와 정리는 소홀히 되었다. 그 이유는 이 지역이 휴전선에 가까워 실제로 문화유적의 조사를 어렵게 하기 때문이다. 대학의 부설연구소가 이 지역의 역사와 문화를 종합적으로 정리하지 못한 셈이다. 국민대학교 한국학연구소는 지난 1998년부터 2000년에 이르는 3년 동안 경기 북부지역의 문화를 종합적으로 정리하는 연구

과제를 수행해 왔다.

산악(山岳)이 많고 북한과 대치하고 있는 지정학적(地政學的) 이유로 비교적 토착적인 옛 문화를 잘 보존하고 있던 경기 북부지역의 전통문화는 근래 남·북한이 화해하는 사회 분위기 속에, 개발의 물결을 타면서 급속도로 변모되기에 이르렀다. 전통문화를 보존할 필요에서 본 연구소는 이 지역의 토착적인 민간종교 신앙이나 전설, 혈연적인 촌락(村落)사회, 군현(郡縣)의 치소(治所) 등을 밝히려 하였다. 지금이라도 그 실상을 조사해 놓지 않으면 이런 것들은 급속도로 제 모습을 잃어갈 것이다.

경기 북부지역의 4개 분야의 과제 중 신당(神堂)이나 제장(祭場)의 조사와 정리는 김두진(金杜珍)·문창로(文昌魯)·이종태(李鍾泰)가 맡았고, 여성구(呂聖九)·장일규(張日圭)·장창은(張彰恩)·신영문(申泳文) 등이 조사원으로 참가하였다. 한강과 산악을 끼고 있어서인지 이 지역의 마을제사는 투박하면서도 서민적인 정서를 비교적 잘 보전하였을 뿐만 아니라, 촌락이나 마을 단위로 끈끈하게 전승되고 있었다. 그리하여 몇 명 안 되는 연구원과 조사원으로 경기 북부지역의 신당이나 제장을 종합적으로 조사·정리한다는 것은 애초부터 힘겨운 일이었다. 그런 대로 본 연구팀은 총 35회의 현지조사(現地調査)를 실시하여, 약 80여 개에 이르는 마을제사와 그 제장의 모습을 사실적으로 밝힐 수 있었다. 현재 조사된 자료는 200자 원고지 약 4,000매와 동영상 CD 17장에 이르는 방대한 분량에 이른다.

본 연구팀은 현지 조사와 함께 신당이나 제장에 관한 문헌사료를 철저하게 조사하였다. 조사된 자료는 대체로 2~3주에 한 번 정도로 모여서 윤독(輪讀)하고 분석하는 과정을 거쳐 정리되었다. 이 지역 신당이나 제장의 실태에 대해서는 본 연구팀이 직접 답사하여 밝힌 것과 이전 조사보고서에서 인용한 것을 엄격하게 구별하여 실었다. 그 외 전통 사료에서 조사한 문헌사료나 동영상 CD의 내용은 별책(別冊)으로 따로 정리하였다.

이렇게 조사된 내용을 집중적으로 분석하여 문창로가 「경기북부지역 신당 및 제장의 특징」, 이종태가 「경기북부 마을제의의 구성과 절차」, 김두진이 「경기북부지역 제의의 역사적 기능」을 밝혔다. 특별히 여성구는 「경기북부지역 제의의 사회적 기능」을 집필하였다. 이러한 연구를 통해 경기 북부지역의 제의나 제장의 특징과 구조 및 역사적·사회적 기능을 대체로 밝혔으며, 그것을 경기 남부지역을 포함한 다른 지역의 제의나 제장이 갖는 성격과 비교·검토할 수 있었다. 현지 조사에는 조사원 모두가 참가하였지만 그 중에서도 장일규·장창은·신영문이 참으로 수고하였다. 제사의 현장을 촬영하기 위해 밤을 세워 작업한 적이 셀 수 없을 정도로 많았다. 현지 마을제사의 제주(祭主)가 들려 준 녹취 기록이나 영상 자료를 정리하는데 장일규의 수고가 참으로 컸다. 고마움을 표한다.

경기 북부지역의 신당이나 제장에 관한 조사·연구는 비록 종합적으로 방대하게 정리되기는 하였으나, 이 보고서만으로 족하다고 할 수 없다. 앞으로 본 연구팀은 이번의 조사와 그것을 분석하는 작업 과정의 경험을 살려서, 이 지역 마을제사에 관한 연구를 보다 충실하게 마무리하고자 한다. 아울러 불교나 도교 등 다른 종교 신앙에 대한 조사·연구도 이루어지기를 희망한다. 비록 이번의 조사·연구는 본 조사팀의 개별 구성원이 자신의 판단으로 충실히 자료를 조사하고, 모아진 자료를 분석한 결과의 소산이다. 말하자면 그 조사보고서나 연구 논문은 모두 조사원 개인의 독립된 연구업적으로 이루어졌다.

그러나 그러한 보고서나 연구 업적을 내기까지, 조사원들은 정기적으로 모여 윤독과 토론을 거치면서 이견을 좁혀 왔다. 각자가 맡은 보고서와 연구 업적을 종합하여 체계화하는 작업은 주로 나의 주관 하에 조사원들의 의견을 수렴하여 이루어졌다. 행여 이 보고서에서 흠이 발견된다면, 그것은 종합적으로 정리하는 과정에서 간과된 나의 불찰이라고 할 수 있다.

끝으로 이 조사 연구가 이루어지도록 도와준 한국학술진흥재단 관계자에게 고마움을 표한다.

한국학연구소, 2000년 8월

11) 『조선시대의 양로연의례(養老宴儀禮)와 어연(御宴)의례』의 머리말

옛 선인들의 생활 모습을 복원하려는 노력은 오늘날 우리들의 삶이 어떻게 이어져 왔는가를 이해시켜 주기 때문에 대단히 중요하다. 문화재관리국이 궁중문화(宮中文化) 재현 행사를 계획하여, 그에 따라 연차적으로 그 기초 연구와 함께 실제로 재현 행사를 시행하고 있다. 늦었지만 바람직하게 생각된다. 세종대의 즉위의례를 재현한 작년도에 이어 금년에는 조선시대의 양로연(養老宴)의례와 어연(御宴)의례가 재현할 대상으로 선정되었다.

국민대학교의 한국학연구소가 조선시대 양로연의례나 어연의례의 재현을 위한 기초 연구를 행하도록 통보를 받은 것은 지난 9月 초순이었다. 시일이 촉박하여 이 과제를 온당하게 수행할 수 있을런지에 대한 회의가 앞섰다. 마침 본교의 한국학연구소는 조선조의 의례나 유학사상에 대해 전문적으로 연구할 수 있는 여건을 갖추고 있었으며, 또한 정부 당국이 우리의 전통문화에 대한 관심을 지속시킬 수 있도록 도와주어야 한다는 생각이 들었다. 그런 의미에서 이 과제를 떠맡게 되었다.

반년이 채 안 되는 기간 동안 이 과제에 대한 연구를 마무리짓고, 연구 보고서를 상재(上梓)하게 되었다. 그 동안 힘겨웠던 일이 하나 둘이 아니다. 이 연구에 공동으로 참여한 사람들이 열의와 성의를 가지고 쏟아 부었던 땀과 노력의 소산이 아닐 수 없다. 이 과제의 착수와 더불어 매주 1번씩 모여 그때그때 뽑은 자료의 정리와 토론 작업을 거쳤으며, 그 결과 미진한 부분에 대해서는 보완하여 전체의 체제를 통일하였다. 자문위원과의 집담회(集談會)는 미처 생각하지 못한 부분에 대해 보충할 수 있게 하였다.

연구를 진행하다보니 현재 축소된 궁중의 규모와 맞지 않을 수 있는 의례의 모습을 발견하였다. 여기서는 가능한 원 사료의 기록을 중시하여 당시 의례의 모습을 정확하게 제시하는데 역점을 두었다. 이 연구는 나의 책임하에 수행되었다. 그러나 연구의 전체적인 구도에 대해서는 지두환(池斗煥)교수가 주로 수고하여 작성하였으며, 그 종합적인 성과는 이 일에 참여한 모든 사람들이 함께 이룬 것이다. 각 장(章)의 개별적 연구 내용에 대해서는 그 말미에 집필자를 명기하였다.

이 연구 과제를 함께 수행하면서 동참한 여러분에게 고마운 뜻을 표하고자 한다. 먼저 연구 집필을 분담한 정만조(鄭萬祚) · 지두환 · 정승모(鄭勝謨) · 오석민 · 최은수(崔銀水)교수가 참으로 수고했다. 특히 정승모 · 오석민 · 최은수교수는 집필과 아울러 사진 촬영은 물론 민속학 관계 자료를 수집해 주었다. 이상현(李尙賢) · 김정자(金正子) · 장창은 · 안승배(安承培)군이 자료 정리에서부터 교정 등에 이르기까지 궂은 일을 마다하지 않고 도와주었다. 이 밖에 김종수선생이 뒤에 특별히 참가하여, 음악과 무용에 관한 자료 정리와 함께 그 집필을 담당해 주었다. 모두 같은 마음으로 협력해 준데 대해 고맙고 기쁘게 생각하며, 연구에 참여한 모두에게 이 작업에서의 연구 경험이 바탕이 되어 앞으로의 학문적 결실이 주렁주렁 열리기를 바란다.

이 연구는 본래 전공 영역별로 세분된 분야를 나누어 연구 집필을 의뢰하였으며, 나는 전체를 총괄하면서 연구의 진행을 점검 독려하였다. 그러나 행여 이 책에 문제점이 지적된다면, 그 책임은 오로지 나에게 있다. 특별히 자문에 응해주신 강신항 · 김용숙(金用淑) · 김영숙 · 장철수교수께 감사드린다. 그리고 이 연구를 수행하는데 여러 가지 편의를 제공해 준 문화재 관리국 담당자 여러분께도 감사를 드리는 바이다.

한국학연구소, 1997년 12월 22일

12) 『신라골품제사회와 화랑도』 해설

이기동(李基東)이 지은 신라시대의 정치·사회사를 연구한 『신라골품제사회와 화랑도』는 1980년 한국연구원(韓國研究院)에서 간행되었고, 1984년 일조각에서 다시 간행되었다. 저자는 골품제를 화랑도와 유기적으로 연관시켜 분석하였다. 이 책의 내용은 크게 3편으로 나뉘어 논술되었다. 제1편에서는 주로 사회인류학의 이론을 원용하여 신라 왕실의 혈연의식을 분석함으로써 골품제사회의 성립을 논하였다. 신라 내물왕계의 혈연 의식이나 신라중고대 혈족 집단의 특질에 관한 문제 및 신라중대의 관료제와 골품제의 관계를 주로 다루었다.

제2편에서는 신라하대 왕실 및 진골 귀족의 혈연 의식이나 사회 경제적 기반을 밝힘으로써 골품제사회 붕괴기의 정치·사회·문화의 여러 변동을 논하였다. 신라하대의 왕위계승이나 진골 귀족인 금입댁(金入宅)의 사회 경제적 기반, 지방 세력 특히 패강진(浿江鎭)을 중심으로 한 고려왕조의 성립 문제, 나말려초에 중세적 측근 정치를 지향하는 근시기구(近侍機構)나 문한기구(文翰機構)의 확장 및 신라와 당나라 문인의 교류와 빈공급제자(賓貢及第者)의 출현 등을 다루었다.

그리고 제3편에서는 화랑도의 기원이나 조직 및 그 활동을 신라 골품제사회 속에서 고찰하였다. 이밖에 서론에서 신라 골품제연구의 현황을 개관함으로써 그 문제점을 추출하였다. 마지막의 본론에서는 최근에 얻은 몇 가지 사료인 흥덕왕릉비(興德王陵碑)·적성비(赤城碑)·안압지(雁鴨池) 출토의 목간(木簡) 등을 간략하게 분석하여 제시하고 있는데, 그것은 모두 골품제사회를 밝히는 데 중요한 자료이다. 저자는 서양의 사회과학 이론을 받아들여 그것으로써 신라 사회의 역사적 개별 사실을 해석하려 했으며, 아울러 신라사 자체에 대한 구체적 지식을 가지기 위한 작업을 병행하였다.

그리하여 이 책에서는 다음과 같은 몇 가지 중요한 문제가 밝혀졌다. 첫째 골품제를 혈족 집단의 분지화(分枝化) 경향으로 설명하였다. 리니이지(lineage) 개념을 도입하여 대체로 3세대의 직계 혈족으로 이어지는 소리니이지(小lineage) 사이의 대립과 항쟁을 광범하게 추적하였다. 둘째 성골과 진골의 문제를 골품생성(骨品生成)의 면에서 추구하였다. 성골의 발생을 진흥왕의 태자인 동륜(銅輪)의 직계비속(直系卑屬)으로 구성된 배타적인 소리니이지의 출현과 연관시켜 설명하였다. 셋째 화랑도를 골품제사회의 기능면에서 분석하였다. 골품제적인 혈연을 내세우는 것과는 달리 서약에 의하여 자발적으로 이루어진 화랑도는 신분계층 간의 갈등을 완화하고, 그 사이의 유동성을 가져오게 함으로써 엄격한 골품제사회의 완충제 노릇을 담당하였다는 것을 밝혔다.

역사연구의 노트

1. 나의 한국사연구 회고

1) 자란 환경

아버지의 직장을 따라 부산에서 2년 정도 생활한 것을 빼면, 나는 태어나면서부터 고등학교를 졸업할 때까지 줄곧 진주에서 생활하였다. 진주는 유년시절을 보낸 나의 고향이다. 우리 집안의 근거지는 주약동인데, 그곳은 산을 낀 계곡이 깊으면서도 내를 따라 밭과 논이 꽤나 넓게 펼쳐져 있다. 산골 마을을 터전으로 삼았을지라도, 경작지가 많아 제법 넉넉한 살림을 꾸릴 수 있었다고 한다. 고조할아버지나 증조할아버지 형제들의 산소가 대체로 주약동의 여러 골짜기에 흩어져 있다. 그러다가 할아버지와 아버지 형제들 중의 대부분이 진주 시내나 칠암동에 이주하여 생활하였는데, 명절에 성묘할 때에는 버스를 빌려 온 집안이 함께 주약동 산소에 간 기억이 난다.

내가 세상살이 와중에 처음으로 가장 가혹하게 부딪힌 것은 한국전쟁이었다. 동란 중이라 6살이던 나는 조그만 봇짐 하나를 메고 할아버지와 가족들 틈에 끼어 문산으로 피난을 가던 중 인민군 선발대를 만났다. 그들은 남쪽으로 내려가는 것이 전쟁터를 따라 이동하기 때문에, 오히려 북쪽으로 피난할 것을 종용하였다. 다시 산청으로 피신할 때까지 폭격이 난무하는 참혹한 현장을 헤매며 다녔다. 비행기의 폭격으로 게양의 철도 굴속에 피신했던 많은 사람이 죽거나 부상했으며, 갑작스런 공습으로 개울가로 몸을 숨긴 피난민들이 파편을 맞아 피를 흘렸다. 남쪽으로 진격한 인민군은 얼마 있지 않아 후퇴하면서 나의 가족이 피신한 산청을 지나 북쪽으로 쫓겨 갔으며, 부상병도 적지 않게 발생하였다. 취학하기 전에 나는 민족 상쟁의 생생한 아픔을 몸으로 경험한 셈이다.

천전초등학교를 졸업하고는 진주중학교와 진주고등학교에 진학하였다. 나의 집은 칠암동 진주 경상대학(당시 농과대학) 정문 옆에 있었다. 때문에 중·고등학교 때의 통학 거리는 약 10리 길이었다. 왕복으로 매일 2시간이 통학하는데 소요되었다. 그래도 나는 6년 동안을 거의 개근하였다. 어릴 때 나는 꽤나 음치였나 보다. 중학교 때에 음악 성적이 최하위인 '가'를 받았다. 그런데 고등학교 때에는 필기시험을 치르다보니 음악 성적이 '수'로 나왔다. 중학교 때에 비해 전교등수가 많이 앞으로 나아갔다. 방과 후에는 경상대학에서 조교인 형들과 탁구를 자주 쳤으며, 사범학교에 다니는 동네의 친구들과 함께 저녁에는 야학을 열고 아주머니들을 가르치기도 하였다.

고등학교를 졸업하기까지 교가에는 굽이굽이 흐르는 남강과 우뚝 솟은 지리산이 의례히 들어갔다. 그런가 하면 진주 중·고등학교는 진주의 진산(鎭山)인 비봉산(飛鳳山) 기슭에 자리하고 있다. 비봉산에는 봉의 알자리 유적이 있다. 고등학교 때에 점심시간을 이용하여 비봉산을 오르내리면 매번 봉의 알자리를 만난다. 거기에는 진주가 인재(人才)의 고장이라는 전설이 서려 있다. 봉이 날아간 자리에 봉의 알을 구해 품음으로써 끊긴 인재를 다시 풍성하게 육성하였다는 것이다. 이런 전설은 어느 한 가문의 전설을 넘어서서, 진주고등학교를 다닌 학생들의 가슴 속에서 보편화되어 싹을 피웠다. 이와는 별도로 진주가 인재의 고장이라는 것은 이미 오랫동안 전승되었고, 나도 어릴 때 할머니와 아버지로부터 이런 말을 들은 적이 있다.

남강은 어릴 때 나의 삶의 터전이 되었다. 아낙네들의 빨래방망이 소리를 들으며, 대나무 무성한 강변을 긴 모래사장에서 수영과 낚시로 휴일을 보내기가 일쑤였다. 무엇보다도 순박한 인심을 나타내는 촉석루와 논개의 충절이 깃든 의암을 마음으로 보듬고 살아왔다. 임진왜란에서 크게 승전한 김시민(金時敏)이나 퇴각하는 왜군을 맞아 끝까지 싸우다 산화한 삼장사의 넋은 남강물 길게 이어지듯, 도도한 물결로 다가온다. 멀리 웅장하게 드리워진 지리산의 자태는 고준한 기상을 느끼게 한다. 그 속에 배태한 남명학(南冥學)의 유학적 전통은 내가 뒷날 학문의 길로 들어서는데 밑거름이 되었다.

2) 학창시절의 수학과정

고등학교 때까지만 해도 이과(理科) 쪽에 더 흥미와 재주를 보였지만, 대학에서의 수학은 인생 여정의 방향을 결정지어 주는가 보다. 서울대학교 문리과대학 사학과에 입학하면서 나의 역사 공부는 비로소 시작되었다. 지금껏 입시공부의 여가에 틈틈이 읽은 역사소설이나 야담은 역사를 공부하는데 보탬이 되었다. 이인직(李人稙)의 『혈의 누』나 이광수(李光洙)의 『단종애사』는 막연하나마 우리 민족의 개화와 함께 역사 의식에 눈을 뜨게하는 계기를 마련해 주었다. 그러다가 김동인(金東仁)의 『대수양』을 읽으면서 『단종애사』와는 다른 분위기를 느꼈다. 이는 역사를 바라보는 입장에 차이가 있다는 것을 이해하는데 도움이 되었다. 아울러 김동인의 『운현궁의 봄』도 혼란기의 지도자상을 생각하게 하였다.

대학입시를 앞두고 나는 늑막염을 앓았는데, 제대로 치료를 받지 못하다가 합격통지서를 받고는 병원에 입원하였다. 한 달 남짓한 치료기간 동안에 친지가 『한국야담사전집』 10권을 입원실로 가져다주었다. 물론 당시에 이 책을 통독하였는데, 뒤에 안 일이지만 그 내용의 대부분이 『삼국유사』의 설화를 모티브로 만들어진 것이었다. 몸이 완치되고 난 뒤에 학교에 간 것은 입학식 이후 두세 주가 지나고 난 뒤였다. 주로 교양과목 수업이 많았다고는 하지만, 그 동안 빠진 수업을 보충하기도 바쁜 나날이었다. 또한 선배나 주위 분들은 일찍 전공을 선택하지 말고, 한국사는 물론 동양사나 서양사 과목에 이르기까지 두루 넓게 수업을 들으라고 충고해 주었다.

당시 학부의 교양과목은 필수과목이 아니면 따로 설강되어 있지 않았다. 인문·사회·자연계열로 나뉜 각 학과의 전공 수업을 택하여 수강하면, 그것은 바로 교양선택 과목으로 충당되었다. 때문에 나는 국문학과의 문학 과목은 물론 종교학과나 고고인류학과 및 철학과의 과목을 자주 수강하였다. 즉 전광용(全光鏞)의 국문학이나 이숭녕(李崇寧)의 중세국어학 강의에서부터 영문학자인 송욱(宋稶)의 문학평론 등을 수강하였다. 박종홍(朴鍾鴻)의 한국철학과 조가경의 서양철학에 대한 강의도 유익한 바가 많았다. 특별히 종교학과의 교과목인 종교인류학·비교종교학·종교사회학·불교학·기독교사·원시종교 등을 수강하였다. 그 중에서도 정진홍(鄭鎭弘)과 뒤에 대순진리회와 연결되어 비난을 받은 장병길(張秉吉) 등이 각각 담당한 기독교와 원시종교에 관한 강의는 많은 도움이 되었다.

또한 동국대학의 이기영(李箕永)이 『금강삼매경론』을 강의하였는데, 그의 불교학 강의에는 상당히 많은 수강생이 몰려들었다. 내가 처음 불교사상에 눈을 뜨게 되는 것도 그의 강의가 계기가 되었다. 원시종교나 종교 일반의 이론에 대해서도 관심을 가졌다. 수업시간을 통해 소개받은 원시

종교학 관계 서적 중의 하나이긴 하지만, 영어공부를 겸해서 읽은 Frazer
의 『The new golden bough』(A Mentor Book, 1959)는 축소판이면서도 원
시종교 일반의 사실적인 신앙 의례의 다양한 모습을 접할 수 있게 하였다.
그 외 고고인류학과의 과목을 비교적 많이 수강하였다. 김원용(金元龍)의
고고학개론은 물론 당시 외국의 새로운 이론을 수용하여 소개하는 이광규
의 인류학이나 국립박물관장이던 김재원의 삼국시대 고고학 등은 전공 공
부에도 도움을 주었다.

　학부의 사학과 교과과정은 한국사나 동·서양사의 과목을 고루 듣게
끔 짜여졌다. 한국사 영역에는 광복후 한국사학을 일군 이병도의 한국문
화사가 설강되어 있었고 주로 한우근(韓㳓劤)과 김철준(金哲俊)이 조선시
대와 고대사를 담당하고 있었다. 또한 류홍렬이 한국천주교회사를 담당
하였고, 영남대학으로 옮긴 그의 후임으로 김용섭(金容燮)이 조선 사회경
제사를 강의하였다. 한우근은 물론 천주교에 밝았던 류홍렬도 문헌 고증
에 의한 중후한 실증적 학풍을 견지하였다. 반면 김용섭과 김철준은 실증
사학을 비판하였을 뿐만 아니라 특히 김철준은 신채호의 민족주의 사학을
계승하였다. 또한 김철준은 한국고대사 관계의 영세한 사료의 한계를 극
복하기 위해, 인접 학문인 사회과학의 이론을 도입하여 역사를 연구할 것
을 종용하였다.

　동양사 분야에서는 정년을 넘어섰지만 김상기(金庠基)가 강의를 담당
하였으며, 『이십이사차기(二十二史箚記)』를 해설하는 동양사강독은 많은
수강생으로 넘쳐났다. 고병익(高柄翊)과 전해종(全海宗)이 모두 한중관계
사를 담당하고 있었다. 전해종의 조공무역이나 고병익의 원대사(元代史)
에 관한 강의는 한국사의 이해에도 도움이 되는 필요한 과목이었다. 그 외
서양사 분야에서 민석홍(閔錫泓)과 양병우(梁秉祐)가 각각 서양근대사와
서양고대사를 강의하였고, 원로였던 조의설(趙義卨)도 출강하고 있었다.
민석홍의 사학개론이나 서양근세사 강의는 워낙 명강(名講)이었는데 역

사 일반의 사론(史論)에 접할 수 있게 하였다. 원서 강독 위주로 행해진 양병우의 강의도 역사 이론에 접하게 하였다.

학부에서의 전공 수업은 한국사나 동·서양사의 어느 한 쪽에 치우친 것이 아니었다. 교과과정 자체가 고루 학습하도록 짜여 있었다. 그러나 3학년이 되고 난 후에는 어느 한쪽으로 전공을 잡고, 그에 따라 졸업 논문을 제출하여야 했다. 내가 국사 쪽으로 전공을 잡았던 것은 민족문화 전통을 밝히려는 열의가 생긴 데에서 찾을 수도 있지만, 서울대 교양과정부 교수로 재직하면서 국문학을 강의하고 있던 5촌 고모님인 김석연(본명 김정숙)이 은근히 국사를 전공하도록 종용한 때문이기도 하다. 그러다가 국사 연구실에서 공부할 수 있는 자리가 마련되면서 공식적으로 국사를 전공하였다.

학부 생활은 학원 데모와 함께 시작하였다. 이미 1963년에는 한일협정이 추진되어 이에 반대하는 데모가 극렬하게 전개되었다. 1965년에는 한일협정 비준을 저지하기 위한 굴욕외교 반대데모가 서울 시내의 대학을 중심으로 마른 잎에 불붙듯 일어났고, 결국은 지방의 고등학교에 이르기까지 번져나가면서 조기 방학 및 휴교 조치가 내려졌다. 이후에도 학원가의 데모는 매년 거의 상례적으로 일어났다. 1966년에는 월남 파병을 반대하는 데모와 함께 제6대 박정희대통령 당선에 따른 부정선거 투쟁이 뒤따른 속에, 동베를린 거점 간첩단사건이 터져 나왔다. 1968년에는 3선개헌 반대 시위가 격렬하게 일어났고, 전국 29개 대학에 대한 조기방학이 단행되었다. 이러한 분위기 속에 정상적인 강의가 이루어지기는 어려웠다.

대부분의 전공 강의는 원전을 강독하는 것으로 채워지기 마련이었다. 학기 초에 담당 교수가 첫 강의 시간에 들어와서는, 읽을 교재를 상의하는 것이 일상으로 되었다. 같이 읽을 원전이나 사료가 결정되면, 대부분 이를 노트에 옮겨 적게 하였다. 직접 베껴 적을 때에 보다 더 내용을 확실하게 파악할 수 있다는 생각에서였던 것 같다. 그렇지 않으면 교재의 내용을 줄

판으로 긁어서, 등사하여 갈라 가졌다. 아직은 복사 기술이 발달하지 않았기 때문이다. 그러나 이 때 원전을 강독한 수업은 후에도 혼자서 사료를 읽어나가게 하는데 퍽 유용한 경험이 되었다. 전공 강의가 틀에 짜여 규격화되지 않는 내용으로 진행되었다는 것은 매우 다양한 가능성을 간직하게 만들었다. 사실 대학원에 진학한 선배들도 세부 전공에 집착하기보다는 넓게 학습하라는 뜻에서, 우리들에게 굴레 벗은 말이 되어 대평원에서 자유롭게 풀을 뜯으라고 요구하였다.

3) 종교인류학 이론의 원용

학부에서 한국사 전공강의에 김철준과 한우근은 가장 큰 영향력을 끼쳤다. 김철준은 실제로 인류학 이론을 도입하여 신라상대 사회를 밝힌 논문인 「신라상대의 Dual Organization」을 작성하였으며, 이는 이후 한국 고대사를 연구하는 방법 면에서 많은 시사를 주었다. 당시 이부체제론(二部體制論)은 김철준 스스로도 만족스러운 것은 아니었지만, 한국고대사에 부체제(部體制)가 나타나는데 직접적으로 작용하였다. 인류학뿐만 아니라 불교학 등 인접학문의 이론을 도입함으로써, 영세한 한국고대사 관계의 사료를 해석할 수 있는 역량을 갖게 하려는 그의 주장은 신선하게 다가왔다.

김철준과는 달리 한우근은 중후한 문헌고증을 내세웠다. 규장각(奎章閣) 소장의 방대한 문헌을 섭렵해야 하는 조선시대사를 전공한 한우근은 사회과학의 이론으로 눈을 돌릴 여유가 없을 만큼, 사료 속에 파묻혀 생활하고 있는 인상을 주었다. 때문에 그에게서 사론이 따로 있을 수 없다는 표현이 오히려 솔직해 보인다. 오직 부지런한 것이 중요할 뿐이었다. 이는 바로 실증주의 사학으로 이어진 것이지만, 당시에 나는 한우근의 학구적 자세를 존경하고 있었던 것은 분명하다. 그의 교시로 한 때 나는 조선초기 왕조실록에서 불교관계 기사를 뽑아 그에게 전한 적이 있었다. 카드로 무려 천여 장을 넘어서는 분량에 이르는 불교관계 기사는 뒷날 불교사를 공부하는데 도움이 되었다.

학부 때에 성행했던 학생 시위는 대학원 시절에도 지속되었다. 1969년에는 3선개헌 반대시위가 대학으로 열병처럼 번져 나갔고, 마침내 전국 대학이 조기방학에 들어갔다. 그런 속에 3선개헌안과 이에 대한 국민투표법안이 변칙 통과되었다. 다음 해에는 전국이 뒤숭숭한 속에 김지하(金芝河)의 시(詩)인 「오적(五賊)」이 발표되었고, 평화시장의 재단사 전태일(全泰壹)이 열악한 근로 환경의 개선을 요구하며 분신자살하였다. 1971년에는 교련 반대를 위한 시위가 확산되는 속에 서울 일원에 위수령(衛戍令)이 발동되었고, 대학에는 휴교령이 내려 무장군인이 진주하였다. 이윽고 1972년에는 제7대 대통령에 취임한 박정희(朴正熙)가 비상계엄을 선포하고는 유신헌법을 실시하였다.

유신체제가 출범하면서 대통령 긴급조치의 발동으로 인해 학생 데모는 제법 소강상태로 돌아갔지만, 민주화에 대한 열망은 내부에 침잠하여 부글부글 끓고 있었다. 조기 방학이나 휴교령으로 자주 교문이 폐쇄되면서, 공부하기 위해 교내로 출입하는 길이 막혔다. 특히 무장 군인이 교내에 진주하여 교문의 출입을 막을 경우에, 이에 대한 분노는 극에 다다랐다. 학교에 들어가지 못하고 발길을 돌리면서 교문을 발로 찬 기억이 새롭거니와, 같이 갔던 J는 위수 군인들을 향해 삿대질과 욕설을 퍼붓기도 하였다. 이렇듯 학생 시위로 얼룩진 대학원 때에는 이념 사학의 범주에 치우쳐서 수학하고 있을 수밖에 없었다.

종교인류학의 이론에 보다 심층적으로 접근하게 되는 것은 김철준의 종용이 계기가 되었다. 그는 대학원 강의의 과제로 Evans-Prichard의 『The theories of primitive religion』을 빌려주고는 번역하라고 하였다.

한 학기동안에 번역을 마무리하였지만, 욕심을 내어 다음 학기에도 번역한 내용에 대한 주석 작업을 다시 과제로 받았다. 지금 생각하니 주석 작업을 만족할만하게 진행한 것 같지는 않지만, 그 결과가 뒤에 『원시종교론』(1976, 탐구당)으로 출간되었다. 이 책의 내용은 종교인류학의 이론을 심리학적 방법과 사회학적 방법으로 나누어 학설사를 정리한 다음, 특별히 Lèvy-Bruhl의 이론을 중점적으로 다루면서 구조기능적 방법론을 제시한 것이다. 그러면서 종교사상을 사회사적으로 연구하였다.

이 책은 내가 한국사를 연구하는데 많은 도움을 주었다. 이는 인류학 일반의 이론 서적을 탐독하면서[1] 종교사상이나 특히 불교사상에 대해 깊이 이해하는 계기가 되었다. 그리하여 불교사상사에 관심을 두면서 그 중에서도 나말여초의 선종사상사를 집중적으로 조명하고자 하였다. 다만 불교사상사의 연구에서 종교사상 자체에 대한 이해를 심화하면서도, 관계 문헌이나 사료의 내용을 광범하게 추적하여 역사적 실상을 제시하는 작업이 더 중요하다는 것은 분명하다. 이병도(李丙燾)의 수업은 이런 면을 점차 깨닫게 만들었다. 그에게서 사상사 관계로 두 개의 강의를 들었는데, 그 중 하나는 유숭조(柳崇祖)의 이기론(理氣論)에 대한 발표이고 또 하나는 숭복사비(崇福寺碑)의 주석 작업이었다. 특히 후자는 석사학위 논문으로 낭혜(朗慧) 무염(無染)의 선종사상을 택하게 되는 직접적인 계기가 되었다.

이병도의 식민사학과 실증사학에 대한 강의는 한국사를 연구하는데 분명한 입장을 갖게 하였다. 그의 또 다른 강의에서 나에게 주어진 과제는

---

1) 大間知篤三 等 譯, 『滿洲族의 사회조직』(刀江書院, 1967 ; S. M. Shirokogoroff, 『Social Organization of the Manchus. a Study of the Manchu Clan Organization』, 1924)이나 R. Benedict, 『Patterns of culture』(Routledge & Kegan Paul Ltd, 1935, London) 또는 江上波夫, 『騎馬民族國家』, 中公新書 147, 1967 및 護牙夫, 『遊牧騎馬民族國家』, 講談社, 1967.

일제강점기 식민주의 사학자인 일본인 학자의 업적을 정리하는 작업이었다. 약 500편에 이르는 주로 고대사 관계의 논문을 살피면서, 어떤 것은 책장을 찢어버리고 싶은 충동을 받을 정도로 결론이 심히 왜곡되어 있었다. 일제의 식민사학이 한국사를 왜곡한 실태를 파악한 셈이다. 일본인 학자들은 문헌비판에 의해 한국사에서 식민사학을 성립시켰다. 반면 같은 문헌비판에 의해 일본사의 경우 관학(官學) 아카데미즘을 주도하면서 현대 일본문화를 배태시켰다.

이병도는 일제의 식민사학이 한국사에서 문헌비판을 잘못 적용하였음을 분명히 지적하였다. 문헌비판은 사료를 비판하여 잘못되거나 윤색되었다는 사실을 발견하면, 잘못된 사료를 버리는 것이 아니라 원래의 모습으로 복원하는 것이다. 문헌 비판은 사료의 원모습을 복원함으로써 역사적 사실 곧 진실을 찾아, 이를 통하여 역사를 연구하려는 방법이다. 이점은 이전 김철준이 문헌고증을 비판하면서 실증사학을 부정하려는 것과는 너무나 대조된다. 마침 김철준과 실증사학의 한계성을 말할 기회가 있었는데, 문헌비판이 문헌 복원에 초점을 맞춘 것이며, 아울러 식민사학은 실증사학의 방법론을 잘못 적용한 것이라는 생각을 말하였다.

실증주의 사학의 정당성을 말한 셈이었는데, 문헌 복원에 대해 그는 별로 달리 언급하지 않고 듣기만 하였다. 김철준을 제외하면 당시 대학원의 수업은 문헌 위주로 행해졌다. 한우근의 강의는 『경국대전(經國大典)』을 주석하는 것이었고, 사범대학 역사교육과 교수였던 변태섭(邊太燮)의 강의는 『고려사(高麗史)』 지리지에 대해 주석(註釋)하는 것이었다. 모두 원사료를 실증적으로 분석하는 내용이 중심을 이루었다. 그리하여 조선초기의 법조문(法條文)이나 고려시대 주현(主縣)과 속현(屬縣)의 변화 양상을 추구하여 당대의 정치사회사를 이해하였다. 이렇듯 대학원에서의 수업은 실증사학의 풍토에 젖어들게 하였다.

이병도는 한국고대사 연구에서 역사지리를 강조하였다. 때문에 강의를 통해서도 해박한 역사지리적 지식이나 고적을 찾아 헤매던 경험이 전달되었다. 그의 역사지리에 대한 연구는 광복이후 일제의 식민사학과 함께 비판을 받으면서 더 이상 계승되지 못하였다. 육군사관학교에 근무하면서 관방(關防)에 관심을 가졌던 허선도(許善道)가 그의 역사지리적 지식을 다수 흡수한 셈이다. 국민대학교로 이끌어준 허선도와 같이 근무하면서, 나는 역사연구에서 문화 풍토에 대한 안목을 키우는 역사지리의 중요성을 다시 인식하였다. 그러나 이병도의 역사지리적 이해는 한반도와 만주 일대에 걸쳐 광범하게 존재한 성읍국가(부족국가)의 설정과 그들이 통합되면서 연맹왕국을 거쳐 중앙집권적 귀족국가체제를 성립시켜가는, 한국고대사의 체계나 문화 풍토에 대한 안목을 키우게 하였다.

다만 이병도는 역사 연구에서 고고학이나 민속학 등 보조 과학의 이론을 도입할 것을 주문하였다. 그의 남당(南堂)에 대한 연구는 바로 그러한 방법으로 연구한 것이다. 그렇지만 이병도는 역사 연구에서 주체가 문헌에 의한 당대의 사실을 먼저 설정하는 것이고, 이를 해석하기 위한 보조과학 이론의 원용은 부차적인 것임을 분명히 지적하였다. 바로 이 점은 나의 불교사상사 연구의 이정표로 자리하였다. 이후 이기백(李基白)으로부터 석사 학위논문의 지도를 받으면서 인접 학문의 이론에 앞서 역사적 개별 사실의 설정이 중요하다는 것을 보다 절감할 수 있었다.

역사적 사실이 잘못되거나 당대 사회상에 대한 이해없이 사회 과학의 이론을 성급하게 적용하여 역사를 연구할 때에, 실제로 존재하지 않은 허구(虛構)를 만들게 된다. 이기백은 내가 쓴 낭혜(朗慧) 무염(無染)의 선종 사상에 관한 논문을 꼼꼼하게 읽고는 주로 역사적 사실을 정확하게 설정하도록 지도해 주었다. 그러면서 선종사상의 불교 철학적 의미에 치중하기 보다는 개인주의적 성격을 오히려 부각시키는 등, 사상이 어느 계층에 의해 수용되었는지를 중시하였다. 이는 사상이 누구에 의해 어떻게 수용되었느냐에 초점을 맞추면서 사회사상사를 정립시키려는 것이다.

이기백은 삼국사회에 불교신앙이 실제로 어느 계층에 의해 수용되었는가를 밝히면서, 정토신앙의 경우 계층에 따라 수용되는 면이 어떻게 달라졌는지를 추적하였다. 이는 즉 사회사상사를 정립시키려는 것이었고, 이후 내가 사상사를 연구하는 방법에 지침을 마련해 주었다. 다만 석사학위 논문을 작성할 때까지만 하여도 불교사상 자체에 대한 이해를 깊이 하고 있었던 것은 아니었다. 또한 한정된 주제에 치우치다 보니 해석상의 어려움도 따랐다. 이런 문제를 해결하기 위해서 이기백은 대세에 대한 파악과 인간 중심의 이해를 종용하였다. 이는 물론 이병도의 사학에서도 나타난 것이기도 하다. 이리하여 나는 무염 개인의 사상을 통해 선종사상의 변화를 추구하려는 안목을 키우면서 불교사상 자체에 대한 이해를 심화하려는 생각을 가졌다.

4) 무불(巫佛)교섭사상에 대한 관심

학부 때의 졸업논문은 삼국시대의 무불교섭사상에 관한 것이었다. 그것은 꽤히 양만 많고 논문이랄 수도 없지만, 토착신앙과 함께 불교사상사에 관심을 갖게 하였다. 이러한 주제는 다루어야 할 분야가 넓어서, 토착신앙이나 불교사상의 어느 한 쪽에 대해서도 충분히 천착하지 못하는 난관에 봉착하였다. 석사학위 논문이 선종사상을 다룬 이유는 아무래도 자료가 많은 불교사상에 대해 먼저 접근할 필요를 느낀 때문이다. 선종사상 자체를 보다 깊이 연구하려는 목적에서 순지(順之)의 선종사상을 다루었는데, 이는 결국 화엄사상이나 법화사상 등 교학불교 사상에 대해 폭넓게 이해할 필요를 느끼게 하였다. 신라하대의 선종사상은 불타의 권위나 경전을 부정한다고는 하지만, 교학의 논리를 거부하기보다는 초월하려는 것이다.

당시의 선사들은 교학사상에 정통하였다. 때문에 선종사상사의 연구라고 하더라도 교학사상, 특히 화엄사상에 대해 밝지 않으면 안된다. 화엄사상에 대한 관심과 함께 토착신앙에 대한 애착을 버린 것은 아니었다. 「한국무속(巫俗) 연구사론(史論)」은 그러한 애착이 지속된 결실이었다. 그렇지만 당장은 화엄사상에 대해 접근하는 것이 우선이었다. 마침 하버드대학 연경(燕京)학회의 연구비를 수령할 기회가 마련되어 균여(均如)의 화엄사상을 연구 테마로 잡았다. 연구과제의 신청은 영어로 접수했어야 하였다. 당시 한국의 연경학회를 맡고 있었던 김재원(金載元)은 영어 실력이 짧은 나의 신청서를 보고는, 하나하나 고쳐준 기억이 새롭다. 균여의 화엄사상에 대한 연구는 이렇게 시작하였다.

1960년대 초기만 하여도 역사 관계의 학회가 거의 없는 편이었다. 역사학회가 유일한 학회로 내려왔고, 국문학 및 동양문화까지를 포함해서 한국문화 전반을 연구하는 진단학회가 활동하고 있었다. 실제로 이 두 학회에 논문이 발표되는 것이 학회의 등용문과 같았다. 그러다가 서양사학회와 동양사학회가 독립된 학회로 성립하였고, 1967년에는 한국사연구회가 발족하여 학회지 『한국사연구』를 발간하고 있었다. 아직도 중후한 실증적 역사 연구를 주도하였던 것은 역사학회였고, 한국사연구는 이념에 대해 다소 관심을 표명하였다. 낭혜의 선종사상이 『역사학보』에 실렸지만, 학보에 논문을 싣기가 쉽지 않았다. 이런 사정은 당시 대학원에 진학하여 석사를 취득하였거나 재학 중인 선후배들 사이에 공통적인 문제로 대두하였다.

연사회(研史會)는 이런 분위기 속에 결성되었다. 이성무(李成茂)·정창렬(鄭昌烈)·정석종(鄭奭鍾)·송찬식(宋讚植)·한영우(韓永愚) 등이 주축이 되어 임형택·최창규(崔昌圭)·신용하(愼鏞廈)·안병직(安秉直) 등 국문학도나 정치학도·경제학도·사회학도가 참가하였다. 나는 말석으로 참여하였지만 학회의 실무나 심부름을 주로 맡았다. 연사회 회원들은 기성 학회와는 달리 사료를 강독하는 한편, 주로 실학자들의 사상을 분석하는 연구 논문을 발표하는 동시에, 구하기 어려운 자료나 중요한 논문을 공동으로 확보하여 나누어 가졌다. 『연조귀감(椽曹龜鑑)』 등의 사료를 복사하여 간행하였는데, 이는 19세기 중인사학(中人史學)을 이해하는 지침서가 되었다. 이러한 희귀 자료는 복사하였지만, 아직도 복사가 고비용을 요구하기 때문에 논문은 등사기로 밀어 갈라 가졌다. 가장 글씨를 잘 썼던 이겸주가 주로 필사(筆寫)를 담당하였다.

1970년대 초기의 연사회 활동은 천관우(千寬宇) 이후 소강상태로 내려오던 실학 연구를 활성화하는 등 역사학계에 새로운 기운을 일으켰지만, 김철준 등 은사님들의 협조를 충분히 받았던 것은 아니었다. 1971년에 재일교포 유학생 간첩단사건이 일어났고, 여기에 이성무가 연좌되어 구속되었다. 이 사건의 주동자인 서승과 서준식 형제가 서울대학의 교양 과목을 담당하던 이성무의 강의를 수강하였고, 이후 그들 사이의 만남이 계속되었기 때문이었다. 이를 계기로 연사회 활동에 제동이 걸렸으며, 이후 학교 밖에서 장소를 빌려 계속된 연구발표회는 점차로 위축되었다. 실제로 한우근은 총무였던 나를 불러 연사회의 사정을 물으면서 활동을 중지하도록 권하기도 하였다.

그러다가 연사회 회원들 거의 모두가 대학의 전임교수로 취직이 되었다. 석사과정을 마친 후 한영고등학교 교사로 재직하면서 한양대학에서 교양을 강의하던 나도 1973년에는 전남대학에 취직이 되어 광주로 내려갔다. 때문에 연사회의 논문발표회도 거의 중단되었으며, 약간의 기금을 갹출하여 모으는 활동만 근근이 이어졌다. 다시 정창렬이 민주화운동으로 투옥되면서 모였던 기금을 분할 분배하면서 연사회는 해체되기에 이르렀다. 이때의 연사회 회원들은 이미 기성학자로 역사학 관계의 전문 학보에 충분히 논문을 게재하고 있었다. 광주에서의 나의 생활은 학생들을 가르치면서도 늦게까지 연구실에 남아 공부하였다. 거의 매일 저녁 9시 이후에야 연구실에서 퇴근하였다.

전남대학에서 생활하면서 우선 나는 균여의 화엄사상에 대해 심층적으로 연구하였다. 아직까지는 균여 관계의 원사료가 최남선(崔南善)이 편술한 『삼국유사』의 부록으로 게재된 「균여전」 외에 따로 인쇄된 것이 없기 때문에, 규장각도서 속에 전하는 『일승법계도원통기(一乘法界圖圓通記)』나 『교분기원통초(敎分記圓通鈔)』 등 균여의 저술을 모두 복사하여 그 내용을 정리하였다. 균여의 저술은 구체적으로 중국 법장(法藏)이나 지엄(智儼) 및 신라 의상(義湘)의 저작을 주석한 것인데, 그 속에는 수많은 장소(章疏)가 인용됨으로써 풍부한 교학사상의 내용을 담고 있다. 이렇듯 그것은 광범한 불교사상을 심층적으로 이해하는데 도움을 주었다.

「균여의 생애와 저술」이나 「균여의 법계관(法界觀)」은 우선 균여사상의 전반을 체계적으로 이해하면서, 한편으로 균여 화엄사상의 특성을 제시하려는 목적에서 작성한 것이다. 균여의 저술을 꼼꼼히 분석하면서 그의 화엄사상 전반의 내용에 대해 접근할 수 있었다. 의상의 법계관으로 횡진법계관(橫盡法界觀)을 제시하고 이와 대조적인 것이 법장의 수진법계관(竪盡法界觀)이며, 이 두 법계관을 융섭한 것이 균여의 주측법계관임을 밝혔다. 바로 이런 결론은 균여나 의상 및 법장 사상의 큰 특성을 밝힌 것이지만, 학계에서 처음으로 제시된 것이기도 하다. 그렇지만 균여의 저술 속에는 규명해야 할 많은 문제점을 안고 있었는데, 이에 대해서는 천착하지 못한 셈이다.

균여의 화엄사상을 보다 심층적으로 분석하려는 작업도 매력적이었지만, 무불교섭사상사에 대한 관심도 여전히 꺼지지 않은 불씨로 다가 왔다. 국사편찬위원회가 개설서인 『한국사』 25권을 기획하면서, 고대사 분야 중 「고대의 문화의식」과 「고대인의 신앙과 불교수용」의 집필을 의뢰해 왔다. 좀 막연하기는 하지만 그 내용은 한국고대의 토착신앙과 불교 수용에 대한 문제로 귀착될 수 있는 것이다. 평소 관심을 둔 이러한 문제를 정리하면서 토착의 무교신앙 사회에 불교 신앙이 수용되는 이유를 중앙집권적 귀족국가의 등장과 연결시켜 이해하였다. 그런 과정에서 무교 신앙이나 토착 신앙의 구체적인 양상에 대해서도 천착해서 밝힐 필요를 느꼈다.

1970년대 후반에도 유신체제가 유지되었지만 학생 시위는 계속되었다. 1974년에는 천관우(千寬宇)·함석헌(咸錫憲) 등이 긴급조치 위반자의 석방을 요구하는 민주수호 운동을 전개하였고, 1976년에는 윤보선(尹潽善) 등이 주축이 되어 민주구국선언을 발표하는 3·1명동사건을 이어 민주화 운동이 계속해서 일어났다. 1978년에는 서울의 대학생들이 유신체제를 반대하고 학원 민주화를 요구하는 시위가 확산되었다. 이어 1979년에는 부마사태가 발생하면서 부산과 창원에 계엄령과 위수령이 발동되었다. 그런 와중 속에 전남대학에서는 나를 포함한 송기숙 등 11명의 교수가 우리의 교육지표를 발표하여 유신체제에 항거하였다. 이 사건으로 나는 잠시 학교를 떠날 수밖에 없었고, 전남대학 교정은 학생시위로 불바다와 같이 되었다.

실직자가 된 나는 국민대학과 숙명여대에 소문내지 않고 출강하였으며, 일조각 사장 한만년(韓萬年)이 일 년간의 생활비를 보조해 주었다. 참 고마운 일이 아닐 수 없다. 그러다가 나는 1979년에 복직되었는데, 아직도 교정에는 학생시위가 계속되었다. 그때마다 학생 대표나 시민단체 회원들이 나에게 동참하거나 지지하도록 도장을 받고자 하였다. 매번 나는 이를 거절하면서 학자로서의 길을 고수하였다. 그래도 그러한 요구가 집요하게 계속되자, 나는 그들에게 학자로서의 길이 내 뜻이지만, 필요할 경우에는 마음대로 사용하라고 도장을 내어주었다. 도장을 두고 간 그들이 다시는 이런 문제로 나를 찾아오지 않았다. 아마 당시의 민주화 시위에 내가 능동적으로 가담하였다면 지금쯤은 상당히 다른 길을 걷고 있었을 것이다.

복직 후 1980년 3월에 나는 국민대학으로 직장을 옮겼다. 그러나 이미 1학기 시간표가 짜인 상태이기 때문에, 금요일과 토요일로 강의를 몰아서 전남대학에 출강하였다. 5 · 18광주민주화운동이 발발하기 직전이어서 전남대학에서는 어용교수 문제가 제기되었고, 학생들은 대창을 다듬어 지닐 정도로 시위가 과격해졌으며 강의가 거의 행해지지 못했다. 다만 나는 서울서 내려왔기 때문에 정상적으로 강의할 수 있었다. 생생한 역사의 현장에서 생활한 셈인데, 5 · 18광주민주화운동이 일어나면서 전남대학에 출강하던 것은 끝을 맺었다. 그러한 와중에서 연구하고 논문을 쓰는 데에는 다소 손해를 보았을지라도 어쩌면 소중한 역사적 경험을 쌓은 셈이다.

5) 사회사상사의 정립

전남대학에서 국민대학으로 옮기고 난 뒤인 1980년대 초반에도 신군부에 의한 전두환(全斗煥)정부에 대한 민주화 시위는 계속되었다. 5 · 18광주민주화운동을 겪고 난 뒤에는 반미운동이 가세되었고, 학생들의 미국문화원 점거농성이 자주 일어났다. 1982년 부산의 미국문화원 방화사건을 계기로 1985년에는 서울과 광주의 미국문화원 점거농성이 잇따랐다. 그런 속에 학생들의 민주화 시위가 확산되는가 하면, 정치권에서는 민추협이 결성되었고 교수들의 시국선언과 함께 개헌요구가 터져 나왔다. 1987년 노태우(盧泰愚) 민정당 대표위원의 6 · 29선언과 대통령직선제 개헌은 우리 사회의 민주화운동을 가속시켰다.

민주화를 위한 학생 시위가 대학 간의 연합으로 전국 단위로 조직화되기는 하였지만, 교내에서 격렬하게 진행된 것은 아니었다. 교내에서의 시위가 행해지는 경우라도 일정한 시간이 지나면 자진해서 해산하는 풍토가 조성되기도 하였다. 그래서인지 교내의 시위와는 별개로 학원이 차분히 연구하는 풍토를 조성할 수 있었다. 북악관 건물의 북쪽에 연구실이 있었기 때문에 북악관 남쪽에 위치한 민주광장에서 행해진 데모를 전혀 알지 못하기 일쑤였다. 퇴근할 때에 매캐한 체루 가스를 맡고는 교내 시위가 있었다는 사실을 알기도 하였다.

국민대학에서의 생활은 시국이 비록 어지러웠으나 차분히 공부할 수 있는 기회가 되었다. 우선은 균여의 화엄사상에 대한 집중적인 연구를 마무리하는 작업이 급선무였다. 마침 한국연구원의 경제적 도움을 받아 한국학연구총서로 출간할 기회를 얻으면서 균여의 화엄사상을 종합적으로 정리하였다. 당시의 학계에서는 화엄사상이 중앙집권적 귀족정치에 도움을 주었다는 안계현(安啓賢)이나 이기백의 학설에 대해, 신앙적 측면에서의 불교사 연구자들은 그것과 중앙집권적 귀족정치와는 전혀 관계가 없다는 주장을 강하게 펼쳤다. 「균여의 성상융회(性相融會)사상」은 이러한 논쟁 속에 균여의 화엄사상이 고려 광종대의 전제정치에 도움을 주었다는 결론을 이끌어 낸 것이다. 나의 이러한 결론에 대해서도 물론 반론이 없지 않았다.

다만 어떠한 사상도 이를 배태시킨 당대 사회와 아무런 관련이 없다는 연구 태도는 바람직하지 않다. 때문에 화엄사상이 당대의 정치 상황에 능동적으로 작용하였는지 아니면 그 반대였는지를 밝히려는 것이 중요하다. 이는 사상사를 사회사적 입장에서 객관적으로 추구하는 길이기도 하다. 나는 불교사상이나 토착 신앙을 사회사상사로 정립하려는 의도를 일찍부터 가지고 있었다. 그러기 위해서는 사상 자체는 물론 그것이 뿌리박고 있는 사회에 대한 이해를 심화해야 한다. 「고려초기의 전제왕권과 호족」은 균여의 성상융회사상이 포용될 당시인 광종대의 전제정치 체제에 대한 이해를 깊게 하는 작업이었다.

불교사상과 함께 토착 신앙에 대한 연구도 지속되었다. 「신라 석탈해 신화의 형성기반」은 탈해신화를 신라상대 사회에 석씨(昔氏) 세력이 등장하면서 변화되는 사회 체제와 연관하여 분석한 것이다. 뿐만 아니라 「삼한 별읍(別邑)사회의 소도(蘇塗)신앙」은 「삼한시대의 읍락(邑落)」과 표리가 되어 작성되었다. 소도신앙은 삼한 사회에 독특한 현상으로 파악하기보다는 읍락이 발전하는 보편적인 사회 단계 중의 하나인 별읍사회에서 형성된 것으로 결론을 맺었다. 성읍국가가 연맹왕국으로 커 가는 과정에서, 이웃의 작은 성읍국가나 읍락을 통합한 소연맹국(小聯盟國)이 형성된다. 지금은 거의 통용되는 이러한 주장은 이때에 비로소 나타난 것이다.

소연맹국 내에 복속된 읍락이 별읍사회를 이루면서 정치적으로는 국읍(國邑)에 종속되었지만, 독자의 조상신을 제사하는 즉, 종교적인 면에서 독립된 영역을 가지면서 소도신앙이 성립되었다. 읍락과 소도신앙의 관계를 밝히듯이 「백제시조 온조신화의 형성과 그 전승」은 「마한사회의 구조와 성격」을 먼저 논하면서 작성되었다. 사회 체제나 구조에 대한 이해 기반 위에서 거기에 뿌리를 둔 사상이나 신앙에 대해 밝히려는 것이다. 또한 「신라 진평왕대 초기의 정치개혁」은 신라상대 사회에서 신라중대 사회로 전환하는 사회 상황을 밝힌 것인데, 「신라 진평왕대의 석가불신앙」이나 「자장의 문수신앙과 계율」 및 의상의 화엄사상을 이해하는데 도움이 되었다.

기획된 논문에서이지만 사회와 사상의 연관 문제에 대해 직접적으로 접근할 수 있었던 것도 사회사상사를 정립시키는데 유용하게 작용하였다. 「통일신라의 역사와 사상」이나 「고려시대 사상의 역사적 특질」은 모두 당대 사회의 변화에 따라 사상이 어떻게 변하였는가를 추구한 것이다. 아울러 「불교의 수용과 고대사회의 변화」도 상고대 무속신앙 사회가 불교를 수용하게 되면서 나타나는 사회의 변화에 초점을 맞춘 연구이다. 그리하여 삼국사회에 왕실 중심으로 이미 수용되어 있던 불교는 중앙집권적 귀족국가로의 체제 정비가 단행되는 과정에서, 공인되어 국가불교로 발전하였다는 결론을 이끌어 내었다.

『균여화엄사상연구』(한국연구원, 1982)로 균여사상을 총체적으로 정리하고 난 다음, 나의 사상사에 대한 관심은 의상이나 신라시대의 화엄사상에서부터 한국고대의 토착신앙은 물론, 애초에 관심을 가졌던 나말여초의 선종사상에 대한 연구로 확대되었다. 그렇지만 이를 밝히기 위한 개별 논문의 하나하나는 모두 사회사상사적 안목에서 접근된 것이다. 「단군신화의 문화사적 접근」이나 「공인불교의 사상과 그 정치사적 의미」 또는 「신라하대 굴산문의 형성과 그 사상」 등은 모두 사상이나 신앙을 사회사적 측면에서 분석한 논문이라 할 수 있다.

나는 한국고대 사상사에 집중적인 관심을 나타내면서, 이를 사회사상사로 정립시키고자 하였다. 이렇듯 사상사에 대한 관심은 한국고대사 관계 사료의 성격 때문에 나타난 것일 수도 있다. 고대인들이 직접 남긴 일차 사료가 거의 없는 고대사 관계 자료는 고려시대에 기록으로 남겨질 때까지 전승되면서, 구체적 사실이 빠져나가고 신이한 관념적인 성격을 덧붙이기 마련이다. 때문에 한국고대사의 경우 정치제도사나 사회경제사보다는 비교적 많은 사료가 남아 전하는 신앙이나 사상사 관계의 연구가 보다 용이해진다.

사회사상사를 정립하기 위해서는 먼저 사회사에 대한 심화된 이해 기반 위에서 그에 따른 사상의 변화를 추구하는 것이 바람직하다. 사회의 구체적 사실을 알려주는 자료가 풍부한 경우 이는 편파없이 수행할 수 있는 가장 무난한 방법이다. 그러나 한국고대사의 경우 사회사적 자료가 적은 대신 신앙이나 관념사 관계의 자료가 비교적 풍부하게 전하기 때문에, 먼저 사상사의 변화를 살펴서 그에 따른 사회의 변화과정을 추정하는 것도 시도해 볼 수 있다. 이는 지식사회학적(知識社會學的) 방법이라 할 수 있다. 가장 비근한 예가 막스베버의 청교도 윤리와 자본주의의 성립문제를 다룬 연구이다.[2] 즉 부지런하면서 검소한 생활을 강요하는 청교(淸敎) 윤

---

2) Max Weber, The Sociology of Religion(1922, Translated by Ephrain Fischoff, Beacon Press Boston).

리가 자본의 축적을 가능하게 함으로써 자본주의 사회를 성립시켰다고 한다.

『균여화엄사상연구』는 지식사회학적 방법으로 접근한 저술이다. 사료가 거의 공백으로 남겨진 고려 광종대에 대해 광종 19년을 전후로 사회의 변화를 추적하였는데, 이는 사실 『고려사』 등의 기록으로 잘 드러날 수 없는 부분이다. 화엄종이 우세한 분위기 속에서 광종 19년에서부터 법안종(法眼宗)이 서서히 등장하고 있다. 이러한 사상사의 변화를 감지하고는, 다시 천착해서 광종 19년 이후 전제주의에 의해 억압을 받던 호족세력이 점차 세력을 회복하면서 역사 무대에 등장하는 계기를 발견할 수 있었다.

의상의 화엄사상을 비롯해서 신라 화엄사상사에 대한 연구는 애초에 사회사상사로 시작되었다. 「의상(義湘) 화엄사상의 사회적 성격」이나 「신라통일기의 화엄사상이 사회사상에 미친 영향」 등은 바로 화엄사상이 신라중대의 중앙집권적인 전제정치를 성립시키는데 도움을 주었다는 것을 분명하게 밝히려는 목적에서 작성되었다. 다만 이에 대해서는 주로 불교계에서의 반론이 강하게 나타났다. 즉 신라중대의 전제정치에 유용한 것은 유학(儒學)사상이나 법상종사상이지 화엄사상이 아니라는 것이다.

이와 함께 중국 법장의 화엄사상은 무주조(武周朝)의 전제주의 성립에 영향을 주었으나 의상의 화엄사상은 신라중대의 전제정치와 무관하다는 것이다. 이러한 일련의 주장을 분명히 하려는 것이 위에 제시한 나의 화엄사상 관계 논문이다. 연기건립적(緣起建立的)인 법장의 화엄사상에 비해 원칙적인 하나 속에 전체를 통합하려는 성기취입적(性起趣入的)인 의상의 화엄사상이 중앙집권적 전제정치에 더 어울리는 것이다. 반면 유학의 예(禮)나 법상종의 계율(戒律)은 전제정치의 성립에 도움을 줄지라도, 사상 자체가 직접적으로 그러한 성격을 갖는 것은 아니다. 왜냐하면 왕이라 하더라도 그러한 도덕률에서 벗어나 존재하는 것은 아니기 때문이다. 그렇게 되면 사상 면에서 중앙집권적인 전제정치에 도움이 되었던 것은 성기취입적인 의상의 화엄사상이다.

6) 구조기능사학의 추구

1991년에는 남북한이 유엔에 동시 가입하였고, 남북한의 교류도 활성화되었을 뿐만 아니라 우루과이라운드협상 지원을 위한 의원단이 파견되었다. 김영삼(金泳三)의 문민(文民)정부가 들어서고 1994년에는 WTO가입 비준안이 국회를 통과하면서 1995년에는 본격적으로 세계화가 추진되었다. 세계화의 바람은 캠퍼스 내에까지 휘몰아쳐 왔다. 영어회화 열풍이 불고 각 대학에는 경쟁적으로 미국이나 러시아·중국·일본·중동 등에 관한 국제 지역학과가 개설되면서, 한국사나 한국문화는 마치 신작로에 쓰러져가는 초가(草家) 이상으로 생각하지 않았다.

우리 상품의 경쟁력을 높이려는 의도에서 기획된 세계화는 민족문화를 연구하는데 능동적으로 작용하지 않았다. 오히려 학문이나 대학을 경쟁 체제로 몰아넣었다. 그러나 진정한 세계화는 외래 문물의 이해와 도입에 초점을 두기보다는 우리 문화의 보편화를 추구하는 길이다. 한국의 토착적인 문물을 우리의 입맛에만 머물게 하지 않고, 세계 즉 인류의 기호에 맞추는 작업이다. 그리하여 가장 한국적인 것이 가장 세계화되는 첩경으로 되었다. 이렇듯 세계화의 소재는 한국문화 속에서 찾아야 한다.

세계화에 부응한 한국사 연구는 보다 심화될 필요가 있다. 『의상, 그의 생애와 화엄사상』과 『한국고대의 건국신화와 제의』는 『균여화엄사상연구』를 이어 연구한 결실이 단행본으로 정리된 것이다. 의상의 화엄사상을 추구하면서 인도나 중국을 거쳐 보편적인 불교사상이 우리나라에 전래되었을 경우, 그러한 보편적인 진리가 한국 사회에 특이하게 수용되는 면을 밝혔다. 반면 한국의 건국신화나 고대사회에서 행해진 제의는 토착적인 성격이 강하기 때문에 『한국고대의 건국신화와 제의』는 한국적인 토착신앙의 보편적인 성격을 애써 부각한 것이다. 이는 바로 세계화를 염두에 둔 것이다.

불교사상의 연구는 세계사적 보편성이 한국 사회 속에서 수용되는 특수성에 관심을 두었다면, 토착신앙이나 제의의 연구가 한국의 특수한 문화 양상에 숨어있는 보편성을 추구하는 것이다. 그러나 양자는 객관적인 학문적 진리를 추구한다는 면에서 구별될 수 없으며, 모두 한국문화의 세계화를 모색하는데 도움을 주는 것이다. 학부 때에 무불융합 사상에 대한 관심에서 출발한 나는 이후에도 불교사상과 아울러 무속에 대해서도 연구하려는 열의를 갖고 있었다. 연구의 주제나 범위는 서로 연계되어 시야가 넓어지기 마련이다. 불교사 연구의 지평을 넓히고 아울러 토착신앙에까지 연구의 범위를 확대해 왔다.

다만 방대한 불교사상을 이해하는 것만으로도 큰 부담이었고, 이는 결코 단시일에 해결될 수 없는 광범한 영역을 지녔다. 마찬가지로 토착신앙 자체도 심오한 영역을 갖추고 있어서, 이를 만족할 정도로 이해하기에는 많은 노력이 필요한 것이다. 이런 사실은 내가 무불융합 사상사의 연구를 더 진척시키지 못하는 이유로 작용하였다. 우선 건국신화나 제의를 통해 토착신앙에 대한 연구를 체계화하면서, 불교사상에 대해 더 심층적으로 접근하려는 생각을 가졌다. 즉 신라 화엄사상사를 보다 심층적으로 이해하면서 선종사상사의 연구를 마무리하려고 하였다.

의상의 화엄사상과 한국고대의 건국신화나 제의 등을 연구하면서, 세분된 주제를 실증적 방법으로 분석하는 한편, 그것이 갖는 사회적 위치를 음미하였다. 어떠한 개별 주제도 한국문화나 사회 구조 속에서 일정한 기능을 가지면서 서로 얽히기 마련이다. 때문에 나는 학문 연구의 방법으로서 구조기능적 분석을 시도하였다. 구조기능주의는 1930년대 미국의 사회학자 Parsons 등에 의해 주장되었지만, 인류학에서 수용된 것은 주로 영국의 Durkheim 등에 의해서였다. 그러한 결과는 이전의 사회 모습을 그대로 유지하고 있는 아프리카나 말레이시아 원주민 사회를 조사하던 영국의 사회인류학과는 달리, 미국의 문화인류학은 과거의 사회 체제를 상실한 아메리카 인디언의 문화를 조사 대상으로 삼았기 때문에 나타난 것이다.

영국 사회인류학의 전통이 구조기능적 방법을 강조하였다. Durkheim을 이어 Evans-Pritchard는 원시종교 사상을 구조기능적 방법으로 분석하였는데, 나는 그의 연구방법론에 많은 개발을 받았다. 균여의 화엄사상을 밝히면서 유념한 구조기능적 방법은 의상의 사상을 분석하면서 보다 심도 있게 나타났다. 균여의 연구에서도 마찬가지였지만, 의상의 사상과 당대의 사회적 제사실과의 관계를 하나씩 하나씩 사실적으로 분석하여 가는 작업을 계속하였다. 즉 의상의 저술과 생애나 정치적 입장 등을 각각 분석하면서 그의 사상이나 사회적 위치 등을 전반적으로 이해하고자 하였다.

그런 기반 위에서 의상의 관음 신앙이나 법계관 · 중도실제(中道實際) 사상 · 효선쌍미(孝善雙美) 사상 · 육상원융(六相圓融) 사상 · 문도(門徒) · 중즉(中卽) 논리 등을 사회사적으로 접근하였다. 의상의 화엄사상에 대한 연구사를 개관하면서, 의상 화엄사상의 사회적 성격이나 신라중대의 사회사상에 미친 영향 등을 총체적으로 고찰하였다. 아울러 의상의 화엄사상이 신라 불교사상사에서 갖는 위치를 파악하기 위해 신라 화엄사상 전반에 대한 연구를 병행해 왔다. 자장(慈藏)이나 원효 · 명효(明晶) · 견등지(見等之) · 표원(表員) 등의 화엄사상을 구체적으로 이끌어 내면서 신라하대의 오대산 신앙이나 화엄종의 분열과 수전론(數錢論) 등을 밝혔다. 이를 토대로 신라 화엄사상의 사회적 성격으로 실천 윤리와 융회사상을 지적하여 이것이 한국불교의 사상적 전통으로 이어짐을 제시하였다.

사상이나 신앙을 당대의 여러 사회적 사실과 연결시켜 분석하는 구조기능적 방법으로 역사를 연구할 때에 무엇보다도 중요한 것은 객관적이고 실증적 접근이다. 그렇지 않고 당대의 여러 사실과의 관련을 분석할 때마다 조금씩 노출한 이념이나 종교적 신념 또는 민족문화에 대한 사랑 등은 결코 바람직한 것은 아니다. 구조기능적 방법으로 역사를 연구할 때에 이러한 이념적 성향은 애써 배격해야 할 부분이다. 사회적 제사실과의 관계를 하나씩 분석할 때마다 미약하게나마 노출된 이념적 요소라 하더라도, 그 연구의 결과를 종합한 것은 당대 문화의 전반적인 실상을 훨씬 초월하는 괴물을 만드는 결과를 초래할 수 있다. 특히 하나하나의 연구에 조금씩 반영된 민족주의는 그 결실이 종합될 때에, 거대한 국수주의로 변질되어 나타나기 쉽다.

사상사의 연구에서 종교적 신앙이나 철학 사상의 이해보다는 당대의 사상이 나타난 객관적 모습을 사실적으로 제시하는 작업이 우선되어야 하는 이유를 이런 면에서 발견할 수 있다. 의상 화엄사상의 구체적 내용을 가능한 풍부하게 사실적으로 끌어내는 작업이 중요하다. 그렇지만 의상의 저술은 『법계도기(法界圖記)』나 「백화도량발원문(白花道場發願文)」 정도로 아주 간략하게 전할 뿐이다. 일차 자료는 아닐지라도 고려시대 승려들의 문집 속에는 의상이나 그의 제자들의 논소를 인용하고 있다. 『법계도기총수록(法界圖記叢髓錄)』 또는 균여나 의천 등 고려시대 승려들의 문집 속에서 의상이나 그의 제자들의 교학을 알려주는 논소의 내용을 제법 방대하게 끌어낼 수 있다. 이런 자료를 바탕으로 나는 의상이나 신라 화엄사상사에 대한 연구를 마무리할 수 있었다.

구조기능적 방법으로 역사를 연구하는 것은 개인의 작업으로 성립하기에는 많은 노력과 세월을 필요로 한다. 때문에 나의 작업도 보다 완숙한 것이 아니다. 학회에서 한 주제를 인접학문의 여러 전공자에게 맡겨 분석하는 공동연구가 오히려 구조기능적 접근에 더 가깝게 다가선다. 다만 그럴 경우에는 개인의 연구가 아니어서 일관성이 결여된 경우가 많다. 이처럼 구조기능적 방법으로 개인이 접근하는 데에는 한계성을 가질지라도, 한편으로 나는 많은 이점이 있음을 발견하기도 한다. 이는 역사를 종합적으로 바라보는데 도움을 주기 때문이다. 특히 사회사상사를 정립하려면서 사상가의 신분이나 정치 사회적 기반을 살피는 것은 필수적 작업이다. 이런 면은 사상사에 머물지 않고 신분사나 정치사 또는 사회경제사 등 다른 분류사로의 전환을 쉽게 한다.

7) 종합학문으로서의 역사학

세계화와 더불어 초고속정보통신망 구축사업이 진행되었다. 김대중 (金大中)의 국민정부가 들어서면서 동아시아 비전그룹을 구상하여 동북 아 문화공동체론을 등장시켰다. 새천년을 맞고 2001년에는 정보화추진 기본계획을 수립하면서 우리 사회는 세계화를 통해 급속하게 산업화와 정 보화시대에 들게 되었다. IT 기술의 발전은 조선왕조실록은 물론 승정원 일기 등의 방대한 원전 사료를 전산화함으로써, 역사 연구자들은 물론 일 반인들도 보다 쉽게 원사료에 접할 수 있게 하였다. 역사 연구는 보다 양 적으로 팽배해지면서 한편으로는 세분화된 영역으로 전문화되어갔다. 2000년대에 들어 쏟아져 나오는 연구 성과가 이를 알려준다.

동북아 문화공동체론은 지역사로서의 아시아사 내지 동북아사를 설정 하려는 경향을 낳았다. 세계화에 맞추어 한국사의 연구는 세계사의 보편 적인 조류를 유념하면서 민족의 범위를 넘어서는 아시아사나 동북아사의 정립을 모색하였다. 한중관계사로서 출발한 동양사 연구는 지금껏 순수 중국사의 테두리를 벗어나지 못하다가, 요즘은 중동사를 비롯해서 중앙아 시아사나 월남사 등으로 시야를 확대하면서 지역사로서의 아시아사를 정 립시켰다. 아울러 나는 2000년을 맞으면서 미국 UCLA의 한국학연구소에 방문교수로서 1년을 지냈으며, 귀국한 후 국무총리 산하의 경제 · 인문사 회연구회의 위원과 함께 역사학회 회장을 맡았다.

그런 과정에서 한국사를 일본사나 중국사와 연관시켜 종합적으로 보 려는 인식과 함께 인문학으로서의 역사학을 생각하였다. 근래에 역사 연 구자의 수가 많아지면서 세분된 주제로 전문화한 연구 성과가 쏟아져 나왔다. 이를 비평하면서 종합하고 한국사를 체계화하는 작업이 뒤따라야 하는 것도 현실적인 문제로 대두하였다. 한국사의 연구는 전문화되어 저변을 확대하면서도 종합화하면서 체계화될 필요성을 지녔다. 2007년도 『역사학보』의 회고와 전망란에서 총설로 작성한 「한국사연구의 저변확대와 종합적 이해」는 바로 이런 갈증을 해결하려는 의도를 지닌 것이다. 이는 민족사의 개념에서 벗어나 중앙이 아닌 지방사의 활성화와 함께, 국경을 뛰어넘는 지역사로서의 체계화를 제시하였다.

나의 한국사연구도 이러한 요구에 벗어나지 않아 일면 세분된 주제에 대해 관심을 가지면서도, 이를 종합하려는 욕심을 버리지 못하였다. 중국에서 발표한 글이긴 하지만 「한국에서의 역사학 연구현황과 전망」이나 「동북아문화의 공통적 기반과 세계화」는 국가나 민족을 넘어서는 지역사 정립을 모색한 것이다. 또한 동북아 인문학의 연구동향을 살피려는 목적에서 발표한 「한국 역사학의 연구와 전망」이나 「한국과 주변국가의 교류사에 대한 회고와 전망」 또는 광복 60주년을 맞아 역사학회와 학술원이 한국의 역사학과 인문사회과학의 연구 성과를 정리하려는 일환으로 「한국역사학의 연구 성과와 과제」나 한국고대사 연구 60년에 대한 회고와 전망에 관한 비평 논문은 모두 한국사연구 성과를 비평하면서 종합하려는 것이다.

학계에서도 한국 근대사학사를 체계적으로 정립하려는 움직임이 나타났다. 한림과학원이 고병익과 이기백의 역사학을 정리하려는 것이 계기가 되어, 역사학회나 한국사학사학회 및 한국고대사학회가 연이어 광복이후 현대 한국사학자들의 연구 업적이나 사론(史論)을 집중적으로 부각하였다. 그러한 접근은 일부 생존하고 있는 인물을 포함한 것이어서 부담스럽기도 하지만, 민석홍이나 민두기(閔斗基) 등 동·서양사를 포함에서 한국사에서 이병도·김철준·천관우 등의 사론을 비교적 다양한 안목으로 부각하였다. 역사학의 종합적인 이해를 생각하면서 나도 일찍부터 전통시대 역사서에 담긴 사론(史論)뿐만 아니라 광복 이후 한국 현대 사학사에 대해서 관심을 가졌다.

「두계(斗溪) 이병도(李丙燾)의 사학과 근대 한국사학의 수립」이나 「김철준(金哲俊)의 한국사 서술과 역사의식」은 이병도와 김철준의 역사학을 다룬 논문이며, 이기백의 사학은 「이기백의 사학과 사관」으로 정리하였다. 앞으로도 광복 이후의 사학사에 대해서는 관심을 가지고 정리하고자 한다. 다만 이병도와 김철준 및 이기백은 나에게는 직접 가르침을 주었고, 한국고대사를 체계화한 장본인들이다. 특히 이병도는 유학사와 풍수도참 사상을 정리하면서 조선후기 성리학자들의 삼한관(三韓觀)이나 고대사관 은 물론 방대한 도장(道藏) 관계의 서적을 섭렵한 바탕 위에서 한국고대사를 정리하였다.

이병도의 한국고대사 체계나 연구방법론 위에 한국고대사가 정립되어 있다. 또한 이병도의 문헌비판은 김철준이 한국문화를 비판적으로 바라보는 눈을 갖는 데에 도움을 주었다. 그가 사실을 부각하려는 진실의 규명 은 이기백의 진리를 추구하는 작업으로 이어졌다. 그런 면에서 나의 한국 고대사의 연구체계는 이병도의 역사학에서 개발된 바가 많다. 한국사의 연구 성과를 종합하여 체계화하는데 이병도의 사학은 많은 도움을 준다.

역사학연구 성과를 종합하는데 전통시대의 사학에 대한 이해가 도움 이 된다. 내가 고려시대 사론에 대해 관심을 갖는 이유는 바로 이런 데에 서 찾을 수 있다. 『삼국유사』에 대한 직접적인 관심은 강인구(姜仁求)·황패강(黃浿江)·장충식(張忠植)·김상현(金相鉉) 등과 같이, 한국학중 앙연구원이 주관하는 역주 작업에 참가하면서 구체적으로 나타났다. 『삼국유사』의 정덕본(正德本) 원문을 일일이 대조하면서 교감하고 역주하는 작업은 무려 10년에 이르는 장기간에 걸쳐 이루어졌고, 그 결실이 『역주 삼국유사』(5권, 이회문화사)로 출간되었다. 이것은 지금까지 국내외적으로 가장 충실하게 행해진 주석서이지만, 역사학을 포함해서 고고학·국문학·미술사학·불교학 등으로 분산하여 역주 작업을 수행함으로써 일관성이 결여된 느낌을 준다. 앞으로 『삼국유사』에 대해서는 본격적인 역주 작업을 수행하고 싶은 욕망을 가지고 있다.

『삼국유사』에 대해서는 역주 작업과 함께 일연의 사론을 심층적으로 추구하였다. 「삼국유사의 체제와 내용」이나 「일연의 생애와 저술」은 『삼국유사』의 전체적인 내용과 일연의 정치적 입장 등을 밝혔다. 또한 「일연의 심존선관(心存禪觀) 사상과 그 불교사적 의미」는 일연의 불교사상을 밝힌 것이다. 이런 연구는 『삼국유사』의 사론을 이해하는 밑거름이 되었다. 이어 「삼국유사 소재 설화의 사료적 가치」·「삼국유사의 불교사료와 그 성격」·「삼국유사의 사료적 성격」·「삼국유사의 인용문과 그 성격」·「삼국유사 판본의 교감과 역주본」 등을 밝히면서, 『삼국유사』의 자료적 가치를 포함하여 일연의 불교사상은 물론 인각사(麟角寺)에 대해서도 심층적으로 밝혔다.

『삼국유사』의 사학사적인 고찰은 역사학 연구의 종합 및 체계화와 연관된 작업이지만, 이를 접근하는 방법은 역시 구조기능적 분석에 입각한 것이다. 광복 이후의 사학사나 사론에 대한 이해와 함께 나는 그 동안 사상사 분야에서도 다양하게 연구한 성과를 종합하여 체계화하는 작업을 계속해 왔다. 그 중에 『신라하대 선종사상사 연구』나 『고려전기 교종과 선종의 교섭사상사 연구』는 석사학위 논문으로 「낭혜의 선종사상」을 발표한 이후, 줄곧 관심을 가지면서 무려 40년에 이르는 기간을 통해 선종사상사를 연구한 결실이 출간된 것이다. 나의 선종사상사에 대한 연구는 선사 개인의 사상을 부각하는 것으로부터 시작하였다.

1970년대 초기에 나말여초의 선종사상사를 연구하려는 움직임이 불교학보다는 역사학 쪽에서 일어났다. 그 이유는 불교계가 당대의 선종사상이 교학의 논리를 쇠퇴시켰다고 보았던 것과는 대조적으로, 역사학계는 한국 고대사회에서 중세사회로의 이행을 단행하는데 촉매제로서의 역할을 담당했다고 이해했기 때문이다. 다만 선종구산문 전반을 개관하여 규명하려는 분위기가 나타나는 속에 나의 연구는 구체적 선사 개인의 사상에 관해 접근하면서, 나말여초의 선종사상이 한국불교사에서 갖는 위치를 전체적으로 밝히려는 의도를 지녔다. 그런 의미에서 나말여초의 선종사상이 갖는 사회적 의미뿐만 아니라, 그 변화하는 모습에 대한 안목을 가지고자 하였다.

나는 「왕건의 승려결합과 그 의도」나 「신라하대 선사들의 중앙왕실이나 지방호족과의 관계」, 또는 「신라하대 선종산문의 사회경제적 기반」 및 「신라하대 선종사상의 성립과 그 변화」 등을 밝히면서 선종사상의 사회경제적 기반에 대해 추구하였다. 아울러 나말여초의 선종사상사 연구가 심화되기 위해서는 개별산문의 사상적 특성이나 문풍(門風)의 차이를 지적할 수 있어야 한다. 나의 연구는 순지(順之)나 고려 광종대의 법안종(法眼宗) 및 체관(諦觀)·현휘(玄暉)·탄문(坦文)·동리산문(桐裏山門)·도의(道義)·희양산문(曦陽山門)·의천(義天)·수미산문(須彌山門)·혜소(慧昭) 등에 이르는 선사 개인이나 개별 산문 사이에 나타나는 선종사상의 차이를 부각하고자 하였다.

화엄사상은 물론 법상종사상에 대해 이해한 것이나 아울러 「고려전기 법화사상의 변화」는 선종사상사 연구의 저변을 이해하는데 도움을 주었다. 실제로 나는 선사 개인이나 개별 산문의 사상을 살피면서, 그들이 중국에 유학하면서 법인(法印)을 받아온 중국 선종 종파의 사상을 파악하고자 하였다. 이는 나말여초의 선종사상사를 중국 선종사상사의 전개 과정과 밀착시켜 분석하면서, 당시의 선종사상사 연구를 종합하고 체계화하는데 중점을 둔 것이다. 그리하여 처음 조사선을 수립하려던 선종산문은 고려초에 교선교섭 사상경향을 형성시켰으며, 선사들은 신라하대에 마조(馬祖) 도일(道一)의 문하로 유학하였으나 고려초기에는 교선융합사상을 성립한 청원(靑原) 행사(行思)의 문하에서 법인을 받아왔다는 결론을 이끌어내었다.

8) 민족문화전통의 창달

한국사학이 객관적 사실을 추구하면서 진실 즉 진리를 추구하다보면, 보편적인 법칙을 정립하는데 기여하게 된다. 보편적인 법칙을 이끌어내기 위해 한국사학은 객관적 입장을 견지해야 한다. 마침 근대 역사학 연구가 탈민족(脫民族) 내지 탈근대(脫近代)를 표방하고 있다. 이리하여 이념사학을 지양하게 된다면 이는 바람직한 것이다. 역사학은 과학적이면서 냉엄하고 정확한 태도를 견지하면서, 정치 현실이나 사회 이념에서 한발짝 물러나야 한다. 민족주의나 국수주의를 강하게 노출하는 것은 결코 바람직하지 않다.

한국사학은 보편성을 추구하다 보면, 종합 학문으로서의 위치를 스스로 확보해 가게 된다. 전문화된 작업을 추구하는 것과 함께 연구의 폭을 넓히면서 시야를 확대해야 한다. 동양사학이나 서양사학은 물론 인접한 인문과학은 한국사학과 더불어 나아가야 할 동반자들이다. 종합 학문으로서의 한국사학은 민족문화를 종합하고 체계화하면서, 그 전통에 대해 진단하는 역할을 담당해야 한다. 나의 불교사상사의 연구가 신라시대에서부터 오늘날에 이르는 사상적 전통을 추구하려는 목적을 지녔다. 「한국의 근대화에 있어서 불교의 역할」은 바로 그런 의도를 드러낸 것이다.

나는 신라시대의 불교사상을 구체적으로 다루면서도 화엄사상을 비롯해서 유식은 물론 뒤의 선종사상까지도 융섭적(融攝的)인 성격을 가졌으며, 한편으로 실천적 수행을 강조하고 있다는 사실을 지적하였다. 이는 바로 오늘에 이르기까지 한국불교의 사상적 전통으로 이어지는 것이다. 한국사나 민족문화의 연구에서 전통을 발견하려는 노력은 중요하다. 그런 의미에서 『백제의 정신세계』나 『고려시대 사상사 산책』은 전문적인 학술 서적으로서는 다소 부족할지라도 의미있는 저술이라 하겠다. 그 중 전자는 백제의 토착신앙이나 사상을 다루었다면 후자는 고려시대 사상사의 전개를 논한 것이다.

평야와 강으로 이어져서인지 백제 사회에는 문화의 전파와 교류가 빈번하였다. 때문에 백제 사람들은 개방적이고 진취적인 기상을 가졌고, 이상을 추구하는 개혁 정신과 절의를 추구하면서도 정감(情感)스러운 정신세계를 성립시켰다. 이는 산맥과 바다로 둘러싸인 신라 사회가 토착문화를 고수하면서 보수성을 띠는가 하면, 이상을 꿈꾸면서 현실을 직시하는 문화 전통을 성립시킨 것과 대비된다. 또한 고려시대 사상사의 흐름 속에는 각 교파의 논리를 절충하려는 성격이 시종 자리하는가 하면, 세련된 철학 체계는 물론 한편으로는 투박하면서도 신이한 토착신앙이 내포되어 있는 것을 제시하였다. 이는 모두 한국문화의 전통을 발견하려는 노력의 일환이다.

다만 민족문화 전통의 발견은 새로운 민족문화를 창조하는 즉, 민족문화 전통의 창달로 이어져야 한다. 이는 구조기능적 분석을 통한 심층적인 전문 연구를 거치면서 가능해진다. 흔히 역사학의 연구는 과거 사건의 이해를 통해 현재의 사건을 처리하는데 도움을 받고자 하는 것이다. 이른바 이는 교훈적인 성격을 강조한 것이다. 예술이나 창작에서와는 달리 학문의 연구는 보편적인 법칙을 발견하여 체계화하는데 우선을 두는 것이지만, 이를 통해 새로운 문화의 창조 과정을 외면해서도 안된다. 구조기능적 접근은 민족문화의 창조 과정을 이해하게 한다.

구조기능적 방법으로 한국사를 연구하면 종국에는 당대 사회의 총체적인 문화역량을 발견하게 된다. 역사적 개별 사실과 연관시켜 밝힌 사회의 여러 문제를 종합하면, 이는 바로 당대 사회의 총체적 문화역량을 밝히는 결과가 된다. 그럴 경우 역사적 개별 사실이 당대의 문화역량 속에서 반드시 배태하여 존재할 수밖에 없는 객관적인 인과 관계를 설정할 수 있다. 이 점은 바로 한국사 연구가 민족문화의 창조 과정을 이해하게 하는 것이다. 마찬가지로 민족문화의 전통이나 현대 사회의 문화역량이 구조기능적 연구로 밝혀지면 오늘날 새로운 민족문화의 창조를 가능하게 한다.

한국사 연구가 우리 사회를 치리(治理)하기 위한 계감(戒鑑) 즉 교훈을 이끌어내는데 만족하기보다는 새로운 민족문화의 창조로 이어지는 문화 전통의 창달에 힘써야 한다. 그런데 한국사 연구가 교훈을 표방하는 것과 문화 전통의 창달을 도모하는 것은 분명하게 구별되는 듯하면서도, 한편으로 크게 다르다고 생각하지 않는다. 한때에는 주로 사회학자가 중심이 되어 역사학의 교훈적 가치관을 신랄하게 비판하였다. 과거의 사실과 현재에 일어난 사실은 비록 비슷한 면을 지닐지라도 분명히 다른 것이다. 그런데 역사가들이 과거 사실에 대한 경험으로 현재 사실을 해석함으로써 현대 문화가 다양하게 진전되지 못하게 만들었다고 한다.

그러나 인과 관계를 설정하면서 현재를 이해한다는 면에서 한국사 연구가 교훈을 제시하거나 민족문화의 창조를 유념하는 것은 구별될 수 없다. 차이가 있다면 이는 전문화된 구조기능적 연구를 거치면서 나타난 것인지와 같은 문제이다. 한국사 연구가 교훈을 제시하면서 현대 사회를 거시적으로 이끄는 방향과 새로운 민족문화가 창조되면서 현대 사회의 민족문화 전통이 미세하게 창달되는 방향은 엄밀히 말해서 같아야 하는 것이다. 그런데 구조기능적 접근으로 추구되는 민족문화의 창조와 그것이 다시 문화 전통의 창달로 이어지는 과정에 대한 이해는 단번에 거시적으로 제시될 수 있는 것이 아니기 때문에 더딜 수밖에 없다.

한국사에서 전문화된 개별 연구의 폭을 확대시키는 한편으로, 그 연구 성과를 종합하고 체계화하면서 교훈을 제시하려는 안목을 갖는 것은 바람직하다. 왜냐하면 이는 민족의 문화역량에 대한 이해를 가능하게 하기 때문이다. 그러기 위해 구조기능적 분석에 버금가는 엄정한 실증적 연구를 병행해야 한다. 이는 전통 사회를 이해하는 첩경이어서, 민족문화 전통의 창달을 개도할 수 있다. 그러지 않고 현대 사회의 문제점을 해결하겠다는 의욕이 앞서면서 거대하게 제시하는 교훈은 문화 전통의 창달로 이어질 수 없는 것이며, 오히려 이념 사학이 빠졌던 오류의 전철을 밟는 결과를 가져올 뿐이다.

일찍이 나는 「고려초기의 법상종과 그 사상」(1981)에서 궁예를 재평가하였다. 즉 궁예는 신라 법상종 중의 한 종파를 대표할 정도로 유식사상에 정통하였으며, 정략(政略)에 밝아 태봉을 건국하고 다스릴 역량을 가진 인물로 규정하였다. 아울러 그는 후삼국의 쟁패 과정에서 삼한을 통합하는 데에는 한계성을 가진 인물인 것을 분명히 하였다. 그런데 이후 왕건의 등장을 오히려 쿠데타로 이해하면서 궁예를 절대적으로 긍정적인 인물로 파악하려는 연구가 나왔다. 즉 궁예는 권력자에 의해 자행된 역사의 희생양이라는 것이다. 특히 철원군청이 태봉축제를 마련하면서 최고의 이상적인 인물로서 궁예를 현창하려는 노력이 경주되었다.

나는 「궁예의 미륵세계」를 작성한 연고로 태봉축제에서 「궁예를 생각한다」라는 제목으로 기조강연을 하였고, 「궁예의 미륵사상과 그 의미」·「궁예의 미륵관심법(彌勒觀心法)사상과 그 의미」·「궁예의 토착불교사상」 등의 논문을 작성하였다. 태봉축제 기조강연에서 나는 궁예의 한계성을 같이 이해함으로써 민족사 속에 궁예의 위치를 설정하는 작업이 중요하다는 사실을 분명히 언급하였다. 지자체가 중심이 되어 연관된 인물이나 사적을 현창하려는 사업이 전국적으로 시행되고 있다. 이는 민족문화의 선양을 위해 바람직하면서도 한편으로 염려스러운 점도 없지 않다.

지자체가 중심이 되어 연관된 인물이나 사적을 절대적으로 현창하려는 것은 민족문화 전통의 창달을 위해서는 바람직하지 않다. 언젠가 영암의 왕인(王仁)축제에서 왕인이 영암과 관계된 인물이라고 하더라도, 일본 문헌에만 주로 전하는 사적만을 따로 현창하는 것은 옳지 않다는 사실을 지적하였다. 왜냐하면 왕인과 같이 일본에 문화를 전한 인물이나 사적과 연관된 지역은 전국의 해안을 비롯해서 방방곡곡에 설정할 수 있기 때문이다. 이렇듯 지자체가 중심이 되어 행하는 인물이나 사적의 현창(顯彰) 사업은 민족문화 전통의 창달을 위해서 비판적인 연구나 주장에 대해 수용할 수 있어야 한다.

앞서 궁예나 왕인 등을 주제로 진행된 지자체의 학술회에서 비판적인 주장이 흔쾌히 수용된 것은 아니지만, 용납되지 않았던 것도 아니었다. 그러나 아직도 역사적 인물 및 사적의 신앙적 교리나 철학 사상이 오늘날에 이르기까지 살아 통용되는 경우가 있다. 특수한 종교교단 또는 문중(門中) 인물의 사상이나 신앙을 현창하려는 학술발표에서 이를 비판하는 주장이 용납되는 것은 어려운 실정이다. 그럴 경우 민족문화 전통을 창달하려는 길은 요원하기만 하다. 이를 중세적 문중(門中)사학이라 부를 수 있는데, 근대 한국사학이 바로 정립하기 위해서 앞으로 탈피하여야 할 부분이기도 하다.

이러한 학술발표는 연구자가 아무리 객관적 태도를 견지한다고 하더라도, 이를 수용하려는 주체들이 개방적이면서 과학적 자세를 갖고 있지 않는 한 부정적으로 보일 수밖에 없다. 하물며 이러한 주체들과 경제적으로 얽히면서 연구를 진행하는 것은 옳지 않다. 누군가 나에게 불교 종단이나 사원과 연관하여 불교사를 연구하지 않느냐고 물은 적이 있다. 불교계의 종교 신앙과 연관을 갖지 않으면서 불교사상사를 연구하는 것이 이상하게 보인 듯하다. 그러나 한국사의 연구는 특정 종교 신앙을 홍보하려는 입장에서는 떠나야 민족문화 전통의 창달에 기여할 수 있다. 때문에 종교 신앙이 내세우는 절대적 진리에 대한 홍포를 담당하기 보다는, 그러한 진리가 시대나 사회 또는 특정 인물에 의해 어떻게 수용되어 나타났는가를 규명해야 한다.

9) 앞으로의 과제

나의 학문은 거칠지만 학부 때의 졸업논문인 삼국시대 무불(巫佛)교섭사에 대해 접근하는 것으로부터 비롯되었다. 그리하여 토착신앙은 물론 특히 불교사상 자체에 대한 이해를 심화하는 방향으로 연구를 진척시켰고, 그 각 분야에 대한 연구가 단행본으로 정리되기도 하였다. 그렇지만 정작 무불교섭사에 대해 심층적으로 연구하지는 못하였다. 이는 앞으로도 영원한 과제로 남겨둘 수밖에 없는 아쉬움으로 남는다. 불교신앙사에 대한 접근은 이러한 아쉬움을 조금은 풀어줄 것으로 기대한다. 왜냐하면 삼국시대의 미륵신앙이나 관음신앙 등은 불교신앙 내에 토착신앙을 흡수하면서 형성된 것이기 때문이다.

『삼국시대 불교신앙사』에 대해 정리하는 작업은 아직도 이것 저것 손대면서 완성하지 못한 세분된 전문적 연구를 대체로 마무리하려는 것이기도 하다. 그 동안 나는 민족문화 전통의 창달에 관심을 가지면서, 민족문화를 종합하는 작업과 함께 사론(史論)의 연구에 관심을 두어 왔다. 이것이 전통시대의 사론은 물론 현대 한국사학사를 체계화시키려는 노력으로 나타났다. 그리하여『삼국유사』의 사학사적 연구를 완성하면서, 일제강점기의 식민사학이 대두한 이후에 전개되는 실증사학을 중심으로 이병도에서부터 오늘에 이르는 한국 현대사학사의 흐름을 정리하고자 한다.

또한 삼국시대나 통일신라시대의 사회와 사상에 대한 여러 문제들을 종합적으로 정리하려고 한다. 이러한 문제들은 사회와 사상을 서로 연결시켜 논술한 것에서부터 사상사를 서술하기 위해 사회 자체를 이해하려는 목적에서 쓴 것을 포함하고 있다. 이와 아울러 한국사 관계의 연구 업적을 비평하고 검토하면서 작성하려는 『한국사연구 성찰』은 연구사를 정리하여 그 경향을 밝히면서 앞으로의 연구전망을 제시하고자 한다. 그 외에도 한국고대사나 한국사상사 관계의 사론이나 논술을 정리하고자 한다. 이런 작업은 물론 일부 전문적인 세부 연구를 포함하기도 하지만 대부분은 민족문화를 바라보는 시각에 관한 것이다.

마지막까지 미완으로 남는 무불관계사의 연구는 구조기능적 방법으로 접근할 때에 단순한 사상사의 문제가 아니라 토착신앙을 수용하는 사회 체제가 불교를 수용하는 사회 체제로 전환하면서, 두 사회의 대립과 절충 및 화합과 조화를 언급하기 때문에 역사 전개의 본질을 추구하는 결과를 초래할 것이다. 유불(儒佛)관계사는 물론 전근대 사회에 기독교가 전래되면서 전개되는 유교와 기독교의 교섭 등 문화교섭사는 중요하게 다루어야 할 분야이다. 이와 곁들여 비교연구가 활성화되어야 한다. 역사적 사실에 대하여 시대를 달리하여 비교할 필요가 있다. 혹은 당대에 주변국의 구체적 사회사실을 서로 비교 연구하는 것은 바람직하다.

비교연구 역시 구조기능적 방법으로 수행되도록 장려되어야 한다. 단순히 역사적 개별 사실 사이의 동이점을 부각하는 것은 하나의 사실을 밝힌 것보다 수준이 높다고 할 수 있으나, 진정한 의미의 비교연구라 할 수 없다. 이는 예시(例示)연구라고 불러야 마땅하다. 역사적 사실이 당대 사회의 구조 속에서 갖는 기능면에 이르기까지를 비교할 때에 이는 진정한 의미의 비교연구라 할 수 있다. 같이하여 주변국과의 교류사는 매우 중요하며 역시 구조기능적 방법으로 접근해야 한다. 특히 해양교류사는 한국사연구에서 아직도 개척해야 할 분야로 남아 있다. 사실 문헌 기록이 자세히 전하지 않을 뿐이지 우리나라와 중국 및 일본과의 교류는 상고대에서부터 매우 활발하게 이루어졌다.

비교연구를 통한 문화교섭사나 주변국과의 교류사 등은 관심의 대상이고, 보다 전문적인 연구가 왕성하게 이루어지기를 바라지만, 실제로 나 자신이 이런 문제를 얼마나 해결할 수 있을지는 의문이다. 다만 문화 전통의 창달에 관한 것은 지속적으로 밝히고 싶은 욕심이 없지 않다. 이를 위해 특별히 북한의 역사 연구나 문화 양상에 대해 이해하고자 한다. 왜냐하면 남한에 한정되기보다는 한반도 전체의 문화 양상에 대해 이해하는 것이 민족문화 전통을 발견하는데 보다 더 유용하기 때문이다. 그러므로 남북한이 나뉜 상황에서의 역사 연구가 조선후기 실학자들이 가졌던 역사의식보다 폭이 넓지 않을 수 있다.

북한 역사학자들의 연구 성과를 흡수하는 작업은 차분히 진행될 필요가 있다. 정치 선전의 색채가 강한 북한의 역사학을 순수한 학문적 업적으로 받아들이기에는 한계성을 지닌다. 특히 사상사 연구에서 이런 면이 강하게 노출되어 있다. 고고학이라든지 고려나 조선시대사 등 정치색이 비교적 적게 노출된 분야를 중심으로 연구 성과를 정리하면서, 그 외의 분야로까지 작업을 확대시켜야 한다. 이 경우 북한 역사학의 연구 성과를 비판적 안목으로 종합하는 것이 민족문화의 전통을 발견하는데 중요하게 작용한다. 이는 오늘의 한국사 연구가 이념 사학을 지양하면서, 객관적이고 실증적으로 접근하는 것과 표리를 이룬다.

이념은 사회와 시대에 따라 다양하게 형성되기 때문에 사회의 여러 장벽을 생성시키는 결과를 초래하였다. 이념에 따라 너와 내가 구별되고 계층과 계층은 물론 사회 체제의 차이를 설정하였다. 이념 사학은 사회 내부에 존재하는 그러한 여러 차별을 설정하고 부각시키는 역할을 담당하여왔다. 이미 남북한의 이질적 문화 양상이나 우리 사회 내의 다양한 실상을 이념 사학으로 바라볼 때에 격심한 차별상이 드러날 뿐이다. 현대 한국사학은 새로운 문화 전통을 창달하면서 화합과 조화와 번영을 추구해야 한다. 그러기 위해 남북한의 역사학은 서로의 공통적 기반에서 민족은 물론 인류와 더불어 나아가야 할 것이다. 역사적 사실 즉 진리를 찾으려는 노력이 중요한 이유를 이런 점에서 발견할 수 있다.

1980년대 중반에 언론인이며 국사학자인 천관우는 나에게 한국사의 대중화에 대해 관심을 갖는 계기를 마련해 주었다. 민주수호국민회의의 결성으로 동아일보를 사직한 천관우는 한국일보에서 일반인을 대상으로 한국사 교양강좌를 개설하였다. 그의 주선으로 나는 이 강좌에서 매년 3 개월간 지속되는 한국고대사 부분의 강의를 담당하였다. 당시에 그가 쏟은 일반인들의 한국사 이해에 대한 관심과 열의는 감명으로 다가왔다. 그러던 중 이기백은 『한국사 시민강좌』를 창간하여 한국사의 연구 성과를 시민과 더불어 공유하려고 노력하였다. 그리하여 한국사 연구의 대중화를 모색하려는 분위기가 무르익어 갔다.

민족문화 전통을 찾으려는 노력은 구조기능적 접근에 의한 세부의 전문 연구를 강요하였다. 그러나 문화 전통의 창달을 위해서는 한국사의 연구 성과가 대중 속에 파고들어야 한다. 말하자면 한국사 연구의 대중화가 중요하다. 앞으로 나는 지금까지 축적된 연구 업적은 물론 새로 작성하는 논설에 대해, 대중이 쉽게 접근할 수 있는 길을 마련하는 방도를 강구하고자 한다. 전문화된 용어와 난해한 사상을 여과없이 노출시킨 논설을 쉬운 문체나 내용으로 바꾸는 작업이 필요하다. 아울러 한국사나 한국고대사 관계의 개설서를 작성하는 것도 그러한 길 중의 하나가 될 수 있다.

대중화를 위해서 한국사 연구가 직접 대중을 상대하거나 민중 의식을 일부러 과다하게 노출시킬 필요는 없다. 그렇게 되면 이는 또 다른 이념 사학으로 흐를 충분한 소지를 가지게 된다. 역사를 움직이는 주체가 대중이나 민중이라고 설정하는 것은 분명 잘못된 이념 사학의 부류에 속하며, 역사학의 대중화와는 아무런 관련이 없다. 오히려 대중이 역사 전개의 실상을 정확하게 이해하는 작업이 한국사의 대중화를 가속시키게 한다. 그렇게 되면 역사적 개별 사실이 인과 관계를 이루면서, 서로 연결되어 오늘에까지 이어지는 한국사의 체계화가 대중에게 보편적인 지식으로 다가서게 된다.

2. 나의 논저(論著) 구상 -의상, 그의 생애와 화엄사상

1) 사회사상사로의 정립

한국 불교는 삼국시대에 전래되어 고려후기에 조계종(曹溪宗)으로 성립되고 오늘에까지 지대한 영향을 주고 있다. 불교사상사에서 선(禪)과 교(敎)는 떼어 생각될 수 있는 것은 아니다. 선종사상은 교종사상의 논리를 초월하는 것이어서 그것에 대한 이해 기반없이 쉽게 연구될 수 있는 것은 아니다. 선종의 수행 방법인 '묵수(默守)'는 화엄사상의 '공관(空觀)'과 통하는 것이어서 선종 승려들은 계속 화엄사상을 중시하였다. 이렇듯 한국불교사에서 화엄사상의 연구는 중요하며, 화엄사상사를 정립하려 할 때 그것은 의상 교학사상의 연구로 귀결된다.

근래에 의상의 화엄사상에 대한 연구가 활발해져서 그 연구 성과가 제법 쌓이게 되었다. 연구자의 수도 증가했으며, 개중에는 신라 화엄사상에 대한 일관된 연구 업적을 단행본으로 정리한 것도 있다. 그러나 아직도 연구자들 사이에 의상의 화엄교학을 바라보는 시각차가 크게 나타날 뿐만 아니라, 그것과 신라중대의 전제정치와의 연관에 대해서는 한 두 편의 산발적인 연구가 있을 뿐이다. 이 책은 의상의 화엄사상을 종합적으로 체계화한 것이다.

저자가 가장 관심을 둔 부분은 의상의 화엄사상이 신라중대 사회나 전제정치와 어떤 관련을 갖느냐는 것이다. 물론 관념 체계인 사상과 구체적 사회 사실과의 연관이 쉽게 파악될 수 있는 것은 아니다. 때문에 의상의 교학을 사회사상으로 정립시키려는 의도를 늘 품고 있으면서도, 막상 그 것을 드러내지 않고 은유적으로 접근하면서 그의 사상적 특징을 집어내고자 하였다. 의상의 사상적 특징을 분석하면서 그것을 사회사실과 구체적으로 연결시키는 데에는 신중을 꾀한 셈이다. 그러나 그 사이의 연결 고리를 찾아내려는 노력은 중요하다.

저자는 의상의 화엄사상을 통해 신라 화엄사상사 내지 한국고대 사상사를 조명하려는 목적을 가졌다. 한국고대사의 연구는 사료의 한계성을 극복하는 것이 중요하다. 이 책을 엮는데 필요한 자료는 균여(均如)의 저술이나 『법계도기총수록(法界圖記總髓錄)』, 「백화도량발원문(白花道場發願文)」의 주석(註釋) 등 고려시대 승려들의 저술 속에 인용된 의상이나 그의 제자들의 교학에 관한 내용을 뽑은 것이다. 아울러 『화엄일승법계도기(華嚴一乘法界圖記)』의 내용을 세밀하게 검토하였다. 한국고대사에 관한 자료가 집중적으로 모아져 있지는 않지만, 한국사 관계의 문헌 속에 광범하게 흩어져 있다. 그것을 일일이 뽑아 그 심층적 의미를 검토하는 노력을 기울어야 한다. 아울러 사료를 통해 추출한 역사적 개별 사실 사이에 합리적 연관성을 제시하기 위해 당대 사회상에 대한 이해를 심화하려고 노력해 왔다.

2) 논저의 내용

이 책은 총 8장으로 구성되어 있으나 제1장이 의상의 화엄사상에 대한 연구 성과를 개관한 것이고 제8장이 결론이기 때문에, 사실은 크게 6장으로 나뉘어 서술되었다. 그 중 제3장이 그의 화엄사상을, 제4장이 실천 신앙을, 제5장이 그의 화엄사상의 논리 구조를 다루었다. 그 나머지의 제2장은 의상의 생애와 저술을, 제6장은 그의 문도와 의상계(義湘系) 화엄종의 분열에 대해, 제7장은 의상 화엄사상의 역사적 의의나 사회적 성격 등을 논술하였다. 곧 제3장 · 제4장 · 제5장이 그의 사상 내용과 그 특징을 제시하였다면, 제2장 · 제6장 · 제7장이 의상과 그의 주변 및 화엄사상이 갖는 사회적 의미를 추구한 것이다.

의상의 행적 중 왕실과의 연관을 알려 줄만한 자료가 그 대부분을 이루고 있다. 일찍이 출가한 황복사(皇福寺)는 사륜계(舍輪系) 왕실의 원찰(願剎)로 이해될 뿐만 아니라 의상은 김춘추의 도움을 받아 당에 유학하였다. 그의 귀국 동기 역시 국가와 조정을 위해서였다. 부석사(浮石寺)의 창건은 왕권을 배경으로 이루어졌기 때문에 그 자리에 먼저 거주한 이단의 무리 500여 명을 몰아낼 수 있었다. 의상은 문무왕에게 진언하여 성곽을 새로 쌓으려는 역사를 중단시켰으며, 왕실은 전장(田莊)과 노비를 내릴 정도로 의상과 친밀하였다. 이로 보아 그는 신라중대 왕실의 전제주의와 깊이 연결되어 있었다.

그렇지만 의상은 입적하기 전까지 약 20년간의 활동이 전혀 나타나 있지 않다. 전제왕권과 직결되어 있으면서도 한 시대를 이끈 위대한 사상가의 만년이 이토록 잘 알려질 수 없다는 점에서 의상의 행적에 의문점을 제기하기도 한다. 실제 의상은 신문왕대에는 크게 활동한 것 같지 않다. 신문왕대에는 무열왕대 이후의 전제정치가 한창 진행되었고 진골귀족에 대한 과감한 숙청이 단행되었다. 의상의 화엄사상은 전제주의와 어울릴 수 있을지라도 원칙적인 하나 속에 융섭(融攝)된 여러 법상(法相)의 차별을 없애려는 성격을 가졌다. 이는 전제왕실을 중심으로 진골귀족은 물론 국가의 모든 계층이나 체제를 통합하려는 의도를 담은 것이지, 진골귀족에 대한 과감한 숙청을 시사하는 것은 아니었다.

의상이 만년을 살아가면서 가졌던 고민은 역시 그의 사상이 갖는 이상과 전제주의가 나아가는 현실의 괴리에서 오는 것이었다. 소백산에 들어가 추동(錐洞)의 법회를 주관하기도 하면서, 그는 실천수행 신앙을 보다 강하게 견지하였을 뿐만 아니라 구도자로서의 삶을 추구하였다. 바로 이런 면이 신문왕대를 살아가는 의상의 모습이었다. 만년에 전제왕실과의 사이에 비록 소원한 감정을 가졌을 지라도 어디까지나 의상은 신라중대의 전제정치를 외면하거나 거슬러 행동할 수는 없었다.

의상의 교학에서 구도자로서의 수행을 강조함은 정곡을 잃은 것이다. 그것은 현실사회와 무관한 은둔적 수행이 아니다. 그가 강조한 실천수행이 만년의 고뇌와 얽히면서 구도자적 삶을 살아가는 것으로 비쳐졌다. 그러나 의상은 물론 의상계 화엄종은 철저한 실천수행 신앙을 가져서 '효선쌍미(孝善雙美)' 신앙을 성립시켰다. 신라중대에 왕권을 배경으로 성장한 6두품 유학자들은 불교를 비판하면서 그들의 정치적 기반을 확대했다. 그들의 불교에 대한 비판은 수도와 효도에 대한 문제였다. 말하자면 출가하면 부모는 누가 모시냐는 것이다. 이러한 공격에 대해 당시 불교계를 주도하였던 의상계 화엄종이 유가의 효와 출가 수도로 인한 선(善)을 조화하는 논리를 성립시켰다.

의상 교학의 뚜렷한 특징은 원교적(圓敎的) 성격과 실천수행 신앙을 내세우는 것이다. 그것은 신라중대 전제정치와 연결될 수 있다. 화엄사상은 본래 연기(緣起)와 성기(性起)로서 우주만물의 근본을 설명하는데, 의상은 원칙적인 하나를 강조하여 그것으로써 전체를 관조(觀照)하려는 횡진법계관(橫盡法界觀)을 가졌으며, 하나 속에 여러 법상을 융섭하려는 성기취입적(性起趣入的) 입장을 견지하였다. 이 점은 법장(法藏)의 교학이 수진법계관(竪盡法界觀)을 취하면서 연기건립적(緣起建立的) 입장을 가진 것과 대조된다. 그리하여 법장이 전합후개(前合後開)의 논리로 과상현(果上現)을 내세우면서 여러 법상의 차별을 주장했다면, 의상은 전개후합의 논리로 섭말귀본(攝末歸本)을 내세우면서 융섭된 여러 법상 사이의 평등을 주장하였다.

의상의 화엄사상에서 연기건립적인 면이 제시되었을지라도 강조되지는 않았다. 육상(六相) 사이의 차별을 설정하려는 것이 바로 그런 면이지만, 육상은 원융무애하여 결국은 통합을 이루게 된다. 의상 교학에서 연기건립의 논리를 가장 뚜렷하게 제시하고 있는 것은 수전론(數錢論)이지만, 십전(十錢)의 하나하나는 모두 같아져 초일전(初一錢)으로 이해되었다.

그러고 보면 의상의 화엄사상은 성기론적인 융섭사상으로 규정되는데, 융섭 원리를 제시하고 있는 것이 법계도(法界圖)의 중문(中門)과 즉문(卽門)이다.

'일중일체다중일(一中一切多中一)'의 중문과 '일즉일체다즉일(一卽一切多卽一)'의 즉문은 본래 '일즉다(一卽多)'의 연기사상과 '다즉일(多卽一)'의 성기사상을 조화시킨 것으로 이해되지만, 사실은 강한 성기론적 융섭 원리를 내세우고 있다. '일중일체(一中一切)'는 하나 속에 여러 법상을 융섭하고 있음을 의미하며, '다중일(多中一)'은 융섭된 여러 법상의 하나하나도 역시 이와 같아서 여러 법상을 융섭한다고 해석한다. 의상의 화엄교학은 '일미진중함시방(一微塵中含十方)'과 같이 성기론적 성격을 강하게 지녔다. 의상의 원융무애한 융섭사상은 여러 법상이 자성과 스스로의 위치를 고수하지 않고 무성(無性)·무주(無住)한 성격을 강조한다. 때문에 그것은 연성(緣性)에 의해 끝없이 이루어져 간다. 그러나 여러 법상이 연성에 따라 아무리 이루어져 가더라도, 연성에 의해 이루어져 가는 자체는 존재하는 것이다. 그것이 이른바 법성인 '하나'의 설정이다. 의상 교학의 이런 면은 중도실제(中道實際)로 나타났다. 중도실제는 구래부동(舊來不動)한 것이다.

의상의 교학이 실천수행 신앙을 지닌 것은 관음신앙의 강조와 연결되어 있다. 그는 낙산사(洛山寺)를 창건하여 주존으로 관음을 모셨는가 하면, 부석사를 세우고는 아미타불(阿彌陀佛)을 주존으로 모심으로써 역시 관음신앙을 내세웠다. 의상은 화엄경의 입법계품을 중요하게 생각하여 『입법계품초기(入法界品抄記)』를 저술한 것과 표리가 되어 관음신앙을 강조하였다. 화엄경 중 입법계품은 설주(說主)가 관음인데, 실천 수행을 중요하게 내세우는 내용을 담고 있다. 의상이 지엄(智儼)의 문하에 수학할 때 이에 대해 새롭게 해석하려는 경향이 팽배해 있었다. 80권 화엄경은 이런 분위기 속에서 번역하여 출간되었다.

의상은 화엄사상의 최신 경향인 실천수행 신앙을 강조하였다. 또한 관음신앙은 서민들의 정토(淨土)신앙과 연결되어 대중 속에서 넓게 퍼져 있었다. 의상의 관음신앙은 당시 최신의 화엄학 경향에 접하였다는 자부심과 함께 실천 수행의 심오한 뜻을 담았을 뿐만 아니라, 정토로 이끄는 영험 신앙을 광범하게 포용하고 있었던 서민 대중을 끌어안는 역할을 함께 가졌다. 의상 사상의 이런 면은 중도 실제나 원칙적인 하나의 설정과 더불어 신라중대 전제정치와 어울렸을 법하다.

전제 왕실은 실제로 왕권에 제약을 가할 수 있는 진골귀족을 억압하기 위한 명분을 서민 대중에게서 찾을 수 있었다. 또한 전제주의가 한창인 신라중대에 불교는 정토신앙을 크게 수용하면서 대중화의 방향으로 나아갔다. 그러나 의상의 사상적 특징이 전제왕권과 직접 연결된다는 점을 실증적으로 제시할 필요가 있다. 이 점은 앞으로 더 추구되어야겠지만 의상은 연기현상을 왕궁문(王宮門)으로 비유하여 설명하였으며, 전륜왕(轉輪王)의 보배가 중생을 이롭게 한다는 비유를 들었다. 왕궁 내에 겹겹이 설치된 궁문에 들어가고 나오는 것을 마치 화엄사상의 연기와 성기로 설명하였으며, 전륜왕의 여의보(如意寶)가 중생의 뜻에 따라 비오듯 한 수많은 보배로 나타나 그들에게 이익을 준다고 하였다. 의상 교학을 설명하기 위한 이러한 비유는 당시 왕실과의 관계를 은유적으로 떠올리게 한다.

신라중대에는 의상계 화엄종이 불교계를 주도하였다. 원효나 자장 등 다른 고승들과는 달리 의상은 많은 문도를 거느렸고, 그들이 신라하대에까지 왕성하게 활동하였다. 신라말에 해인사에는 희랑(希朗)과 관혜(觀惠)라는 화엄종의 두 사종(司宗)이 거주하고 있었는데, 두 사람이 각각 왕건과 견훤의 복전(福田)이 되어 서로 대립하였다. 세상 사람들이 전자를 북악(北岳), 후자를 남악(南岳)이라 하였다. 그 문도가 서로 물과 기름처럼 되었는데, 북악의 법손인 균여에 의해 통합되어 화엄종이 하나로 모아졌다.

그런데 지금껏 학계에서는 북악을 부석사의 의상계로 남악을 지리산

화엄사의 연기계(緣起系)나 또는 법장계(法藏系) 화엄종으로 파악하였다. 남악을 연기계나 법장계로 파악하려는 것은 실증적 접근을 결하고 있다. 남악과 북악은 의상계 화엄종 내에서 교파를 달리하여 나누어진 것이다. 북악은 의상 교학의 성기론적 입장을 강하게 견지하려는 교파이며, 남악은 역시 의상의 교학 중 연기건립적 성격으로 생각될 수 있는 부분을 보다 강하게 내세우려는 교파이다.

3) 더 추구해야 할 문제

이 책에서는 의상의 화엄사상이나 신앙의 이모저모를 끌어내고자 하였다. 이와 관련하여 앞으로 더 추구되어야 할 분야는 의상의 사상과 당대(唐代) 화엄 교학과의 연관 문제이다. 의상이 지엄의 문하에서 수학하였기 때문에 당시 중국 화엄사상에 대한 이해를 심화해야 한다. 두순(杜順)에서부터 법장에 이르기까지 중국 화엄종의 성립과 그 사상이 체계화되는 면을 천착하여, 그것이 의상의 교학과 어떻게 연관되는지를 부각할 필요가 있다. 아울러 중국 화엄종의 방계인 이통현(李通玄)의 교학에 대해서도 살펴야 한다. 법장의 교학과 의상의 그것은 서로 대조적이지만 이통현의 교학은 의상의 그것과 비슷하다. 이런 점에서 특히 법장이나 이통현의 교학을 의상의 교학과 대비하는 작업은 중요하다. 그럴 경우 이통현의 교학이 의상의 화엄사상에서 영향을 받아 갖추어져 가는 모습을 밝힐 수 있다.

다음으로 의상의 화엄사상이 신라 불교사상 내지 한국불교사에서 차지하는 위치에 대해서도 보다 심층적으로 연구되어야 한다. 의상의 교학은 비슷한 시기 국내의 화엄 학승(學僧)들과 서로 영향을 주고받을 수 있다. 표원(表員)은 물론 원효의 교학과 의상의 사상을 대비하는 작업은 매우 중요한데, 이 책에서는 피상적으로 추구된데 그쳤다. 「화엄일승법계도

(華嚴一乘法界圖)」는 명효(明皛)나 견등지(見登之)의 저술과 서로 통하는 점이 있다. 그렇지만 그것들은 각각 다른 입장에서 작성되었기 때문에 그 내에 교학 사상의 차이를 설정하려는 작업도 심도있게 추구되어야 한다.

의상 교학의 원교적 성격과 실천수행 신앙은 비슷한 시기의 원효에 의해서도 표방됨으로써, 한국 불교의 사상적 전통으로 이어져 왔다. 고려시대의 불교가 교선융합 사상을 성립시켰고, 조선시대의 그것은 유불동원(儒佛同源) 사상을 낳았다. 뿐만 아니라 신라하대 이래 한국 불교를 주도한 선종은 세상과 절연한 것이 아니라 실천수행적인 점수(漸修)를 강조하였다. 조선시대 활선(活禪)은 그러한 사상적 전통 속에 성립된 것이다. 그것은 세간에 있으면서 일상사의 일에 더욱 전념하게 하는 실천 윤리로 정립되었다. 의상의 교학에서 비롯한 이러한 한국불교의 사상적 전통은 앞으로도 계속 발전시켜가야 할 것이다.

『대우재단소식』 41호, 1992

3. 나의 책을 말한다
『韓國古代의 建國神話와 祭儀』(일조각, 1999)

1) 주제선정의 동기

한국고대 사상사 특히 불교사상사를 연구하면서, 나는 줄곧 단군신화를 비롯한 신화나 제의에 관심을 가졌다. 이러한 나의 관심은 퍽 오래 전에 나타났다. 한국사를 처음 접한 학창시절, 민족문화의 그 화려했던 영광을 밝히려는 욕구로 충만했던 나는 연구 대상으로 우리 민족의 토착신앙이나 무속(巫俗) 등을 주목하였다. 학부 졸업논문의 주제로 불교 전래에 따른 무속신앙과 불교와의 융합 문제를 다루면서, 토착신앙에 대한 나의 관심은 비교적 뚜렷하게 나타났다. 그 뒤 무속신앙을 통해 조선(祖先)신앙에 접근해 가면서, 뒷날 건국신화와 제의에 대해 연구하는 계기를 마련하였다.

한국문화나 우리 역사에 대한 따뜻한 사랑으로 출발했던 나는 대학원에서 한국고대사 공부를 계속하면서, 화려했던 과거 역사의 영광을 필요 이상으로 추구하는 것에 회의를 갖게 되었다. 이러한 회의를 다소 극복하면서 학문 연구의 지침을 마련해 준 것은 이병도(李丙燾)선생의 "역사는 냉엄하고 정확하며 과학적으로 연구해야 한다"는 가르침이었다. 당시 역사 연구에서 '냉엄'을 강조한 의미는 바로 이해되지 않았지만, 시간이 지날수록 나에게 보다 분명한 좌우명으로 자리하였다. 그 뒤 이기백(李基白)선생께 석사논문의 지도를 받으면서, 나는 확실한 개별 사실을 설정한 바탕 위에 역사를 연구해야 한다는 뚜렷한 방향을 설정하였다.

실증적으로 역사를 연구하기 위해서는 문헌 기록이 중시되어야 하며, 그것의 바른 고증을 거쳐 확실한 역사적 사실을 설정하여야 한다. 역사 연구에서 문헌의 한계성을 주장하여, 그것을 부정하려는 태도는 옳지 않다. 기본적으로 역사학의 사료는 문헌 기록이며, 윤색되어 있을지라도 그것을 비판하여 원래의 모습을 복원함으로써 역사적 사실을 정확하게 이끌어 낼 수 있다. 문헌 기록을 보조하기 위해 유물이나 유적으로 남겨진 자료 곧, 고고학이나 미술사학 등의 연구 성과를 원용할 수 있다.

한국고대사 연구에서 때로는 문헌 기록의 영세성을 생각하지 않을 수 없다. 그러나 그것이 충분하게 전하지 않는다고 하여 무시되어서는 더욱 안될 일이다. 다만 한국고대사의 연구는 현재 남겨진 사료의 특성을 감안하면서 진척되어야 한다. 『삼국유사』는 물론 『삼국사기』는 고려중기 이후에 기록으로 남겨졌다. 고대사관계 기록은 고려시대에까지 전승되는 과정에서 사회의 구체적 개별 사실을 누락하고, 신이한 관념을 첨가한 신앙

관계의 사료로 정착되었다. 한국고대사 분야에서 내가 사상사를 우선하여 연구하고자 한 이유는 현재 남겨진 사료의 성격상 유리하다고 판단하였기 때문이다.

애초에 나는 불교사상이나 토착신앙에 대해 모두 관심을 가졌지만, 먼저 불교사상에 대한 연구를 선행하였다. 그 이유도 역시 자료상의 문제에서 찾을 수 있다. 한국고대 불교사상사에 대한 자료는 비교적 풍부하게 남아 있다. 사실 『삼국유사』는 한국고대의 역사나 사회상을 다소 알려줄지라도 기본적으로 불교신앙사의 범주에 들 수 있는 자료이다. 그외 원효나 태현(太賢)·경흥(憬興) 등의 문집은 물론이고 나말려초 선종 승려들의 비문이 불교사상사의 연구를 순조롭게 한다. 다만 나말려초의 사회 변혁이 고대에서 중세사회로의 도래를 가져왔다는 입장에서 당시의 선종사상사가 중시되었다. 나의 석사학위 논문인 「낭혜(朗慧)와 그의 선사상」은 바로 이러한 분위기 속에서 연구되었다.

그러나 선종사상을 보다 잘 밝히기 위해서는 교종사상에 대한 이해가 필수적임을 깨닫고는 『균여(均如)화엄사상연구』와 『의상 그의 생애와 화엄사상』을 출간하였다. 앞으로는 그 동안의 나말려초 선종사상사에 관한 연구를 매듭짓고자 한다. 불교사 연구의 지평을 넓히면서 늘 마음 한 구석에는 무불(巫佛)관계사를 밝히려는 향수가 자리하고 있었으며, 그것은 토착신앙에 대한 관심으로 나타나 신화나 제의의 연구로 이어졌다. 『한국고대의 건국신화와 제의』는 출간되기까지 약 10여 년에 걸쳐 틈틈이 작성한 연구를 모은 것이다. 말하자면 이 책은 한국고대의 무불관계사를 밝히기 위해 우선 불교사상이나 토착신앙 자체에 대한 이해를 심화할 필요에서, 불교사상에 대한 연구와 병행하여 이루어졌다.

2) 이 책의 내용과 주장

이 책은 한국고대의 신화나 제의에 관한 논문을 모아 편찬한 것이다. 나는 신화나 제의가 믿어지고 행해졌던 당대의 사회 구조를 이해하고자 하였다. 소도신앙을 이해하기 위해 「삼한시대의 읍락(邑落)」을 밝혔고, 백제 건국신화를 이해하기 위해 「마한사회의 구조와 성격」을 먼저 추구하였다. 그러나 체제를 갖추면서 위의 두 논문은 이 책에 실리지 않게 되었다. 이 책은 다음과 같이 크게 5편으로 구성되었다.

제1편 고조선의 선민(選民)신화
제2편 제천의례와 고구려 영웅전승신화
제3편 백제 영웅전승신화의 재구성
제4편 가야와 신라의 신성족(神聖族)신화
제5편 신라 시조신화의 재정립과 사전(祀典)

제1편에는 「단군고기(古記)의 이해방향」과 「단군신화의 문화사적 접근」의 두 논문을 실었다. 그 중 전자는 본격적인 논문이라기보다는 단군신화를 강의하면서 얻은 그때그때의 생각을 정리한 것이다. 단군고기는 순수한 신화와 조촐한 역사 서술이라는 두 방향에서 이해되어야 한다. 신화로서 이해하려 할 때, 그 속에는 고조선 개국 훨씬 이전부터 전승되어온 선인들의 생활 습속이나 신앙 등이 응축되어 나타나 있다. 조촐한 역사 서술로서 이해하려 할 때, 단군신화는 고조선 개국 당시 지배자들의 관념 체계로 형성된 것이다.

역사 기술로서의 단군신화를 분석함으로써 고조선 사회의 성장을 추구할 수 있다. 고조선은 성읍국가로 출발하였지만 BC. 4세기 이전에 연(燕)과 대항할 수 있는 연맹왕국을 이루었다. 무역 활동을 통한 상인 계층 등이 성장하면서, 고조선 연맹왕국 내의 결속력은 강화되었다. 기자나 위만은 본래 고조선 연맹왕국 속에 포함된 성읍국가를 지배하였는데, 그들은 세력이 커지면서 순차적으로 연맹왕국을 장악한 지배세력으로 성장하였다.

제2편에는 「삼한 별읍(別邑)사회의 소도신앙」과 「고구려초기 동맹(東盟)제의의 소도신앙적 요소」·「고구려 건국신화의 영웅전승적 성격」을 실었다. 별읍을 소도라 한다. 소도는 별읍이 성립된 소연맹국 사회에서 행해진 종교 의례이다. 연맹왕국이 성립된 이후 왕실이 중심이 되어 제천의례를 행했고, 이를 기반으로 건국신화가 형성되었다.

「고구려초기 동맹제의의 소도신앙적 요소」는 이러한 일련의 과정 속에 천신인 고등신(高登神)과 지신인 수신(隧神, 혹은 夫餘神)이 각각 다른 곳에서 독자적으로 모셔지기 때문에, 동맹제의가 비록 제천의례로 발전하지만 소도신앙의 요소를 완전히 탈피하지 않은 모습을 가진다고 하였다. 또한 「고구려 건국신화의 영웅전승적 성격」은 주몽이 금와의 형제들에게 박해를 받아 쫓기면서 새로운 천지를 찾아 국가를 건설해 가는 영웅전승적 성격의 건국신화를 성립시킨다고 하였다. 그것은 고구려 왕실이 주위의 읍락이나 성읍국가를 흡수하면서 연맹왕국 체제를 공고히 하는 과정 속에서 나타났다.

제3편에는 「백제 건국신화의 복원 시론」과 「백제시조 온조신화의 형성과 그 전승」을 실었다. 백제 건국전승은 신화로 볼 수 없다는 견해가 있기 때문에, 우선 그것의 건국신화로서의 모습을 제시할 필요가 있다. 백제 건국전승에서 빠져나간 지신계 신앙은 무왕(武王)이나 견훤이 용이나 지렁이로부터 탄생하는 모습에서 복원될 수 있다. 그리고 보면 온조 시조전승도 일신(日神) 곧 천신계로 연결된다. 이렇게 복원된 백제 건국신화는 고구려 건국신화와 같은 영웅전승적 성격을 가졌다. 주몽의 장자 유리가 내려오자 온조와 비류는 10명의 신하를 이끌고 남하하였는데, 각각 한강 중류와 하류 지역에 성읍국가를 건설하였다. 뒤에 비류계 세력은 백제국

에 흡수되었다. 이런 면은 백제 왕실이 새로운 천지를 찾아 국가를 건설하면서 주위의 성읍국가를 흡수하거나 편입하는 모습을 보여준다.

제4편에는 「가야 건국신화의 성립과 그 변화」와 「신라 건국신화의 신성족관념」을 실었다. 가야 건국신화는 천신인 이비가(夷毗訶)와 산신인 정견모주(正見母主)가 혼인하여 대가야국왕인 뇌질주일(惱窒朱日)과 금관가야국왕인 뇌질청예(靑裔)를 낳았다는 내용으로 구성되어 있다. 그것은 가야 연맹왕국이 형성되었을 당시 건국신화의 모습을 보여주는데, 그 중 왕실의 시조전승은 그 내에 편입된 다른 성읍국가의 시조전승보다는 우월한 신성족 관념을 형성시켰다.

그리하여 수로왕의 후손들은 소호(小昊) 금천씨(金天氏)의 후예로 자처하거나 허왕후가 아유타국(阿喩陁國)의 공주라는 신앙을 낳았다. 신라 건국신화는 보다 복잡한 신성족신화의 모습으로 나타났다. 박혁거세와 알영으로 구성된 신라 건국신화 속에 6촌장의 천강(天降)전승이나 탈해·알지 시조전승 등이 편입되었다. 신라 국가체제가 정비되는 과정에서 3성이 교대로 왕위에 오르던 왕실은 김씨에 의해 세습되면서, 알영 시조전승이 유교나 불교의 권위를 빌린 신성족 관념을 수용하였다.

제5편에는 「신라 탈해신화의 형성 기반」과 「신라 알지신화의 형성과 신궁(神宮)」·「신라의 종묘와 명산대천(名山大川)의 제사」를 실었다. 그 중 앞의 두 논문은 신라 건국신화 속에 편입된 탈해와 알지 시조전승이 뒷날 각각 독립된 시조신화로 재정립되는 면을 부각하였다. 특히 탈해 시조신화는 영웅전승적 성격을 가졌다. 석씨 부족이 철기의 제련 기술과 무사단을 이끌고, 주위의 소국을 정복하면서 신라 사회로 들어와 연맹왕국의 지배세력으로 성장하였다.

알지 시조신화도 김씨 왕실의 세습과 연관하여 형성되었지만, 김씨 부족의 혈연 의식을 보다 강조하였다. 또한 신궁은 여러 지신계 조상신을 묶어 제사를 드렸는데, 그 중 알영계인 김씨 부족의 조상신을 더 높이려는 목적에서 설치되었다. 「신라의 종묘와 명산대천의 제사」는 신라의 사전(祀典)을 분석한 것이다. 신라의 시조묘가 건국신화와 연관하여 설치되었고, 부족별로 전승된 여러 시조전승이나 제의 또한 국가적인 사전 조직 속에 체계화되었다.

이상에서 이 책의 내용을 간략하게 기술하였는데, 이를 통해 내가 주장하고자 하는 것은 다음과 같다. 첫째 한국고대의 제의나 건국신화가 갖추어져 가는 일반적인 모습을 제시하였다. 한국고대의 건국신화를 선민(選民)의식·영웅전승·신성족(神聖族)신화로 체계화하였다. 이러한 단계의 신화를 성립시키는 뿌리가 된 각 시조전승은 성읍국가에서 연맹왕국에 이르는 시기에서 행해졌던 조상숭배 신앙에 기인한 것이다.

조상에 대한 제사는 성읍국가나 읍락의 지배자 중심으로 행해졌고, 소연맹왕국이 성립하면서 왕실은 물론 그 내에 복속된 별읍의 지배자는 각자의 조상신에 대해 독자적으로 제사를 드렸다. 이것이 소도신앙이다. 이후 왕실은 자신의 조상신인 천신과 별읍의 조상신인 여러 지신들을 묶어 제사하는 제천의례를 성립시켰다. 그러나 막상 건국신화는 제천의례가 성립된 이후인 즉, 연맹왕국에서 중앙집권적 귀족국가로 정립된 시기에 형성되었다.

둘째 건국신화는 국가를 통치하는 지배이념으로 형성되었기 때문에, 그것을 표방한 부족세력 내지 지배자 집단을 찾고자 하였다. 그리하여 단군신화는 장당경으로 옮긴 고조선의 옛 지배세력에 의해 성립되었다면, 주몽신화는 해씨(解氏)부족 세력을 대신하여 고구려를 지배한 태조계 왕실에서 표방되었고, 온조신화는 고이왕계를 대신하여 초고왕계 왕실에서 체계화되었다. 가야와 신라의 건국신화 내에는 여러 시조전승이 포함되어 있고, 그것을 받드는 각각의 부족세력 집단을 쉽게 찾을 수 있다. 가야의 수로왕계와 허왕후 부족 또는 신라의 김씨나 석씨·박씨 부족은 각각의 시조전승을 가졌다.

셋째 건국신화를 표방했던 부족세력의 등장과 연관하여, 그것이 정착되는 시기를 추정하였다. 우선 단군신화는 기자부족이 고조선의 지배세력으로 등장한 초기에 정착되었고, 고구려와 백제의 건국신화는 태조왕계와 초고왕계가 통치하던 시기에 정립되었던 것은 분명하다. 다만 신성족신화는 시조전승을 받드는 각 부족세력이 역사 무대의 주역으로 등장하는 시기에 성립되었다. 그리하여 금관가야 건국신화는 6대 좌지왕(坐知王) 때 이후 용녀(傭女) 집단이 거세되면서, 수로계 왕실과 허왕후 부족의 귀족연합 정권이 성립된 시기에 정착되었다. 또한 신라 건국신화는 신라중고시대에 김씨와 박씨의 귀족연합 정권이 성립된 시기에 정립되었다.

넷째 건국신화 속에는 시조전승이나 다른 개국신화가 흡수될 수도 있지만, 경우에 따라서는 그것이 독립하여 시조신화로 재정립되기도 하였다. 일반적으로 개국신화는 천신족 시조전승과 지신족 시조전승이 결합하여 이루어졌다. 신성족신화 속에는 개국신화는 물론 여러 시조전승이 포함될 수 있다. 온조와 비류 시조전승은 본래 독립된 성읍국가의 개국신화였으나, 복합되면서 두 사람을 형제로 연결시켰다. 또한 신성족신화 속에 복합된 개국신화나 시조전승은 뒤에 독립된 시조신화로 재정립되기도 했다. 탈해나 알지의 시조신화가 그러한 예에 해당된다. 두 시조신화가 재정립되는 것은 연맹왕국의 지배자로 등장하는 등 석씨나 김씨 부족세력의 부침과 연관된다.

다섯째 건국신화나 제의는 국가체제 정비과정에서 체계화되어 사전(祀典)으로 짜여졌다. 『삼국사기』에 보이는 신라 사전은 잘 정비된 것으로 중앙집권적 귀족국가 체제가 확립되고 난 뒤에 체계화되었다. 신라 사전에 대한 체계화 작업은 일시에 일률적으로 짜인 것이 아니며, 국가 체제의 정비와 연관하여 여러 차례에 걸쳐 이루어졌다. 신궁의 전통을 이은 사직은 사전제도가 완비되어 가는 과정에서 왕실과 여러 부족의 조상신을 묶어 상징적으로 설치되었다. 신라 왕실의 조상신에 대한 제사가 종묘제도로 정비되었다면, 지신인 여러 부족의 조상신을 모신 명산대천에 대한 제사가 대사·중사·소사로 체계화되었다. 각 제사의 신격은 그것을 모셨던 부족세력이 신라 국가의 구성원으로서 담당했던 역할과 관계될 수 있다.

3) 연구방법과 한계점

한국고대의 신화나 제의에 관한 연구로 한정함으로써, 이 책에서는 현재 행해지는 마을 제의의 양상이나 신화학 연구의 경향 등을 다루지 못하였다. 즉 이 책은 신화나 제의에 관한 문헌기록을 철저하게 정리 분석하였지만, 그것을 해석하기 위해 인류학이나 민속학·종교학 등의 이해를 적극 참조하지 않았다. 이 점은 내가 처음 무불융합 관계에 대해 관심을 가졌을 때와는 크게 달라진 모습이다. 특히 고대사의 연구에는 사료의 공백을 보충하기 위해 인접 학문의 이론을 적용하려는 경향이 있었다. 내가 불교사상이나 토착신앙에 대해 공부할 수 있었던 계기는 이러한 학문 연구의 경향에서 비롯되었다.

그러나 한국사의 구체적 모습에 대한 이해가 부족한 상태에서 인접 학문의 이론을 서투르게 도입할 경우, 실제와는 맞지 않은 허상을 설정하여 거기에 집착할 수 있다. 한국고대사회를 알려 줄 기록은 비록 영세하고 흩어져 있다 하더라도, 그것을 철저하게 수집·정리하여 당대 사회의 구체적 모습을 정확하게 제시하는 작업은 대단히 중요하다. 이 책은 우선 한국고대의 건국신화나 제의를 거의 모두 언급하였다. 특히 제의나 건국신화에 관한 기록은 신이하고 믿기 어려운 내용을 담고 있지만, 실제 그것이 알려주는 역사적 사실을 추출하려고 노력하였다.

그 동안 나는 불교사상사를 연구하면서 사상과 당대 사회와의 관계를 부각하였다. 이 책도 신화와 제의가 한국고대의 어떠한 사회 구조 속에서 형성되었는가를 추구하였다. 말하자면 신화와 제의를 통한 토착신앙의 연구를 사회사상사로 정립시키고자 하였다. 사회와 사상 및 신앙과의 관계를 살피는 작업은 다음의 두 방향으로 모색해 볼 수 있다. 우선 사회상에 대한 깊은 이해 기반을 바탕으로 당대 사회에 유행한 사상이나 신앙을 연구할 수 있다. 이와는 달리 먼저 사상이나 신앙에 대해 깊이 이해한 후 그것이 뿌리박고 있는 사회상을 연구할 수 있다. 그 중 전자가 후자보다는 보편적으로 사용되는 방법이며, 그 결론을 크게 무리없이 이끌어 낼 수 있다. 그러나 전자의 방법은 조선시대 이후 사회사에 대한 자료가 많을 경우에는 대단히 유용하게 사용된다.

후자의 방법은 구체적인 사회사실을 알려줄 기록이 부족한 고대사의 연구에 유익할 수 있다. 그것은 지식사회학적 방법으로 분류되는데, 이 책은 대체로 그러한 방법으로 연구되었다. 나는 건국신화를 이루는 개개의 사실이 어떤 문화를 배경으로 나타난 것인지를 연구하였다. 그리하여 천신족을 보다 우월한 물질문화를 가지고 이주해 오는 유이민과 연결시키고, 지신족을 먼저 이주한 토착 부족으로 파악하였다. 건국신화 속의 농업신이나 토템신앙 · 무사단 · 대우혼(對偶婚) · 일부다처제 등이 어떤 문화 단계를 배경으로 성립한 것인지를 밝힘으로써, 건국신화가 정착되는 문화적 배경을 이해하였다.

이 책은 건국신화나 제의를 표방하고 주관한 부족세력을 이끌어 내고는, 그들이 한국 고대사회에서 가졌던 정치적 역학 관계를 분석하였다. 소도신앙이나 삼국의 건국신화를 이해하기 위해 별읍 사회의 구조나 삼국의 지배세력의 변천을 밝혔다. 나는 신화나 제의의 규명을 통해 한국고대의 사회 체제가 변화하는 구체적 모습을 추구하였다. 사실 신화나 제의 등 토착신앙을 밝힘으로써 한국사를 체계화하고, 한국고대의 구체적 개별 사실 사이에 서로 잘 연계되지 않은 부분을 설명하는데 도움을 받을 수 있다.

    신화나 제의 등의 연구를 사회사상사로 정립시키기 위해 한국 고대사회의 구체적 모습뿐만 아니라 토착신앙의 양상에 대해서도 모두 깊이 이해해야 한다. 이 책의 수준이나 한계성은 이런 면에서 분명히 드러난다. 한국 고대사회와 거기에 뿌리박고 믿어졌던 토착신앙에 대한 이해가 깊으면 깊을수록, 이 책에서 제시한 주장은 보다 폭넓어지면서 설득력을 지닐 것이다. 나는 토착신앙과 그것이 유행했던 사회 구조와의 관계를 추구하려 했지만, 그 결론을 뒷받침할 확실한 문헌적 근거를 제시하기 어려웠다. 말하자면 이 책의 결론이 개연성에 머문다면, 그것은 역사학 연구로서는 미흡할 수밖에 없다.

    나는 한국고대의 신화나 제의가 어떤 세력에 의해 포용되어 언제 정착되는지를 구체적으로 제시하였다. 이 점은 이 책의 방법론상 특이한 면이기도 하지만, 그 결론이 보다 확실한 것으로 받아들여지기 위해서는 보강되어야 할 부분이기도 하다. 토착신앙 관계의 사료는 사회와의 연결을 바로 알려주지는 않는다. 그러나 토착신앙은 연관된 여러 고리를 거쳐 당대의 사회 구조와 연결되기 마련이다. 비록 그 연결 고리는 희미하여 잘 발견될 수 없겠지만, 심화된 연구를 통해 찾아질 수 있다. 특히 토착신앙과 당대 사회의 여러 구성 요소와의 관계를 하나하나 구조기능적으로 분석함으로써, 그 논거가 설득력을 얻게 된다. 그러나 이 책에서 신화나 제의를 구조기능적으로 분석하지 못하였다. 앞으로 이 부분은 보강되어야 할 것이다.

    한국고대의 토착신앙을 보다 잘 연구하기 위해서는 그 자체에 대한 조예가 깊어야 한다. 이 책은 토착신앙 전반에 대해 다루지 못하고, 건국신화와 제의에 한정하여 추구하였다. 자연 한국고대의 신화나 제의가 토착신앙 전반과 어떻게 연계되는지는 잘 알 수 없게 되었다. 한국고대의 무속신앙은 토착신앙을 밝히는데 가장 중요할 수 있다. 그 외 수목신앙이나 토템 등 동물숭배 신앙 및 용사(龍蛇)·지모(地母)·광명신앙은 물론, 신화로 성립되기 이전의 전승설화를 폭넓게 추구해야 한다. 그리하여 토착신앙 속에서 신화나 제의가 갖는 위치를 설정할 필요가 있다.

시조전승을 기반으로 제의가 행해지기 때문에 신화와 제의는 밀접하게 얽혀 있다. 이와 같은 논지에서 이 책은 한국고대의 건국신화가 우세 부족의 시조전승을 중심으로 성립되었고, 중앙집권적 귀족국가가 성립된 이후에는 여타 부족의 시조전승이 계속해서 사전으로 체계화되었다는 입장을 견지하였다. 그러면서 시조신화는 다시 독립하여 재정비되기도 하였다.

그렇다면 시조신화나 제의에 관한 연구는 한국고대라는 한정된 시대를 다룬 이 책에서 마무리될 수 있는 것은 아니다. 한국고대에 유력한 부족의 시조전승이 산재해 있었으며, 그것은 고려시대에 다른 가문에 의해 다시 수용되어 새롭게 정립되기도 하였다. 그럴 경우 고려시대의 시조전승에는 당시에 더 분화된 복잡한 사회 구조나 체제의 모습이 반영되어 있다. 따라서 한국고대의 신화나 제의의 연구는 그 뒤 시기까지로 관련 사료의 폭을 확대시키면서 심층적으로 추구되어야 한다.

마지막으로 이 책은 문헌 사료를 비교적 충실하게 검토했지만, 보다 알찬 내용을 갖추기 위해서는 신화나 제의에 대해 종교학 내지 신화학적으로 접근해야 하고, 비슷한 시기의 일본이나 중국 또는 고려시대 등 후대의 그것과 비교 분석하여야 한다. 이 책은 문헌 사료 외에 유물 사료를 철저하게 활용하지 못하였다. 중국의 무씨사당 화상석(畵像石)이나 농경문 청동기·신라 토기에 새겨진 동물 문양 등이 이 책의 논지를 보강하기 위한 논거로 쓰였을 정도이다. 앞으로 무덤의 벽화나 제사 유적 및 청동 제기 등의 유물이나 유적 자료가 충분히 활용되어야 한다.

『한국사시민강좌』 31, 2002년 8월

4. 분단현실과 학문

　해방 이후 국토의 양분은 한국문화의 창달을 제약하는 요소로 작용하였다. 한반도 전체를 스스로 다스릴 때보다 분단으로 나뉜 시기에 우리 민족의 문화 경험은 축소될 수밖에 없다. 그래서 학문이나 역사 연구에 있어서 분단 현실을 극복하려는 의식이 강조되어 왔다. 그 결과 학문 연구에 분단 의식이 있느냐에 절대적인 가치를 부여하는 경향도 없지 않았다.

　오늘의 세대를 살아가면서, 적어도 지식인으로 민족 분단의 비극을 가슴 아파하지 않을 수 있을까? 누구나 나름대로 분단의 아픔을 해결하려는 방도를 모색하지 않을 리 없다. 다만 학문을 연구하면서 그러한 의식을 반드시 표현해야만 하는지를 다시 한 번 냉정하게 생각해보고, 진정한 의미에서 민족 분단을 극복하는 길이 무엇인지를 모색해 보고자 한다.

　의식을 앞세운 학문은 바람직하게 생각되지 않는다. 의식은 사회나 시대에 따라 달라지기 마련이지만, 학문 연구에는 추구해야 할 불변의 고유한 영역이 있다. 그런데 의식으로 학문을 연구해 간다면, 오늘 추구한 연구 방향은 내일에 가서 수정되어야 하고, 경우에 따라 연구 자체가 중단되어야만 할 것이다. 의식의 변화에 따른 사회나 체제의 변화에 의해 학문의 내용이나 성격이 바뀌어야 한다면, 새로 창조되는 민족문화는 유행에 따라 등장하는 패션모델의 의상과 무엇이 다르겠는가? 어떠한 세파가 몰아쳐 와도 체제나 의식이 아무리 바뀌어도, 학문의 고유한 영역이 굳건하게 지켜지고 전문적인 연구가 모든 영역으로 확산되어 나갈 때, 오히려 사회는 안정될 수 있을 것이다.

　분단 의식을 학문 연구에 강하게 노출시키는 것은 민족 분단의 극복을 위해 도움이 되지 않는다. 실제로 이 시대의 지식인들이 모두 분단을 극복하려는 의식을 가지면서, 그것에 절대적인 가치를 부여해 버린다고 하자. 그 결과 그것은 현재 창조되는 모든 민족문화에 분단 의식을 첨가시키고,

또 이전 민족문화에 대해서까지 당대의 시대사조가 분단 의식을 가졌는가에 따라 가치 평가를 내리게 한다. 그리하여 국토의 통일 의식이 있었던 삼국시대나 후삼국시대는 긍정적으로 묘사된다면, 그렇지 못한 통일신라나 조선시대 등은 부정적으로 서술될 수 있다.

지식인들의 분단을 극복하려는 의식이 너무나 철저하여 객관적인 학문 연구의 자세를 앞지를 때, 민족문화는 점점 분단 의식으로 윤색되어진다. 말하자면 민족문화는 분단 의식의 기준에서 체계화되는 셈인데, 그것은 민족문화를 분단현실의 극복이라는 면으로 영원히 고착시킴을 경계해야 한다. 이럴 경우 민족 분단을 극복하기는커녕, 그것은 이념적으로 민족문화를 영원히 분단시킬 수 있는 요인으로 작용할 것이다.

민족 분단의 비극을 극복하려는 길은 분단 의식을 강하게 지님으로써만 바로 나타나는 것이 아니다. 물론 그러한 의식도 지니고 있어야겠지만, 그것을 앞세우기보다 분단된 현실을 현재 한국의 정치 · 사회 · 경제 · 문화 등의 여러 분야에서 정확하게 이해하는 것이 급선무라 하겠다. 그런 다음 민족 분단이 이루어질 수밖에 없었던 역사적 배경을 살펴야 할 것이다. 민족 분단이 역사적 산물이라면, 그것은 민족문화 요소가 무언가 고리에서 고리로 얽혀서 나타난 것이다. 그 고리를 발견하려는 노력이 중요하다.

역사 속에서 민족 분단이 이루어질 수밖에 없었던 배경에 대한 심층적인 연구가 이루어지고, 한국의 사회 현실 속에서 분단을 지속시켜 가는 요인이 밝혀질 때, 비로소 그것은 극복될 수 있게 된다. 왜냐하면 분단을 가져오게 한 민족문화 요소를 배제시키면서 통일을 방해하는 현실적 사회 요인을 하나씩 제거하게 되면, 언젠가 민족은 하나로 합쳐지기 때문이다. 지식인들은 분단현실을 극복하려는 눈으로 민족문화를 바라보기보다는 오히려 그것을 냉엄한 객관적인 눈으로 조명함으로써, 민족이 양분되는 문화적 요소가 무엇인지를 찾아야 하고, 그러면서 격변하는 지금의 한국 사회상황을 냉철하게 투시해야 할 것이다.

이러한 태도야말로 바로 지식인들의 학문적 자세로 이어져야 한다. 전문적인 학문 영역이 이러한 자세로써 계속 연구되어질 때 민족문화는 다양하면서 새롭게 창조될 것이다.

『知識人 2000人 宣言』 2, 1986년, 讀書新聞社

5. 창조적 전문인

나에게는 너무나 대조적인 삶을 살아온 K와 Y라는 두 친구가 있다. K는 어려서부터 부유한 집안에서 자라 줄곧 수석으로 서칭 일류 대학에 들어갔으며, 졸업하고는 안정된 직장에 취직하여 현재 모 재벌 회사의 대표이사로 근무하고 있다. 반면 Y는 부모 없이 가난하게 자랐으며, 한때 넝마주이와 같이 생활하면서 학업을 계속해 왔다. 생활에 찌들린 Y는 학교 수업을 겨우 따라갔으며, 잘 알려져 있지 않은 H대학의 영문학과에 진학하여 가까스로 졸업하였다. 그러니 영어 실력이 썩 좋을 까닭이 없었지만, Y는 영어 발음에 대해서만은 한국인 중에서 가장 정확하게 잘 하겠다는 집념을 가졌다. 그 집념은 옆에서 보기에도 안쓰럽고 놀라운 것이었다.

사회를 살아가면서 자기만이 할 수 있는 전문적인 영역을 가지려는 노력과 의지는 대단히 중요하다. 이와 연관하여 이왕 꺼낸 두 친구의 이야기를 마무리하고자 한다. 물론 K는 일찍부터 가정적으로나 사회적으로 안정되어, 그 속에서 마치 시계의 추와 같은 생활을 반복해 왔으며, 그에 상응한 부와 지위를 누렸다. 그는 이제 50고개를 지나면서 종종 인생의 무의미함을 호소하며, 근래에 그러한 호소는 빈번해졌다. 이에 비해 Y는 영어 발음의 습득과 연구에 계속 정진하였다. 한때 모 방송국의 회화 프로를 담당했던 Y는 미국 유학을 거쳐 지금은 대학 강단에 몸담고 있으면서, 신택

스에 대해 정열적으로 연구하고 있다. 오히려 Y에게서 나는 생에 대한 허탈감이 아니라 강한 탐구욕을 발견하게 된다.

자기만이 할 수 있는 영역을 키워간다는 것은 소망스러운 일이지만, 안일하게 이루어지지 않으며 각고의 노력을 요구한다. 어떤 것이든 전문적인 일에 종사하는 사람은 그것을 습득하기 위해, 밤잠을 설쳐가며 노력했던 경험을 갖고 있다. 한 시대의 뛰어난 배우는 다분히 소질만으로 배출되지는 않는다. 그는 스타가 되기 위해 남 다 잠든 시간에 거울을 마주보면서 표정을 다듬어왔다. 부단히 노력하는 중에 새로운 사실을 발견하면서, 우리는 그 동안의 고충이 희열로 바뀜을 알게 된다. 새로운 사실의 발견이 창조로 이어질 수 있다.

창조는 마치 산모가 새 생명을 탄생시키는 것과 같다. 생명이 태어나기 위한 산모의 진통은 값진 것이다. 새로운 것을 만들기 위해서는 일단 모방의 단계를 거쳐야 한다. 남이 만든 것을 비슷하게 모방하기까지의 엄격한 훈련과 수련의 과정은 산모의 진통과 비유될 수 있을 것이다. 고된 학습과 노력으로 전문 분야의 업적을 어느 것이나 똑같이 모방하여 만들어 내기까지, 마치 숙련공의 단계를 거치게 된다. 그 다음 모방한 작품에 혼신의 힘으로 자신의 정열과 인생을 불어넣을 때, 그것은 새롭게 태어난다. 전문 지식을 습득하려고 성실하게 노력하는 자세를 견지해야겠지만, 또한 자신을 작업 속에 불어넣기 위해 인간적인 면을 키워가야 한다. 사회를 바라보면서 자신의 인생관을 구체적으로 갖추어 가는 것이 바로 창조적인 전문인으로 살아가는 길이다.

『太平洋雪錄茶』, 1980년 8월

6. 백과사전의 편찬

20세기에 들면서 한국사회는 급격하게 변화되었다. 이념과 가치의 대립 등 극도의 혼란과 무질서가 이 땅에 팽배했는가 하면, 산업 사회를 이루면서 고도의 기술 증진을 위한 노력이 경주되었고, 그 결실이 조금씩 영글어 가고 있다. 학문의 영역 또한 넓혀졌을 뿐만 아니라, 첨단 과학 기술을 포함한 정보화·국제화의 추세로 나아가고 있다. 그리하여 이 시대의 학문이 정리되는 모습이 백과사전의 편찬으로 나타나기도 했다.

그 동안 생소한 전문 분야에 대한 사전이 저마다 편찬되었으며, 민족문화 백과사전이 방대하게 기획되어 한창 출간되고 있다. 학문의 모든 영역에서 사전이 편찬되어 백과사전이 만들어지면, 이 시대의 학문은 그만큼 성숙되는 것은 분명하다. 그러나 사전 편찬으로 그 영역의 학문이 일단락되면서, 사전적 지식이 일반에게 유용하다는 사고에 불안감을 금할 수 없다.

오늘날 각 학문의 영역에서 편찬된 사전들을 보면서, 마치 조선시대말 개화기에 편찬된 물보(物譜)와 당시의 사회 혼란을 떠올리면서 씁쓸한 마음이 드는 것을 어찌할 수 없다. 동서양 어느 시대를 보아도 백과전서파가 활약하던 계몽주의 시대에는 사회가 혼란하지 않았던가? 우리 사회의 혼란은 원인을 여러 곳에서 찾아야 할 것이지만, 학자들에게도 책임의 일단이 있다.

광복후 한국 사회에는 서구의 여러 문화사조가 한꺼번에 들어왔다. 일제를 통한 전통의 단절은 새로 들어오는 방대한 서구문화에 대한 취사선택의 능력을 상실하였다. 자연히 전통문화를 재확립하려는 방향 역시 시대에 따라 달라질 수밖에 없다. 그때그때의 사회 체제나 시대사조에 부응한 학문 경향이 마치 패션계의 유행처럼 지나쳐 갔다. 그런 속에 지식의 모방이 습관화되어, 우리 학문의 풍토 속에 카탈로그적인 지식이 환영받게 되었다.

사회 체제나 시대사조에 따라 변신해간 학문 경향이 사회 혼란을 어떻게 극복할 수 있겠는가? 오히려 의식화된 학문은 사회 혼란을 조장하고 영구화할 것이다. 백과사전에 의한 고착화된 지식이 아닌 창의적 지식의 추구는, 그것을 배태한 사회·문화적 풍토에 대한 이해 위에 가능하다. 다시 말해 어떤 학설이나 이론은 물론 단순한 지식이라도 배양될 수밖에 없었던 문화풍토 속에서 추구되어질 때에, 이는 문화가 창조될 수밖에 없었던 필연적 인과 관계를 찾아내게 한다. 마찬가지로 오늘날 한국 사회의 문화 역량에 대한 조밀한 이해와 규명이 새로운 문화를 창조하는 방향을 제시할 것이다.

학문의 영역은 넓고 깊다. 비록 자기가 추구하는 영역이 전문적이어서, 아무도 그것을 이해해 주지 않는다고 해서 낙망할 필요는 없다. 다시 뒷날 면밀하게 추적하면서 따라올 어느 누군가를 위해, 학문은 깊이 연구되고 계속해서 앞으로 진전해 가는 것이다. 비바람이 불어치고 눈보라가 휘몰아쳐도 굳건하게 자기만의 학문적 영역을 견지하면서, 묵묵하게 임하는 연구자들이 모든 영역에서 자리해 갈 때, 우리 사회는 안정을 되찾아 갈 것이다.

국민대학보, 1990년 11월 26일

7. 계감(戒鑑)과 창조

1) 교훈으로서의 역사

역사를 연구하는 목적을 묻는다면, 흔히들 과거에 일어났던 사건이나 현상을 이해함으로써 앞으로 나아가야 할 방향에 도움을 얻기 위함이라고 대답한다. 역사를 거울로 삼아 현재 우리들의 생활에 교훈을 삼으려는 이러한 사고는 고대의 희랍이나 중국 춘추시대의 역사 서술에서부터 나타나 지금까지에도 강한 영향력을 행사하고 있다. 사실 역사에서 계감주의적(戒鑑主義的) 사고를 부정할 수는 없다.

인간 사회는 고대에서부터 수많은 개혁을 통하여 오늘날과 같은 문명을 이룩하였지만, 그 뒤꼍에는 진저리칠만한 고통이 따랐다. 우리들은 직접 개혁에 참가할 수도 있지만 다른 사람의 체험을 대리 경험함으로써 개혁에 참여할 수도 있다. 물론 전자가 가장 확실한 길이긴 하지만, 후자의 경우 훨씬 고통이 따르지 않는다. 그러므로 자진해서 전자의 길을 택할 필요는 없다. 역사를 통해 교훈을 얻으려는 까닭이 바로 이러한 데에 있다.

이렇듯 유용한 것임에도 불구하고 근래에 특별히 사회학자를 중심으로, 교훈을 안겨다주는 역사적 사고를 신랄하게 비판하려는 경향이 나타났다. 인간이 경험을 중시하는 이상 과거에 일어났던 사건은 현재에도 되풀이해서 나타날 수 있다. 그렇지만 아무리 비슷해도 현재에 나타난 사건과 꼭 같을 수 없는데, 역사학자들이 애써 경험을 교훈으로 삼아 현재의 사건을 처리한다는 것이다. 말하자면 현재의 사건은 얼마든지 다양하게 진행될 수 있는데, 역사학자들이 과거의 경험에 비추어 진단하기 때문에 오히려 현대 문화가 다양하게 발전하는 폭을 축소시켰다고 한다.

역사를 거울로 삼으려는 데에 대하여, 이러한 비판은 역사학 내지 역사적 사고 자체에 대한 불신을 초래하였다. 과거 사실에 대한 이해는 마치 죽은 말에 채찍질하는 것으로 비유되기에 이르렀다. 그 결과 역사학의 존재 기반 자체가 흔들리게 되었고, 급기야는 역사학에서의 계감이 아무리 소중한 것이라 할지라도 그것에만 의존할 수가 없게 되었다.

2) 역사적 사고

역사학의 존립 자체가 흔들리는 속에서 우선 역사적 사고가 무엇인가를 생각할 필요가 있다. 과연 현대 사회와 문화가 폭넓게 전개되기 위해 역사학은 필요없는 학문인가? 이러한 물음과 연관하여 현재의 모든 현상이나 사건은 역사적 사고 과정을 거쳐 존재하는 것임을 유념할 필요가 있다. 어떠한 사물도 존재하기까지의 과정은 역사적인 것이기 때문에, 역사적 소산이 아닌 것이 없다.

일례로 역사와 거리가 있어 보이는 자연과학의 보편적인 한 법칙을 들어 보기로 하자. 아인슈타인의 상대성 원리는 'A는 C이다'라고 정의되는 것이라면, 그것은 A가 B이고 B는 C라는 논리 과정을 거쳐, 'A는 C이다'라는 상대성 원리로 정리되었다. 그럴 경우 A에서 B를 거쳐 C에 이르는 논리 전개과정이 바로 역사적 사고라는 사실을 분명히 인식해야 한다. 이렇듯 어디에나 만연되어 존재하는 것인데, 마치 물고기가 물을 의식하지 못하듯 우리가 역사적 사고를 무감각하게 대하고 있을 뿐이다.

과거 또는 현재에 일어나는 모든 사실은 역사적 사고를 통해 그 존재 이유를 이해할 수 있다. 그러한 사실이 일어나서 존재할 수밖에 없는 과정을 추구하는 것이 바로 역사적 사고이다. 비록 과거의 사실을 규명할지라도, 그것이 뿌리박고 있는 당대 사회나 문화 풍토 속에서 필연적으로 나타날 수밖에 없었던 과정에 대한 이해는 대단히 중요하다.

과거의 개별 사실을 배태시킨 사회의 문화역량(力量)을 총체적으로 이해하면, 그러한 민족문화의 역량이 역사적 개별 사실 곧 새로운 민족문화를 만들어내는 과정을 밝힐 수 있다. 같이하여 현재 우리 사회의 문화역량을 총체적으로 이해하게 되면, 그것으로부터 다음 문화를 창출해 낼 수 있을 것이다. 그것은 곧 민족문화의 창달을 가능하게 한다.

3) 민족문화의 창조

역사에서 교훈을 얻으려는 계감주의는 생활의 편리를 위해 대단히 유익하다. 그러나 역사학이 계감에만 얽매여 있어서는 안된다. 모든 학문은 궁극의 목표를 문화의 창조에 두어야 한다. 역사학도 그런 면에서 예외일 수는 없다. 이제 역사학은 민족문화의 새로운 창조에 앞장서야 할 것이다.

민족문화를 새롭게 창조하기 위해서는 산고(産苦)가 따름을 유념해야 한다. 그 동안 역사학은 교훈을 이끌어내어 제시하는 것만으로도 크게 환영을 받았다. 그러한 안주(安住)에서 벗어나 민족사의 각 시대나 사회의 문화역량을 총체적으로 이해하여야 하며, 그러한 맥락에서 현재 우리 사회의 문화역량을 추구하여야 한다.

민족사의 각 시대마다 당대 사회의 문화역량이 밝혀질 때에 비로소 민족문화의 전통이 제시될 수 있다. 현대 사회의 문화역량이 총체적으로 밝혀지면 민족문화의 전통은 새롭게 창달되는 것이다. 그렇지만 민족의 문화역량을 추구하여 그 전통을 제시하는 작업은 안일하게 이루어질 수 없다.

『사회과학소식』 18권 2호, 1997년 1월

8. 민족문화의 창조와 전통의 창달

1) 역사학에서의 교훈

학부 과정의 역사학도에게 역사를 전공하는 이유를 물은 적이 있다. 대체로 과거의 사실을 이해함으로써 현재의 사건을 처리하는 방도를 발견할 수 있기 때문이라고 대답한다. 이렇듯 역사학의 목적은 계감(戒鑑) 즉,

교훈을 얻으려는 것으로 통용되기도 한다. 사실 역사 속에서 규범을 찾아 이를 거울로 삼아 인간의 행동을 비추어 보려는 교훈적 경향은 이미 고대의 역사서에 오히려 강하게 나타나 있었다. 제왕학(帝王學)으로 성립된 동양의 역사학은 물론 운명의 여신(女神)이 뒤에서 작용하기 때문에 역사는 순환한다고 여기는 고대 서양의 역사학은 모두 교훈적인 성격을 지녔다.

운명의 여신이 아니더라도 인간은 유사한 사건을 다시 일으킬 가능성을 가졌기 때문에 무엇이 일어났느냐에 대한 정확한 지식이 유익하다는 것이다. 때문에 BC. 2세기 경에 로마사를 저술한 Polybius는 역사학이 경험을 통해 교훈을 주는 철학이라고 규정하였다. 또한 『자치통감(資治通鑑)』을 저술한 사마광(司馬光)도 「진서표(進書表)」에서 국가의 성쇠나 백성의 안부(安否)에 관한 일, 또는 본받아야 할 선한 일이나 경계하여야 할 악한 일을 기록한다고 하였다. 교훈을 내세우는 이러한 견해는 동서양을 막론하고 이미 고대에서부터 나타나 지금까지도 지대한 영향력을 끼쳤으며, 아직도 생명력을 가지면서 역사 연구에 능동적으로 작용하고 있다.

사회학이 발달하면서 20세기 초반에 Malinowski나 Parsons 등이 교훈을 내세우는 역사학의 경향을 강하게 비판하였다. 사회학자들은 역사주의를 부인하면서 당대 사회의 단면에 대한 사실적 접근을 강조하였다. 이는 뒤에 구조기능적 방법론을 배태시키는 계기가 되었다. 인간의 행위로 보아 비슷한 사건이 반복해서 일어날 가능성은 있지만, 현재에 나타난 사건은 과거의 사실과 아무리 비슷할지라도 다르다는 것이다. 그런데 역사가들이 과거의 경험에 비추어 현재의 사건을 처단하기 때문에, 그것이 다양하게 발전하는데 역행한다고 한다. 말하자면 현대 문화는 얼마든지 다양하게 진전되는데, 역사가들이 과거의 경험에 의해 일정한 방향을 제시함으로써 오히려 현대 문화의 폭을 축소시켰다고 한다.

역사학의 존재 자체를 부정하는 사회학자들의 비판은 역사학자들이 겸허히 받아들여야 할 부분도 없지 않으나 정곡을 잃은 면도 많다. 그래서

인지 오늘날 역사학은 물론 사회학에서조차 당대 사회의 단면을 사실적으로 밝히면서, 동시에 이에 대한 역사주의적 이해를 곁들이고자 한다. 현재의 어떤 사실도 역사주의적 고찰을 통해 그 존재 이유를 이해할 수 있다. 마찬가지로 당대 사회의 어떠한 사실도 그때까지의 역사주의적 고찰을 통해 분명한 모습이 드러나게 된다. 심지어 자연과학의 보편적 이론이나 법칙을 이해하기 위해서 그 논리전개 과정을 추구하는 자체가 바로 역사적 사고인 것이다.

인과 관계를 논하는 역사적 사고는 삼라만상에 광범하게 퍼져 있는데, 이를 인식하지 못하는 것은 물고기가 물을 의식하지 못하는 바와 같다. 이렇듯 광범하게 스며들어 있는 역사적 사고나 역사주의를 부정하면 현대 문화를 바로 이해할 수 없는 것은 물론이다. 그렇지만 이러한 비판은 역사가들이 교훈을 제시하는 것에 자만하고 있지나 않는지 반성하게 한다. 현대 사회의 복잡하면서도 폭넓은 문화 현상에 대해 깊이 이해하지 않으면서 이끌어낸 교훈은 아무래도 자의적인 것으로 보일 수밖에 없다. 자칫 교만으로 비칠 수 있는 과단(果斷)한 결론을 성급하게 이끌어내기보다는, 차분히 축적된 실증적 연구를 먼저 곁들여야 한다.

2) 민족문화의 창조

역사학에서 교훈을 배제할 수는 없다 하더라도 이에 만족하여서는 안된다. 예술이나 문학과 학문을 동일시할 수는 없다. 그러나 새로운 문화의 창조가 예술이나 문학의 독무대가 되어서도 안 될 것이다. 같은 학문이면서도 자연과학은 오히려 새로운 문물을 창조하는데 온 힘을 기울이고 있다. 따라서 역사학도 역시 교훈의 제시에서 한 걸음 더 나아가, 앞으로는 문화의 창조에 의당히 관심을 가져야 할 것이다. 물론 창작 활동을 주로 하는 예술이나 문학과는 달리 학문의 연구는 축적된 성과를 통하여 체계를 세우고, 그 사이의 일반적인 법칙을 발견하는데 중점을 두고 있다. 그렇지만 보편적 법칙의 이해 자체가 다음 문화를 창조하는데 기준이 된다는 사실을 유념하여야 한다.

그러면 과거의 개별 사실을 연구하는 역사학이 과연 새로운 문화를 창조할 수 있는 것인가는 문제가 된다. 왜냐하면 과거 사실에 대한 규명은 아무래도 죽은 말에 채찍질하는 것으로 보이기 때문이다. 바로 이런 면에서 역사의 현재성을 논하는 의미를 발견하게 된다. 흔히 역사의 현재성을 밝히기 위해서는 현재와 가까운 시대나 사건을 조명하는 것으로 오해하기 쉽다. 그러나 이는 현재와 아무리 가까워도 역시 과거의 사실을 밝히는 결과가 되기 때문에 현재와는 동떨어져서, 역시 죽은 말에 채찍질하는 것과 다름이 없다.

20세기 중반에 크로체가 주장한 역사의 현재성 문제는 아무리 먼 과거의 개별 사실도 역사적 고리로 얽히면서 현재에까지 이어진다는 것이다. 이때에 현재와 가까운 시기의 개별 사실은 현재와의 연결 고리를 비교적 쉽게 발견할 수 있는 이점을 가진 반면, 오래된 고대의 사실은 그 연결 고리를 쉽게 발견하기 어려울 뿐이다. 그러므로 역사의 현재성 즉 현재에까지 이어지는 과정에 대한 이해는 역사학의 체계화를 의미한다. 이렇듯 역사학에서의 현재성 문제는 현재를 이해하기 위해 중요하지만, 그 자체가 새로운 문화의 창조로 연결되는 것은 아니다.

역사학이 과거의 개별 사실에 대한 연구를 통해 그것이 당대 사회에서 필연적으로 배태하여 존재할 수밖에 없는 과정에 대해 규명하면 즉, 이는 민족문화의 창조 과정에 대한 이해로 직결된다. 때문에 당대 사회에 민족문화가 새롭게 창조되는 것은 구조기능적 연구 방법을 통해 발견할 수 있다. 구조기능주의는 1930년대 미국의 사회학자 Parsons 등에 의해 주장되었지만, 인류학에서 수용된 것은 주로 영국의 Durkheim 등에 의해서였다. 미국이 문화인류학을 발전시킨데 비해 영국은 사회인류학을 정립시켰다. 그 이유는 미국의 인류학자들이 연구 대상으로 삼았던 아메리카 인디언들이 본래의 사회 기반을 갖고 있지 않았던 반면, 영국의 인류학자들은 이전의 사회 기반을 그대로 유지하고 있는 아프리카나 말레이시아 또는 인도네시아의 원주민을 연구 대상으로 삼았기 때문이다.

사회인류학적 방법론을 정립한 Durkheim의 학설은 Evans-Pritchard에게 전수되었고, 그는 구조기능적 방법으로 종교 사회를 연구하였다. 역사학의 연구에서도 구조기능적 방법론이 도입되었다. 이는 역사적 개별 사실과 당대 사회의 여러 문화 요소와의 관계를 하나씩 하나씩 고찰하는 것이다. 그리하여 모아진 연구 성과는 역사적 개별 사실을 둘러싼 사회적 전체 즉, 총체적 문화역량(文化力量)을 설정할 수 있게 한다. 그 결과 역사적 개별 사실이 당대의 총체적 문화역량 속에서 반드시 배태되어 존재할 수밖에 없는 객관적인 인과 관계를 설정할 수 있다. 이는 바로 당대 사회에서 민족문화가 창조되는 모습을 보여주는 것이다.

구조기능적 방법으로 한국사를 연구하면 종국에는 당대 사회의 총체적인 문화역량을 발견하게 된다. 역사적 개별 사실과 연관시켜 밝힌 사회의 여러 문제를 종합하면, 이는 바로 당대 사회의 총체적 문화역량을 밝히는 결과가 된다. 마찬가지로 민족문화의 전통이나 현대사회의 문화역량을 구조기능적 연구로 밝히면, 이는 오늘날 새로운 민족문화의 창조를 가늠하게 한다. 그러나 실제로 구조기능 사학을 한 사람의 작업으로 이끌어가기에는 많은 시간과 노력이 소요된다. 학회가 중심이 되어, 한 주제에 대해 여러 학문 분야가 공동으로 참가하는 학술 연구가 구조기능적 방법으로 접근한 것에 가깝다. 그렇지만 일관성을 갖지 못하기 때문에, 구조기능 사학이 민족문화의 창조로 이어지기 위해서는 개인 작업으로 이루어져야 한다.

민족문화를 창조하기 위해 구조기능 사학은 이념을 배제하면서 객관적인 실증사학의 기반에서 출발해야 한다. 이념으로 접근한 역사 연구에서 민족문화의 창조는 불가능해진다. 왜냐하면 이념은 사회 체제나 시대에 따라 변하기 때문이다. 흔히 역사적 개별 사실과 당대 사회의 여러 문화 요소와의 관계를 분석할 때마다 조금씩 노출된 애정이나 민족주의는 그 성과가 총체적으로 모여질 때에 민족 문화역량의 참모습을 훨씬 벗어나는 것이 된다. 그럴 경우 그것은 민족문화가 창조되는 과정을 제시할 수 없게 되며, 이념 사학의 오류를 답습할 뿐이다. 엄정한 객관적 인식에 의한 구조기능 사학의 정립이 민족문화의 창조로 이어질 수 있다.

3) 문화전통의 창달

구조기능적 방법론은 당대 사회에서 민족문화의 창조를 가능하게 하지만, 역사주의를 고려한 것이 아니다. 역사학이 구조기능적 방법론을 도입하였을 경우, 새로운 민족문화의 창조와 함께 그 전승을 고려하지 않을 수 없다. 이는 바로 역사주의를 염두에 둔 문화전통의 창달을 가능하게 한다. 민족문화 전통의 창달은 현재의 민족문화를 구조기능적으로 분석하는 과정을 통해 새로운 민족문화가 창조되는 방향을 가늠하게 한다. 민족문화가 창조되는 과정과 방향에 관한 문제는 역사학이 단순히 교훈을 제시하려는 성격에서 능동적으로 벗어나는 길이기도 하다.

역사 연구가 우리 사회를 치리(治理)하기 위한 계감(戒鑑) 즉 교훈을 이끌어내는데 만족하기보다는, 새로운 민족문화의 창조로 이어지는 문화전통의 창달에 힘써야 한다. 그런데 역사 연구가 교훈을 표방하는 것과 문화전통의 창달을 도모하는 것은 분명하게 구별되는 듯하면서도, 한편으로 그것이 지향하는 방향은 크게 다르다고 생각하지 않는다. 우선 과거의 역사적 사실에서 교훈을 얻어 현재의 우리 사회가 나아갈 방향을 전망하는 것이 시대를 초월한 과단한 모습으로 나타났다면, 오랜 연구의 각고 끝에 새로운 문화가 창조되는 것은 마치 새싹이 움을 틔우는 듯한 모습으로 나타나고 있다. 그런 면에서 역사 연구에서 교훈의 제시와 문화의 창달은 분명히 다를 수밖에 없다.

그러나 비록 거대하거나 미세하게 제시하는 차이를 가졌을지라도 온당한 객관적인 방법으로 역사를 연구하였다면, 교훈으로 사회를 이끄는 방향과 문화가 창조되는 방향은 같아야 한다. 즉 역사 연구가 교훈을 제시하면서 현대 사회를 거시적으로 이끄는 방향과 새로운 민족문화가 창조되면서 현대 사회의 민족문화 전통이 미세하게 창달되는 방향은 엄밀히 말해서 다를 수 없는 것이다. 인과 관계를 설정하면서 현재를 이해한다는 면에서 역사 연구가 교훈을 제시하거나 민족문화의 창조를 유념하는 것은 구별될 수 없다. 이미 언급했듯이 거시적이거나 미세하거나 간에 장단의 차이가 있다면, 이는 전문화된 구조기능적 연구를 거친 것인지, 아닌지의 문제로 귀결된다.

구조기능적 접근으로 추구되는 민족문화의 창조와 그것이 다시 문화 전통의 창달로 이어지는 과정에 대한 이해는 단번에 간단하게 제시될 수 없는 복잡한 문제이다. 구조기능적 방법에 의해 당대 사회에서 새로 창조된 민족문화 요소는 다시, 그것이 뿌리박고 있는 다음 대의 사회에 대한 구조기능적 연구 방법을 통해서, 또 다른 문화를 창조하여 가게 된다. 이렇듯 민족문화의 창달 과정에 새로운 문화는 계속해서 창조되어 이어져온 셈인데, 그 각각에 대한 구조기능적 분석이 쌓이면서 현재의 민족문화가 창달되는 과정에 접근할 수 있다. 때문에 민족문화 전통의 창달에 관한 연구는 더디게 진행될 수밖에 없다.

다만 역사학에서의 교훈과 민족문화의 창달은 그 진전 방향이 같다는 면에서 서로 조화를 이루면서 역사 연구에서 모두 고려의 대상이 되어야 한다. 구조기능적 방법으로 접근하는 역사 연구는 실제로 거대한 영역을 가지기 때문에, 일생 동안에 민족문화 전통의 창달에 대해 전혀 이해하지 못할 수도 있다. 여기에 역사 연구에서 교훈을 제시하려는 시각은 여전히 유용한 것이다. 한국사회에 관한 전문화된 개별 연구의 폭을 확대시키는 한편으로, 그 연구 성과를 종합하고 체계화하면서 교훈을 제시하려는 안목을 갖는 것은 바람직하다. 왜냐하면 연구 성과를 종합하는 작업이 민족의 문화역량에 대한 이해를 가능하게 하고, 이는 바로 새로운 문화의 창조로 이어질 수 있기 때문이다.

교훈의 제시로 현재 사회를 계도하려는 방향은 쉽게 발견하기 어려운 민족문화 전통의 창달을 가늠하는데 도움을 줄 수 있다. 엄정한 객관적 인식을 바탕으로 당대의 문화역량을 찾고자 노력하는 심화된 연구를 무시하면서, 가능성만으로 현재 사회의 치리(治理) 방향을 제시하는 것은 역사학자 스스로를 교만하게 만드는 결과를 초래할 수도 있다. 역사에서의 교훈을 온당하게 이끌어 내기 위해 구조기능적 분석에 버금가는 실증적 연구를 병행해야 한다. 이는 전통 사회를 이해하는 첩경이어서, 민족문화 전통의 창달을 개도할 수 있다. 그러지 않고 현대 사회의 문제점을 해결하겠다는 의욕이 앞서면서 거대하게 제시하는 교훈은 문화 전통의 창달로 이어질 수 없는 것이며, 오히려 이념 사학이 빠졌던 오류의 전철을 밟는 결과를 가져올 뿐이다.

2008년 2월